SAINT-JEAN DE MAURIENNE
AU XVIᵉ SIÈCLE
Par l'Abbé TRUCHET.

Ouvrage couronné par l'Académie de Savoie

(Concours de 1885)

> « Pour ce qui regarde la partie de l'histoire de France antérieure au xviiᵉ siècle, la conviction publique, si je puis m'exprimer ainsi, a besoin d'être renouvelée à fond. »
> (Augustin Thierry, *Lettre sur l'Histoire de France. — Avertissement.*)

CHAMBÉRY
IMPRIMERIE SAVOISIENNE, JACQUELIN ET Cⁱᵉ
—
1887

SAINT-JEAN DE MAURIENNE
AU XVIe SIÈCLE

Par l'Abbé TRUCHET.

Ouvrage couronné par l'Académie de Savoie

(Concours de 1885)

> « Pour ce qui regarde la partie de l'histoire de France antérieure au XVIIe siècle, la conviction publique, si je puis m'exprimer ainsi, a besoin d'être renouvelée à fond. »
> (Augustin Thierry, *Lettre sur l'Histoire de France.* — *Avertissement*).

CHAMBÉRY
IMPRIMERIE SAVOISIENNE, JACQUELIN ET Cie
1887

PRÉFACE

Ce livre n'est pas une histoire proprement dite; c'est plutôt une photographie de la vieille petite ville de Saint-Jean de Maurienne. Pour son histoire, il eût fallu la commencer à son enfance : mais elle remonte bien loin ; ses premières années, qui sont des siècles, ont laissé peu de traces, et la pauvre ville a subi bien des catastrophes. Nous aurions souhaité pouvoir au moins recueillir tout ce qui a échappé à ces nombreux naufrages : longues et difficiles recherches, auxquelles nous ne pouvons plus songer.

Nous avons essayé de prendre son portrait à ce que nous appellerons son âge mûr, et c'est pour cela que nous entrons dans des détails que plusieurs trouveront peut-être trop menus. Un portrait où il n'y aurait que les grandes lignes serait le portrait de tout le monde. Cette considération nous servira d'excuse.

Nous en avons une autre. Nous voudrions fournir notre petit contingent de matériaux pour une histoire, non de ce que l'on appelle la Maison de Savoie, ni de nous ne savons quelle Savoie, créée de toutes pièces avec des idées politiques amalgamées de fragments de chartes, choisis et découpés à dessein ; mais de la vraie Savoie et du vrai peuple savoyard, tels qu'ils ont existé et qu'ils existent encore, avec les usages, les mœurs, les institutions, les œuvres, la physionomie de chaque époque, de chaque province et des villes principales. Cette histoire devrait être écrite uniquement d'après les documents authentiques, par quelqu'un qui aurait soin d'oublier qu'il vit au temps présent.

Ce serait un beau et patriotique travail, dont il y a déjà de nombreuses pages éparses dans les Mémoires des Sociétés savantes de la Savoie et dans les travaux des Costa, des Ménabréa, des Chapperon, des Burnier, des Foras, des Ducis, des Rabut et de bien d'autres. Nous avons voulu en ajouter quelques-unes. Le lecteur verra que nous les avons puisées aux sources inédites les plus sûres. La principale, ce sont les archives communales de Saint-Jean, dont M. le Maire a bien voulu nous ouvrir la porte toute grande ; nous ne les citons presque jamais, parce qu'il faudrait le faire à chaque page. Nous pouvons affirmer qu'il n'y a pas un fait, quelque petit qu'il soit, dont nous n'ayions eu entre les mains la preuve authentique.

Pour une étude restreinte, nous ne pouvions mieux choisir que le XVIe siècle : le siècle des grandes luttes politico-religieuses; le siècle de la Renaissance, pas sous tous les rapports cependant; la fin du Moyen Age et le commencement de l'ère moderne soi-disant libérale ; chez nous, le dernier siècle des États-Généraux, des conseils généraux des communes et de la liberté communale. L'État, nous voulons dire le gouvernement, va éprouver le besoin de se fortifier. L'unité va se faire plus compacte ; l'autorité centrale, devenue l'autorité unique, s'insinuera dans toutes les parties de la vie sociale. Voici venir les armées permanentes, le papier timbré, l'enregistrement, la main de l'Etat dans la commune, dans l'école, dans l'hôpital, même un peu, beaucoup trop, dans l'Eglise. Le XVIIe siècle verra naître la centralisation, ce poulpe gigantesque, dont les lanières se multiplient sans cesse, appliquant leurs innombrables ventouses et suçoirs sur tous les actes de la vie et sur tous les produits du sol et de l'activité humaine.

Montrons ce qu'était la commune, telle qu'elle s'était faite comme d'elle-même, ainsi que naissent les plantes sous l'action du soleil et par les graines que le vent apporte. Montrons-la avec ses bons et ses mauvais côtés ; car alors, comme aujourd'hui, il y avait du bien et du mal, et l'histoire n'est ni un panégyrique, ni une diatribe ; pour répéter le mot que nous avons dit en commençant, c'est une photographie.

Quant aux événements politiques, nous n'avons à étudier que les remous qu'eurent dans notre vallée les grands flots qui submergèrent et bouleversèrent l'Europe presque pendant toute la durée de ce siècle.

Si cette étude contredit les préjugés de quelque fanatique du temps présent, habitué à juger le passé sur les dires de certains journaux et de certains livres, ce n'est pas notre faute, mais celle des vieux papiers ; et Saint-Jean de Maurienne n'est pas le seul endroit en Savoie, ni même en France, où les vieux papiers parlent autrement que certains livres et certains journaux. Il faut plaindre ceux qui trouvent du profit à calomnier leur pays dans le passé ou dans le présent.

Il y a une troisième raison des petits détails dans lesquels nous entrons. Quelqu'un disait : « L'histoire de mon village, de son église, de son école, de son hôpital, de sa vieille tour, de ses vieilles coutumes et des familles qui y ont fait quelque bien ou quelque bruit, m'intéresse plus que celle de Rome et d'Athènes ; car ce village est pour moi le premier élément et comme une réduction de la patrie. L'histoire de Rome et d'Athènes ne satisfait que mon esprit ; l'histoire de mon village me réjouit le cœur et rien ne m'est indifférent. »

Nous sommes ainsi, et vous de même, cher lecteur, puisque vous lisez ce livre, qui n'attirera point la foule.

Et voilà la grande misère de quiconque, pour l'amour de son pays, se laisse prendre à l'amorce des vieux grimoires. Que gagne-t-il à user ses yeux dans ces terriers, ces protocoles, ces parchemins et ces papiers jaunis, froissés, rongés des rats, jetés dans quelque coin d'armoire ou de mairie, en attendant qu'on les brûle ou qu'on les balaie, comme inutiles même à l'épicier ? Il y gagne de la poussière et des ophtalmies. Ceux qui le voient plongé dans ces paperasses, pour recueillir, joyeux, un nom, un fait, une date, lèvent les épaules ; les rares lecteurs qu'il trouvera le liront avec la loupe, et il aura pour profit la facture de l'imprimeur, si quelque Société savante ne s'est décidée à prendre son œuvre.

Soyez-lui indulgent, cher lecteur, à cause de ses patriotiques intentions ; et si vous pensez que son livre ne vaut pas ce qu'il lui a coûté, ne doutez pas qu'il soit de votre avis.

Saint-Jean de Maurienne, le 6 octobre 1884.

SAINT-JEAN DE MAURIENNE

AU XVIᵉ SIÈCLE

CHAPITRE Iᵉʳ

Une excursion dans Saint-Jean au XVIᵉ siècle.

Il y a quelques années, nous rencontrâmes sous les portiques de la Rue-Neuve un vieux Frère Capucin, natif de Montaimont et bien connu des personnes qui fréquentent l'église du couvent de Chambéry. Il cherchait la ville où, dans sa jeunesse, ce qui remontait à plus d'un demi-siècle, il était venu souvent pour les marchés et les foires. Le bon vieillard ne l'avait pas vue depuis 1830, et il avait désiré lui faire une visite avant de mourir. Mais n'en retrouvant que quelques extrémités à peu près conservées, il allait comme une âme en peine et il s'en retourna tout désappointé.

Bien plus grand serait le désappointement d'un de nos ancêtres du XVIᵉ siècle qui reviendrait visiter sa rue et sa maison. Supposons qu'il arrive par la route de Chambéry, et refaisons, à l'aide des documents de nos archives communales, le Saint-Jean qu'il avait connu. Le plan mis en tête de ce volume permettra au lecteur de nous accompagner en même temps dans l'ancienne et dans la nouvelle ville.

D'abord, rendons-lui le titre sous lequel elle était toujours désignée : la *cité*. Le voyageur entrait sur son territoire au pont d'Hermillon, un pont de bois, très étroit, comme ceux d'Arvan et de Villard-Clément sur l'Arc, situés au-delà de la ville, le dernier à l'autre extrémité du territoire. Au milieu du pont se dressait un portail. Une épidémie s'était-elle déclarée sur quelque point de la Savoie, on plaçait la porte et des gardes, principalement à l'approche des foires, et nul ne pouvait passer sans produire un certificat constatant qu'il n'avait traversé aucun lieu infecté ou suspect. La même précaution était prise au pont de Villard-Clément, si le danger venait du Piémont ; à celui de Bonrieu, si l'on craignait les communications avec le Dauphiné par Fontcouverte et les Arves. Mais l'ennemi n'était pas facile à reconnaître ni à arrêter, et nous verrons qu'il rendit plus d'une fois inutile la surveillance des gardes.

Du pont d'Hermillon, la route cotoyait la montagne du Rocherai, dont la pente était alors plus vêtue de bois et de pâturages qu'elle ne l'est aujourd'hui. Le lit de la rivière d'Arc s'étendait jusque-là ; car elle jouissait d'une entière liberté et pouvait, à son gré, longer le Rocherai ou se promener dans sa propriété de Longefan jusqu'au pied de la montagne d'Hermillon. Souvent elle décrivait une courbe, beaucoup plus rapprochée de la ville que son lit actuel, et il est facile de reconnaître, en amont du pont du chemin de fer, les limites où la côte devenait trop raide pour qu'elle pût les franchir. Mais, du côté du Rocherai, l'Arc était parfois en lutte avec le ruisseau du *Pix,* dont les eaux, grossies par les pluies ou par la fonte des neiges et chargées des alluvions de Jarrier, lui disputaient le terrain. Ce ruisseau avait déjà été resserré par des digues, *tornes,* au moins dans une partie de son cours, et c'est ce qui amena plus tard la substitution du nom de la *Torne,* par lequel on le désigne aujourd'hui, à celui du *Pix,* qui lui était donné au xvi° siècle. A côté de ces deux ennemis, la route se tirait d'affaire comme elle pouvait.

Dans les mois de mars et de septembre, le voyageur avait chance de la trouver dans un état passable ; car le châtelain devait la visiter à ces deux époques chaque année, après avoir convoqué les propriétaires voisins, et y faire faire, à leurs frais, les réparations nécessaires (1). Ensuite, la route était abandonnée à elle-même, c'est-à-dire au

---

(1) Les statuts de 1430 attribuent aux routes une largeur de huit pieds, et de seize dans les détours. Les baillis ou les châtelains doivent les visiter au commencement des mois de mars et de septembre, en présence des propriétaires voisins. *Et si per visitationem hujusmodi reperiant ipsas vias aut earum aliquam spinis, dumis, paludibus et fossalibus, clausuris, vel alias occupatas vel restrictas, aut alias reparatione egentes, illas jubeant et faciant reparari et ad debitum statum reponi per illos qui habent possessiones ipsis viis contiguas, ac etiam remotas si opus sit per injunctiones eis fiendas.*

soleil, à la pluie, à la neige et au bon plaisir des propriétaires et des ruisseaux voisins, jusqu'à la visite suivante, à moins que des circonstances importantes, comme le passage de troupes ou de quelque grand personnage voyageant en litière, n'obligeât le gouvernement, l'évêque et le duc de Savoie, à prescrire au châtelain une visite et des réparations extraordinaires. Ainsi, le voyageur, cavalier ou piéton, ne trouvait souvent qu'un chemin semé de fondrières, de tas de poussière ou de flaques d'eau et de boue, coupé par un ruisseau, rétréci par les broussailles et les empiètements des propriétaires. Quant aux voitures, elles n'étaient guère connues et, du reste, elles auraient été fort empêchées pour se croiser dans des routes de huit pieds de largeur et dans les rues de la ville, excepté sur les places, qui n'étaient que des rues plus larges, de la *Croix-de-l'Orme*, du *Pointet-du-Bourg* et de l'*Officialité*.

La route, même dans l'intérieur de la ville, où elle comprenait les rues de l'*Orme*, de la *Granaterie*, des *Bourses* et du *Mollard-d'Arvan*, est souvent désignée dans nos documents du xvie siècle sous le nom de route ducale *(via ducalis)*, et de route royale pendant l'occupation française.

Revenons à notre voyageur, que nous avons laissé au pied du Rocherai. Après avoir dépassé la maison de *Lancessey*, appartenant aux nobles Baptendier, plus tard la *Charité*, quand ils l'eurent donnée à l'Hôpital, il tournait brusquement à gauche, traversait le Pix et entrait dans le *Pré-de-l'Évêque*. C'était le champ de foire, alors beaucoup plus vaste qu'aujourd'hui. Il appartenait à l'évêque, sous la servitude des foires et du pacage public, ce qui réduisait le produit à un peu de foin coupé prématurément, si le Pix n'avait pas étendu trop loin ses incursions. De plus, l'évêque servait au Chapitre, sur ce pré, une redevance de treize livres six sols huit deniers. Ainsi, il ne fit pas un grand sacrifice, quand il en céda la propriété à la ville par l'acte d'affranchissement de 1768.

A une petite distance de l'entrée du Pré-de-l'Évêque s'élevait une antique chapelle, appelée chapelle de la *Réclusière*. Elle fut rebâtie sur de plus vastes proportions vers 1595, pour devenir deux siècles plus tard une caserne, et elle a conservé ce nom. Nous la retrouverons plus tard.

Au fond du pré se dressait une tour, qui avait retenu le nom de son propriétaire en 1465, Jean Paradis ; elle l'a légué aux constructions qui l'ont remplacée

Le voyageur pouvait se diriger vers la rue Saint-Antoine, ou suivre, à sa droite, la route ducale qui le conduisait à la porte de la *Réclusière*. Près de l'endroit où s'élevait cette porte, on voit encore, au-dessus de la porte d'une maison, les armes de la ville, la main de saint Jean-Baptiste et le millésime de 1586. La tradition dit que c'était la poste aux chevaux ; c'était peut-être aussi le logement du gardien de la porte.

Quelques pas conduisent à la petite place de la Croix-de-l'Orme *(ad crucem ulmi)*. Cette croix, maintenant adossée au mur de la propriété de M. Grange, était plantée au milieu de la place, près d'un orme vénérable. Derrière la croix, une tour carrée, dont on voit encore la base dans la maison de M. Florimond Truchet, appartenait, en 1581, à Bon du Pont, qui en fit déclaration pour l'impôt de la gabelle : le secrétaire de la ville ne lui donne pas la qualification de noble, probablement parce que, comme on le verra, à cause de son peu de fortune, il exerçait un *art mécanique*. Tout à côté, fermé par une porte, était le vaste fief du Pont, où nous reviendrons. La petite rue du *Pix* conduisait de la place au ruisseau.

Nous descendons dans la principale et la mieux conservée des vieilles rues de la ville, en ce temps-là la plus fréquentée, maintenant la plus déserte. Dans les documents de l'époque, elle porte les noms divers de : rue *tendant à l'Orme,* de l'*Orme,* rue du *Plâtre* (1), rue du *Four-du-Plâtre*. Au milieu de cette rue se trouvait, au bout d'une *ruelle,* la maison et le fief des nobles Sauvage (propriété Grange).

La rue de l'Orme aboutit à la place du Marché. C'était alors la rue ou la place du *Bornel-de-la-Pierre,* moins grande qu'aujourd'hui ; la fontaine a retenu ce nom et son eau était renommée, parce que, ne venant pas de Bonrieu, elle coulait presque constamment et ne se transformait pas en boue délayée, comme celle des autres fontaines, quand il pleuvait pendant quelques jours. Cette place se continue par la rue Beauregard, élargie il y a quelques années ; à l'extrémité se trouvaient les manoirs Baptendier et du Pont et l'église Saint-Christophe.

(1) *Carreria Plastri seu Ulmi.*

Le prolongement de la rue de l'Orme, maintenant rue Grenette, portait le nom de la *Granaterie*. La place où elle débouche était le *Pointet* ou *Poentet-du-Bourg*; *pointet* était synonyme de *pot*. Là étaient placés le poids et les mesures publiques, sous un appentis en bois qu'ont encore vu ceux qui possèdent la cinquantaine. C'était le centre du mouvement et du commerce, le lieu des publications, des affiches et des ventes aux enchères, la plus grande place de la ville, car elle avait peut-être bien trente pieds de largeur.

Au sommet du Pointet-du-Bourg, on avait, à gauche, la rue des *Fours*, maintenant rebaptisée et complètement transformée par la construction du palais-de-justice et de la sous-préfecture; à droite, la rue de la *Sonnerie-Vieille* (1), aboutissant à la maison et à la tour de noble Baptendier. D'où venait le nom de la rue et pourquoi la tour est-elle appelée tour *Bossue?* Nous l'ignorons. Quant à ce qu'était la tour avant de devenir la propriété de cette famille, la Géographie Joanne dit: *ancien hôtel des monnaies des évêques.*

La rue du Collége, qui suit la place du Pointet, faisait encore, au commencement de notre siècle, partie de la rue Bonrieu ; l'extrémité supérieure de cette rue porte souvent, dans les actes du XVIe siècle, le nom de rue des *Forts*. Ces forts s'élevaient au-delà du torrent de Bonrieu, sur le plateau où existent encore la tour de la Poudrière et deux autres vieilles tours dont nous verrons quels étaient les

---

(1) Maintenant rue de l'Ancien-Hôtel-de-Ville.

propriétaires au xvi° siècle. La poudrière était probablement un de ces forts qui furent démolis en 1615 ; la fleur de lys qui la surmonte laisse supposer qu'elle fut rebâtie pendant l'occupation de la Savoie par Louis XIV.

En descendant la rue Bonrieu, mentionnons pour mémoire le couvent des Bernardines, actuellement petit-séminaire. Il fut construit en 1623. Auparavant, la place qui le précède et l'emplacement de l'église étaient occupés par une rangée de maisons, coupée vers le milieu par une petite rue, ou plutôt un chemin tendant au Clapey et portant le nom de rue des *Champs*.

Le vieux Pointet communique avec la Rue-Neuve par un passage voûté, où commençait la rue Saint-Antoine. Quelques pas plus bas, entre l'hôtellerie du Bœuf et un portail gothique donnant entrée dans les rustiques de l'évêché, se dressait le donjon du palais épiscopal, et vous pouvez le voir encore, tout fier d'avoir conservé sa belle taille et son échauguette accrochée à son sommet; seulement, l'échauguette a dû accepter une coiffure moderne, et la tour laisser ouvrir ses flancs pour livrer passage à un portique.

La rue Grenette se prolonge, au-delà du Pointet, par la rue *Borcière,* de son vieux nom rue des *Bourses* ou *Bourse (Burse)*, pris à une famille noble et fort importante, que nous y trouvons dès le xi° siècle.

En 1075, Jean Bourse est témoin à une donation de dîmes faite aux églises de Saint-Jean-Baptiste et de Sainte-Marie, de Saint-Jean. Deux Guillaume

Bourse assistent, en 1112 et 1219, à des donations en faveur du Chapitre de la cathédrale. En 1270, l'évêque Amédée de Miribel achète des frères Théobald, Philippe, Jacques, Roger et Richard Bourse des fiefs et usages aux Oulles, au Tilleret et à Gevoudaz. En 1299, le chanoine Hugues Bourse et Aynard Bourse sont propriétaires à côté du *Pré-de-l'Évêque* (1). Les Bourse disparaissent dès lors de nos chartes.

L'extrémité de la rue des Bourses tournait brusquement à gauche et débouchait dans la place de l'*Officialité*. Ce nom avait remplacé celui de *Mauconseil*, *(platea mali consilii)* qu'elle portait au XV° siècle.

La place de l'Officialité était le centre de la justice et de tout ce qui s'y rattache, comme le Pointet était le centre du commerce. A droite, au rez-de-chaussée des maisons qui ont été rasées, il y a quelques années, pour la construction de l'hôtel-de-ville, s'ouvraient les *banches* des études *(operatoria)* des principaux avocats, notaires, procureurs et praticiens ; à gauche, dans l'aile de l'évêché qui s'allongeait jusqu'au clocher, percée d'un passage voûté, la porte *Maranche*, donnant entrée dans le cimetière, siégeaient les deux tribunaux de l'officialité et de la judicature temporelle de l'évêché. Au fond de la place, s'avançant, en face du clocher, jusqu'au milieu de la rue actuelle, étaient assis les bâtiments de la *Correrie* ou *Cour commune*, composés principalement d'une maison-forte et d'une

(1) *Chartes du diocèse de Maurienne.*

prison. La maison-forte se dessine encore au milieu des constructions modernes.

Au sujet de la Correrie, on lit dans le traité du 2 février 1327, par lequel l'évêque Aimon de Miolans, impuissant à réprimer l'insurrection des Arves, associa Edouard, comte de Savoie, à sa souveraineté sur la plus grande partie de la Terre épiscopale : « Le comte et ses successeurs ne pourront acquérir dans cette terre aucun autre fief ou arrière-fief de l'évêque, que ceux qui sont compris dans la présente association, à l'exception d'une maison-forte où le corrier commun habitera pour punir les malfaiteurs et rendre la justice, de telle sorte cependant que cette maison sera tenue en fief de l'évêque et de son église, et que les gens de l'évêque pourront, au besoin, s'y réfugier. »

Un autre article du traité porte que « la tour de la Cluse, située sur la voie publique, au-delà de l'Arc, entre le pont d'Hermillon et Saint-Jean, sera aussi occupée par le corrier, pour la sécurité des dits seigneurs et la terreur des méchants. »

La tour de la Cluse n'existait plus au xvie siècle; du moins nous ne la trouvons mentionnée nulle part. Quant à son emplacement, il nous paraît qu'il faut le mettre au fond de la plaine de Longefan, du côté d'Hermillon, sur un rocher où se voient des ruines que des reconnaissances du xviie siècle désignent sous le nom de château de Longefan; une voie romaine passait tout à côté.

Revenons à la place de l'Officialité.

L'espace occupé, de la place Fodéré à l'extrémité du portique de droite, par la Rue-Neuve, ouverte en 1832, était rempli de constructions entre lesquelles serpentaient des allées étroites et tortueuses communiquant, par des passages voûtés, avec les rues Granaterie, de l'Orme et Saint-Antoine.

Entre le clocher et la correrie commençait la rue d'*Arvan,* du *Mollard-d'Arvan* ou de l'*École*. Ce dernier nom était particulièrement donné à une petite rue transversale qui, d'un côté, montait au Clapey et, de l'autre, passait entre les maisons qui portent présentement les numéros 21 et 22 de la Grand'Rue.

La rue d'Arvan était fermée par une porte, à l'extrémité de la propriété de l'hôpital actuel. Au-delà, la rue empruntait le nom de Saint-Roch à une chapelle qui bordait la route, à gauche. Il y avait là un groupe de maisons que Mgr de Lambert acheta, pour construire le collége en 1572, et le couvent des Capucins en 1578.

Les rues des Bourses et d'Arvan sont souvent désignées sous le nom de *Grande-Rue-Mercière*.

Cinq portes fermaient les avenues de la ville. Nous avons déjà mentionné celles de la Réclusière et du Mollard-d'Arvan. Les autres étaient placées entre les rues Bonrieu et des Forts, au sommet de la rue Beauregard, et au débouché de la rue Saint-Antoine dans le Pré-de-l'Évêque.

Entre les ponts d'Arvan et d'Arc, la route s'éloignait le plus possible de la rivière, en suivant à peu près la direction du chemin actuel de Villargondran et la courbe que la montagne décrit au-dessous de ce village. Mais il y avait les *Combes;* l'Arc aussi s'avisait de temps en temps de passer à côté du pont, quand il ne se donnait pas la peine de l'emporter. Alors, on mettait en réquisition les gens et les pièces de bois des communes voisines.

Le voyageur qui ne voulait pas attendre avait la ressource de traverser l'Arc au pont de l'Echaillon, si ce pont existait, ou à celui d'Hermillon, de grimper à Greny et de descendre à Villard-Clément ou à Saint-Julien, selon les caprices du ruisseau de Montdenis.

Il y avait dans la ville deux maisons que, dans le dernier quart du XVI° siècle, le voyageur ne pouvait ne pas remarquer et où nos récits nous conduiront plus d'une fois : la *Confrérie* et l'*Écu-de-France*.

La première était située dans la rue d'Arvan (1). Elle appartenait à la Confrérie du Saint-Esprit, une curieuse institution de fraternité communale, sur laquelle on trouvera plus loin quelques détails. Comme la maison avait de vastes salles, le conseil général de la commune y tint ordinairement ses assemblées depuis l'année 1580 jusqu'à sa suppression.

Dans la rue Grenette, on voit sur un portail les armes de la ville et le millésime de 1576. Cette maison était, en 1530, une auberge à l'enseigne de l'*Écu-de-France*. Elle appartenait à Thomas Vibert, qui la donna en hypothèque au Chapitre de la cathédrale, auquel il devait un capital de cent florins, sous la caution du notaire Louis Girollet. En 1567, les filles de celui-ci durent, selon la coutume des cautions, payer cette dette. Mais Vibert en avait laissé beau-

---

(1) Sur l'emplacement de la maison Carloz.

coup d'autres. Sa maison, qui tombait en ruine, fut mise en vente et acquise, le 30 janvier 1570, par la Confrérie du Saint-Esprit, de concert avec le conseil général de la ville, pour le prix de 1,060 florins. Mgr de Lambert en prêta la moitié. Pour le reste, la Confrérie y employa la somme réservée pour le repas de la Pentecôte, qui n'eut pas lieu cette année-là. La maison fut rebâtie et servit de lieu de réunion au conseil de la Confrérie et au conseil des syndics, jusqu'à ce que la ville fût devenue, vers le milieu du siècle suivant, propriétaire de la maison des Flammes.

Quant aux églises, aux écoles et aux hôpitaux, nous en parlerons tout-à-l'heure. Le voyageur pauvre n'avait qu'à se présenter à la *Miséricorde* pour trouver le gîte et la nourriture. S'il avait de l'argent, il avait l'embarras du choix entre les nombreuses auberges qui, dans toutes les rues, balançaient sur sa tête leurs grandes enseignes peintes : au Bornel-de-la-Pierre, la *Tête-Noire* et le *Lion-d'Or;* autour du Pointet-du-Bourg, l'*Écu-de-France,* la *Croix-Blanche* et les *Trois-Rois,* dont l'enseigne pend encore aujourd'hui à sa tige de fer; à St-Antoine, le *Bœuf*, le *Soleil-d'Or*, l'*Ange* et le *Griffon;* au Mollard-d'Arvan, la *Couronne-d'Or, Saint-Georges,* etc. Partout il y avait lits nombreux, vastes écuries, amples approvisionnements, et même des vêtements tout prêts, pour réparer les accidents du voyage.

Pour les environs de St-Jean, disons seulement que les montagnes de Rochenoire et du Rocherai gardaient de plus larges lambeaux de vêtements, brodés de pâturages, d'arbres et de vignes ; mais que les plaines de Longefan et des Plans, appartenaient, en grande partie, à l'Arc et aux épines ; et laissons la parole à un voyageur du XVIᵉ siècle, Jacques Peletier, du Mans. Il était, dit Jacques Bertrand son ami (1), mathématicien, poète et médecin. Chassé de Paris par la guerre civile, il s'était réfugié dans notre pays. Son poème sur la Savoie, imprimé à Annecy (2), prouve qu'il n'y trouva pas l'exil trop triste.

Peletier rêvait une réforme de l'orthographe française, et il a là-dessus deux livres adressés à Louis Meigret et imprimés à Lyon par Jean de Tournes, en 1555. Sa réforme, dont on va voir quelques échantillons, était assez bizarre, et il n'y a pas à regretter qu'elle n'ait pas été adoptée.

Le poète vint à Saint-Jean dans les premières années de l'épiscopat de Mᵍʳ de Lambert, dont il fait un grand éloge, ainsi que des trois principaux personnages de la ville : le juge-mage Baptendier, le corrier Rapin et le médecin Bibal. Voici ce qu'il dit de la ville :

> C'est Maurienne, où entre à un get d'arc
> Le trouble Arvan dedans le bruyant Arcq ;
> Vile posée au cueur de la Savoye
> Et à peu près au milieu de la voye
> De Chambery et du celebre mont
> Qui la depart d'avecques le Piémont.
> Meintz ornemens font le lieu digne et noble,
> Prez, chams, vergers et liquoreus vignoble,
> Enrayonné par l'entredeus du val

(1) *Diva Virgo Charmensis*, cap. v.
(2) Chez Jacques Bertrand, 1572.

D'un clair soleil qui au temps estival
Plus tost se montre et plus la nuit differe,
Qu'il ne feroit en un plein hemisphere ;
Bien qu'en hyver un peu soit retardé
Par le haut mont de l'Austre (Orient) regardé :
....
Alant autour la montagne pendante,
Vous y voyez la campagne abondante,
Et en tems deu, beuz, chevres et brebiz,
Que si du mont vons est longue la peine,
Vous descendez en la vallée pleine,
Vous passag'ant au long des prez plaisans,
Qui par trois fois se fauchent tous les ans.
Là au travers et au long se conduisent
Les ruisselets qui du fleuve s'épuisent :
Dont le clair bruit vous fait si voulontiers
Prendre repos souz les arbres fruitiers,
Où vous cueillez la prune violette,
La pomme douce, ou la guigne mollette,
Tout en son tems si bien entretenu,
Qu'un fruit failli, l'autre est desia venu.
Par ces pourpris sont les herbes tendrettes,
Pour meslier les salades aigrettes,
Brief ce solage apporte sans grand coust
Tout ce que veut l'honnesteté du goust.
A l'artichot il est si profitable,
Et au melon, friandises de table,
Que celui là de ces jardins génois
Cederoit bien à l'air mauriennois.
Puis le safran, de rougeur jaunissante,
Et de saveur aus cueurs réjouissante,
Y vient bien tel qu'un mont cilicien
Lui cederoit son renom ancien.

La culture du safran, aujourd'hui abandonnée, était, au xvi⁰ siècle, très répandue en Maurienne, particulièrement à Saint-Jean et à Saint-Michel.

Les actes de l'époque y mentionnent de nombreuses *safraneries*.

Peletier n'a garde d'oublier les eaux de l'Echaillon, qu'il pense venir de la même source que celles de Salins, près de Moûtiers :

> Encor' se voit la fontaine salée,
> En Eschalon, sur l'Arcq, franche vallée :
> Qui de Salins sa source doit tenir,
> Et souz les rochz jusqu'en ce lieu venir.
> Là les brebiz, qui la salure sentent,
> Pour la sucer bien souvent se présentent ;
> Mais l'Arcq, qui pend tousiours sur ce costé,
> A le signal du sel tout presqu'osté.

L'Echaillon, de *scala,* échelle, parce que, dit Mgr Billiet (1), on n'y arrivait autrefois que par un escalier taillé dans le roc, se compose d'une très étroite langue de terre, nue et inculte, serrée entre l'Arc et la montagne de Mont-André, et d'une gracieuse petite plaine, toute couverte de maisons de campagne, de champs, de vignes et de vergers. Ces deux parties communiquent par un chemin pris dans le rocher, et la seconde a eu de tout temps beaucoup à souffrir des incursions de la rivière ; les eaux thermales sont dans la première et elles appartiennent à la ville de Saint-Jean, quoique le territoire dépende de la commune d'Hermillon.

En 1344, la *chavannerie* (métairie) de l'Échaillon, *depuis les bains jusqu'à la balme* (rocher) *de Villard-Clément,* était un fief des comtes de Savoie, dont les tenanciers, tous du hameau de Mont-André,

---

(1) *Chartes du diocèse de Maurienne,* p. 197, note 3.

situé dans la montagne, firent une reconnaissance en faveur d'Amédée VI (1).

Aujourd'hui, comme au temps de Jacques Peletier, l'Arc mêle ses eaux à celles de l'Echaillon; mais nous ne savons si les brebis se présentent toujours pour *sucer la salure*. Malheureusement pour elles, si les baigneurs ne leur font pas grande concurrence, la source est enfermée dans une cage de bois, dont elles n'ont pas la clé. Il y a, en outre, depuis longtemps, de beaux et vastes projets, dont on parle régulièrement tous les quatre ans, ce qui, paraît-il, ne suffit pas pour la création d'un établissement thermal.

(1) *Charles du diocèse de Maurienne,* p. 195.

CHAPITRE II

La Cathédrale.

En 1500, il ne restait déjà plus rien, au moins au-dessus du sol, de la cathédrale bâtie par le roi Gontram. Quant à savoir si la crypte date de cette époque, c'est difficile ; car elle est encore ensevelie sous les dalles de l'avant-chœur, toute pleine de décombres et peut-être d'alluvions du torrent de Bonrieu, et ceux qui y ont pénétré, en 1826, se sont bien gardés de l'étudier. M. Angley (1) dit : « Nous croyons que les murs d'enceinte et les gros piliers qui soutiennent les voûtes datent réellement de 580 (2). » Il ajoute quelques lignes plus bas : « Vers l'année 1170, l'évêque Lambert y fit faire de grands travaux ; mais on n'en précise point la nature et l'on ne peut conjecturer qu'il l'ait reconstruite par les fondements, puisqu'elle n'avait encore à cette époque que cinq ou six siècles d'existence. » La raison nous paraît mauvaise. En ces six siècles, la ville de Saint-Jean avait été saccagée deux fois par les Sarrasins (732 et 906), et M. Angley raconte

(1) *Histoire du diocèse de Maurienne*, p. 419.
(2) Il est certain que la consécration de la cathédrale de St-Jean par saint Isichius, archevêque de Vienne, eut lieu vers l'an 565 ; mais la ville ayant été ruinée en 575 par les Lombards, il est possible que l'église ait dû être rebâtie.

lui-même (1) que, vers l'année 1033, elle avait été emportée d'assaut par Conrad-le-Salique, qui avait rasé ses murailles, détruit ses maisons et dispersé ses habitants. Il n'est pas probable que la cathédrale ait échappé à tous ces désastres. Néanmoins, il est certain que, si elle fut détruite en 1033, sa reconstruction eut lieu peu de temps après, et c'est au xie siècle qu'appartiennent les piliers et tout le gros œuvre, le chœur excepté.

La cathédrale avait déjà, en l'année 1500, cette bigarrure de style qui la dépare au point de vue de l'art, mais qui en fait un très utile champ d'études pour l'archéologue. Le lecteur nous permettra de l'accompagner dans une visite que nous supposerons faite en 1439, avant la terrible inondation de Bonrieu.

Nous passons sous la longue voûte de la porte Maranche, à laquelle est adossée, à gauche, la chapelle Saint-Michel du palais épiscopal. De ce palais nous ne pouvons rien dire, car il a été reconstruit plusieurs fois, et aucun document ne nous fait connaître son état à l'époque qui nous occupe, ni au xvie siècle. Traversons la place, qui servait de cimetière pour la paroisse Notre-Dame (2). Trois portes donnent entrée dans les nefs de la cathédrale ; elles sont basses, étroites et à plein cintre, ornées d'archivoltes en albâtre de Saint-Jean supportées par des colonnettes, et,

---

(1) *Histoire du diocèse de Maurienne*, p. 50.
(2) Un acte du 27 avril 1196 (*Chartes du diocèse de Maurienne*, p. 46) est fait *in cimiterio Sancti Johannis Baptiste prope portam domini episcopi*.

au-dessus, de bas-reliefs représentant quelques traits de la vie de saint Jean-Baptiste (1).

La façade n'a pas d'autre ornement qu'un sarcophage de marbre blanc placé par le Chapitre sur le tombeau des comtes Humbert Ier, Amédée Ier et Boniface, près de la porte du milieu, et surmonté de leurs armes et d'une inscription que M. Angley nous a conservée (2).

Les trois nefs sont couvertes par un lambris et percées de fenêtres à plein cintre, étroites au dehors, très ébrasées en dedans. A l'extérieur, au-dessus de celles de la grande nef, court une ligne d'arcatures. Les nefs collatérales communiquent avec la grande nef par neuf arcades de chaque côté. A une arcade plus bas que l'escalier actuel de l'avant-chœur, la grande nef est fermée par l'ambon. Elle se termine par une abside, à l'endroit où finissent maintenant les deux rangées de stalles. Autour de l'abside règne le *déambulatoire,* formé par le prolongement des nefs collatérales.

Voilà ce qu'était la cathédrale lorsque, au mois de février 1440, le torrent de Bonrieu se précipita dans la ville. Le chanoine Jacques Damé nous racontera tout-à-l'heure les ravages qu'il exerça.

D'après M. Angley (3), « la cathédrale elle-même

(1) Les portes actuelles et le péristyle d'ordre ionique, qui les précède, ont été faits en 1771 par le roi Charles-Emmanuel III. Le péristyle n'est là que pour abriter le tombeau des princes de Savoie. — On trouve encore dans le cloître un fragment des bas-reliefs qui décoraient les anciennes portes.
(2) *Histoire du diocèse de Maurienne,* p. 443.
(3) *Ibid.,* p. 225.

fut si gravement endommagée, qu'il fallut la rebâtir presque entièrement et abandonner sa partie inférieure, qui paraît être demeurée depuis lors ensevelie sous des décombres. » Nous ne savons où le bon chanoine a pris cette assertion évidemment inexacte. Que les eaux fangeuses de Bonrieu aient roulé jusque dans la cathédrale et y aient causé des dégradations et des pertes considérables, qu'elles aient pénétré dans la crypte, si celle-ci était encore ouverte après le désastre de 1033, cela est certain, puisque les maisons du Chapitre, qui l'entouraient, furent renversées. Mais, répétons-le, les lourds piliers, les grandes arcades à plein cintre, les fenêtres romanes et les arcatures qui décorent les deux faces extérieures des murs de la grande nef, prouvent que la cathédrale n'a pas été rebâtie au xve siècle. Il est visible que les murs ont seulement été exhaussés lors de la construction des voûtes.

Une autre preuve, c'est que la cathédrale fut promptement rendue au culte et que les réparations dont elle eut besoin, pour que le service divin pût y être célébré, furent terminées avant l'année 1447, malgré la détresse à laquelle le clergé et les fidèles avaient été réduits. Nous avons deux pièces importantes datées de cette année 1447 (1). La première, du 28 mars, est une bulle par laquelle, à la sollicitation du cardinal de Varambon, l'anti-pape Félix V

---

(1) Ces deux documents ont été publiés par Mgr Billiet dans sa *Notice sur quelques inondations qui ont eu lieu en Savoie*, et dans les *Chartes du diocèse de Maurienne*, p. 224.

accorde des indulgences à ceux qui, par leur travail ou leurs aumônes, contribueront à réparer les désastres de l'inondation de Bonrieu. La seconde, du 7 novembre, est une attestation délivrée par le Chapitre à noble Pierre du Boursier *(de Borserio)*, clerc de l'église de Maurienne, et à ses compagnons, qui, portant les reliques de saint Jean-Baptiste et de plusieurs autres saints, s'en vont dans diverses contrées de l'Europe solliciter la charité des fidèles. Or, ces chartes ne parlent ni de la reconstruction, ni même de la réparation de la cathédrale, mais seulement de la construction et de l'entretien des digues nécessaires pour mettre, à l'avenir, la ville à l'abri de pareils ravages.

Le 20 avril 1453, le cardinal Guillaume d'Estouteville fit prendre possession de l'évêché de Maurienne, que le pape Nicolas V lui avait donné en commende ; le mercredi 12 juin de l'année suivante, il s'arrêta lui-même à Saint-Jean, se rendant à Rouen, dont le siège archiépiscopal lui était aussi confié (1). « Cet évêque, dit Jacques Damé, sembla envoyé de Dieu pour rétablir notre église tombant en ruines et relever notre pays abattu par l'inondation de Bonrieu..... Il abandonna tous les revenus de l'évêché pour réparer la ville, le clocher, la cathédrale, et pourvoir celle-ci d'ornements. Par son testament, fait à Rome au mois de janvier 1483, il céda de nouveau au Chapitre les revenus passés, présents et futurs de l'évêché, pendant sa vie, pour terminer la construction du cloître, de la

---

(1) *Chronique manuscrite de Jacques Damé,* chap. XV.

salle des archives et des digues de l'Arc. Il mourut vers la fin du même mois. »

Dans un autre manuscrit, le même chroniqueur dit que les sommes données par le cardinal d'Estouteville s'élèvent à seize mille florins. D'après le testament du cardinal (1), ce chiffre ne comprend que les sommes qu'il avait déjà données précédemment.

Le style ogival était alors à sa troisième et dernière transformation, avant le retour aux formes grecques et romanes, que l'on a appelé, peut-être d'une manière trop absolue, *la Renaissance*. Aux colonnettes et aux quatre-feuilles des siècles précédents avaient été substituées les formes prismatiques, tordues, entre-croisées, à vives arêtes, du style flamboyant. C'était la mode; le Chapitre s'y conforma, sans se préoccuper de l'unité de style, et, ne pouvant transformer ni les piliers, ni les arcades, il voulut au moins refaire selon le goût de l'époque les parties supérieures de l'édifice. Aux vieux lambris plats on substitua des voûtes ogivales en bois, la prudence ne permettant pas de les faire en pierre. Les fenêtres romanes de la grande nef furent bouchées et on en ouvrit d'autres plus larges, plus hautes, mais dont les sculptures de l'ogive auraient demandé un peu plus de délié et de finesse. A cause de l'insuffisance des ressources peut-être, on ne toucha ni aux fenêtres des basses nefs, ni aux portes.

La salle des Archives, appelée aussi la salle *du*

(1) *Chartes du diocèse de Maurienne*, p. 300.

Trésor, parce que le Chapitre y tenait renfermés, dans des armoires creusées dans le mur et solidement fermées, les reliquaires, les vases sacrés les plus précieux et les chartes les plus importantes, est située au-dessus de l'ancienne chapelle de sainte Thècle, derrière l'autel du Sacré-Cœur. La voûte qui sépare les deux étages est de la même époque et beaucoup trop basse pour la chapelle, qui fut probablement transformée alors en sacristie ; c'est pourquoi on l'appelle encore communément *la vieille sacristie.* On arrivait à la salle par un escalier à jours placé dans le chœur, là où sont maintenant les premières stalles. La statue de sainte Thècle, qui terminait l'ornementation de la porte, existe encore à la même place.

Signalons dans cette salle des peintures du xve siècle, qui couvrent les deux faces des volets d'une petite armoire, où étaient déposées les nombreuses reliques que possédait la cathédrale : elles représentent, d'un côté, saint Jean-Baptiste et sainte Thècle ; de l'autre, l'Annonciation.

Depuis la suppression de l'ambon et le transport des premières stalles au sommet du chœur, ce qui malheureusement nécessita la destruction de l'escalier dont nous avons parlé, il n'y avait, pour monter à la salle des archives, qu'un escalier très étroit, pris dans l'intérieur de la muraille et s'ouvrant dans l'ancienne sacristie. On vient de lui créer un accès derrière l'autel du Sacré-Cœur.

Ce fut encore avec les largesses du cardinal d'Estouteville que le Chapitre fit construire le cloître qui avoisine la cathédrale du côté du nord, ou plutôt le péristyle qui le décore.

Le rez-de-chaussée de la maison, qui fait face à la cathédrale, au fond du cloître, portait le nom de *réfectoire* ou de *maison du réfectoire,* parce que les chanoines y prenaient des repas en commun, à certains jours déterminés par des fondations. Avant la construction de la chapelle Saint-Barthélemi, le réfectoire servait de salle capitulaire. On le trouve mentionné dans les premières années du xiiie siècle (1) ; mais on y voit des portes à plein cintre, qui accusent une origine plus ancienne. Des maisons appartenant au Chapitre le reliaient à la cathédrale ; celle de droite était appelée *la maison de la sacristie,* parce qu'elle dépendait du bénéfice de la sacristie ; celle de gauche a été rebâtie en 1623.

Vers l'année 1450, le cardinal de Varambon fit construire les appartements situés au-dessus du réfectoire pour loger la maîtrise, qu'il venait de fonder. Elle se composait de six enfants de chœur qui, sous la direction de deux chapelains, se formaient au chant et aux sciences ecclésiastiques ; on les appela les *Innocents*. Tout auprès et attenant à la cathédrale, il fit bâtir pour eux une chapelle sous le vocable de saint Barthélemi.

A la même époque, on commença la construction, en albâtre des *Moulins,* de l'élégant péristyle qui relie les constructions du cloître à la cathédrale. Les voûtes à arêtes sont, ou plutôt étaient, ornées de clefs armoiriées, et tout à l'entour, du

---

(1) *Actum in claustro sub ecclesia Sancti Johannis,* 12 février 1211. — *Actum est hoc ante portam refectorii,* 3 mars 1217. — *Hoc actum fuit apud Sanctum Johannem in domo refectorii,* 11 juillet 1285. (*Chartes du diocèse de Maurienne.*)

côté du préau, s'ouvrent, à hauteur d'appui, des baies séparées par des trumeaux et des meneaux à ogives. L'entrée de l'escalier de la maîtrise et le dessus des portes de sortie sont ornées de pinacles et de clochetons. Des écussons et des inscriptions enchâssées dans les murs marquent les tombeaux des principales familles nobles de la ville : Salière d'Arves, des Costes, Mareschal, Ducol, Rapin.

Ces constructions et réparations, dit le chanoine Damé (1), furent faites sous la direction du chanoine Amédée Gavit, vicaire général du cardinal d'Estouteville. On voit, par une lettre que lui écrivit le duc Charles Ier, le 1er décembre 1482 (2), qu'elles n'étaient pas achevées à cette date. Le cardinal ne résidait pas et le prince avait défendu d'envoyer les revenus de l'évêché hors des États. Par cette lettre, il permet d'en prendre une partie « pour les construction et perfection de claustre de Saint-Jehan et deffenses faites à l'encontre de la rivière passant auprès, aussi pour mander au dict seigneur cardinal. »

Pendant et après la Révolution, le cloître a subi d'irréparables dégradations : les inscriptions sont en partie effacées ; les clés de voûte, enlevées ; les ogives, les clochetons et les blasons, brisés.

Le successeur du cardinal d'Estouteville, Etienne de Morel, continua avec non moins de générosité l'œuvre de transformation de la cathédrale. « Il fit construire le chœur à ses frais, dit le même chroniqueur du Chapitre, et en posa solennellement

(1) Notes.
(2) *Chartes du diocèse*, p. 298.

la première pierre le 28 avril 1494. Il fit aussi faire le ciborium de marbre et le trône de l'évêque en bois de noyer ; ce trône coûta 200 florins..... Les stalles du chœur, sculptées par Pierre Mochet, de Genève, furent achevées le 14 mai 1498 ; la dépense s'éleva à la somme de 2,086 florins petit poids, fournie en majeure partie par l'évêque, le reste par les chanoines (1). Le bois avec lequel on les fit fut apporté d'Argentine, où Mgr de Morel avait acheté un grand nombre de noyers énormes (2). »

Le chœur de la cathédrale de Saint-Jean, avec ses nervures et ses cinq grandes fenêtres, avec son ciborium tout couvert de statues, de clochetons et de fleurons capricieusement découpés, avec ses stalles aux bas-reliefs gracieux ou sévères, tout noircis par le temps et surmontés d'une galerie aux fines ciselures, est un des plus beaux monuments de l'art au xve siècle dans notre Savoie. Malheureusement, il a subi des modifications et mutilations qu'il nous faut indiquer.

Les antiques vitraux ont été brisés pendant la Révolution. Ceux qui garnissent maintenant les fenêtres ne datent que de quelques années.

Le ciborium était entouré d'une élégante balustrade en fer sur laquelle sept lampes étaient suspendues. C'est dans le ciborium qu'était déposé le Saint-Sacrement (3). La balustrade fut supprimée

(1) M. Angley (*Histoire du diocèse*, p. 265) donne les noms de ces chanoines.

(2) M. Damé écrit en marge : « Le tableau du maître-autel (saint Jean-Baptiste), par A. David, a coûté 150 écus d'or sol. »

(3) Ce n'est qu'en 1757 que le Saint Sacrement a été transféré à l'autel de Sainte-Anne, au fond de la nef latérale de gauche. (*Travaux de la Société d'histoire et d'archéologie de la Maurienne*, t. II, p. 260.)

et le pied du monument, mutilé en 1826, pour faire place au trône de l'évêque. Jusqu'en 1793, ce trône était placé du côté de l'épitre ; avant la construction du tombeau de Pierre de Lambert, il faisait face à l'escalier de la salle du Trésor ; il fut alors transporté plus près de l'autel.

Nous avons déjà dit que l'ambon était situé à une arcade plus bas que la montée actuelle de l'avant-chœur. C'est là qu'étaient placées les premières stalles : du côté de l'évangile, celle du duc de Savoie, chanoine de Maurienne, surmontée d'une couronne ducale ; du côté de l'épitre, celle de l'évêque, terminée par une petite pyramide ogivale (1). La couronne et la pyramide n'existent plus. En 1826, on transporta ces stalles et quelques-unes de celles qui les suivaient au sommet du chœur ; c'est ce qui explique le disgracieux défaut de raccord qui choque l'œil, surtout dans la galerie du couronnement, entre les stalles transférées et les autres.

Dans les bas-reliefs qui décorent les stalles hautes, on trouve, avec les saints particuliers à la Maurienne, les patrons des chanoines qui contribuèrent aux frais de l'œuvre et ceux des principaux bénéfices unis au Chapitre. Suivons l'ordre dans lequel les stalles sont maintenant disposées, en commençant vers l'autel.

Du côté de l'Évangile : 1° Saint Jean-Baptiste ; 2° saint Gontram, roi de Bourgogne, fondateur de

---

(1) COMBET, *Histoire chronologique des évêques de Maurienne*, manuscrit.

la cathédrale et de l'évêché ; 3° sainte Thècle, de Valloires, qui apporta à Saint-Jean les reliques de saint Jean-Baptiste ; 4° saint Felmase, premier évêque de Maurienne ; 5° saint Georges ; 6° le prophète Isaïe ; 7° sainte Anne ; 8° saint Christophe ; 9° le prophète Jérémie ; 10° le prophète Daniel ; 11° saint Mathieu ; 12° saint Jacques le Mineur ; 13° saint Bénézet, d'Hermillon ; 14° saint Barthélemi ; 15° saint Etienne ; 16° saint Mathias ; 17° le roi David (1) ; 18° saint Philippe ; 19° sainte Barbe ; 20° saint Michel, archange ; 21° saint Sébastien.

Du côté de l'Epître : 1° la Sainte Vierge ; 2° sainte Marie-Magdeleine ; 3° sainte Catherine ; 4° saint Antoine ; 5° sainte Lucie ; 6° saint Maurice ; 7° saint Lazare ; 8° saint Pierre ; 9° saint Nicodème ; 10° saint Paul ; 11° saint Thomas ; 12° saint André ; 13° saint Simon ; 14° saint Jacques-le-Majeur ; 15° saint Jude ; 16° saint Jean ; 17° saint Roch ; 18° saint Joseph d'Arimathie ; 19° saint Bernard de Menthon ; 20° saint Claude (2) ; 21° saint Martin de Tours ; 22° saint François d'Assise.

On voit que les saints sont disposés sans ordre

---

(1) Ce saint porte la couronne impériale, ce qui nous avait d'abord fait supposer que le sculpteur avait voulu représenter l'empereur saint Henri, patron du chanoine Henri Dupuis ; mais le psaltérion placé derrière le saint est l'attribut distinctif du roi David.

(2) Évêque bénissant. C'est bien ainsi qu'est représenté saint Claude. Ce saint était le patron de l'un des principaux membres du Chapitre, Claude de Noblanc ou de Noblens (et non de Montblanc, comme dit M. Angley). Cependant il est possible que l'on ait voulu représenter le B. Ayrald, évêque de Maurienne, au tombeau duquel cette stalle est adossée.

aucun. Cela vient de ce que les chanoines eurent naturellement le droit de choisir le sujet du bas-relief dont ils faisaient les frais.

Nous signalons aux touristes les curieuses sculptures placées sous les miséricordes et aux accoudoirs inférieurs des quatre-vingt-deux sièges. Ce sont des ustensiles de ménage, des outils d'artisan, des animaux réels ou fantastiques. L'habileté de Pierre Mochet se montre peut-être mieux encore dans l'exécution de ces petits objets que dans les bas-reliefs, quelquefois un peu raides, des grandes stalles. Un autre défaut de ceux-ci, c'est que les attributs des saints ne sont pas toujours exactement ceux qui leur sont donnés par les traditions iconographiques.

Les stalles hautes étaient réservées aux chanoines et aux bénéficiers ; les basses étaient occupées par les ministres inférieurs de l'Église et par les Innocents.

Au sommet de la nef latérale de droite, dans le mur qui la sépare de l'avant-chœur, est creusé le tombeau du B. Ayrald, évêque de Maurienne. Les reliques, transportées dans la chapelle du palais épiscopal par Mgr de Martiniana, au XVIIIe siècle, y sont encore déposées. Sous l'arc qui forme la niche du tombeau est une admirable peinture à l'encaustique, de l'école italienne (1), représentant la Lamentation sur le tombeau de Jésus-Christ. Nous y retrouvons, autour de la Sainte Vierge agenouillée et contemplant, avec une ineffable expression de douleur et d'amour, le Christ mort et nu, plusieurs

(1) M. le marquis de Costa, dans un rapport adressé à Mgr Vibert, en 1859, attribue cette peinture au Giotto.

des saints que nous avons vus dans les stalles du même côté : saint Jean, sainte Marie-Magdeleine, Nicodème et saint Joseph d'Arimathie.

Le mur supérieur est couvert d'une représentation du Jugement dernier, peinte à la détrempe et appartenant à l'école allemande. Aux deux côtés, les prophètes Nahum, Johel, Michée, Baruch, Jérémie et Isaïe tiennent des cartels avec des textes tirés de leurs livres.

Ces peintures sont de la seconde moitié du XVe siècle. Ce n'est qu'en 1858 qu'elles ont été débarrassées de la couche de chaux dont elles avaient été recouvertes, on ne sait à quelle époque. Malheureusement, ceux qui l'ont mise ont voulu rendre leur travail plus durable, en piquant à coups de marteau le tableau de la Lamentation.

Les piliers de la même nef, dans les endroits où la couche de chaux est tombée, laissent aussi paraître des têtes et des nimbes d'or de la même époque ; mais ces peintures sont trop insuffisamment visibles pour qu'il soit possible d'en reconnaître les sujets. Il est permis de supposer que les piliers des autres nefs sont décorés de la même manière sous les couches de badigeon qui les recouvrent (1).

Nous ne pensons pas que la face intérieure des murs d'enceinte ait reçu la même décoration. A ces murs étaient encore adossées, au milieu du XVIIe siècle, la plupart des chapelles unies au Chapitre (2). On voit encore, le long des murs des

(1) Voir, dans le IVe volume des *Travaux de la Société...*, p. 145, une lettre de M. G. Vallier sur ces peintures.

(2) M. ANGLEY, *Histoire du diocèse...*, p. 421, suppose à tort que ces chapelles furent supprimées à l'époque de la construction des voûtes.

nefs latérales, plusieurs petits sacraires qui datent de la fin du xv⁰ siècle, comme ceux, beaucoup plus grands et plus richement décorés, qui sont placés à côté du maître-autel et de l'ancien autel de saint Pierre. L'enlèvement de ces autels doit avoir coïncidé avec la construction des trois chapelles extérieures ouvertes dans la nef de droite, qui eut lieu dans la seconde moitié du xvii⁰ siècle (1). Le cloître ne permit pas d'en construire de même dans la nef de gauche.

Nous arrivons enfin au xvi⁰ siècle. Le chemin a été un peu long; nous ne le regrettons point, s'il a présenté quelque intérêt.

La cathédrale a subi peu de modifications pendant ce siècle.

Le successeur d'Etienne de Morel, le cardinal Louis de Gorrevod (1499-1539), dans les dernières années de sa vie, fit reconstruire, sur de plus vastes proportions, la chapelle de Saint-Barthélemi, située à l'entrée de la nef collatérale de gauche, et lui donna ouverture dans l'église. Elle fut appelée chapelle de Jésus : elle est maintenant sous le vocable de saint Joseph. Ce fut là qu'il fit préparer son tombeau. On voit que la Renaissance va opérer

(1) Damé raconte ainsi la construction de la chapelle de Notre-Dame des Carmes: *Anno 1670 constructum fuit a fundamentis sacellum Beatæ Mariæ Carmelitarum in cathedrali, ope et sollicitationibus R. D. Jacobi Dame, canonici hujus ecclesiæ, quod brevi in sublime elatum est plurium largitionibus, et sequenti anno 1671 sua effigie suisque tabulis inauratis et variis coloribus discriminatis ornatum atque instructum fuit, expensis ad id circiter 1400 florenis.* L'autel actuel est de date beaucoup plus récente.

une révolution complète dans l'architecture. Les arcs se rapprochent du plein-cintre. Cependant, l'ensemble est encore ogival. L'entrée, entourée de moulures avec festons et crochets, s'ouvre entre deux pilastres ornés de sculptures, des armes du fondateur(1), de niches, vides depuis la Révolution, de culs-de-lampe et de dais, et surmontés de clochetons. L'écusson de Mgr de Gorrevod est encore placé sur les chapiteaux des colonnes engagées dans les angles de la chapelle et sur les lourdes clés pendantes aux intersections des nervures de la voûte. Les fenêtres, aux flammes entre-croisées, sont coupées par le toit du cloître et garnies tout simplement, à l'heure présente, de châssis semblables à ceux des étables de nos pères ; mais on les remplacera plus tard, dit-on. En attendant, la chapelle vient d'être, comme l'ancienne sacristie, victime d'un commencement de restauration, aux frais de l'Etat. Chapiteaux, colonnes et nervures ont été enduits d'une belle couche d'ocre jaune à l'huile !

En 1576, Mgr Pierre de Lambert fit revêtir le bas des murs du sanctuaire d'une boiserie en mélèze. Elle se compose d'un siège continu, de panneaux à losanges et d'une corniche avec arabesques plates et découpures. La frise porte une longue inscription qui nous apprend que ce travail est très élégant (2). Nous le voulons bien. Seulement, il n'aurait pas fallu qu'il fût placé sous ces voûtes et

---

(1) D'azur au chevron d'or.
(2) *Nudos parietes ligneis subselliis aptissimè cinxit elegantissimàque tabularum constructione.*

ces fenêtres, près de ce ciborium et de ces stalles, de style ogival ; il n'aurait pas fallu surtout, pour poser la boiserie, taillader les nervures du sacraire. Mais on était en pleine renaissance et le gothique avait été déclaré barbare. La boiserie elle-même est maintenant incomplète : il en manque le commencement du côté de l'évangile et, derrière l'autel, la partie centrale où se trouvaient les sièges inégalement élevés du célébrant, du diacre et du sous-diacre.

Nous ne faisons que mentionner, pour terminer ce chapitre, le tombeau de cet évêque, de style grec, avec caryatides, sarcophage, pyramide, arabesques et inscriptions dans le goût païen de l'époque. Ce tombeau fut construit en face de l'escalier monumental de la salle du trésor. On dut l'enlever et on le transporta au-delà de la porte de la sacristie, lorsqu'en 1826, on plaça les premières stalles du côté de l'autel. Mais on laissa où ils étaient, sous les stalles, les ossements du grand évêque et la pierre qui ferme son tombeau. Sur cette pierre est gravée l'inscription suivante, rapportée par M. Angley, qui l'avait lue :

Quiesco donec...
Viator,
Bene precare,
Hoc cineri satis.
MDLXXXXI (1).

(1) Je me repose jusqu'à ce que...
Voyageur,
Priez pour moi,
C'est tout ce qu'il faut à la cendre.

On aurait bien pu ne pas priver Mgr de Lambert du droit de solliciter à perpétuité les prières du voyageur. Il l'avait bien mérité, et il était aussi facile de transporter les ossements et la pierre sépulcrale, que le sarcophage et la pyramide.

CHAPITRE III

Le Chapitre de la Cathédrale.

Le chanoine Jacques Damé, en sa chronique de la cathédrale et du Chapitre, écrite vers l'année 1670, raconte ainsi les désastres de l'inondation de Bonrieu : « En 1439 (1), sous l'épiscopat d'Ogier, tout Jarrier sembla s'abattre sur la ville par l'irruption extraordinaire de Bonrieu qui la dévasta presque toute entière. Les terres, les maisons et les possessions du Chapitre furent ruinées pour la plupart. Le pont d'Arvan, composé de vingt-deux arches, s'écroula... Le Chapitre se trouva réduit à une si grande détresse, qu'il fut contraint de députer deux chanoines pour solliciter les aumônes des fidèles ; ils emportèrent les saintes reliques et parcoururent plusieurs contrées de l'Europe........ En outre, les chanoines, à l'exception de trois ou quatre, furent obligés de quitter Saint-Jean et de vendre à vil prix, ou même d'abandonner, les biens de leur bénéfice ravagés par les eaux, ne se réservant que quelques redevances de minime valeur. »

En 1443, huit chanoines n'étaient pas encore

(1) Mgr BILLIET, *Chartes...*, p. 258, donne la date de 1440, d'après le style moderne ; alors l'année commençait le 25 mars.

rentrés à Saint-Jean. Les autres leur adressèrent, à la date du 13 juin, une lettre de convocation qui, bien qu'elle ne précise pas les questions qui devaient être soumises à leur délibération, montre cependant que la situation du Chapitre était encore gravement compromise (1).

« Nous avons à traiter, y est-il dit, de l'état présent de notre Église et des nouvelles charges qui lui sont imposées pour l'avenir et qui nous jettent dans une grande perplexité ; nous ne pouvons confier ces choses au papier, mais il est nécessaire que nous les examinions avec soin et que nous en délibérions ensemble. C'est pourquoi nous adressons à chacun de vous ces lettres munies du sceau du Chapitre, vous enjoignant et vous priant, avec toute l'affection que nous vous portons en Dieu, par le serment qui vous lie à cette Église, par la promesse que vous avez faite de défendre de tout votre pouvoir ses biens et ses droits, d'être rendus à Saint-Jean-de-Maurienne, toute excuse cessant, le 28 du présent mois de juin, pour que vous et nous, après avoir invoqué le Saint-Esprit, nous délibérions sur toutes ces affaires et prenions les mesures qu'exigent la justice et la conservation des droits et des biens de notre Église. »

Il est probable que l'objet principal de cette convocation était d'examiner les moyens que le Chapitre pourrait prendre pour rentrer en possession soit des propriétés vendues à vil prix, trois ans auparavant, soit, à plus forte raison, de celles

---

(1) Mgr BILLIET, *Chartes*, p. 253.

dont les particuliers s'étaient tout bonnement emparés. Déjà, en 1441, le Chapitre s'était adressé à l'anti-pape Félix V qui, par une bulle du 14 mars, avait donné commission à l'Official de Tarentaise et au Prieur de Lémenc de faire faire ces restitutions, en employant au besoin les censures ecclésiastiques (1) ; mais il ne paraît pas que les commissaires aient réussi dans leur mission. On ne sait ce qui fut résolu dans l'assemblée capitulaire du 28 juin 1443. Des mesures de rigueur furent encore prises plus tard, sans meilleur résultat. Le 12 octobre 1456, le pape Calixte II lança l'excommunication contre les détenteurs des biens de l'Église de Maurienne et contre les communiers de Saint-Michel, de Saint-Martin d'Arc et de Saint-Martin-la-Porte, qui avaient incendié les gerbiers recueillis pour la dîme appartenant au Chapitre (2). Jules II, par une bulle du 6 février 1511, chargea les Officiaux d'Annecy, de Genève et de Maurienne de contraindre par les mêmes peines ceux qui s'étaient emparés de châteaux, maisons et propriétés quelconques appartenant au Chapitre de Maurienne, à les lui rendre sans retard (3). Quelques restitutions furent faites; mais une lettre écrite au Chapitre, en 1572, par Mgr de Lambert, au sujet de la *maison de la sacristie,* qu'il voulait acheter pour y établir le collège, montre que les propriétés vendues après

---

(1) *Chartes du diocèse...*, p. 252.
(2) *Travaux de la Société d'histoire et d'archéologie,* t. II, p. 239.
(3) *Archives de l'évêché.* Cette bulle n'a pas été insérée dans le Cartulaire.

l'inondation n'avaient pu encore être rachetées, et elles ne le furent jamais.

Le produit de la quête faite en 1447, dans les contrées qui s'étaient soumises à l'obédience de l'anti-pape, fut uniquement destiné à la réparation des routes et à la construction des ponts et des digues. C'est du moins le seul emploi qui leur est assigné dans le certificat délivré aux chanoines chargés de la quête (1). Il ne faudrait pas conclure de là que toutes les maisons du Chapitre fussent rebâties. Sept chanoines seulement, sur dix-huit, habitaient alors Saint-Jean et signèrent l'attestation, Pierre Méliand, Hugues de La Faverge, Pierre Girollet, Jean Marchand, Pierre de La Balme, Catherin du Mollard et Louis de Langin.

Cette charte nous apprend que Bonrieu avait renversé non-seulement le pont d'Arvan et les maisons du Chapitre, mais encore un pont jeté sur l'Arc, un autre du côté de l'Échaillon et une grande partie des maisons de la ville (2). En effet, sorti de son lit au pied des Rippes, le torrent a dû se divi-

---

(1) *Cum igitur pro cohibitione et defensa hujusmodi indemnitatis et reparationis pontium et itinerum ne propterea impediantur accessus et visitationes liminum beatorum apostolorum Petri et Pauli, propriæ ipsius loci non sufficiant facultates, nisi piis Christi fidelium eleemosynis suffragentur...* (Chartes du diocèse, p. 259.)

(2) *Impetuosa aquæ torrentis boni rivi ruina omnes possessiones circumstantes, cum magna parte domorum civitatis mauriennensis... in ruinam lamentabiliter deduxit, et unum pontem super torrente Arvani dictæ civitatis contiguo, in quo vigenti duo arcus nemorei existunt, destruxit, et alium pontem super torrente Archus ibi prope vastavit.* (Chartes du diocèse, p. 259.)

ser en deux branches, dont l'une s'est précipitée dans la rue Bonrieu, tandis que l'autre se jetait, à travers les champs du Clapey, dans la direction des rues des Fours et du Mollard-d'Arvan. Les maisons placées entre ces deux rues et celles du Chapitre, qui entouraient Notre-Dame et la cathédrale, servirent de rempart aux deux églises, en brisant la violence des flots et en arrêtant la masse des terres et des pierres qu'ils entraînaient dans leur course furieuse; c'est ce qui explique pourquoi elles n'ont pas été renversées.

C'est au Clapey et à l'Epine, sous la ville, que le Chapitre avait ses principales propriétés, celles qui furent usurpées ou qu'il fut contraint de céder à vil prix.

En dehors de Saint-Jean, il possédait des revenus considérables, ou, pour parler plus exactement, des revenus très nombreux, dans un grand nombre des paroisses du diocèse : à Saint-Michel, Valmeinier, Saint-Martin-d'Arc, Saint-Martin-la-Porte, Saint-Jean-d'Arves, Saint-Sorlin, dans les Cuines et les Villards..., des dîmes que nous trouvons déjà mentionnées dans les chartes de 1180 et de 1200 (1); ailleurs, notamment à Jarrier, Saint-Pancrace, Fontcouverte, Villarembert..., des redevances provenant d'acquisitions ou de donations, des rentes perpétuelles, principalement en blé, achetées au moyen des petits capitaux, produit de legs ou de fondations d'obits ou de messes, faits depuis 1440.

Nous n'avons pas, sur ces dîmes, rentes et rede-

---

(1) *Chartes du diocèse*, p. 28 et 49.

vances, des documents assez complets, ni assez clairs, pour pouvoir établir leur valeur totale, même d'une manière approximative. De ceux que nous avons il résulte que la collection complète des titres ou reconnaissances, à une époque quelconque du xvie siècle, formerait certainement un très gros volume, mais que la valeur totale serait beaucoup moins considérable.

A propos des redevances surtout, il faut remarquer que la dette se fractionnait avec la propriété sur laquelle elle pesait ; que chaque partie de la dette devenait l'objet d'une reconnaissance particulière qui, avec les interminables formules en usage alors, remplissait plusieurs pages ; qu'ainsi, à la longue, le terrier grossissait démesurément, mais que chaque redevance partielle devenait ridiculement minime, irrécouvrable, et que la perte de la totalité résultait nécessairement de la perte de chaque fraction. C'est à quoi n'ont pas fait attention ceux qui ont jugé de la richesse d'une église, d'un monastère, d'un fief quelconque, par la grosseur du livre des reconnaissances.

On trouve, par exemple, dans les reconnaissances en faveur du Chapitre de Saint-Jean, de très nombreuses redevances d'un pot ou d'un demi-pot de vin, du quart ou du sixième d'une quarte de blé, d'un ou deux deniers, c'est-à-dire du douzième ou du sixième d'un sou. Le propriétaire d'une terre dans le mas de Cluny, à Saint-Sorlin, devait tous les ans *la tierce partie de la vingt-quatrième partie d'une polaille*. Pour que le Chapitre pût manger la poule, il fallait donc le concours de *soixante-douze* débiteurs. Nous ne parlons pas des débiteurs disparus, des propriétés grevées introuvables, faute de cadastre, ni des difficultés et chicanes soulevées avec plus ou moins de bonne foi par les débiteurs de la deuxième ou de la quatrième génération. Evidemment, plaider pour si peu de chose était absurde, et le Chapitre n'avait rien de mieux à faire que de se borner à constater gravement son droit et de se lamenter de le voir réduit à l'état de souvenir dans ses livres, et c'est ce qu'il faisait.

Mais tous ses revenus n'étaient pas émiettés ainsi. Il y eut donc des procès. En voici un dont l'histoire est racontée par un arrêt du Parlement de Chambéry du 2 avril 1547. Il remplit quinze feuillets de parchemin d'une magnifique écriture (1).

Le Chapitre avait actionné, d'abord devant le juge ecclésiastique, c'est-à-dire devant le juge temporel de l'évêché, ensuite devant le corrier, un certain nombre d'habitants de Jarrier, de Fontcouverte et de Villarembert, qui avaient acheté de lui des terres et qui refusaient de payer les redevances stipulées. Il était représenté par le chanoine Guillaume Rapin.

Les débiteurs n'ayant pas comparu, sous prétexte que ces deux juges étaient également incompétents, l'affaire fut portée au Parlement. Alors, ils prétendirent que le Chapitre percevait un vessel de froment, valant dix florins et demi, pour un capital de vingt florins, ce qui faisait plus du soixante

---

(1) *Archives de l'évêché.*

pour cent. Or, en 1528, le duc Charles III avait rendu une ordonnance défendant à tous, ecclésiastiques et laïcs, de percevoir des censes et pensions annuelles au-dessus du cinq pour cent.

Le Chapitre répondit : 1° que la coutume et un arrêt du Parlement l'autorisaient à poursuivre en première instance devant le juge ecclésiastique ou devant le corrier, jugeant en toutes matières temporelles ; 2° que plusieurs des redevances en discussion n'étaient pas des censes proprement dites, mais le prix de vente de propriétés, établi, non en capital, mais en redevances en blé, selon la fertilité des terres vendues ; que ce blé ne servait pas seulement à la nourriture des chanoines et des autres prêtres de la cathédrale, mais à des aumônes auxquelles le Chapitre était tenu, et qui deviendraient impossibles si les redevances étaient diminuées ; qu'au temps de la passation des actes, l'argent avait une bien plus grande valeur qu'actuellement ; que la mauvaise récolte de l'année présente était compensée par l'abondance des précédentes ; que, si ces propriétés étaient trop chères, il ne fallait pas les acheter ; que l'ordonnance de 1528 n'avait été ni publiée, ni observée, et qu'elle n'atteignait pas les ecclésiastiques, à cause des charges qu'ils avaient à supporter en vertu des fondations ; 3° que, quant aux redevances provenant de capitaux prêtés, les débiteurs n'avaient qu'à rendre les sommes qu'ils avaient reçues, en tenant compte de la différence de la valeur de l'argent.

Le Parlement défendit tout d'abord au Chapitre de traduire la partie adverse devant une autre juridiction que la sienne, et les débats continuèrent à grand renfort de citations, de renvois et d'avis d'avocats, mélangés de français et de latin.

Le Chapitre demanda que les débiteurs produisissent les contrats dont ils se plaignaient. Ceux-ci refusèrent, disant qu'il n'y avait pas lieu d'annuler ces contrats, mais seulement de supprimer l'usure et de réduire la redevance au cinq pour cent du capital stipulé. Ils en produisirent cependant un de l'année 1538, duquel ils concluaient que, pour un capital de quarante florins, ils payaient chaque année vingt-quatre florins, soit deux setiers de froment et deux florins en argent.

Ici, la discussion s'engagea sur la valeur comparée de la mesure de Saint-Jean et de celle de Chambéry. Selon les débiteurs, quatre quartes de Saint-Jean faisaient le vessel de Chambéry, et le vessel de Saint-Jean valait un vessel et demi de Chambéry. D'après le Chapitre, il fallait six quartes de Saint-Jean pour le vessel de Chambéry, et le setier de Saint-Jean était de huit quartes ; il ajoutait que pour vingt florins, les débiteurs ne donnaient que quatre quartes et six gros. Les débiteurs finirent par reconnaître que, quant à la mesure, le Chapitre avait raison, ce qui réduisait déjà considérablement l'accusation d'usure.

Le Chapitre produisit un grand nombre d'arrêts des Cours de Chambéry et de Grenoble, desquels il résultait que la vente à petit capital et à intérêt élevé n'était pas assimilée au prêt à intérêt supérieur au cinq pour cent, et par conséquent n'était pas de l'usure. Comme il avait allégué la coutume, le Parlement fit faire une enquête, qui ne tourna pas à l'avantage des communes. Aussi prétendirent-elles que les témoins entendus étaient aussi usuriers que le Chapitre *(pari morbo laborantes).*

Le jugement condamna les débiteurs à payer les censes portées dans les actes, leur laissant la faculté de se racheter en payant le capital et les arrérages ; et il statua que le vessel de Chambéry équivaudrait à six quartes de Saint-Jean.

La plus grande partie de ces droits et redevances venait des nombreux bénéfices unis au Chapitre à diverses époques, soit pour lui venir en aide dans sa détresse, soit parce que leurs revenus étaient trop peu considérables pour qu'ils pussent avoir des titulaires particuliers.

Les bénéfices simples, c'est-à-dire sans charge d'âmes, étaient au nombre de trente-sept (1). Mentionnons seulement : le prieuré et hôpital de Saint-Antoine et Saint-Clair ; le prieuré de Sainte-Marie-Madeleine à Pont-Renard ou Renaud, à Sainte-Marie de Cuines, cédé au Chapitre en 1581 (2) ; une pension de cent écus d'or sur le prieuré de Clarafond, donnée aux Innocents en 1582 ; dans l'église Sainte-Marie, le bénéfice des Quatre-Chapelles et la chapelle de Sainte-Catherine ; et dans la cathédrale, où presque toutes les autres chapelles étaient

---

(1) Jacques Damé donne les titres de toutes ces chapelles.

(2) Les biens de ce prieuré étaient affermés 182 florins par an. *(Archives de l'évêché.)* Au XIIIe siècle, c'était un hôpital, auquel Pierre de La Chambre légua 10 sols viennois. *(Armorial et Nobil.)* Il en reste une tour perchée sur un des contreforts de la montagne, et le nom donné au pont jeté sur l'Arc.

situées, celles de Saint-Pierre, de Sainte-Thècle, de Sainte-Anne, aujourd'hui sous le vocable du Sacré-Cœur, de Tous les Saints, donnée en 1314 par Pierre Barthélemy, médecin *(fisicum)*, d'Albiez-le-Vieux ; de la Conception, fondée en 1446 par noble Jean Roche ; de Saint-Crépin, cédée en 1483 ; de l'Annonciation et de la Visitation de la Sainte Vierge.

Le Chapitre possédait onze églises paroissiales, dont il était curé *primitif* et percevait les revenus, à la charge de se faire représenter par un vicaire ou curé amovible. C'étaient : Notre-Dame et Saint-Christophe de la Cité ; Saint-Etienne de Cuines, Saint-Colomban des Villards et Saint-Michel (1123 et 1250) ; Jarrier et Villargondran (1547) ; La Trinité et Saint-Pancrace (1522) ; Saint-Rémy (1529) ; Saint-Sorlin d'Arves et Villarembert (1489).

Enfin, il était patron des églises de Valloires, Étable, Extravache, Saint-Sulpice (à Saint-Rémy), Thyl, Montdenis, Albiez-le-Jeune, Valmeinier, Bettonnet, Saint-Alban des Villards, Saint-Martin-la-Porte, Montricher, Saint-Martin d'Arc, Albane, la Table, Bourget et Pontet, la Croix de la Rochette, Chamoux, Montrond, Saint-Julien, Montsapey ; de l'hôpital de la Rochette et des prieurés de la Corbière, d'Aiton et de Saint-Julien. Les titulaires de ces bénéfices étaient présentés par lui et payaient vingt florins d'*introge*.

Le Chapitre avait parfois des difficultés avec ses vicaires. Voici un procès à propos de la cure de Saint-Etienne de Cuines (1).

(1) *Archives de l'évêché.*

En l'année 1115, Albert, prévôt de Suse, donna à Saint-Jean-Baptiste et à la communauté des chanoines de Saint-Jean le patronage de l'église de Saint-Etienne. En 1250, l'évêque Amédée III de Savoie, voyant la pauvreté de son Chapitre, lui donna les églises de Saint-Etienne, de Notre-Dame de la Cité, de Saint-Colomban des Villards et de Saint-Michel, ce qui fut approuvé par le pape Innocent IV.

Le Chapitre affermait les dîmes au curé ou vicaire, à des conditions qui varièrent un peu. L'acensement de la cure de Saint-Etienne, passé, le 7 juillet 1382, à messire Pierre Mugnier, stipule qu'il donnera chaque année 30 setiers de blé, dont 10 de froment, 10 de seigle et 10 d'avoine. Celui qui fut fait à messire Dieulefils Parquet, le 23 août 1415, réduit la redevance à 27 setiers.

En 1542, Guillaume Mareschal succéda à Barthélemi Perret dans cette cure (1); il reçut les dîmes, mais ne paya pas le Chapitre. De là un procès devant le vicaire général, puis devant le Parlement de Grenoble. Des amis s'interposèrent et une transaction fut signée le 13 janvier 1551 : le Chapitre avait choisi pour arbitres les chanoines Jacques Bergeret, Louis de Cuines, Pierre Prévôt, François de La Crose, Guillaume et Charles Rapin; Mareschal était représenté par Etienne de La Roche, juge-mage de Maurienne, et par ses oncles, Louis, Urbain, Claude et Amyct du Pont, chevaliers. La redevance fut, pour l'avenir, fixée à 21 setiers.

(1) Il était en même temps curé de Saint-Martin-la-Porte. (Note communiquée par M. de Mareschal de Luciane.)

Quant aux arrérages de neuf années, le curé fut condamné à payer 45 écus d'or sol, sauf compte à régler pour les dîmes que le Chapitre avait fait percevoir. Les témoins sont : Pierre Mareschal dit Luciane, frère du curé de Saint-Etienne, Georges Truchet et Barjact d'Arve. L'acte est reçu par les deux notaires Mathieu Davrieux et Pierre Falcoz.

Un grand nombre de donations portent des clauses particulières : les unes doivent être employées en distributions *(dedit pro libra)*; d'autres, à un repas pris en commun *(dedit pro convivio,* ou bien *fiat cibus).* Les distributions étaient en argent ou en pain; quelquefois, on donnait en même temps de l'argent et du pain : les premières étaient appelées distributions *simples* ou ordinaires *(libra simplex);* les secondes, distributions *bâtardes (libra bastarda).* Elles avaient lieu dans le chœur après l'*obit,* c'est-à-dire après la messe et la procession au tombeau du fondateur. Elles se faisaient ou aux chanoines seulement, ou à tous les prêtres, et même aux employés inférieurs de l'église et aux innocents, selon qu'il était porté dans l'acte de donation.

Il en était de même des repas communs, qui avaient lieu dans le réfectoire du cloître et dont les fondations déterminaient le menu. Généralement, ils se composaient de deux plats de viande et d'un rôti *(cum duabus carnibus et veruto).*

Les obituaires, ou registres des prières et des messes fondées pour les défunts, mentionnent religieusement les clauses stipulées par les bienfaiteurs pour les distributions et les repas (1). Citons quelques exemples pris dans l'Obituaire des xive, xve et xvie siècles.

7 janvier. — Mort d'Edouard, comte de Savoie, qui a donné 15 livres tournois, soit 15 sous chaque année, payables le jour de saint Jean-Baptiste, pour quatre anniversaires aux Quatre-Temps.

13. — Mort du chanoine Henri Bollier, qui a donné six vingts florins pour une distribution simple, à laquelle participeront les innocents et leurs maîtres.

27. — Mort de maître Benoît Cabre, écrivain *de forme* (2), qui a fait le Chapitre son héritier et a ordonné une distribution de pain, comme pour les obits des chanoines.

28. — Obit de noble et égrège Michel Rembaud, qui a légué 6 florins de revenu, soit 120 florins de capital. Les maîtres des innocents recevront comme les prêtres, et les innocents chacun 6 deniers gros.

13 février. — Mort de Jean de La Place, chanoine, qui a légué pour son obit un gros bréviaire. — Mort de Pierre Pistor, recteur des écoles de la ville, qui a donné certains livres que l'on a mis dans la bibliothèque.

27. — Mort de messire Jacques d'Arve, chapelain, qui a donné pour une distribution 10 sous annuellement, hypothéqués sur sa vigne au-delà de Bonrieu, *près du lit des moulins des Oules*.

30 avril. — Mort de noble Gabriel Vallin, notaire et secrétaire du Chapitre, qui est décédé en l'année 1464 et

---

(1) Le Chapitre possède deux Obituaires sur parchemin ; le premier comprend le xiie et le xiiie siècles ; le second, le xive, le xve et le xvie siècles. Le Cartulaire publié par Mgr Billiet contient une partie de l'une et de l'autre.

(2) *Écriture de forme*, écriture employée pour les manuscrits qui devaient être conservés.

qui a donné les livres et les protocoles qu'il a reçus pour le Chapitre, moyennant une distribution de pain.

4 juin. — Le jeudi après la fête de la Trinité, fête de l'Eucharistie. Repas dans le réfectoire pour les seigneurs chanoines, les chapelains, les clercs et les autres serviteurs de l'église, institué par noble Pierre Cabre, qui a donné pour cela huit vingts florins petit poids, en 1451.

17 juillet. — Mort du Père Guigues de La Botière, curé de Saint-Georges de Lyon, qui a donné 60 sous gros de Tours pour son repas, et l'on doit faire une procession à son tombeau, qui est à l'angle de l'église Sainte-Marie.

28 août. — Jean de La Place a donné, en 1371, trois florins d'or bon poids, pour une distribution chaque année, le jour de la Décollation de saint Jean-Baptiste, à l'heure de complies, aux serviteurs de l'église, pour que, tous les vendredis, samedis et dimanches, ils chantent le *Salve, Regina !* après complies.

1ᵉʳ novembre. — Fête de Tous les Saints. — Mort de maître Pierre Barthélemy, médecin *(fisicus)*, qui a donné pour le souper de cette fête 26 florins.

1ᵉʳ décembre. — Mort de Pierre Talué, qui a donné 20 deniers tournois gros pour une distribution le premier lundi de l'Avent ; il faut donner 2 deniers au marguillier qui sonne l'*Ave, Maria*.

11. — Obit de noble Antoine de Mareschal de Luciane, cousin germain de messire Guillaume de Mareschal, chanoine, qui a donné 7 florins annuels. On fait une distribution *bâtarde,* dont les maîtres et les innocents ont leur part. Pour la messe, on donne 2 deniers gros de Savoie et l'on fait une procession au tombeau des chanoines des Costes, près de la porte de la cathédrale descendant au cloître.....

Ces distributions et ces repas étaient un souvenir et comme un reste de la condition primitive des chanoines. Les chartes nous les montrent encore au XIII° siècle vivant en communauté (1). L'évêque Arthaud, faisant don aux chanoines, en 1075, des offrandes déposées entre les mains des prêtres ou sur les autels des deux églises paroissiales, ainsi que d'un moulin situé près du torrent d'Arvan, et des terrains qui longent la rivière d'Arc, statue qu'ils ne devront pas se partager ces revenus et les emporter dans leurs maisons, mais en jouir *en commun dans la même maison, le même réfectoire et la même église.* C'est sans doute cette maison qui est qualifiée de monastère dans une transaction de 1303, entre l'abbé de Saint-Chaffre, en Velay et le Chapitre de Maurienne. Elle ne pouvait être autre que les constructions qui reliaient des deux côtés le cloître à la cathédrale (2). Le pape Lucius III, confirmant, en 1182, l'union de la prévôté du Chapitre à la mense épiscopale, *à cause de l'insuffisance des revenus de cette mense,* dit que l'évêque n'est pas tenu, comme les anciens prévôts, de prendre ses repas dans le réfectoire et à la table commune. La transaction de 1188, entre l'évêque Lambert et le Chapitre, au sujet de cette même prévôté, lui reconnaît cependant le droit de s'asseoir à cette table avec ses clercs à toutes les fêtes doubles ; mais c'est le Chapitre qui, d'accord avec l'évêque, nom-

---

(1) *Chartes du diocèse de Maurienne*, p. 16, 18, 29, 35, 58.
(2) Mgr Billiet nous paraît se tromper en pensant que l'église *de monasterio Sancti Johannis* était celle de Sainte-Marie.

mera *les procureurs du réfectoire, les métraux de sa terre, le cellérier et les autres officiers inférieurs des affaires temporelles.* Il est encore fait mention de la maison des chanoines dans une donation du 12 février 1211.

C'est donc postérieurement à cette date que la communauté fut dissoute et que chaque chanoine eut son ménage dans la maison ou partie de maison, appartenant à sa prébende, selon l'usage qui tendait à se généraliser alors.

Les chanoines et les chapelains étaient nommés par le pape, par l'évêque ou par le Chapitre, suivant le mois où la vacance se produisait ; mais, avant leur mise en possession, ils devaient payer un droit *de chape*. Ce droit, qui fut d'abord de 20 florins pour les chanoines et de 10 florins pour les chapelains, fut porté à 100 et à 20 florins par une délibération capitulaire du 23 novembre 1520, et il fut décidé que, dorénavant, cet argent ne serait employé qu'à l'achat et à la réparation des ornements sacrés (1). Comme toutes les prébendes n'avaient pas un revenu égal, à la mort d'un chanoine, celui qui venait immédiatement après lui dans l'ordre des prébendes avait le droit d'option sur sa maison et son bénéfice, et ainsi de suite jusqu'au dernier : le nouveau nommé prenait la prébende restée vacante.

Depuis la suppression de la prévôté par le B. Ayrald, vers 1135, il n'y eut plus qu'une dignité dans le Chapitre, celle de chantre : c'était même

(1) *Chartes du diocèse...*, p. 321.

plutôt une fonction qu'une dignité. Le chantre était élu par le Chapitre, dit Jacques Damé (1), et amovible à son gré. Sa charge consistait : 1° à veiller à ce que les cérémonies se fissent avec le respect et la gravité convenables, à ce que nul ne chantât trop fort ou avec précipitation, ne conversât avec son voisin, ne circulât sans nécessité dans le chœur; 2° à punir les bénéficiers qui ne remplissaient pas leurs fonctions ou qui, par négligence ou par mépris des seigneurs chanoines, dédaignaient de les servir à l'autel, de porter l'encens ou le livre, ou de s'acquitter des charges qui leur étaient assignées dans le tableau affiché à la sacristie. La peine la plus ordinaire était la privation, pendant une ou plusieurs semaines, de leur part des distributions de pain ou d'argent.

Avant l'année 1534, la sacristie formait un bénéfice distinct. Michel Roux, qui en était pourvu, considérant la pauvreté du Chapitre, le lui résigna, à la condition que les revenus seraient employés à l'entretien de huit clercs qui chanteraient l'office à la place de ceux des chanoines qui ne résidaient pas, parce qu'ils possédaient ailleurs des emplois mieux rétribués que leurs maigres prébendes. C'était avant les décrets du Concile de Trente sur la résidence. Une autre clause de la cession porte que le Chapitre sera plus exact à remplir les charges de la sacristie que le bénéficier-sacristain, qui, étant souvent étranger au diocèse et absent, ne s'occupe guère que de faire recueillir ses re-

(1) *Chronique...*, chap. XLII.

venus. Ces charges sont de fournir le luminaire et l'encens, de conserver et de faire réparer les ornements sacrés. La cession fut approuvée par un bref de Clément VII du 3 novembre 1534, qui porte le consentement de Mgr Louis de Gorrevod, soit de Jean Jaer, son procureur à Rome, daté du 27 novembre 1538 (1).

L'invasion de François Ier détruisit l'amélioration que les unions de bénéfices et la générosité des évêques avaient produite dans la situation du Chapitre. Les soldats saccagèrent ses maisons, ravagèrent ses propriétés, brûlèrent ses archives, enlevèrent les *joyaux et accoustrements* de la cathédrale, en sorte que les chanoines, « tellement et inhumainement traités, furent contraints et forcés de laisser ladite église désolée, leurs biens, maisons et pays (2). »

Un siècle après, le chroniqueur du Chapitre, Jacques Damé, se lamentait encore de l'insuffisance de ses revenus pour l'acquittement des charges qui pesaient sur lui. C'est que ces charges étaient lourdes et les parts à faire très nombreuses.

Au XVIe siècle, le clergé attaché au service de la cathédrale se composait de dix-huit chanoines, y compris les curés de Sainte-Marie et de Saint-Christophe, et de quarante bénéficiers ou chapelains. On a vu qu'en fait, surtout depuis 1440, le nombre des chanoines résidants n'était jamais complet; celui des chapelains l'était bien moins encore. A ce personnel ecclésiastique, il faut ajou-

(1) *Archives de l'évêché*, Chronique de Damé.
(2) Document communiqué par M. Eugène Didier.

ter les innocents ou enfants de chœur, leurs deux professeurs et leurs domestiques, les sacristains, sonneurs et marguilliers *(matricularii)*; en sorte que le nombre des personnes qui se partageaient les revenus de la cathédrale s'élevait au moins à quatre-vingts. Notons que, sur les revenus généraux, le Chapitre devait prélever les aumônes prescrites par ses bienfaiteurs, l'entretien de la cathédrale et du clocher, du mobilier, du linge et des ornements, et aussi, au moins en grande partie, l'entretien des presbytères et des églises dont il était curé primitif.

En 1548, le nombre des chapelains était réduit à dix-huit (1). En 1633, Mgr Charles Bobba le réduisit encore à douze. La raison qu'il donne, c'est que « l'église cathédrale a été tellement ruinée par les épidémies, les désastres des guerres et les inondations des torrents d'Arc, d'Arvan et de Bonrieu, que les prébendes et revenus des chanoines et chapelains ne sont pas suffisants pour les faire vivre même misérablement, la plupart d'entre eux ne possédant ni maisons, ni vignes, et bien des chapellenies n'ayant pas un revenu de cinq écus d'or (2), en sorte qu'il est impossible aux derniers chanoines et aux chapelains de garder la résidence (3). »

(1) *Travaux de la Société d'histoire et d'archéologie*, t. II, p. 245.

(2) Un édit de 1594 fixe la valeur de l'écu d'or sol à 7 florins 10 sols. Cinq écus d'or sol faisaient donc 39 florins 2 sols. En 1580, cela aurait fait environ 157 francs en valeur actuelle.

(3) *Archives de l'Hôtel-de-Ville.*

A l'époque qui nous occupe, le Chapitre exerça encore son droit immémorial d'élire les évêques, en faveur d'Etienne de Morel, de Louis de Gorrevod et de Philibert de Challes. Pendant l'occupation française, le pape, on verra pourquoi, nomma lui-même au siège de Maurienne. Le cardinal Hippolyte d'Est se démit en faveur de Pierre de Lambert, qui choisit pour successeur son neveu Philibert Milliet. Cependant, le Chapitre ne fut définitivement dépouillé de son droit que par une bulle du pape Nicolas V, dont la première application fut la nomination de Paul Millet, vers l'année 1641, par la duchesse Christine de France, mère et tutrice de Charles-Emmanuel II.

Le Chapitre possédait au XVIe siècle une petite seigneurie dont nous trouvons la première reconnaissance dans une charte du comte Thomas du 12 juin 1189 (1). Elle se composait de fiefs situés à Montbérenger, commune du Châtel; à Villarbernon, commune de Beaune; à la Traverse, commune du Thyl; à Saint-Avre; à Tigny, commune de la Chapelle; à Saint-Rémy; dans les Cuines et les Villards; et de quelques terres et maisons à Valloires, Albane, Jarrier, Saint-Sorlin d'Arves, etc. Ces fiefs épars ci et là formaient un Etat minuscule, dont il était souverain et où il exerçait la haute et basse justice, établissait des juges, tenait des assises, publiait des édits et punissait les crimes et délits. Les princes de Savoie n'avaient qu'un droit de suzeraineté; la punition des crimes

---

(1) *Chartes du diocèse...*, p. 38.

entraînant la peine de mort ou de mutilation leur était cependant réservée, et les hommes du Chapitre étaient tenus de les suivre à la guerre, depuis une transaction du 14 mars 1344 (1).

Ce droit de souveraineté fut reconnu à diverses reprises pendant la seconde moitié du xve siècle. En 1452, le duc Louis obligeait le corrier à promettre, avec serment, de respecter la juridiction de l'Église et du Chapitre de Maurienne (2). La même année, le Chapitre contraignait noble Claude Manuel, vice-corrier, à lui remettre deux de ses hommes, Odomar et Urbain de Clugny, de Saint-Sorlin, qu'il avait fait emprisonner (3). En 1457, il faisait acte de justice, en exilant de ses terres un de ses hommes, nommé Pierre Giraud dit Martin, d'Albane, convaincu d'avoir frappé son père (4). En 1459, il commuait en une amende la peine prononcée contre une femme de Jarrier, convaincue d'adultère (5). En 1489, le duc Charles Ier enjoignait de nouveau au corrier de prêter serment de ne pas empiéter sur la juridiction du Chapitre (6). Tous ces actes s'appuient sur la reconnaissance solennelle stipulée dans le traité du 2 février 1327, qui constituait le seul titre légal de souveraineté des princes de Savoie sur la majeure partie de la *Terre épiscopale* de Maurienne.

Nous n'avons trouvé aucun titre formel concer-

---

(1) *Travaux de la Société...*, t. IV, p. 207.
(2) *Chartes du diocèse...*, p. 273.
(3) *Ibid.*, p. 275.
(4) *Ibid.*, p. 283.
(5) *Travaux de la Société...*, t. II. p. 240.
(6) *Chartes du diocèse...*, p. 308.

nant la juridiction temporelle du Chapitre pendant le XVIe siècle. Mais il résulte de divers documents que les juges et officiers nommés par François Ier et Henri II, de 1536 à 1559, ne la respectèrent pas plus que celle de l'évêque, et qu'après la restitution de notre pays à Emmanuel-Philibert, l'administration ducale ne se fit pas scrupule de suivre les mêmes errements. Les droits de souveraineté du Chapitre finirent donc par disparaître tout doucement. Du reste, si le croisement de trois juridictions n'était pas sans inconvénient pour les justiciables, il est non moins probable que l'administration de la justice sur des lopins de territoires épars, dans la Maurienne et sur des familles disséminées parmi les sujets de l'évêque et du duc de Savoie, apportait au Chapitre plus d'embarras et de frais que de profits. Aussi paraît-il s'être facilement résigné à cette perte.

CHAPITRE IV

Les Églises paroissiales et les Chapelles.

La ville de Saint-Jean, réunie aujourd'hui en une seule paroisse sous le nom de Saint-Jean-Baptiste, titulaire de la cathédrale qui est en même temps église paroissiale, en formait deux autrefois, celle de Saint-Christophe et celle de Notre-Dame. La paroisse de Saint-Christophe ne comprenait que les rues Beauregard et de l'Orme, et le petit hameau du Villard, aux confins du territoire de la ville et de celui de Jarrier. Notre-Dame avait le reste de la ville et les hameaux des Rossières, des Oules et des Plans. Les deux paroisses, nous l'avons déjà dit, dépendaient du Chapitre de la cathédrale, curé primitif, qui se faisait représenter par deux de ses membres avec le titre de vicaire ou de curé. Des conventions déterminaient la part qui leur était attribuée dans les revenus du bénéfice, qu'ils étaient chargés de percevoir, et leurs obligations à l'égard du Chapitre.

Pour donner une idée de l'état, au xvie siècle, de nos églises et de la chapelle de Sainte-Thècle, annexée alors à l'église de Saint-Christophe, nous devons remonter au-delà des limites dans lesquelles nous avons généralement restreint cette étude.

L'église Notre-Dame s'allongeait encore, en 1830, jusqu'au clocher. Cette grosse tour carrée a-t-elle été construite pour cette destination ou y a-t-elle été adaptée, d'abord au vi^e siècle, puis au xie, époque où elle aurait été en partie reconstruite? Nous laissons à de plus habiles que nous la solution de cette question. Mais si l'on veut avoir notre avis, nous dirons que nous ne voyons rien dans l'appareil des murs ni dans le style des ouvertures, même de la partie inférieure, sauf peut-être dans les premières assises, qui permette de reculer, avec quelque certitude, au-delà du xie siècle, la date de la construction de cette tour. Mais il est possible qu'on l'ait bâtie sur quelques restes d'une tour romaine détruite, ainsi que l'église Notre-Dame, la cathédrale et la ville entière, par l'empereur Conrad-le-Salique, vers l'an 1032, dans la guerre qu'amena la succession de Rodolphe III dit le Fainéant, roi de Bourgogne. La construction ou reconstruction a dû avoir lieu après l'année 1040; car l'évêque Thibaud, faisant, cette année-là, donation au Chapitre de *Sainte-Marie* et de *Saint-Jean-Baptiste* de plusieurs fermes situées sur les territoires de Saint-Jean de Maurienne, de Villargondran, des deux Albiez et des Arves, dit que la ville dont il a le titre d'évêque est détruite (1).

En 1247, l'évêque Aimon III de Savoie et le Chapitre se trouvant en désaccord sur plusieurs points, entre autres à propos d'une porte que l'évêque avait fait ouvrir dans le clocher, ce que le

---

(1) *Chartes du diocèse...*, p. 13.

Chapitre regardait comme contraire à ses droits sur l'église Notre-Dame, une transaction intervint. Au sujet de la porte, on stipula que l'évêque conserverait pour son usage celle qu'il avait faite, mais que le Chapitre pourrait en ouvrir sur les trois autres côtés de la tour (1).

Entre 1470 et 1480, le sommet du clocher fut refait et surmonté d'une flèche élancée et de quatre tourelles, de style ogival, avec les revenus de la mense épiscopale abandonnés à cette fin par le cardinal d'Estouteville. Cette flèche et ces tourelles, détruisant l'égalité entre le clocher et les maisons voisines, furent abattues par la Révolution. Pour être logique, elle aurait dû abattre toutes les maisons jusqu'à la hauteur du rez-de-chaussée ; mais on ne pense jamais à tout.

Le clocher faisait donc corps avec l'église paroissiale Notre-Dame. Celle-ci, maintenant amputée de la moitié de sa longueur et réduite au rang de simple chapelle, avait aussi été rebâtie au XIe siècle, et c'est à cette époque qu'appartiennent, à notre avis, l'abside et le mur du côté du midi, ornés l'un et l'autre, sur la face extérieure, d'une ligne d'arcatures en relief. Le mur du nord, parallèle à la cathédrale, a été refait à plusieurs reprises, et le portail du XIe siècle qui le décore a été évidemment transporté d'ailleurs à la place qu'il occupe maintenant. Certains détails des motifs des chapiteaux, entre autres de celui où deux évêques tiennent la même crosse, pourraient faire douter que peut-être

---

(1) *Cartulaire du diocèse...*, p. 78.

il a primitivement appartenu à la cathédrale. Quant à expliquer la bizarrerie mystérieuse que nous venons de signaler, il n'y a rien dans nos annales qui en donne le moyen.

Au xvie siècle, cette église était reliée à la cathédrale par une toiture couverte en ardoises et supportée au milieu par des colonnes. Plusieurs titres font mention de cette toiture qui devait être très basse, pour ne pas ôter le jour aux fenêtres de la cathédrale, surtout avant qu'elles fussent agrandies à la fin du xve siècle. La sacristie, très petite, était placée près de l'abside.

A l'intérieur, la nef était couverte d'un lambris. La voûte en pierre et les lourds piliers saillants qui la portent datent du xviiie siècle.

Il y a dans l'intérieur un pupitre renaissance et une chaire portative ogivale, qui est de la même époque et peut-être des mêmes artistes que les stalles de la cathédrale.

Le Conseil général de la ville fit faire plusieurs fois des réparations à cette église. Celles qui furent exécutées en 1569 paraissent avoir été assez considérables ; car, pour y faire face, on mit en vente la partie du logis des Trois-Rois qui appartenait à la ville et où les syndics et leur conseil se réunissaient d'ordinaire, avant l'acquisition de l'Écu-de-France. Cette vente donna lieu à un procès assez singulier, qui montre quelle surveillance chacun exerçait sur les syndics. L'acquéreur, Joffrey ou Geoffroy Crinel, aubergiste, marchand de drap et de beaucoup d'autres choses, ayant ouï dire que les syndics, Claude Michaëlis, avocat, Pierre Lambert et Jean Dedin, songeaient à donner une autre destination au prix de la vente, qui était de 210 florins, refusa de payer, et il fallut une sentence du juge commun, Pierre Rapin, pour l'y contraindre, après que les syndics eurent affirmé qu'ils n'avaient aucunement l'intention de s'écarter de la décision du Conseil général, au sujet de l'emploi de cet argent.

Le cimetière de la paroisse comprenait la place qui s'étend entre le palais épiscopal et la cathédrale, le cloître et l'espace couvert dont nous avons parlé.

Il y avait à Notre-Dame plusieurs chapellenies, dont les recteurs assistaient le curé dans le service de l'église et de la paroisse, tout en remplissant les fonctions de bénéficiers dans la cathédrale. Le chanoine Jean Trolliet, natif de Fontcouverte, par acte du 3 avril 1506, fonda quatre de ces chapellenies, sous les vocables de saint Maurice et de ses compagnons, des saints Cosme et Damien, de saint Gras et des saints Jean et Paul. Cette fondation porta le nom de *quatre-chapelles*. Les recteurs étaient nommés par le Chapitre. Ils devaient assister aux heures, messes et offices canoniaux avec les autres chapelains de la cathédrale, et ils recevaient leur part des distributions quotidiennes d'argent et de pain. Leurs absences étaient punies *à l'arbitraire du seigneur chantre de la cathédrale ;* mais ils étaient censés présents, quand leur office les retenait à Notre-Dame. Cet office consistait à y célébrer chacun quatre messes par semaine, *à assister, au moins deux personnellement, et à chanter au graduel, les dimanches et les fêtes, aux messes, vêpres et saluta-*

tions de la bienheureuse Marie, soit au Salve, Regina *et au* Regina cœli, *selon le temps.* Le fondateur déclare qu'il fait cette fondation *en l'honneur de la sainte et immaculée Vierge Marie et pour augmenter son culte dans la dite église qui lui est consacrée.* Il remet au Chapitre, pour la part des distributions revenant à ces quatre chapelains, le capital de 2,400 florins d'or petit poids, le florin valant 12 deniers gros, soit 12 sous ; et, pour la dotation des chapelles, une certaine quantité de rentes et de propriétés situées la plupart à Fontcouverte, entre autres une tour et divers édifices au mas de la Côte (1).

Lorsque, après avoir gravi la rue Beauregard, on a dépassé le couvent des Sœurs de Saint-Joseph et la maison des Missionnaires, on se trouve entre deux cimetières : le nouveau, à gauche, sur la pente du Verpil ou plutôt *Velpil,* comme on disait au XVIe siècle, et l'ancien, à droite. L'ancien n'est pas bien vieux, car il n'a été ouvert que vers 1820, mais il était insuffisant. L'enclos de celui-ci, avec une petite partie de la propriété du séminaire, contenait l'église, le presbytère et le cimetière de la paroisse Saint-Christophe. De l'église et du presbytère, il ne reste rien. Seul le tableau du maître-autel, représentant le patron de l'église, a échappé à la destruction ; il orne le maître-autel de l'église du petit-séminaire.

Les archives communales de St-Jean possèdent un grand nombre de reconnaissances en faveur de

---

(1) *Archives de l'évêché.*

l'église Saint-Christophe. La plus ancienne dont il soit fait mention est du 3 décembre 1286. Le prêtre chargé de la desserte a le titre de chapelain. En 1309, il porte celui de recteur. Ce n'est qu'à partir du commencement de l'année 1314 que les actes lui donnent la qualification de curé *(curatus)*. Saint-Christophe n'était donc, dans l'origine, qu'une chapelle, qui fut érigée en église paroissiale, entre 1309 et 1314, par l'évêque Aimon II de Miolans et unie au Chapitre de la cathédrale. « Le curé de Saint-Christophe, dit Jacques Damé, est présenté par le Chapitre et mis en possession par le chanoine chantre ; il est soumis à toutes les obligations des autres chanoines et à sa résidence dans la cathédrale. »

Indiquons quelques-unes des fondations faites en faveur de cette église. Il y a là-dedans à glaner quelques détails sur les vieilles familles et les vieux usages.

En 1303, Viffred des Colonnes, de St-Pancrace, lègue à Saint-Christophe une quarte de froment annuellement.

En 1337, Agnès, veuve de Pierre Talué, donne une rente de trois sous de Vienne pour que chaque jour, vers le soir, le curé sonne ou fasse sonner neuf coups de cloche pour l'*Ave, Maria*. La même année, Humbert de l'Orme *(de Ulmo)*, damoiseau, lègue quatre deniers forts annuellement, hypothéqués sur une terre située derrière le château du Villard, à côté du chemin qui conduit à Sainte-Thècle.

Ce château et ce chemin sont mentionnés dans un grand nombre d'actes. Le château était situé *aux Combes, vers l'Argentière,* hameau du Villard (Villard-Jarrier). Le chemin de Sainte-Thècle, ou de la Balme, se raccordait tout auprès au chemin de Jarrier ; il était très fréquenté par les habitants de Jarrier, de Saint-Pancrace, de Fontcouverte, même des Arves, dans leurs pèlerinages à la chapelle de la sainte.

On trouve le nom de la famille de l'Orme, mais sans qualification nobiliaire, jusqu'à la fin du xvi° siècle.

En 1342, Pierre David donne une livre de cire tous les ans, pour qu'on allume un cierge pendant l'élévation du Saint-Sacrement.

Au xv° et au xvi° siècle, presque toutes les familles nobles de Saint-Jean signent des reconnaissances en faveur de l'église Saint-Christophe : du Pont, du Mollard, des Colonnes, des Costes, etc. Ce sont des dimes et des rentes diverses léguées par les ancêtres. La dime, — et il en était de même de toutes celles du Chapitre, — était de deux pots ou *pointets,* soit d'un huitième de *coupe,* par *fossorée* de vigne, et de deux *quartes* de blé par six *quartellées* ou *séterie* de terre (1). Il y avait sur deux ou trois propriétés, notamment à Sainte-Thècle, la dime des fruits et celle des agneaux. Les rentes en nature

---

(1) *Fossorée,* étendue de vigne qu'un ouvrier peut piocher (*fossorer*) en un jour ; *quartellée,* terrain que l'on peut ensemencer avec une quarte de blé ; *séterie,* celui que l'on peut ensemencer avec un setier. Le pot de Saint-Jean est d'un litre et demi ; la quarte, de 13 litres 34. En supposant la moyenne du produit de 90 pots de vin par fossorée et de 8 quartes de blé par quartellée, on voit que la dîme était de 1/45 pour le vin et de 1/24 pour le blé.

et en argent étaient très nombreuses ; mais, comme celles du Chapitre, très difficiles à percevoir, rarement payées avec exactitude, et, pour la plupart, de très peu de valeur.

Une reconnaissance générale fut reçue en 1532 par les notaires Jean Tondut et Antoine Mollier, en faveur d'Hugonin Cohendet, curé de Saint-Christophe. Elle comprend quarante-huit déclarations, dont vingt-cinq ont pour objet des propriétés situées à Jarrier, à Fontcouverte, à Villarembert, dans les deux Albiez et à Montricher ; les autres sont presque toutes sur la paroisse Saint-Christophe. Mais il y a tant de réserves, de non-valeurs, de redevances insignifiantes, de débiteurs ou de propriétés inconnus, de procès pendants ou à entamer, qu'il nous a été impossible de faire une addition même approximative. Ce qu'il y a de plus clair, c'est que la propriété était alors, à Saint-Jean, presque aussi divisée qu'elle l'est aujourd'hui et que le curé de Saint-Christophe, avec son gros livre de reconnaissances, n'aurait pas eu de quoi rouler carrosse, s'il y avait eu des carrosses.

Notons encore, — et c'est à quoi l'on doit faire attention, quand on parle des anciens droits féodaux des églises et du clergé, si l'on veut faire de l'histoire vraie, — que ces dîmes et redevances n'entraient pas dans le grenier, la cave et la bourse du curé comme sa propriété personnelle et disponible. Presque tous les donateurs avaient mis des charges et conditions, à l'observation desquelles les héritiers et, au besoin, la communauté veillaient avec un soin jaloux. C'étaient non-seulement des messes à acquitter, des processions ou des répons à faire sur le tombeau du donateur ; mais des aumônes à distribuer, du luminaire à fournir, un autel ou une partie de l'église à entretenir, une lampe à tenir allumée, etc. Le donateur réservait toujours à ses héritiers la faculté de payer le capital sur le taux du cinq pour cent. Mais souvent ceux-ci trouvaient leur profit à servir la rente stipulée, le pot de vin, la coupe de blé, la poule, qui peu à peu, à force de se fractionner, finissaient par disparaître. Ce qui disparaissait moins vite, c'étaient les charges ; car, pour en être exonéré par l'autorité épiscopale, sans avoir à craindre un procès, le curé devait indiquer les revenus relatifs à chacune de ces charges et prouver qu'ils étaient irrécouvrables, malgré toutes les démarches qu'il avait faites, ce qui n'était pas facile.

La visite pastorale faite par Mgr de Lambert, le 5 novembre 1571, nous apprend que l'église Saint-Christophe avait deux chapelles latérales, dédiées l'une à la Sainte-Trinité, l'autre à saint Jacques ; et qu'une demoiselle de Cusinens avait légué au curé une rente de cinq florins pour que, tous les dimanches, il chantât ou le *Salve, Regina,* en l'honneur de la Sainte Vierge, ou le *Libera me* pour les défunts.

A partir de la fin du XIVe siècle, les curés joignent à leur titre celui de recteur de la chapelle de Sainte-Tigre ou Thècle de la Balme.

Ce mot de *balme,* dit Mgr Billiet, signifie rocher ou grotte dans un rocher. Nulle part, dans les environs de Saint-Jean, la sainte de Valloires n'aurait pu trouver un lieu plus propre que cette grotte, dominant la ville à mi-hauteur de la montagne du Rocherai, à lui donner le repos et le silence qu'elle cherchait après les fatigues et les dangers de son pèlerinage en Orient, sans perdre la vue de l'église où reposaient, où reposent encore, après treize siècles, les reliques de saint Jean-Baptiste qu'elle en avait rapportées. Les alentours de la grotte n'avaient pas, de son temps, l'aspect sauvage qu'ils ont maintenant, et, au XVIe siècle même, ils n'étaient pas dénudés et bouleversés, comme ils l'ont été depuis, par les rochers éboulés de la montagne. Les reconnaissances en faveur de la chapelle font mention de vignes situées au-dessus et au-dessous de la grotte. A une petite distance, s'élevaient quelques maisons. Un document des archives des Capucins de Chambéry dit qu'en 1627 ces maisons étaient au nombre de quatorze et qu'elles furent incendiées par la foudre. A côté ou au-devant de la chapelle, un ermite, son *serviteur,* avait son habitation.

La grotte elle-même avait porté le nom d'église et les constructions qui la précédaient, celui de monastère, ce qui est une preuve, — il y en a d'autres que nous avons données dans un autre ouvrage (1), — que le monastère où sainte Thècle termina sa vie, avec sa sœur Pignénie et douze veuves, était bien situé à la Balme-Rochex.

Le 1er juillet 1251, Hugues de La Combe *(de Comba)* reconnait, devant le notaire Jean de Mont-

(1) *Histoire hagiolog. du diocèse de Maur.*, p. 25, 30, 311.

bérenger, devoir annuellement, le jour de la fête de sainte Thècle, 25 du mois de juin, à Dieu, au monastère de Sainte-Tigre et à son serviteur, c'est-à-dire au prêtre qui desservait cette église, onze deniers de servis, légués par Marguerite Guelisa ou de Guelis, sa femme (1). La même année et le 4 février, Pierre Guelis du Croset avait donné deux deniers de servis annuel à Dieu et à l'autel de sainte Tigre de La Balme, au-dessus de Saint-Jean.

Ici se pose une question, dont la solution nous manque. Ce Pierre de Guelis ne serait-il pas le même que Pierre de Guelis qui, dix-huit ans plus tard, occupait le siège épiscopal de Maurienne et qui, en 1270, unit la chapelle de Sainte-Thècle à la mense capitulaire, de quoi M. Angley le loue fort, et la femme d'Hugues de La Combe n'aurait-elle pas été sa sœur ou sa parente ?

Quoi qu'il en soit, citons encore comme bienfaiteurs de la chapelle : Amédée de Savoie, évêque de Maurienne, qui, le 2 février 1201, donne un servis de six deniers pour le luminaire de l'autel ; Vionet du Mollard, habitant de Saint-Jean, qui, dans son testament du 10 novembre 1266, veut que le serviteur de l'église de Sainte-Thècle prie pour son âme (2) ; Guillaume de La Citerne, de Genève,

---

(1) *Dederat in suo ultimo testamento pro remedio anime sue et suorum antecessorum Deo et monasterio Sancte Tygris de Rochereto 11 denarios servicii annualis ipsi monasterio et servitori ejus solvendos annuatim in festo Sancte Tygris.*

(2) *Legavit ecclesie Sancte Tygris de Balma, quamdiu ibi erit servitor, dimidiam cupam vini annualem... ut dictus servitor preces effundat pro anima ipsius.* La coupe de vin était de 16 pots.

habitant à Saint-Jean, qui nomme pour héritier le recteur de la chapelle ou église de Sainte-Thècle, en son testament du 3 août 1285 (1); Pierre-Régis de Ginoude, testament du 3 novembre 1302.

On voit qu'après sa cession au Chapitre, l'église de Sainte-Thècle continua à avoir son *serviteur* ou recteur. Nous trouvons avec cette qualité : Aimon d'Albiez, en 1253 et en 1280 ; Richard du Mollard, en 1285 ; Guillaume de Tigny, en 1303 ; Antoine Séchal, en 1330 ; Guillaume-le-Rouge *(Rubei)*, en 1312 et en 1340. Ce fut le dernier ou l'un des derniers.

En 1394, Antoine des Costes est, dans une reconnaissance, qualifié de curé de Saint-Christophe et recteur de la chapelle de Sainte-Thècle. Les deux bénéfices avaient été réunis sur la même tête et ils le demeurèrent jusqu'à la Révolution, qui supprima l'un et l'autre.

Il n'y avait donc plus au XVI° siècle de recteur en titre résidant à Sainte-Thècle, mais il y avait un ermite attiré en ce lieu par la dévotion envers la sainte qui y était honorée et par l'amour de la solitude. Il ne jouissait d'aucun des revenus de la chapelle, dévolus au curé de Saint-Christophe, et ne prenait que la qualité d'ermite. Il est fait mention de lui dans deux actes que nous reproduisons textuellement. Le premier est en latin ; nous le

---

(1) Il fait des legs aux églises de Sainte-Marie et de Saint-Christophe, et, après avoir institué héritier *rectorem capelle seu ecclesie Sancte Tecle de Balma,* il lui ordonne d'employer ce qui restera de sa succession *in aquisitionibus ad opus dicte ecclesie Sancte Tecle.*

traduisons pour la satisfaction de tous nos lecteurs (1) :

L'an 1536 et le 19 janvier, devant nous Georges Truchet, notaire et vice-corrier, siégeant en notre tribunal, ont comparu et se sont personnellement constitués Arnaud Brun, Louis, fils de défunt Claude Borrel, et Pierre, fils de défunt Jean Brun, tous de Jarrier, lesquels ont promis, chacun pour un tiers, de fournir à messire Pierre Varot, ermite de Sainte-Thècle, au-dessus de la ville, ici présent, et à honorable François Gussod, consyndic des hommes et de la communauté de toute la ville, présent et acceptant, au nom de la ville et dudit ermite, savoir un clerc *(unum clericum)* qui le servira dans tous ses besoins, pendant qu'il vivra dans ledit ermitage et qu'il y tiendra une conduite honnête et religieuse, et de donner à ce clerc la nourriture et le vêtement. Le clerc sera choisi et élu par les promettants, qui le changeront, quand il ne fera pas exactement son service, et en désigneront un autre, avec l'agrément dudit messire Varot..... — RODOLPHE, *notaire*.

Nous ne savons si ces braves gens tinrent longtemps leur promesse. Toujours est-il qu'en 1560, l'ermite et l'ermitage de Sainte-Thècle étaient dans une situation aussi misérable l'un que l'autre. Le 20 mars de cette année, les syndics Claude du Pont de Montarlot, Jean Mestrallet et Martin Ulliel, assistés de treize conseillers, s'assemblèrent dans la maison de Montarlot et prirent la délibération suivante (1) :

Sur requeste presentée par Loys Pellicier, hermite de l'oratoyre Saincte-Thècle ès fins d'estre recovert le dict

(1) Registre du juge-corrier de 1524 à 1543, archives de la *Société d'histoire et d'archéologie*.
(2) Registre des délibérations du conseil.

oratoyre et qu'il soit honestement vestu et habillé comme appertient à hermitte. A esté resolu que le dict oratoyre sera recovert aux despens de la ville. Et ayant esgard à la povreté du dict oratoyre et hermite, que n'a ny possède aulcungs biens de soy ny du dict oratoyre pour se vestir et alimenter, et aussi considéré les vaquations qu'il fait tous les lundis heure de minuict pour venir crier par la ville pour recordation et prières des ames des trepassés, luy accorde pour cette foys seulement et sans le prendre et tirer en consequence ung habit et mantheau de drap blanc de pays sur lequel seront apposés et mis en drap roge la main sainct Jehan qu'est les armes de la ville, ensemble son saye et chausses de mesmes drap, avec ses solliers neufs et doubles, ès fins qu'il aye occasion prier Dieu pour les ames des trepassés et de tous les citoyens dicte cité, et ce le plus brief que faire se pourra.

Ainsi la pauvre chapelle n'attendit pas la Révolution pour être dépouillée des petits revenus qu'elle devait à la dévotion à sainte Thècle, et tomber dans l'état d'abandon où nous la voyons. Il lui reste au moins le souvenir de la sainte et l'abri du rocher.

A mi-chemin entre la ville de Saint-Jean et la chapelle de Sainte-Thècle, sur une petite esplanade qui termine le vignoble de Princens, s'élève la chapelle de Notre-Dame de Bonne-Nouvelle. Son origine appartient au XVIe siècle. Le chanoine Damé la raconte ainsi dans un manuscrit latin de la seconde moitié du XVIIe siècle, auquel nous avons déjà fait et ferons encore plusieurs emprunts (1) :

(1) Ce manuscrit a été donné aux archives de la *Société d'histoire et d'archéologie de Maurienne* par M. Buttard, curé de Saint-Julien. Il contient, entre autres notes importantes, une analyse des testaments des évêques Amblard, Ogier de Conflans, de Varambon, de Gorrevod et Amédée de Montmayeur.

Le 2 mai 1529, Révérend Antoine Polliac, chanoine des cathédrales de Saint-Jean et de Bourg, fonda la chapelle de Bonne-Nouvelle en l'honneur de l'Annonciation de la Sainte Vierge ; il lui donna six fossorées de vigne situées à côté de la chapelle et six autres fossorées près de Bonrieu... Il réserva le droit de présentation et de nomination à ses consanguins et, à leur défaut, au Chapitre, avec la clause.... que le prêtre qui serait pourvu de ce bénéfice ne pourrait en posséder aucun autre. Il donna, en outre, au Chapitre quinze fossorées de vigne pour le chant du psaume *Audi, Israel, mandata vitæ,* pendant le carême....

Antoine Polliac était de Bourg-en-Bresse et avait suivi à Saint-Jean, en l'année 1499, Mgr de Gorrevod, dont il fut secrétaire. Il fut témoin, le 15 janvier 1513, à une transaction entre cet évêque et noble Michel Vercelot dit Brulefert, au sujet d'une partie des forêts d'Argentine (1).

Sur la porte d'un petit cabinet du rectorat de Bonne-Nouvelle, dans un cartouche en albâtre, de style gothique, Antoine Polliac fit sculpter les armes de Mgr de Gorrevod ; cet évêque accorda des indulgences aux fidèles qui visiteraient la chapelle et contribua peut-être de sa bourse à son érection.

Claude Constantin, natif d'Albiez-le-Vieux et bourgeois de Saint-Jean, dans son testament du 18 février 1561, lègue à la chapelle deux livres d'huile de noix payables chaque année le dimanche *des fallyes* (2), moyennant quoi le recteur sera tenu *aprendre la dicte lampie toutes les principales festes de l'an.*

(1) Archives de l'évêché.
(2) Premier dimanche du carême.

En 1545, le recteur de Bonne-Nouvelle s'appelait Antoine Losset. Il était de Saint-Jean d'Arves et ajoutait à son titre de recteur ceux de *religieux, cénobite et ermite de Bonne-Nouvelle*. Il eut, au sujet de son bénéfice, un procès dont le motif ne nous est pas connu, le dossier étant incomplet (1). Un bienfaiteur de la chapelle (le nom est déchiré) avait acheté pour elle des biens, revenus, *taches* (2), dans la paroisse de Saint-André. Le châtelain, Guillaume Viffron, notaire à Saint-Jean, fit mettre sur toutes ces choses un séquestre, dont la levée fut ordonnée, le 9 janvier 1546, par jugement de François Bonnivard, docteur en droit, vicaire capitulaire, official et administrateur du diocèse : le siège épiscopal était vacant et les biens de l'évêché avaient été réduits sous la main du roi de France.

Viffron s'opposa à l'exécution du jugement, mais sans donner les motifs de son opposition. Losset recourut de nouveau à messire Bonnivard, lui exposant que, par suite de ce séquestre non justifié, il était obligé, depuis qu'il avait fait profession de la vie religieuse dans l'ermitage de Bonne-Nouvelle, de mendier son pain de porte en porte, au mépris des volontés du fondateur et des bienfaiteurs de la chapelle. Un second procès commença donc, le 23 du même mois, au sujet du séquestre. Mais Michel

(1) La plupart de ces pièces se trouvent dans les archives de la mairie de Saint-Jean, avec ce titre : *Acta venerabilis fratris Anthonii Losseti presbyteri cenobite cenobii Beate Marie Annonciationis vulgariter appellati de Bonne-Nouvelle*. Les autres appartiennent aux archives de St-André.

(2) *Taschia*, redevance en grain.

Couvert *(Coperti),* procureur de Viffron, réussit à obtenir des renvois d'une semaine à l'autre, ce qui n'était pas difficile en ce temps-là, sous la promesse de production de pièces qui n'arrivaient jamais et malgré les efforts d'Urbain Mact, procureur du pauvre ermite. On voit que l'art de prolonger les procès n'est pas une invention moderne.

Le 20 mars, François Bonnivard se décida à ordonner définitivement la levée du séquestre. Viffron ne se tint pas pour battu, et le cénobite fut obligé d'obtenir du roi des lettres de sauvegarde, à l'entérinement desquelles l'entêté châtelain fit encore opposition, par l'intermédiaire du chanoine Henri Bollier. Cet incident fit passer la cause du juge de l'évêché au juge royal, Etienne de La Roche, conseiller du roi et juge-mage *de Maurienne et d'Aiguebelle,* qui mit fin au procès en ordonnant que le séquestre, mis indûment sur les biens du bénéfice de Bonne-Nouvelle, fût levé immédiatement.

Nous trouvons encore *vénérable frère Antoine Losset, ermite et recteur de Bonne-Nouvelle,* mentionné, en 1561, dans le testament de Claude Constantin. Celui-ci veut que ses héritiers fassent acquitter par le prêtre *reclus* de la ville de Saint-Jean,—il s'agit probablement de l'ermite de Sainte-Thècle, — *les messes de monseigneur sainct Grégoyre appelées le trentenaire* (1). S'il n'y a pas de prêtre reclus, au moment de sa mort, ces messes seront dites par messire Antoine Losset, prêtre de Bonne-Nouvelle, sous la rétribution de cinq florins de Savoie, ce qui fait deux sous pour chaque messe.

(1) Trente messes à célébrer trente jours de suite.

En outre, Constantin le nomme son exécuteur testamentaire avec messire Antoine Sambuis, curé de Saint-Christophe, pour ses pies causes seulement, et chacun d'eux recevra six gros (1) de Savoie pour ses peines, moyennant qu'il acquitte deux messes. Il restait ainsi pour leurs peines deux sous à chacun.

La chapelle d'Antoine Polliac fut détruite par un incendie en 1628, et rebâtie par un capucin natif de Saint-Jean (2).

Quatre autres chapelles existaient encore à Saint-Jean : celle de Saint-Antoine, celle de Notre-Dame-de-la-Miséricorde, celle de la Réclusière et celle de Saint-Roch ; mais nous aurons ailleurs l'occasion de placer plus à propos le peu que nous avons à en dire.

(1) Le gros, denier gros ou sou valait douze deniers ; douze sous, un florin petit poids ; et vingt sous, une livre.
(2) On peut voir la suite de l'histoire de la chapelle de Bonne-Nouvelle dans les *Travaux de la Société d'histoire et d'archéologie*, t. IV, p. 191.

CHAPITRE V

Les Écoles.

Dans un petit livre destiné à l'instruction civique de la jeunesse, l'auteur, un savant, dit-on, un important du moins, pour le temps présent, voulant inspirer l'amour de la patrie aux jeunes Français, ne trouve pas de meilleur moyen que de dénigrer *le bon vieux temps*. Or, le bon vieux temps c'est tout ce qui, hommes et institutions, a précédé la Révolution de 1789. Entre autres choses singulières, employons les termes doux, on lit ceci :

Le paysan n'était pas bon à grand'chose, tout engourdi de misère et sans nulle instruction ; car il n'y avait pas d'écoles ici (?), ni aux alentours, sauf que M. le Curé.... apprenait à quelques garçons à signer leur nom et à lire le psautier....

Il y avait quelques hôpitaux dans les grandes villes...

Ces assertions, peu patriotiques, sont-elles au moins historiquement exactes pour le pays qui a l'honneur d'avoir vu naître le savant important ? Nous l'ignorons. Mais il eût été bon de préciser et de donner quelque bout de preuve. Ce qui est certain, c'est que, si on les appliquait à la Savoie, à la ville de St-Jean en particulier, chaque mot de ces deux phrases serait un mensonge, disons mieux, une calomnie ; et nous ne comprenons pas que l'on oblige les enfants à les étudier. Le lecteur va en juger. Disons-lui d'abord, pour le cas où il ne le saurait pas, que Saint-Jean n'a jamais été qu'une toute petite ville qui, au xvi⁰ siècle, comptait à peine 2,500 habitants, dont le plus grand nombre étaient des paysans. Or, à cette époque, il y avait bien des siècles qu'elle possédait des écoles publiques et des hôpitaux.

Commençons par les écoles.

Le 28 janvier 1325, l'évêque Aimon de Miolans, dans un accord fait avec ses sujets, entre autres franchises et libertés, leur reconnait celle-ci : « Le dit seigneur évêque accorde et décide qu'il devra choisir lui-même des maitres capables pour former les enfants aux bonnes mœurs et à la science (1). » Remarquons qu'il ne s'agit pas, dans cette charte, de la ville de Saint-Jean seulement, mais de *tout le peuple de la Terre de l'Evêché*, c'est-à-dire des vingt communes dont l'évêque était souverain. Il ne s'agit pas non plus de la création proprement dite d'écoles, mais seulement du choix des maîtres, qui est réservé à l'évêque. Le but de cette charte n'est pas d'établir des lois nouvelles ; c'est, comme il est dit dans le préambule, de prendre des mesures pour que « les droits des sujets soient conservés fermes et inviolables, et que l'imprévoyance des officiers épiscopaux ne détruise pas en une heure le fruit du travail des

---

(1) *Concedit dictus dominus episcopus et ordinat quod per ipsum eligere et eligi debeant magistri idonei in artibus ad instruendum pueros in moribus et doctrina. (Travaux de la Société d'hist. et d'aréchéol.*, t. II, p. 213.)

siècles. » On peut conclure de là que des écoles étaient depuis longtemps établies dans toutes les paroisses de la Terre épiscopale.

Qu'enseignait-on dans ces écoles ? Nous n'avons pas leur programme, et peut-être, le système de mettre tous les enfants dans un même moule, sous prétexte d'égalité, n'étant pas encore inventé, n'y avait-il pas un programme uniforme pour toutes ces écoles ? Mais nous avons lu, dans les archives du presbytère de Montrond, un extrait du testament de maître Pierre Melin dit de Cluny, *recteur des écoles de grammaire de la cité de Maurienne* (1), reçu, le 5 avril 1410, par Guillaume Favre, notaire, dans la maison du testateur, située rue du Mollard-d'Arvan. C'était probablement là que se tenaient les écoles, et c'est pourquoi la rue portait aussi le nom de *rue des Ecoles*. Il faut noter ce pluriel : il indique qu'il y avait plusieurs écoles, plusieurs classes, dont Pierre Melin était recteur ou, comme l'on dirait aujourd'hui, directeur. On y apprenait la grammaire, et non pas seulement à signer et à lire le psautier.

Pierre Melin lègue à l'église de Montrond, ce qui fait supposer qu'il était né dans cette paroisse, dix fossorées de vigne situées au-delà de Bonrieu et achetées par lui des héritiers de Richard de Cuines, chevalier, à la condition que le curé donnera chaque année à la confrérie du Saint-Esprit, qui se fait à Montrond le jour de la Pentecôte, deux setiers de vin pur provenant de ladite vigne.

(1) *Magister Petrus Melini alias Clugniaci rector scholarum grammatices Mauriannensis civitatis.*

Huit ans auparavant, le 13 février 1402, était mort maître Pierre Pistor, aussi recteur des écoles de la ville de Maurienne, qui avait fait don de ses livres au Chapitre (1).

En 1486 et en 1521, le recteur des écoles de la ville se nommait maître Pierre Fusier. En 1554, c'était messire Claude du Frêne, prêtre, natif de Pontamafrey.

Il eut pour successeur François Monier, qui, en 1562, obtint du Sénat un arrêt l'autorisant à faire représenter publiquement par ses élèves un mystère intitulé : *Le sacrifice d'Abraham,* en l'honneur de la naissance du duc Charles-Emmanuel Ier (2). Ceci nous éloigne de plus en plus de la signature et de la lecture du psautier. Du reste, la représentation des *mystères* était alors une des dévotions en vogue, et il y en eut non-seulement à Saint-Jean de Maurienne, mais à Saint-Martin-la-Porte, à Saint-Michel, à Modane, à Lanslevillard, à Bessans...., dans des communes dont la population ne se composait guère que de *paysans.* Ces pièces dénotent chez les acteurs, toujours très nombreux, un degré de culture intellectuelle fort remarquable et par conséquent l'existence d'écoles publiques très fréquentées (3).

François Monier étant mort, messire Charles Rapin déclara au Conseil général de la ville, assemblé dans l'église Sainte-Marie, le 14 no-

---

(1) Obituaire du Chapitre.
(2) Note communiquée par M. le docteur Mottard.
(3) Voir le *Mystère de Saint-Martin. (Travaux de la Société....,* t. V, p. 195.)

vembre 1565, qu'en sa qualité de vicaire général et au nom du cardinal d'Est et du Chapitre, il cédait à la ville le droit de nomination du recteur, qui, de tout temps, avait appartenu à l'évêque.

Il paraît que la ville ne se pressa pas d'user du droit qui lui était bénévolement concédé, car voici ce que nous lisons dans le procès-verbal d'une séance du Conseil général, en date du 20 juillet 1567 :

Pour ce que par cy devant en vertu des lettres du souverain Sénat de Savoye, obtenues à la requeste du procureur fiscal de Son Altesse, commandement auroit esté faict aux precedents syndics de pourvoyr d'ung pedagogue et maistre d'escolle pour enseigner et instruyre la jeunesse à bonnes meurs et vertu, à quoy encores n'auroist esté aucunement satisfaict, icelluy commandement et injonction auroist été réitéré aux sindics modernes à bonne peynne..... Resolu que les sindics tant de la noblesse que du tiers estat feront perquisition d'homme ydoine et de bonne et seure doctrine auquel seront payés ses gaiges par les dicts deux estats, ensemble le louage de maison où l'on tiendra l'escolle.

On fit choix de Claude Clappier, qui fut agréé par le Conseil général le 17 août suivant, à la condition qu'il subirait un examen pour constater son aptitude et qu'il prendrait un adjoint à ses frais. On convint que, pour la première année, il recevrait de la ville trente écus de cinq florins, plus vingt-quatre deniers gros de chaque écolier de Saint-Jean et trente-deux deniers gros de chaque écolier étranger, et qu'il jouirait des autres profits et privilèges attachés à sa charge, selon la coutume ancienne.

De la rue d'Arvan, les écoles avaient été transférées ou furent transférées vers cette époque dans la rue Bonrieu. Le 17 janvier 1571, Antoine et Jacques Rollet, habitant à Villargondran, fils de feu maître Jacques Rollet, de Saint-Jean, acensèrent à Jean Baptendier, syndic des nobles, à maître Claude Perret et à Claude Rostaing, syndics des bourgeois, leur maison paternelle, où l'on tenait déjà l'école et située dans cette rue, avec le jardin contigu, jusqu'au 1er janvier suivant. Le prix du bail est de cinquante florins de Savoie, garanti sur la ferme des boucheries, et le bail sera censé continué tant que les clés de la maison n'auront pas été rendues (1). Cette maison est près de celle de l'école actuelle de garçons, mais de l'autre côté de la rue. On y voit encore des traces de peintures et des inscriptions qui rappellent son ancienne destination, à laquelle il paraît qu'elle demeura définitivement affectée, même après la construction du collège de Lambert, et qui montrent qu'il y a eu là plus qu'une école primaire.

En effet, les documents que possèdent les archives du couvent des Capucins de Chambéry sur Pierre Bizel, d'Albiez-le-Vieux, si connu et si vénéré dans cet ordre sous le nom de P. Jean de Maurienne, nous fournissent, relativement aux écoles de Saint-Jean au XVIe siècle, un renseignement précieux. Une école secondaire ou collège y avait été annexée, nous ne savons à quelle époque, et ce fut là que ce saint religieux fit ses études de latin, d'humanités et de philosophie, qu'il doit

(1) Minutes du notaire Jean Marquet.

avoir terminées avant l'année 1570 et par conséquent avant la création du collège lambertin. Du reste, un de ses biographes dit positivement que ce collège était situé dans la rue Bonrieu. C'est de là que sortirent ces nombreux avocats, procureurs, notaires et praticiens que nous trouvons à Saint-Jean longtemps avant le développement donné par Mgr de Lambert aux études classiques. D'après les documents que nous avons cités, cette école possédait un internat et une chapelle dans l'intérieur de la maison.

Mais au moment où le successeur du cardinal d'Est prit possession de son siège, les écoles de Saint-Jean étaient bien déchues, les classes étaient désertes et les exercices littéraires, si utiles et si usités jadis, étaient complètement négligés (1). Cet état de choses lui inspira la pensée de créer, conformément aux prescriptions du Concile de Trente, un collège ou séminaire dans lequel, aux professeurs chargés de l'enseignement des langues française et latine, des belles-lettres et de la philosophie, serait adjoint un ecclésiastique, pour donner aux élèves qui aspireraient au ministère des autels l'instruction spéciale qui leur est nécessaire. C'est ce que dit ce grand évêque dans l'ordonnance du samedi 7 janvier 1570, par laquelle il unit aux écoles et au séminaire la chapelle de

(1) *Ad nostram inter cetera quæ prompta manu reparatione indigent devenit noticiam scholarum hujusce nostre civitatis pulpita jamdiu silere exercitiaque licterarum quibus juventus ad virtutes multas innovari ejusque provehi fastigium debet penitus neglecta jacere.* Décret cité plus bas.

Saint-Roch, située hors de la ville, là où fut construit, quelques années plus tard, le couvent des Capucins. Ce bénéfice était alors vacant par le décès du chanoine François Rapin, vicaire général (1). Hugues Exartier, prêtre, était recteur des écoles.

Mgr de Lambert songea d'abord à établir le collège dans la maison de la sacristie, attenante au cloître et précédemment occupée par le chanoine Rapin. Il demanda à l'acheter. Comme le Chapitre faisait difficulté de la vendre, il lui écrivit, le 30 juillet 1572, une lettre qui est un modèle de simplicité et de désintéressement (2).

Des deux séminayres, disait le prélat, à scavoyr du général et du particulier des enfants de nostre esglise (3), nous n'en ferions qu'ung. Des deniers vous racheterez vos possessions aliénées à vil pris, que vous rendront beaucopt plus que la dicte maison, laquelle (ainsy que toutes les autres) vous scavez coster beaucopt de maintenir..... Les six enfants et aultres jeunes chapellains de nostre église, sans se discommoder, tout auprès de leur logis, aux heures ordonnées, iroint aux leçons de bonnes lettres, puis en ung pas retorneroint au logis pour l'heure et leçon de la musique..... Si mon entreprise se faict plus loing, le petit séminayre ne se porroit bonnement unir avec le grand, et moy aussy ne porrois satisfaire à l'ung et à l'autre *separatim,* ni aussi le Chapitre justement se porroit descharger d'un maistre de grammaire, car elle est aultant et plus necessayre que la musique, mesme pour mon desseing. Car ung

(1) Archives de l'évêché.
(2) Archives de la *Société d'hist. et d'archéol.*
(3) Les *Innocents* établis dans le cloître.

bon grammerien avec un peu de plein chant servira mieulx en une cure qu'un bon musicien ignare et idiot.

La lettre se termine ainsi :

Je vous prie de ne vous arrester point à ceulx qui avec peu de reverence se gaussent de moy et rient de mes entreprises comme si j'entreprenois chose de laquelle je n'eusse consideré la fin avant que la commencer. Car j'atteste Dieu que ce que je delibère est à bon essien, et qu'en le deliberant je scay où se trouvera le moien d'y satisfaire, voyre quant bien Dieu accourciroyt mes jours plustost que je ne pence. Mais j'espère qu'il me lairra vivre pour accomplir cette bonne oeuvre, laquelle tend, plus oultre, à meilleure fin et plus de prouficit que peult estre ne pencez. Car si je ne puis pas faire beaucopt de biens en ce monde, au moins j'espère que cestuy cy effacera une partie de mes péchés de devant Dieu.

On ne put s'entendre, et Mgr de Lambert construisit son collège hors de la porte d'Arvan. Le bâtiment existe encore en grande partie ; le portail est orné du nom et des armes du fondateur. Les innocents restèrent dans le cloître, aux frais du Chapitre. Quant à l'école primaire, elle continua à être tenue dans la maison de la rue Bonrieu.

Ainsi, Mgr de Lambert s'était vu dans la nécessité de modifier son premier projet. Car son dessein avait été d'abord, non de créer un collège entièrement nouveau, mais de transformer les écoles existantes en un vaste établissement comprenant tous les degrés de l'instruction publique, depuis l'école primaire jusqu'à la classe de philosophie, avec une annexe pour les aspirants à l'état ecclésiastique, germe d'un grand séminaire proprement dit, qui ne fut établi que dans le siècle suivant. Evidemment, ce plan ne pouvait être exécuté d'une seule pièce, mais seulement par parties, à mesure que l'on trouverait les ressources nécessaires pour la création de nouvelles chaires. Voici comment il s'exprime dans l'ordonnance relative à la chapelle de Saint-Roch.

Après avoir déploré la situation présente des écoles et montré les graves inconvénients qui en résulteraient pour toutes les classes de ses diocésains et particulièrement pour le clergé, dont le recrutement deviendrait de plus en plus insuffisant, il parle du zèle que partout les évêques déploient pour mettre à exécution les décrets du Concile de Trente sur la création des séminaires, et il conclut ainsi : « C'est pourquoi, ne voulant rester en arrière d'aucun d'eux en bonne volonté et en énergie dans la culture de la portion de la vigne du Seigneur qui nous est confiée, nous avons érigé et érigeons maintenant ces mêmes écoles de notre ville (1) en forme de séminaire, selon la teneur du décret du saint Concile, voulant employer prochainement, pour la restauration de ces écoles et pour la constitution du séminaire, des sommes importantes, prises sur les biens et revenus que Dieu nous a donnés, et leur unir, en vertu des

(1) *Easdem hujusce nostre civitatis scholas in modum et formam seminarii juxta predicti sacri Concilii Tridentini decretum ereximus prout per presentes erigimus et stabilimus, volentes de proventibus et facultatibus a Deo nobis collatis aliquas egregias pecuniarum summas pro restauratione dictarum scholarum et constitutione dicti seminarii sponte prope diem impendere....*

mêmes décrets, quelques bénéfices simples qui viendront à vaquer, pour l'entretien de quelques élèves pauvres et le traitement des recteurs, entre lesquels un ou deux, selon que les ressources le permettront, seront chargés de l'enseignement des éléments des langues et des belles-lettres ; et particulièrement, un professeur ecclésiastique sera établi pour instruire et diriger ceux que Dieu appellera à se consacrer au ministère ecclésiastique, dans le plain-chant, la récitation de l'office divin tel qu'il est réglé dans le bréviaire, l'exercice et les rites de l'administration des sacrements. »

Ainsi, cet établissement ne devait pas être un séminaire proprement dit, dans le sens que l'on attache aujourd'hui à ce mot ; mais un collège ouvert, selon l'expression du fondateur, à tous les jeunes gens d'élite : Dieu choisirait ceux qu'il appellerait aux fonctions ecclésiastiques, et il y aurait pour eux, dans le même établissement, des leçons particulières (1).

Pierre de Lambert aimait à chercher ces jeunes gens d'élite, au cours de ses visites pastorales, et, s'ils étaient pauvres, il n'y avait pas de sacrifice qu'il ne fît pour leur ouvrir le chemin des études, quelle que fût la carrière vers laquelle ils paraissaient devoir se tourner. « Partout, disait-il, ils seront utiles au pays. » Nous le verrons lutter

(1) *Omnibus quibus presentium rerum status pariter et futurarum eventum demonstrat satis apertum est specialiter universo ecclesiastico ordini... quod selectorum hominum ex quibus nonnulli divino spiritu afflante sacris ministeriis servire forsan percuperent panlatim imminueretur numerus.*

vingt ans pour obtenir de consacrer à la fondation de bourses dans son collège des sommes qu'on le forçait de dissiper misérablement, et échouer contre l'attachement opiniâtre aux vieilles coutumes.

Mgr Pierre de Lambert fit son testament le 17 avril 1591, dix-neuf jours avant sa mort. Détachons de ce monument de la piété et de la bonté du plus généreux et du plus aimé des évêques de Maurienne ce qui concerne son cher collège, ainsi que le recteur et les professeurs qu'il y avait établis.

Je donne et lègue à mon collége érigé auprès des Pères Capuchins la somme de mille escus de cinq florins pièce pour les mettre à vallue honneste ou les employer à la fabrique du dict collège, ainsi que sera advisé par le R^{me} evesque mon successeur et aultres à venir et son vicaire general et deux des plus anciens chanoynes et aux scindicz de la noblesse et bourgeoisie, lesquels tous je nomme pour protecteurs du dict collége et exéquuteurs de mon present testament, principalement le dict seigneur evesque mon successeur (1) lequel je prie humblement d'estre le père du dict collége comme j'en suis le fondateur et de faire, si luy plaict, que la pension de cent escus d'or soit reservée et assignée au dict collége *in perpetuum* sur le prioré d'Eyton ainsi que la chose est ja commencée à Rome et que le dict seigneur esleu y a presté consentement, et tout cela viendra à son honneur et prouffict de la diocèse, car au dict collège il n'y a encore rien de fondé que l'union de la chapelle de Saint-Etienne sus Saint-André, dont j'ay l'expédition de Rome.....

Item je donne et lègue à Me Jacques Bertrand recteur du dict collège cinquante escus petits, oultre ce que luy

---

(1) Philibert Millet, son neveu.

est deub de ses gaiges, à M⁰ Mottard et à M⁰ Rembaud, précepteurs du dict collége, à chacun d'eulx vingt cinq escus aussi petits, oultre ce qui est de leurs gaiges, du payement desquels gaiges restants à payer je charge mes heritiers universels jusques au jour de mon trespas.

Jacques Bertrand était médecin et latiniste distingué. Pendant l'occupation de Saint-Jean par Lesdiguières, le collège fut fermé et Bertrand se retira à Moûtiers. Il revint ensuite, à la prière de Mgr Philibert Millet, et il dirigeait encore le collège en 1623, lorsqu'il publia son livre sur Notre-Dame du Charmaix (1). C'est de là qu'il date, le 1er décembre 1622, sa charmante épître au *Lecteur pressé,* mise en tête du volume.

Il y a dans les archives de l'évêché de nombreux documents sur la construction et les premières années du collège de Lambert. Mais ces faits ont plus naturellement leur place dans l'histoire de cet établissement, que publie un des professeurs du Petit-Séminaire de Saint-Jean.

(1) *Diva Virgo Charmensis — Nova ejus beneficia et miracula. Ad Serenissimum Principem Mauricium a Sabaudia, S. R. E. Cardinalem. Lugduni apud Jacobum Roussin.*

CHAPITRE VI

Les Hôpitaux.

A l'époque où se place ce fragment d'histoire locale, la ville de Saint-Jean possédait depuis plusieurs siècles trois hôpitaux : Notre-Dame-de-la-Miséricorde, Saint-Antoine, et la Maladière, Maladrerie ou Léproserie.

L'hôpital de la Miséricorde occupait, dans la rue Bonrieu, le bâtiment où est installée l'école communale de garçons. Il était destiné à loger pendant une nuit et, s'ils étaient malades, à soigner les voyageurs pauvres.

C'est peut-être cet établissement qui, au XIII° siècle, était désigné sous le nom de *Maison de l'Aumône* et appartenait à nos évêques, sans doute parce qu'ils l'avaient fondée. En 1217, Amédée II, évêque de Maurienne, lui fit une donation en ces termes (1) :

Nous donnons à notre *Maison de l'Aumône,* de Saint-Jean, les quarante sous de cens annuel qu'elle nous doit pour l'église de Villarembert, en sorte qu'elle ne sera plus obligée de les payer ni à nous ni à nos successeurs

---

(1) *Chartes du diocèse...*, p. 61. Mgr Billiet attribue cette donation à Amédée IV de Miribel ; mais, d'après M. Angley, cet évêque n'a pu occuper le siège de Maurienne que vers 1250.

mais elle les emploiera pour l'usage des pauvres et de nos autres frères qui servent dans cette maison. Elle demeurera seulement chargée de fournir l'huile nécessaire pour l'entretien de la lampe de notre chapelle Saint-Michel (1).

L'église de Villarembert dépendait donc alors de la Maison de l'Aumône. Nous avons vu que plus tard elle fut cédée au Chapitre.

En 1460, noble Jean Sibué et noble Gabriel Vallin, procureurs et administrateurs de Notre-Dame-de-la-Miséricorde, passent un acensement perpétuel des biens que cet hôpital possédait à Jarrier (2). En 1497, le même Sibué, administrateur et recteur de la Miséricorde, et Amédée de Gerdil, procureur des pies causes, obtiennent du juge temporel de l'évêché une sentence qui condamne Georges Palavel à relâcher à l'hôpital une terre située sous Rochenoire (3).

Voilà les seuls renseignements que nous ayons trouvés sur l'hôpital de la Miséricorde antérieurement au commencement du xvi° siècle. Seulement, de deux actes de 1554 et de 1570, il résulte qu'à cette époque, et depuis longtemps, les nobles Salière d'Arves possédaient le droit de patronage de la chapelle et d'administration de l'hôpital (4). M. de Jussieu (5) conclut de ce fait que l'hôpital avait été fondé par cette famille. Nous ne le pensons pas.

(1) Chapelle du palais épiscopal, à côté de la porte Maranche.
(2) Archives de l'hôpital.
(3) Archives d'Arves.
(4) Archives de l'hôpital.
(5) *Annuaire de la Savoie*, p. 327.

Les actes cités de 1460 et de 1497 prouvent qu'à cette date elle n'en avait pas l'administration, car ils ne contiennent pas un mot d'où l'on puisse inférer que Sibué fût son mandataire. Ce ne fut donc que plus tard que les Salière d'Arves acquirent les droits de patronage et d'administration, probablement en construisant la chapelle et en faisant une donation importante à l'hôpital; et c'est ce que donne clairement à entendre une supplique que la confrérie de la Miséricorde adressa au pape en 1624.

D'après les actes de 1554 et de 1570, au commencement du XVIe siècle, cet hôpital n'avait ni revenus ni mobilier; il était même en partie tombé en ruine, sans doute, comme toute la rue Bonrieu, par suite de l'inondation de 1440. Pour le relever, la Providence se servit de quelques enfants qui mendiaient leur pain dans les rues de la ville. Voici comment raconte le fait un document que nous avons trouvé plié dans un gros livre de comptes de la confrérie de la Miséricorde (1). Nous le traduisons aussi littéralement que possible, afin de lui conserver sa naïve et touchante simplicité :

Livre de la Confrérie de la Bienheureuse Marie de la Miséricorde de la cité de Maurienne.

Il faut remarquer que cette confrérie est un don de Dieu et de la Vierge Marie, sa Mère, parce qu'elle a été commencée, vers l'année 1520, par de pauvres enfants qui mendiaient et qui déposèrent, comme de vrais enfants, des morceaux de pain sur une ardoise.

(1) Archives de l'hôpital.

L'année suivante ils placèrent cette ardoise dans la rue, derrière la maison de noble Jacques des Colonnes (1), qui appartenait alors à Marie, veuve d'Antoine Champlong.

Dans l'année qui suivit, ils firent célébrer une messe et dressèrent dans cette rue une hutte de branchages, où ils préparèrent leur repas avec du blé mendié, de la viande bouillie, des rôties et du vin en abondance.

Enfin, la quatrième année, après avoir fait célébrer une grand'messe, suivie d'un grand repas, ils firent rédiger par écrit les statuts suivants :

1° A chaque fête de la Bienheureuse Vierge Marie, on fera célébrer une grand'messe par le vicaire de la cité de Maurienne (2), assisté d'un diacre.

2° Chaque confrère paiera pour droit d'*introge* (3) un gros *(un sou)*; pour chaque confrère défunt on donnera un quart *(trois deniers)*.

3° La confrérie aura deux cierges de cire pour le luminaire.

4° La sépulture des confrères sera faite dans l'église Ste-Marie, et l'on fera dire des messes avec les *Exaudi*..., en proportion de l'argent que l'on aura; on paiera les mêmes honoraires que les autres confréries.

5° Les prêtres qui seront membres de la confrérie seront préférés aux autres pour la célébration de ces messes.

6° Les confrères verseront chaque année une cotisation pour les messes à célébrer dans l'église de Notre-Dame-de-la-Miséricorde (4) à toutes les fêtes de la Sainte Vierge, et pour les cierges, soit le luminaire. Ces cierges seront, comme dans les autres confréries, réparés et renouvelés chaque année.

(1) Cette maison était située dans la rue Neuve actuelle.
(2) Le curé de Sainte-Marie.
(3) Droit d'entrée dans la confrérie.
(4) La chapelle de l'hôpital de la Miséricorde.

7° Il y aura deux prieurs, dont l'un sera chargé de la garde de l'argent, et l'autre de celle des papiers. Le tout sera déposé dans une caisse à deux clés ; chaque prieur en aura une et l'on dressera inventaire en la leur remettant. Ils ne dépenseront rien de l'argent qu'ils auront recueilli, excepté pour un repas qu'ils prendront avec le vicaire et le diacre le jour de la Visitation de la Sainte Vierge, fête de la confrérie.

8° S'il reste de l'argent, on le placera en rentes, et ces rentes seront distribuées en aumônes aux pauvres de Jésus-Christ. S'il plaît aux prieurs de donner quelque chose pour l'augmentation de cette aumône, qu'ils le donnent ; s'ils font cela, Notre-Seigneur Jésus-Christ priera pour eux avec la Bienheureuse Vierge Marie, Mère de Miséricorde. Qu'il accomplisse leurs vœux ! Amen !

Le procès-verbal de la visite *de la chapelle et hospital de Nostre-Dame-de-la-Miséricorde,* faite par Mgr de Rosignan, le 8 juillet 1754, résume ainsi l'histoire de la création de la confrérie, d'après des documents dont plusieurs ont disparu :

La confrérie commença, en 1525, par des petits morceaux de pain que des pauvres, qui les avaient mendiés, étalèrent dans la rue Saint-Antoine sur une pierre pour en faire part aux autres. En 1526, ils y ajoutèrent un agneau ; en 1527, un dîner dans la dite rue, sous un pavillon de fleurage, et ils firent célébrer une messe. En 1528, ce fut une grande messe, un grand repas et des règlements qui portaient de faire tous les ans de même.

Les petits mendiants ne disent pas où ils prendront ces capitaux dont les intérêts seront distribués aux plus pauvres qu'eux, qui ont leur jeunesse et leurs bonnes jambes. C'est qu'ils n'en savent rien ; ils mendieront davantage et se priveront un peu plus, pour pouvoir mettre dans la caisse une plus large part de ce qu'on leur aura donné. Quant à l'administration et au mode de distribution, ils n'en parlent pas non plus. A quoi bon ? Pour quelques confrères et si peu d'argent, il sera toujours facile de s'assembler. Les petits mendiants ne prévoyaient pas que bientôt les prêtres, les nobles, les riches bourgeois, les dames à *devantiers* et à coiffes de drap d'or solliciteraient l'honneur d'être leurs confrères et leurs consœurs ; qu'un hôpital leur serait confié ; et qu'avec le temps, la confrérie deviendrait si nombreuse qu'il serait difficile de la réunir souvent ; en sorte qu'en 1681, le Sénat serait obligé, à la requête de la confrérie et du procureur général, d'instituer un conseil d'administration composés des deux prieurs, de quatre confrères, du juge-mage, de deux chanoines, membres de la confrérie, et du gardien du couvent des Capucins (1).

Le règlement de la confrérie est suivi de la liste des prieurs de l'année 1529 à l'année 1560. Citons-en quelques-uns, les premiers :

1529. Antoine Fusier et Richard Séchal.
1530. Jacques Buchin et Nicolas Villar.
1531. Barthélemi Trolliet et Laurent Tornier.
1532. Jacques Bertier et Jean Brun-Bonnefoy.
1533. Sébastien Vincent et Pierre de Champlong, notaire, propriétaire de la maison derrière laquelle l'œuvre avait commencé.
1534. Jean-Pierre Fournier et Jean Picton-Longet.
1535. Egrège Claude Oppinel, notaire, et Barthélemi Porte.
1536. Pierre Grange et Antoine Clair.

(1) Archives de l'hôpital.

« En cette année-là, dit le manuscrit, la ville de Saint-Jean fut saccagée par les Italiens au service de la France. La confrérie fut comme perdue et morte, à cause aussi de la défense de tenir des confréries et des assemblées, dans la crainte de quelque émeute populaire. Mais elle ressuscita en 1539, et l'on élut prieurs Nicolas Villar et Claude Richerme. »

Les chiffres suivants donnent une idée du développement que prit la confrérie des petits mendiants. Dans l'assemblée générale tenue, sous la présidence des prieurs Mᵉ Pierre Brunet et Mᵉ Claude Sestier, le samedi 14 juillet 1576, jour auquel on célébrait alors la fête de la Visitation, on fit un recensement des membres de la confrérie et l'on trouva six chanoines, vingt-cinq autres prêtres, parmi lesquels l'ermite de Sainte-Thècle, Louis Pellissier, dix nobles, quinze *égrèges* (avocats, notaires, procureurs, praticiens), cent bourgeois et soixante-onze femmes, dont plusieurs appartenaient à la noblesse.

Six ans auparavant, la confrérie avait été associée à l'administration de l'hôpital de Notre-Dame-de-la-Miséricorde et avait acquis le droit éventuel de l'administrer seule. L'acte est du 12 mai 1570, devant le notaire Humbert Collombet (1). Il commence ainsi :

A l'honneur et louange de la gloyre de la Vierge Marie et salut des parties. Amen. A tous et chescungs presents et advenir soit notoire et manifeste comme d'ancienneté la ministration et gouvernement de l'hospital de la My-

(1) Archives de l'hôpital.

sericorde fondé en la presente cité de Sainct-Jehan de Maurienne en la rue de Bonrieu avec la presentation et droict de patronage de la chappelle d'ycellui hospital fondé en l'honneur et reverence de Nostre Dame de Mysericorde ayent appertenu et appertiennent encour de present aux nobles Sallière d'Arve et que du dempuys quelques années plusieurs devotes personnes de la presente cité émeus de singulière devotion auroint erigé et introduyt une assemblée de confrères de Nostre Dame de Mysericorde, auquel hospital et chappelle les dicts confrères auroint pour l'accroissement et entretenement d'yceulx fondé une messe à haulte voye à chescune feste Nostre Dame et une aultre messe basse tous les vendredis, auroint aussy donné plusieurs beaux cierges de cyre, ornements et accoustrements de l'autel, une cloche, en oultre auroint encores.... faict faire quelques reparations à la dicte chappelle et hospital, comme encores ils sont en volunté et deliberation en faire à celle fin que les povres de Dieu que logeront céans soint mieulx receups et logés qu'ils ne sont de present, estant le dict hospital presque en ruynes. Mais iceulx prieurs et confrères pour eulx et leurs successeurs desiroint estre adjoincts, unys et associés au droict de la dicte ministration, governement et patronage d'yceulx hospital et chappelle et ce qui en depend avec les dicts nobles d'Arve. De quoy ils ont prié et requis nobles Pierre fils à feu noble Barjact d'Arves, Gaspard et Pierre enfants à feu noble Pierre d'Arves, modernes recteurs et patrons....

Les nobles d'Arves consentent à cette association sous les conditions suivantes, acceptées par la confrérie : 1° la nomination du recteur de la chapelle appartiendra uniquement aux nobles d'Arves et à leurs descendants mâles ; 2° la confrérie administrera convenablement et secourra les pauvres de Dieu ; 3° si la confrérie vient à disparaître, à ne pas remplir ses obligations, ou à vouloir transporter ses droits à d'autres, le droit de patronage et d'administration retournera tout entier aux nobles d'Arves ; 4° si la lignée masculine des Salière d'Arves vient à s'éteindre, ce droit appartiendra exclusivement à la confrérie ; 5° dans le cas où les nobles d'Arves nommeraient pour recteur quelqu'un qui ne serait pas prêtre *disant messe, homme suffisant, apprové, de bonne et honneste vie et conversation,* celui-là sera tenu de se faire représenter par un autre ; à défaut de quoi, la confrérie nommera un autre recteur ; 6° le recteur sera tenu d'acquitter les messes fondées dans la chapelle, et de *consoller, visiter et confesser sy besoing est les povres malades qui seront au dict hospital.* Les parties prient Mgr de Lambert d'homologuer cet acte et d'accorder des indulgences aux bienfaiteurs de l'hôpital.

Les Salière d'Arves s'étant éteints, vers 1595, par la mort de Pierre, qui ne laissa que deux filles, le patronage de la chapelle et l'administration de l'hôpital passèrent entièrement à la confrérie.

L'établissement avait bien besoin d'être remis entre les mains de la pieuse association, car, dans la visite qu'ils en firent, les nobles d'Arves et les prieurs constatèrent « que les povres illec affluants couchent mal en ung galletas ou perissent de froid, car c'est sus terre sans feu ny fenestres serrans. » La confrérie se mit aussitôt à l'œuvre, et, dans la même année, on put construire deux chambres bien closes et munies de cheminées. Le reste du bâtiment fut réparé les années suivantes, et, en 1580, l'hôpital était entièrement restauré et considérablement agrandi. En même temps, on renouvelait et on augmentait le mobilier. En 1554, il n'y avait que deux lits ; en 1571, il y en avait quatre ; cinq en 1574, six en 1581. Les meubles étaient confiés à un *hospitalier,* qui recevait et soignait les pauvres voyageurs, sous la surveillance du recteur de la chapelle.

En 1581, la dépense pour le souper de chaque pauvre est évaluée à deux sous (1). L'hôpital envoyait aussi des secours à des malades, à domicile. Un état des dépenses faites par l'hospitalier, du 8 février 1594 au 18 mars 1595, porte à cent quatre-vingt-quatorze le nombre des pauvres logés ou assistés. Il y a une vingtaine de pauvres secourus chez eux ; les voyageurs sont : des soldats de passage, arrêtés là pendant plusieurs jours par la maladie ; des pèlerins allant à Rome ou en revenant, au nombre de soixante-six ; des écoliers pauvres allant étudier dans la Métropole de la religion et des arts, où les papes avaient bâti des hospices pour les recevoir ; des voyageurs de toutes sortes et de toutes nations, espagnols, anglais, allemands, français, flamands, etc.

La confrérie exigeait que l'hospitalier traitât les pauvres avec les égards et les soins que permettaient les ressources dont elle disposait. En 1571, elle en congédia un parce qu'il était *rustique*

(1) Environ 70 centimes de notre monnaie en valeur actuelle.

et agissait grossièrement avec les pauvres de Dieu. Les prieurs, estimant insuffisante la surveillance du recteur, allaient fréquemment s'assurer par eux-mêmes que les intentions de la confrérie étaient remplies, et quand il y avait des malades, les confrères se faisaient un devoir de leur porter quelques douceurs et ces bonnes paroles du cœur qui font tant de bien à ceux qui souffrent.

Aussi l'hôpital de la Miséricorde se substitua-t-il peu à peu à celui de Saint-Antoine dans la réception des malades de la ville. En 1571, Jacques Brunet, couturier, y fait son testament, dans lequel il déclare que, n'ayant pas trouvé de secours ailleurs, il a été contraint de se retirer à la Miséricorde, où il est nourri et soigné du revenu de l'hôpital. C'est pourquoi il le fait héritier du peu qu'il possède.

En 1582, une veuve Garcin, qui s'est réfugiée dans l'hospice des pauvres voyageurs, « considérant les agréables services, subventions et suffrages qu'elle reçoit journellement des prieurs et confrères de la confrérie, » donne à l'hôpital ses petits avoirs, « pour du revenu estre alimentés les pauvres de Dieu. » Elle ne met qu'une condition, c'est qu'on la gardera sa vie durant, ce que la confrérie lui promet.

Les legs et donations affluaient à l'hôpital et à la confrérie, la plupart de valeur minime : quelques florins, une paire de quartes de blé, un lit *avec sa poncière et son coussin de poules,* des couvertures, des draps de lit, quelques pots de vin *pour réconforter les pauvres de Dieu.* Il ne faut pas songer à détailler par le menu toutes ces liasses de testaments, codicilles et donations. Il y eut aussi des dons plus considérables. La confrérie, tout en ne refusant aucun voyageur, aucun malade, tant qu'il y avait de la place, savait être économe et administrer sagement, de sorte que, en améliorant tout doucement le bâtiment et le mobilier, elle pouvait acheter de temps en temps un morceau de terre au Clapey, un lopin de vigne au-delà de Bonrieu, une petite addition au jardin et au verger de l'hôpital. Tout cela, acceptation de legs, réparations et achats, se faisaient en toute liberté, après délibération et sous le contrôle de la confrérie, sans qu'il fût besoin de recourir ni à Mgr l'Évêque, co-souverain, ni à S. A. le duc de Savoie, ni au souverain Sénat. Quant aux frais d'administration, ils n'existaient pas. Les prieurs, élus chaque année et très reconnaissants de l'honneur qu'on leur faisait, surveillaient, négociaient, tenaient les comptes, sans autre rémunération que celle que Dieu a promise à la charité.

Citons quelques-uns des bienfaiteurs pendant le XVIe siècle.

En 1535, la confrérie ayant rappelé à noble et puissant seigneur Jean-François du Pont, fils de Pierre, docteur en droit et seigneur du Villaret, que noble et spectable François du Pont, chevalier, son oncle, dont il était héritier, avait fait à la Miséricorde un legs qui n'était pas encore acquitté, celui-ci chargea, par son testament, son fils Louis « de distribuer pour l'honneur de Dieu annuellement aux paouvres où auroyt plus grande indigence la somme de trente florins de Savoye, tant en vestements, chausseures que vivres... jusques la somme de 600 florins fust payée à l'usage et appliqué pour l'augmentation de l'hospital de Nostre-Dame-de-Miséricorde. » Louis du Pont ajouta dix florins de rente en 1574, et autant en 1580, hypothéquant pour le tout sa vigne de la *Tornaz jouxte le Pix au levant.* Dans l'acte du 18 avril 1574, l'acceptation au nom de la confrérie est faite par les prieurs François Truchet, prêtre, recteur de l'hôpital, et Claude Sestier, et par les confrères Antoine Cornuti, Hugonin Mollar et Guillaume Dubois, chanoines; Mathieu Davrieux et Jean-Antoine Canal, notaires, et sept autres bourgeois.

En 1565, noble Jean-Louis des Costes, donne six florins de revenu, sous la charge d'une messe tous les vendredis de l'année, en l'honneur de Notre-Dame-des-Sept-Douleurs.

Depuis 1571 surtout, après que la confrérie eût été associée à l'administration de l'hôpital, il y a peu de testaments qui ne fassent quelques dons à *Nostre-Seigneur Jésus-Christ et à la sacrée Vierge Marie en la personne des pauvres passants* qui vont loger à l'hôpital.

En 1575, Michel Ratel lègue dix écus à la chapelle, afin que la confrérie soit obligée de prier pour le salut du testateur. La même année, Jacques Reymond fonde une messe tous les samedis et donne cinq florins chaque année.

En 1583, noble Jacques Paquellet dit du Mollard donne cinquante florins, un lit avec sa paillasse, ses draps et ses couvertures.

En 1585, messire Claude Sambuis, curé de Saint-Christophe, lègue à la Miséricorde trois quartellées de pré situées au Clapey, et autant à l'hôpital Saint-Antoine.

En 1593, Jeanne Giroud, veuve de M⁰ Jean Collomb, lègue deux cents écus petits, soit mille florins, pour aider à nourrir les pauvres, sur quoi elle fonde une messe à acquitter tous les vendredis de l'année.

En 1600, messire Antoine Magnin, chanoine, fait l'hôpital héritier de tous les biens qu'il possède en Maurienne, à la seule condition de faire acquitter une messe chaque année le jour de l'Annonciation.

Les bienfaiteurs sont encore plus nombreux au XVII⁰ siècle. Nous ne citerons que Mgr Paul Millet, évêque de Maurienne (1656), dont le portrait est appendu dans une des salles de l'hôpital actuel. Ce prélat, dit M. Angley (1), donna en mourant à la Miséricorde et aux pauvres tout ce qu'il possédait, s'élevant à trois mille pistoles, soit 36,000 livres. C'est le plus grand bienfaiteur de notre hôpital et des pauvres de Saint-Jean.

Les recteurs de la chapelle de la Miséricorde, dont nous trouvons les noms dans les inventaires faits à leur entrée en charge, sont : Jean-François Truchet, 19 décembre 1570; Guillaume Truchet, sans date; Jean de Paraz, 26 juillet 1574; Jean Darve, de Villarembert, 15 octobre 1576. On a vu que les recteurs n'étaient pas de simples aumôniers, mais qu'ils étaient chargés de la surveillance et de la direction de l'hôpital, sous l'autorité de la confrérie, et que quelquefois ils joignaient la qualité de prieur à celle de recteur. En ce temps-là on ne

---

(1) *Histoire du diocèse de Maurienne*, p. 357.

voyait aucun inconvénient à l'ingérence du clergé dans les œuvres et les institutions de charité, et le lecteur a déjà pu remarquer que l'hôpital et les pauvres de Saint-Jean ne s'en sont point mal trouvés.

En 1580, la confrérie étant devenue trop nombreuse pour qu'il fut possible de convoquer ses membres à domicile pour l'assistance aux sépultures, on établit, avec l'autorisation de Mgr de Lambert, l'usage de les faire annoncer par un confrère qui parcourait les rues de la ville, portant l'habit de la confrérie et agitant une clochette. Cet habit se composait d'une tunique bleue avec l'image de la Sainte Vierge sur la poitrine. Il était le même pour tous, prêtres, nobles, dames et bourgeois, et nous lisons dans les mémoires du temps que chacun se faisait un devoir de se rendre à l'appel de la clochette, le défunt ne fût-il qu'un ouvrier ou une mendiante. Les confrères se considéraient comme les serviteurs des pauvres, les successeurs des petits mendiants de 1525. Aussi les riches semblent n'avoir été admis à la confrérie que par faveur et jamais, au XVIe siècle, aucun noble n'en fut élu prieur.

La confrérie de Notre-Dame-de-la-Miséricorde fut canoniquement érigée par un bref du pape Paul V, en date du 7 août 1615. La Révolution l'a emportée avec tant d'autres institutions. Par quelle œuvre aussi fraternelle, aussi utile aux pauvres et aux malades, l'a-t-elle remplacée ?

Nous avons déjà dit que les bâtiments de l'hôpital de la Miséricorde servent aujourd'hui d'école primaire pour les garçons. Ajoutons qu'il ne reste à peu près rien des constructions qui existaient au xvie siècle. La chapelle, au fond de la cour, divisée maintenant en salles à deux étages, fut construite en 1640, et l'on tira les pierres des ruines du château de Saint-Marcellin. Dix ans après, on fit le portail d'entrée et le mur de façade. En 1671, l'hôpital et la chapelle furent en grande partie dévorés par un incendie; la reconstruction eut lieu la même année.

L'hôpital de la Miséricorde se continue dans l'hôpital actuel, doublé d'un bureau de bienfaisance; et il y a, ce qui n'existait pas à la Miséricorde, le dévouement, la charité, la douce prudence des Sœurs de Saint-Joseph. C'est dans ses archives que nous avons puisé la plupart des éléments de cette notice.

Ainsi Dieu a conservé et fécondé l'œuvre des petits pauvres, et les morceaux de pain, déposés à l'entrée de la rue Saint-Antoine par ces humbles dévots à la Mère de Miséricorde, ont été la semence bénie dont vivent encore, après plus de trois siècles, les voyageurs pauvres, les indigents et les malades de la ville. Il est bon qu'ils le sachent et qu'ils s'en souviennent.

Nous sommes moins riches de renseignements sur les hôpitaux, depuis longtemps disparus, de la Maladière et de Saint-Antoine, et nous devons nous contenter de quelques notes.

La Maladière, ou Léproserie, était située dans les Plans, près de la route et des confins de Villargondran. Il n'en reste aucun vestige. Nous en savons rien de sa fondation ni de son histoire, jusqu'à l'année 1454, où Gaspard de La Chambre lui fit un legs (1). A la date du 16 octobre 1515, nous trouvons deux actes qui le concernent dans les minutes du notaire Jean Marquet. Gruet Sybaud, du Dauphiné, atteint de la lèpre, fut reçu dans la Maladière de Saint-Jean ; il paya soixante florins petit poids de douze deniers gros, que les syndics, Gabriel des Costes et Jacques Porte, employèrent à acheter une rente perpétuelle de deux setiers de froment, « pour le service des lépreux de la cité de Maurienne, qui sont maintenant dans la Maladière et de ceux qui y seront dans l'avenir. »

Le 2 avril de l'année suivante, les syndics, noble Jean Falcon et Jean Prévôt, achetèrent de même de noble Jean Vernier le jeune, de Saint-Pancrace, pour la Maladière, la rente d'un setier de froment, pour le prix de trente florins, payés par Catherine Tronel, d'Avrieux, lépreuse, admise dans l'hôpital.

Le système de placer en rentes perpétuelles les sommes payées par les lépreux, offrait de graves inconvénients ; car lorsque l'hoirie du débiteur avait subi un ou deux partages, le recouvrement des fractions de la rente devenait difficile. Aussi, le 1er mars 1545, un lépreux ayant été admis dans l'hôpital, le conseil, assemblé dans l'église Sainte-Marie, statua que les vingt florins, qu'il avait payés, seraient employés à acheter une terre. Ce conseil se composait du vicaire général, messire François Bonnivard ; des deux syndics, noble Antoine Chaudet et Guillaume Moulin, et de treize conseil-

(1) *Armorial et Nobiliaire*..., art. La Chambre.

lers, parmi lesquels nobles Jean des Costes et Georges Truchet.

On voit que la somme à payer pour l'admission dans la Maladière, toujours peu considérable, variait encore beaucoup, probablement selon la fortune du lépreux ; et que la léproserie avait la même administration que la commune. Il en était de même de l'hôpital Saint-Antoine. Un procureur des *causes pies,* élu tous les trois ans par le conseil général, était chargé des détails de l'administration journalière et de la comptabilité ; mais les actes, acquisitions, quittances, etc.. étaient signés par les syndics.

Dans cette même séance, le conseil prit un arrêté qui est à signaler. Il défendit toute espèce de jeux, tant en public qu'en secret (1). Quels abus avaient motivé cette mesure qui sent le calvinisme genevois ? Il ne le dit pas.

Puisque nous avons fait une digression, permettons-nous en une seconde. Le 8 du même mois, le conseil statua que l'on demanderait à l'autorité ecclésiastique des prières et des processions pour obtenir de Dieu la destruction des vers qui rongeaient la vigne. Le phylloxéra aurait-il déjà été inventé ?

Le 10 mai 1563, François et Jean Dompnier, de Fontcouverte, s'engagent à payer à la Maladière, représentée par les syndics, noble Jacques Sauvage et Jean Charrière, et par Nicolas Jugliar, procureur des pies causes, un setier de froment tous les ans

---

(1) *Ne amplius quisquam ludere possit publice vel occulte.* — Minutes du notaire Jomar.

ou un capital de quarante florins pour la pension de Gabrielle de Verdon, leur mère, détenue dans l'hôpital.

En 1573, un autre lépreux de Fontcouverte s'oblige à payer un capital de 120 florins ou une rente de 9 florins et demi. L'année suivante, Jean Sambuis, d'Albiez-le-Vieux, promet 100 florins : l'acte dit qu'il est reçu avec les autres lépreux de la Maladière.

D'après un inventaire fait à cette date, les rentes en grain appartenant à la Maladière se composaient d'environ soixante-dix quartes de froment et cinquante-quatre quartes de seigle.

Le 25 mars 1583, les syndics et le procureur des pies causes acensent à Antoine de Bourgia, de Villargondran, pour soixante-seize florins et *un quarteron de louzes* (ardoises) *de grand escarre,* une vigne et un pré appartenant à la Maladière *jouxte le chemin tendant à Saint-Jullien et le maisonnement du dict hospital.* Il n'y a point de lépreux en ce moment. Néanmoins, les administrateurs se réservent la jouissance de la maison *pour la retraite de quelque malade si advenoit le cas.*

La maison était encore inoccupée le 9 août 1587. Le 2 octobre 1588, le conseil, à la demande des syndics de Fontcouverte, consent à l'admission du lépreux Georges Mollaret, natif d'Albiez-le-Vieux et habitant à Fontcouverte, aux conditions suivantes : « Le dict Mollaret ou bien ceulx qui pour luy agissent seront tenus bailler et deslivrer réellement entre les mains du procureur d'ycelle maladière la somme de cent florins, moyennant laquelle somme sera loysible au dict Mollaret d'habiter en icelle maladière et faire la queste une foys la sepmainne comme de coustume, de laquelle queste il se pourra alimenter, et ou ycelle queste ne pourroyt suffire à sa nourriture sera l'hors tenu icelluy Mollaret ou vrayement les scindics de la parroesse de Fontcouverte poursuyvant la reception du dict Mollaret en icelle maladière fournir au dict Mollaret le surplus que sera de besoingt pour la dicte nourriture, à la charge aussy qu'il Mollaret ou pour luy agissants seront tenus porter linges et draps en icelle maladière requis pour le dict Mollaret ainsy que par cy devant a été observé. »

Cette délibération nous fait connaître que les lépreux n'étaient pas séquestrés dans la Maladière, et à quelles conditions les malades étrangers à la ville y étaient reçus. Le payement de la somme convenue avec les administrateurs ne leur donnait droit qu'au logement et à l'usage des meubles de l'hôpital. Ils devaient se procurer eux-mêmes le linge nécessaire et pourvoir à leur nourriture, qu'ils étaient autorisés à mendier dans la ville. Quant à ceux de Saint-Jean, s'il y en eut à cette époque, ce que nous ignorons, puisque l'hôpital avait des revenus, tout porte à croire qu'ils en jouissaient.

Quelques titres du XVIIe siècle (1) donnent à entendre qu'il y avait dans la Maladière une *chambrière,* chargée du service des lépreux et du soin du mobilier de l'établissement.

Rentrons dans la ville. Au milieu de la rue Saint-Antoine, en face de la rue, récemment ou-

---

(1) Archives de l'hôpital.

verte, qui la met en communication avec la route et à laquelle on a donné le nom de l'un des principaux bienfaiteurs de Saint-Jean, Mgr Pierre de Lambert, est une chapelle très pauvre, très délaissée, très abandonnée. C'est une construction, ou plutôt une reconstruction, du XVIIIe siècle. Elle possède pour toute fortune appréciable un tableau de saint Antoine peint par Gabriel Dufour. Sur la façade est une antique statue du même saint, que nous ne recommandons nullement à l'admiration des touristes ; mais au-dessous, sur le socle, il y a les armes des nobles d'Albiez. Faut-il en conclure que la chapelle a été d'abord bâtie par un membre de cette famille, peut-être par l'un des quatre chanoines que mentionne M. de Foras dans son *Armorial et Nobiliaire de Savoie :* Aimon (1378-1390), Martin (1409), Antoine (1414) et Jacques (1453) ; et que l'on a voulu conserver ce souvenir du fondateur ? Ce serait fort probable, et le vocable de la chapelle semblerait indiquer de préférence le chanoine Antoine d'Albiez, si nous ne trouvions à l'année 1347 le décès d'Henri Bertrand, chanoine et recteur de l'hôpital Saint-Antoine, *qui donna à Dieu et aux serviteurs de l'église Saint-Jean-Baptiste, pour une distribution, vingt sols tournois soit douze deniers tournois de revenu* (1).

C'était un prieuré sous les noms de saint Antoine et de saint Clair. Le chanoine Damé nous apprend qu'en l'année 1450, il fut uni à la chapelle des Innocents, ou à la maîtrise de la cathédrale, et, par conséquent, au Chapitre ; que l'official de Ta-

(1) Obituaire du Chapitre.

rentaise reçut commission de constater la vérité des motifs allégués pour cette union, et qu'ensuite, le pape Nicolas V l'approuva par une bulle qui existait dans les archives du Chapitre. Le dernier prieur se nommait Pierre Méliard, et il avait donné sa démission sur les instances du cardinal de Varambon. Pour les avoirs du prieuré, nous voyons mentionnée, à l'année 1493, une vigne située *aux Côtes sous Sainte-Thècle* (1). C'est tout ce que nous connaissons.

Au prieuré était annexé l'hôpital, bâti à côté de la chapelle. Il avait donné son nom à la rue; car, au XVe et au XVIe siècle, on disait communément *rue de l'Hôpital* ou *rue tendant à l'hôpital Saint-Antoine*. Avait-il des revenus distincts de ceux du prieuré ? Nous l'ignorons. C'est de cet hôpital sans doute qu'il est question dans le testament de Pierre de La Chambre, qui, en 1261, donna dix sols viennois à chacun des hôpitaux de Saint-Jean, de Pont-Renaud et de la Chambre (2).

Le 26 février 1269, Anthelme de Clermont, évêque de Maurienne, écrivait dans son testament (3) : « Nous léguons à l'hôpital de Sainte-Catherine d'Aiguebelle notre couverture de couleur d'or..... et à celui de Saint-Jean les tapis de notre lit et quatre draps. »

Que la cession du prieuré aux Innocents ait été avantageuse à cette institution, nous n'en doutons point, puisque Damé en parle comme de l'une des

---

(1) Archives de l'hôtel-de-ville.
(2) *Armorial et Nobiliaire*, ibid.
(3) *Chartes du diocèse...*, p. 95.

bonnes œuvres du cardinal de Varambon ; mais il est hors de doute qu'elle ne le fut ni à l'hôpital, ni à la chapelle. La charité des bonnes âmes paraît s'en être éloignée dès ce moment. Dans le siècle suivant, elle se tourna vers l'hôpital de la Miséricorde. Cependant, celui de Saint-Antoine recevait encore des malades à la fin du XVI° siècle. Mgr de Lambert lui fit un legs en ces termes : « Je donne et lègue à l'hospital de Saint-Antoine, *et non point aux enfants de cueur,* et aussi à l'hospital de la Miséricorde, à chascun cent escus petits, pour du revenu qui en proviendra à cense honneste en achepter des lits et couvertures ou autres choses necessaires pour les dicts hospitaux, ou bien pour la nourriture des paouvres, et les dictes sommes seront deslivrées entre les mains de ceulx qui en ont ou auront l'administration. »

CHAPITRE VII

La Communauté.

L'administration communale est certainement mieux alignée, ratissée et surveillée de notre temps qu'au xvie siècle. Chaque commune est le bout d'un fil dont l'autre bout est à Paris, attaché au clavier ministériel, avec points d'appui à la préfecture, à la sous-préfecture et chez monsieur un tel. Plusieurs, qui ne sont pas absolument désintéressés, affirment qu'au moyen de cette admirable centralisation aucun abus n'est possible.

Nous le voulons bien, malgré les dires des mauvaises langues, et nous reconnaissons sans détour qu'au xvie siècle il y avait, dans la *politique* de la commune, c'est-à-dire dans son gouvernement, de nombreux et graves abus, que nous nous garderons de taire, puisque nous faisons de l'histoire. Mais il y avait une chose dont il ne reste guère que le nom, la liberté. La commune s'administrait elle-même, presque aussi indépendante et souveraine, dans la gestion de ses affaires, que le prince dans le gouvernement de l'Etat. On se chicanait bien un peu, on plaidait trop souvent ; la bourse commune n'était peut-être pas assez fermée et des rongeurs s'y glissaient parfois, malgré la surveillance de tout le monde. Mais on était chez soi, et le citoyen avait la consolation de n'être pas toute sa vie mineur, dans la personne de la commune, et sans autre droit que celui, très glorieux certainement, d'aller de sa personne, tous les trois ou quatre ans, déposer dans une urne les noms des tuteurs qu'il préfère et qui, en tout cas, seront eux-mêmes en tutelle.

Le mot de *commune* était rarement employé, chez nous, au XVIᵉ siècle. Nos pères se servaient plus ordinairement de celui de *paroisse,* surtout pour désigner les communes rurales. Quant à la ville de Saint-Jean, elle porte dans presque tous les actes le nom de *cité de Maurienne,* ou simplement de *la cité,* un peu prétentieux, pas trop pourtant, car, malgré sa petitesse, elle avait l'honneur d'être la capitale d'un Etat de dix-huit communes, plus considérable que les républiques de Saint-Marin et d'Andorre, et qui, sans jamais avoir fait la guerre pour conquérir les communes voisines et malgré toutes sortes d'invasions, gardait depuis mille ans ses frontières, protégées seulement par d'authentiques parchemins. Cette défense serait aujourd'hui estimée très insuffisante.

Le titre de citoyen de Saint-Jean était fièrement porté et inscrit, dans les actes publics, par les membres du clergé et de la noblesse aussi bien que par ceux de la bourgeoisie. Pour l'acquérir, quand on ne le possédait pas par droit de naissance, il fallait être *manant et habitant,* c'est-à-dire avoir son domicile dans le territoire de la ville ; il fallait, de plus, justifier de moyens d'existence suffisants, soit en propriétés, soit par l'exercice d'une profession libérale ou manuelle, jouir d'une bonne réputation de probité et de moralité, et adresser une demande aux syndics. Ceux-ci, après une enquête, faisaient leur rapport au Conseil général de la cité, qui prononçait. Si la demande était agréée, il ne restait plus qu'à payer la somme portée par les règlements, comme correspectif des droits dont le nouveau citoyen allait jouir. Cette somme varia beaucoup : dans le dernier quart du XVIe siècle, la cité finit par se contenter de l'engagement écrit de participer à toutes les charges de la communauté, et accorda le droit de citoyen aussi facilement que le duc de Savoie et l'évêque le titre de noble. Une délibération du 24 août 1586 sur l'expulsion des étrangers, à cause du danger de peste, dit que « ceulx qui se presenteront pour estre receubz habitants en la presente ville et qui bailleront ou voudront bailler quelque chose pour la maintenance des borneaulx et pont d'Arvan, se presenteront au Conseil general pour estre receubz. »

Le citoyen ne pouvait pas, comme l'étranger, être expulsé en cas de peste, de guerre ou de disette ; il avait, directement ou indirectement, sa part du produit des biens de la cité ; il jouissait des franchises accordées par le souverain, l'évêque avant 1327, l'évêque et le comte ou duc de Savoie depuis cette époque ; il pouvait entrer dans les confréries et profiter de leurs biens, secours et autres avantages ; il faisait partie de l'un des trois ordres de citoyens, selon sa condition, et ainsi, à sa majorité, c'est-à-dire à vingt-cinq ans, s'il était chef de famille *(d'hostel),* il devenait membre du Conseil général de la cité et de l'assemblée de son ordre, prenait part, en cette qualité, à l'administration de la ville, et pouvait être élu conseiller des syndics et même syndic.

Le premier ordre était celui du clergé : il comprenait les chanoines et les autres prêtres et clercs attachés au service des églises de la ville.

Le deuxième était celui de la noblesse, dont faisaient partie non-seulement les nobles de naissance ou par récente concession du souverain, mais tous les docteurs en droit ou en médecine; ceux-ci cependant ne jouissaient pas des privilèges ou exemptions de la noblesse et n'en avaient pas les charges militaires : ils étaient, sous ce rapport, assimilés aux bourgeois.

Le troisième ordre ou *tiers-état,* désigné aussi sous le nom de *bourgeoisie,* se composait des citoyens, qui n'appartenaient ni au clergé ni à la noblesse, et auxquels on appliquait plus spécialement la qualification de *manants et habitants.*

L'ensemble des citoyens des trois ordres formait la *communauté.* De ce nom on tira celui de *commune,* pour désigner le territoire appartenant à la communauté dans les limites convenues avec les communautés voisines. Ces limites étaient un peu vagues ; ce ne fut guère qu'après 1600 que l'on fit des délimitations précises et que l'on planta des bornes, pour couper court aux disputes, batailles et procès qui avaient lieu à chaque instant.

Nous avons nommé les *manants et habitants.* Le mot *manant* n'était que la traduction du mot latin *manens,* demeurant. Joint à celui d'*habitant,* il signifiait : celui qui a un domicile fixe et permanent. Il ne renfermait donc rien de méprisant ni d'injurieux, et il était, en réalité, synonyme de citoyen. L'étranger était censé, jusqu'à ce qu'il demandât son incorporation dans la communauté, ne vouloir faire qu'un séjour temporaire et garder l'intention de rentrer dans sa paroisse, à la communauté de laquelle il continuait d'appartenir. Il était donc naturel qu'il ne jouît pas de tous les avantages du citoyen, du *manant*. Comme de juste, il n'en supportait pas non plus toutes les charges, mais seulement celles afférentes à sa situation et aux intérêts pour lesquels il avait droit à la protection de la communauté. Quant aux privilèges du manant, il n'était pas plus ridicule qu'il reçût une partie, par exemple, des noix ou de l'huile, produits des noyers appartenant à la communauté ou à la confrérie, c'est-à-dire à la société dont il faisait partie, que toutes les noix ou toute l'huile provenant des noyers appartenant à lui seul.

Les citoyens des trois ordres, chefs de maison et ayant atteint la majorité, composaient le *Conseil général* de la cité. Ce conseil s'assemblait, avec l'autorisation du juge-corrier, qui n'était jamais refusée, aussi souvent qu'il était nécessaire et sur la convocation des syndics, annoncée d'abord au prône de la messe paroissiale, dans les deux églises de Sainte-Marie et de Saint-Christophe ; puis à tous les carrefours de la ville, et enfin par le son de la grosse cloche. Il était présidé par le vicaire général, au nom de l'évêque, par le corrier et le juge-mage. Sauf dans les cas d'urgence, les séances avaient lieu le dimanche, à une heure, et si elles n'étaient pas terminées quand sonnaient les vêpres, on les suspendait pour les reprendre immédiatement après. Les syndics exposaient l'objet de la délibération, chacun faisait les observations qu'il jugeait à propos, et, la discussion terminée, les votes, donnés de vive voix, sans distinction de prêtres, de nobles et de bourgeois, étaient recueillis par le secrétaire de la communauté, qui était toujours un notaire. Il rédigeait les décisions du conseil, le corrier les approuvait, le serviteur de la ville les publiait dans toutes les rues, et elles étaient exécutoires de suite sans autre formalité.

Jusqu'en l'année 1574, les séances du Conseil général eurent presque toujours lieu dans l'église Sainte-Marie. Depuis lors, elles se tinrent le plus souvent dans les vastes salles de la maison de la confrérie du Saint-Esprit, rue d'Arvan.

Lorsque l'on prévoyait que la discussion serait orageuse, ce qui arrivait assez souvent, et l'assemblée nombreuse, les procureurs fiscaux y assistaient, pour aider les syndics et les juges à maintenir l'ordre et, au besoin, décerner des poursuites contre les perturbateurs.

Le pouvoir que nous appellerons législatif appartenait tout entier au Conseil général, dont les syndics ne faisaient qu'exécuter les décisions. Il n'y avait pas de budget arrêté à l'avance; mais chaque dépense était discutée et votée, à mesure que la nécessité s'en présentait. Le conseil établissait alors une *taille,* c'est-à-dire un impôt égal à un ou plusieurs quartiers de la gabelle ou de la taille ducale, comme nous l'expliquerons plus loin. La perception était confiée aux syndics ; quelquefois, à la demande de ceux-ci, à des commissaires choisis parmi les notables de chaque rue, lesquels versaient entre les mains des syndics les sommes perçues.

Si la dépense à faire ou la question à résoudre concernait, non la communauté tout entière, mais seulement l'un des trois ordres, et le cas arrivait souvent pour le tiers-état, lui seul avait à s'en occuper dans une assemblée particulière, convoquée et présidée par les syndics. Pour ce qui était d'intérêt commun, les trois ordres se réunissaient, même pour des affaires de peu d'importance, comme la propreté des rues, l'entretien des fontaines, le prix du pain, la police de la ville, les conventions avec les bouchers, etc.

Ainsi, l'être collectif de la communauté était, dans son domaine, parfaitement assimilé à l'être individuel dans le sien. Il en était de même de chaque ordre, de chaque corporation ou confrérie, de chaque association quelconque, formant autant de communautés distinctes et restreintes.

Pour que les délibérations du Conseil général fussent valables, il fallait que les deux tiers des membres de droit y assistassent. Or, les citoyens s'en dispensaient facilement, surtout lorsqu'il s'agissait d'affaires peu importantes. C'est ce qui fait qu'en certaines séances on trouve cent cinquante ou même deux cents membres, tandis qu'en d'autres, et elles sont très fréquentes, on n'en compte que vingt ou trente. Alors, toute décision était impossible, et les syndics souvent fort embarrassés : ils étaient réduits à indiquer une autre assemblée, et, en attendant, à consigner dans le procès-verbal des doléances très vives et des protestations de dommages et intérêts pour les conséquences fâcheuses que ces abstentions pouvaient entraîner pour eux-mêmes. On fut même obligé, plus d'une fois, de recourir au juge-corrier, pour qu'il réveillât par de fortes amendes les citoyens insouciants.

Ainsi, le 29 août 1565, pendant la peste, on décide « qu'il sera pourveu par justice contre les defaillants et delinquants tant en Conseil general que particulier. » Le 3 novembre 1580, les syndics ayant exposé que, par la négligence des membres du Conseil général, et même de leurs propres conseillers, à se rendre aux assemblées, le conseil ne peut avoir lieu, en sorte qu'ils sont forcés de laisser les affaires en souffrance et, faute d'argent, ne peuvent pas payer ce qui est dû par la ville, d'où résultent des pertes pour celle-ci et des procès contre eux-mêmes, le corrier, Georges de Jorcin, décrète que tout *chef d'hostel* qui ne se rendra pas au Conseil général et tout conseiller qui n'assistera pas aux conseils particuliers seront passibles d'une amende de vingt-cinq florins, applicable une moitié à la correrie, l'autre moitié à la communauté.

Ces mesures coercitives ne furent souvent, comme beaucoup d'autres, qu'une sorte d'épouvantail dont les citoyens ne s'inquiétaient guère. **Le dimanche 10 juillet 1575, le Conseil général** n'ayant pas été en nombre pour faire l'élection des syndics, le corrier Pierre Rapin condamna les défaillants inscrits au rôle de la taille, au nombre de cinquante-sept, à dix sous d'amende. Cet arrêt fut renouvelé le 7 août 1583 et le 7 septembre 1586. Le 31 janvier 1598, l'amende fut fixée à vingt-cinq sous pour les simples bourgeois et à un écu de cinq florins pour les notables, membres du conseil des syndics, et l'on statua que dorénavant les délibérations seraient valables, quel que fût le nombre des membres présents, pourvu que l'assemblée eût été régulièrement convoquée. Il va de soi qu'alors, comme aujourd'hui, ceux qui n'assistaient pas aux délibérations des conseils étaient les premiers à crier contre les décisions qui y avaient été prises.

Le pouvoir exécutif était exercé par des syndics ou procureurs de la communauté ; la noblesse et la bourgeoisie avaient chacune le leur, élu en Conseil général tenu au mois de juillet ou au mois d'août. Mais l'élection fut souvent différée, soit parce que les précédents syndics n'avaient pas rendu leur compte, soit parce que, pour un motif quelconque, le Conseil général ne pouvait pas s'assembler. Pendant les procès entre les deux ordres, chacun fit son élection en assemblée particulière, à l'époque qui lui convint. Depuis l'année 1559, en vertu d'un accord avec les deux autres ordres, motivé par le grand nombre des bourgeois, comparativement à celui des nobles, et par la multiplicité de ses affaires particulières, le tiers-état eut deux syndics. De même que les ordres, les syndics agissaient ensemble ou séparément, selon la nature des affaires.

Ils étaient élus pour un an, et il y a peu d'exemples d'une réélection, sauf après quelques années d'intervalle. Ordinairement, après l'élection des syndics de l'année, le conseil désignait ceux qui leur succèderaient ; mais cette seconde élection n'était pas définitive. On élisait ensuite les conseillers des syndics. Celui de la noblesse en avait quatre, auxquels était adjoint le syndic sortant de charge. Ceux du tiers-état en avaient dix, quelquefois douze, outre les syndics précédents. La moitié des conseillers étaient élus par le Conseil général, les syndics élisaient les autres. On avait soin, autant que possible, de prendre deux conseillers dans chacun des quatre quartiers de la ville : Bonrieu, Saint-Antoine, le Mollard-d'Arvan, Beauregard et l'Orme. Les attributions de ces deux conseils étaient d'assister les syndics de leurs avis et de leur aide, et de les surveiller pour qu'ils ne s'écartassent en rien des décisions du Conseil général et des ordres, dont ils n'étaient que les délégués et les agents responsables. Les deux conseils se réunissaient lorsque les questions à traiter intéressaient les deux ordres.

Après l'élection, les syndics et leurs conseillers prêtaient, d'abord devant le vicaire général, puis devant le corrier, serment d'être fidèles à l'évêque et au duc de Savoie, et de bien remplir leur charge. Le droit du vicaire général et du corrier de présider le Conseil général, et l'obligation pour les syndics et leurs conseillers de prêter serment entre les mains du premier furent quelquefois contestés ; mais un arrêt du Sénat, du 15 juin 1579, trancha définitivement la question.

A l'expiration de l'année de syndicat, les syndics présentaient leurs comptes au Conseil général ; les deux ordres nommaient des commissions pour les examiner, et, sur leurs rapports, les approuvaient, ensemble pour les recettes et les dépenses communes, séparément pour celles qui étaient spéciales à chacun d'eux ; après quoi, les comptes étaient clos par le corrier. Les comptes du syndic de la noblesse ne paraissent pas avoir jamais donné lieu à de sérieuses difficultés ; mais nous verrons qu'il n'en fut pas de même de ceux, beaucoup plus compliqués, de leurs collègues de la bourgeoisie.

Il est à peine nécessaire de dire que le clergé avait pour représentants naturels l'évêque et le Chapitre. L'évêque se faisait représenter par son vicaire général, assisté, quand il en était besoin, de quelques représentants du Chapitre.

La charge de syndic était loin d'être dépourvue d'épines. Aux difficultés résultant de l'absence de budget et de ressources fixes et arrêtées à l'avance d'une manière permanente, même pour les dépenses les plus ordinaires, se joignaient l'impossibilité de tenir un compte minutieux bien exact de toutes les dépenses et de les justifier par des quittances, au milieu des guerres et des passages continuels de troupes, que nous raconterons plus loin, et la responsabilité personnelle que le manque d'argent faisait peser sur les syndics. Les créanciers de la ville ou de leur ordre avaient le droit de les poursuivre, même de les faire incarcérer, sans s'inquiéter de l'état de la caisse ; en sorte que, si la taille était insuffisante, si tous les contribuables n'avaient pas payé leur cote et n'avaient pu encore y être contraints, à raison des circonstances, les syndics étaient obligés de payer de leur bourse. En sortant de charge, presque tous étaient créanciers de la ville et peu assurés d'être intégralement remboursés de leurs avances.

Aussi chacun faisait-il tous ses efforts pour éviter ce fardeau. Mais ce n'était pas chose facile, le syndicat étant une charge obligatoire pour tous les citoyens que leur ordre jugeait capables de la remplir, et qui ne pouvaient justifier d'une impossibilité réelle. L'élu qui refusait d'être syndic, ou même conseiller, pouvait être poursuivi devant le juge commun, à la requête des syndics ou des conseillers sortants, qui ne pouvaient cesser leurs fonctions jusqu'à ce qu'ils fussent remplacés, et il était rare qu'il échappât à une condamnation. Nous ne citerons qu'un fait, celui du jugement prononcé le 10 août 1586 contre Etienne Suchet et Jean Genner, condamnés à prendre immédiatement, sous peine d'amende et de prison, la charge de syndics du tiers-état, leurs motifs de refus n'étant pas estimés suffisants. Il en était de même pour les syndics de la noblesse, excepté qu'à raison des privilèges de leur ordre, ils étaient exposés à beaucoup moins de désagréments.

Le système administratif était le même dans toutes les communes de la *Terre épiscopale,* à part quelques différences dans la durée du syndicat et le nombre des conseillers. Partout, les syndics n'étaient que les procureurs et les délégués de la communauté pour la mise à exécution des décisions du Conseil général (1). Naturellement, il n'y avait, en dehors de Saint-Jean, qu'un seul ordre, celui du tiers-état ; les nobles, s'il y en avait, comme à Valloires et à Saint-Pancrace, jouissaient de leurs privilèges, mais n'étaient pas assez nombreux pour former un ordre à part dans la communauté.

Racontons quelques traits d'élections et de mœurs communales.

Le dimanche 2 juin de l'année 1564, *commencée à Noël,* le Conseil général est réuni dans l'église Sainte-Marie, en présence de Jacques Rapin, vicaire général ; de Pierre Rapin, corrier et juge commun de la cité et ressort de Maurienne ; de Jean-Jacques Cornuty, procureur fiscal de Son Altesse, et de Guillaume Bourdin, procureur d'office de l'évêché. « Estants les estats de la noblesse et bourgeoisie au dict conseil assemblés, a esté

---

(1) On lit dans un procès-verbal d'élection de syndics à Albiez-le-Vieux, le 22 juillet 1541 : *Quia odiosum esset ac dampnosum eos parrochianos omnes et singulos tot vicibus congregare pro negotiis et agilibus pertractandis, etiam quia actemus assuetum fuit et est in dicta parrochia etiam et aliis heligere scindicum seu scindicos unum ant plures et consiliarios..... eligunt duos procuratores, scindicos, actores, factores et negotiorum suorum gestores..... et hoc pro termino trium annorum.* Les syndics élisent deux conseillers *qui interesse possint et debeant seu eorum vocem tradere in agilibus et negotiis predicte communitatis.* (Voir, pour Montrond, *Travaux de la Société d'hist. et d'archéol.,* t. V, p. 34.)

remonstré par monsieur Boname Cueur docteur ès droicts et maistre Jacques Chaix cy devant scindics des dicts second et tiers estats comme leur temps de scindicat seroit escheu et expiré le troisiesme jour de ce dict mois, requerants estre exempts du dict charge et pourveus d'aultres tels qu'il plaira ausdicts nobles et bourgeois eslire en leur place affinque les affaires de la republique ne demeurent impourveus et en dernier, soffrants neanlmoings rendre compte du receu et ministré par eulx et prester le reliqua où et par devant qui appartiendra. »

La noblesse élit noble Jacques Portier, qui prête serment entre les mains du vicaire général et du corrier, et qui exercera sa charge pendant un an à dater de ce jour. Les bourgeois nomment Catherin Bertrand, praticien. Celui-ci refuse et donne ses raisons par écrit. Le tiers-état insiste, et, de concert avec les procureurs fiscaux, requièrent le vicaire général et le corrier de lui faire prêter serment. Ordre lui en est donné, mais il maintient son refus. Alors, le vicaire et le corrier déclarent que la bourgeoisie se pourvoira comme elle l'entendra et que le secrétaire dressera procès-verbal. Bertrand finit par accepter dans une autre séance.

Le 11 juillet 1567, Jean-Antoine Canal et Laurent Borjon, élus syndics du tiers-état, prêtent serment dans la galerie du Palais épiscopal. De là, ils se rendent dans la rue de l'Officialité, devant la boutique du poète Nicolas Martin, pour renouveler leur serment en présence du corrier, auquel ils déclarent qu'ils n'entendent pas se charger d'exiger les arrérages des tailles, ni de payer les sommes dues pour l'année précédente, mais seulement d'administrer les affaires qui surviendront pendant le temps de leur syndicat.

Le 18 juin 1575, le syndic François Charpin, étant en retard de payer une somme due par la ville, est invité par le corrier, Boname Baptendier, à se rendre en prison.

Le nombre des conseillers n'était pas fixé d'une manière invariable. Dans l'élection du 14 juillet 1582, qui eut lieu dans la maison de Son Altesse, appelée la *Cour commune,* le tiers-état n'en nomma que huit. En 1578, il en avait élu douze, dont quatre pour Beauregard et l'Orme, trois pour Bonrieu, trois pour la rue d'Arvan, et deux pour Saint-Antoine. Le procès-verbal résume ainsi les obligations des syndics et de leurs conseillers : *Examiner et resouldre les comptes des precedents scindics, s'assembler aussi pour les affaires et negoces occurrents et necessaires pour le faict et ordre de la politique et administration du bien publicq.*

Assez souvent, les procès-verbaux de ces élections ne donnent qu'un résumé de l'opération. En voici un qui en raconte solennellement tous les incidents, avec un tel luxe de formules et de répétitions que, quelque envie que nous ayions d'octroyer ce modèle à nos secrétaires de *politique,* nous sommes forcé de l'abréger.

C'est le dimanche 24 juillet 1584, à une heure. La grosse cloche a annoncé l'élection des syndics, et bon nombre de nobles et de bourgeois sont accourus à la maison de la confrérie, rue du Mollard-d'Arvan, *où tels et semblables actes se font coustumièrement* depuis dix ans. Révérend seigneur messire François de La Crose, chantre du Chapitre et vicaire général de M͡ᵍʳ de Lambert, et noble Boname Baptendier, docteur en droit, corrier et juge commun de la cité, font leur entrée dans la vaste salle. Ils sont suivis de noble Jean-Amé du Mollard, syndic de la noblesse ; de spectable François Fay, docteur en droit ; de Jacques Ducol, d'Amé et de Pierre des Costes, représentant la noblesse, qui n'a pas d'élection à faire ; de maître Jacques Sibué et honorable Jean Pétex, syndics du tiers-état, et de quatre-vingt-deux bourgeois, parmi lesquels huit *maistres,* un sellier, un menuisier, un mercier, et deux nobles, François Martin et Bon du Pont, qui, exerçant les *arts mécaniques* de notaire et de greffier, sont rangés parmi les bourgeois. Les présidents ayant fait faire silence et le secrétaire de la politique, Gussoud, ayant préparé ses notes et protocoles, Sibué et Pétex se lèvent et « remonstrent que le terme de leur scindicat est expiré, requerants estre faicte élection et nomination d'aultres scindics en leur lieu, s'offrants rendre compte et prester le reliqua..... »

François de La Crose leur demande s'ils ont conféré avec leurs conseillers sur le choix des candidats à proposer à l'assemblée. Ils répondent qu'ils n'en ont pas d'autres que ceux qui ont été élus par provision l'année précédente, Mᵉ François Gaurre et honorable Claude Clerc. Le secrétaire parcourt les rangs, inscrit les votes et les deux candidats sont proclamés syndics pour une année, de quoi Gussoud dresse acte. C'est une véritable procuration avec toutes les formes antiques usitées dans ces sortes d'actes.

Les deux nouveaux syndics prêtent serment sur les saintes Ecritures « estre fidelles et obéissants sujets à Son Altesse et à Mgr le Reverendissime evesque et prince de Maurienne, et aussy de bien deubuement en necessaire diligence exercer le dict estat de scindics pour et durant la dicte année, chercher le prouffict et eviter le dommage tant qu'ils pourront des dicts seigneurs et communaulté, sans opprimer personne, et de tout ce qu'ils exigeront pendant la dicte année des deniers communs à la dicte cité en rendront bon et loyal compte...... et à faulte qu'à la fin de leur dicte année ne seroient prests yceulx comptes presenter reellement ne seront exemptés de leur dicte charge. Et ont en oultre promis les dicts modernes scindics ne faire aulcune assemblée illicite ny taillies ou cotisations sans appeller ceulx qui pour ce faire seront commis et esleus, le fort portant le foible, et au surplus negocieront le faict et bien du public ainsy et comme bons et loyaulx scindics sont tenus et doibvent faire. »

Le conseil les décharge, sur leur demande, du recouvrement des tailles accordées à leurs prédécesseurs et de toutes les conséquences de l'administration de ceux-ci, à la condition qu'ils leur feront rendre compte, et que, pour les tailles qui leur seront accordées, ils les recouvreront eux-mêmes, sans demander l'aide d'aucun exacteur aux frais de la communauté ; et tous les assistants prêtent serment de les indemniser des frais qu'ils auront faits pour le service de la ville. La séance se termine, comme à l'ordinaire, par l'élection et le serment des conseillers.

Quant aux frais qui devaient être remboursés aux syndics, une délibération du 17 juillet 1569 les avait limités aux dépenses qu'ils faisaient quand ils étaient obligés de sortir de la ville. Ils devaient, bien entendu, les justifier par des notes et des quittances détaillées, aucune allocation ne leur étant jamais faite en bloc, pas même pour les frais de bureau. C'est une des principales causes qui rendaient leurs comptes si difficiles à régler.

Le 10 août 1586, les syndics du tiers-état, demandant à être remplacés, « remercient d'abord bien humblement icelle cité de telle faveur qui leur a esté faicte et prient la noble assistance les voulloir exempter de telle charge; » ils proposent Etienne Suchet et Jean Genner, dont nous avons vu la condamnation au syndicat, malgré leurs protestations « qu'ils n'ont ni assez de capacité pour administrer la ville, ni assez de fortune pour faire les avances necessaires, et que surtout ils ne peuvent payer de leurs deniers les sommes considérables dues aux anciens syndics François Gaurre, Claude Clerc et Mermet Ducrest. » Pour l'année suivante, avaient été proposés Aimon Rostaing et Claude Moysend, « sauf toutes fois et reservé le bon voulloir de la dicte communaulté duquel les dicts scyndics veulent et pretendent tousjours despendre. »

Pierre Rembaud, syndic de la noblesse, est encore plus humble. Elu le 23 octobre 1586, en remplacement d'Amé des Costes, le 2 décembre 1587, « il prie très respectueusement le Conseil général de le remplacer à l'office de scindicat, l'année estant expirée, et de luy remettre les faultes que pendant la dicte année il pourroit avoir commises. » On élit Balthazard Baptendier, malgré son refus motivé sur sa jeunesse et son inexpérience, et on lui donne pour conseillers Pierre Rembaud, Jean Amé du Mollard, Boname Cueur et Jacques Ducol.

Ce dernier est élu syndic dans une assemblée de la noblesse seule, tenue dans l'église Sainte-Marie le 16 mai 1593. Il refuse, parce qu'il a déjà rempli cette charge. Le 23, la noblesse élit Philibert de Chabert. Il était frère de Jean-François de Chabert, maître d'hôtel de Mgr de Lambert, qui avait légué à chacun d'eux la somme de 200 écus petits, « sachant, dit le bon évêque dans son testament, qu'ils s'en contenteront pour avoir ja heub aultre recompense de leurs services, combien que si peult estre l'ung des deux se voulera dolloir de moy je declare que je puis avoir plus juste occasion de me douloir de luy à cause de quelque ingratitude et parolles malsonantes qui me furent dictes en face, quoy qu'en toutes choses j'ay faict pour luy comme j'aurois faict pour mon frère sans touteffoys luy en avoir rien mis à compte pour recompense de ses services qui sont esté assez recompensés d'allieurs, mais si ne s'en plainct point, ny moy aussi, et ne luy en porte point de desplaisir en mon ame. » Philibert avait été secrétaire de Mgr de Lambert, mais on ne sait si c'est à lui ou à son frère que s'adresse le reproche d'ingratitude.

Revenons à l'élection. Chabert était absent; il accourt et refuse parce qu'il doit s'absenter prochainement pour le service de l'évêque. On nomme Guillaume Rapin, qui arrive en toute hâte et déclare qu'il ne peut accepter « pour estre desliberé dans peu de jours prendre l'habit de prebstre. » Le 8 juin, on revient à Philibert de Chabert, et le corrier le condamne à être syndic.

On me permettra de donner les noms des nobles présents à ces délibérations et formant la majorité de l'ordre. Ils sont au nombre de dix-huit : Urbain du Pont; Pierre Rembaud, avocat; Balthazard Baptendier; Pierre et Amé des Costes; Jacques de La Balme; Claude de Châteaumartin; Michel Truchet, avocat; Pierre-Marie Burdin ou Bourdin; Jean-François de Chabert; Hyppolite Varnier; Jean-François des Costes; Jean-François Dumbert, avocat; Melchior Baptendier; Michel Martin; Jules des Costes, chevalier des SS. Maurice et Lazare; Michel d'Avrieux et Jacques-Albert d'Avrieux, avocat.

Voilà comment la communauté, maîtresse d'elle-même, s'administrait en pleine liberté par le Conseil général de tous les citoyens et par des délégués ou procureurs sous le nom de syndics, assistés d'un conseil et responsables seulement vis-à-vis de leurs mandataires, sans ingérence aucune de l'autorité souveraine, qui n'intervenait dans ses délibérations, par ses représentants le vicaire général et le corrier, que pour maintenir l'ordre, sauvegarder ses propres droits et donner aux décisions du peuple la sanction qui les rendait exécutoires.

Comme toutes les autres affaires, les travaux communaux relevaient uniquement du Conseil général. C'était lui qui en discutait et en arrêtait les moindres détails, devant lui que les entrepreneurs et les ouvriers présentaient directement leurs offres, de gré à gré et sans intervention d'architecte ni d'aucun fonctionnaire de l'Etat, à moins qu'il ne la jugeât nécessaire. Les syndics signaient ensuite les conventions en son nom et en surveillaient l'exécution. Ainsi, le 15 octobre 1571, les syndics Jean-Amé du Mollard, Antoine Picollet et Jean-Pierre de Jorcin, père de Georges, qui, devenu juge commun, prit la qualification de noble, donnent, en exécution d'une délibération du Conseil général, l'entreprise de rebâtir un des murs de l'Ecu-de-France. La réception d'œuvre est faite, l'année suivante, par les syndics Pierre d'Arves, Georges Boisson et Jean Richard. Les travaux continuent peu à peu les années suivantes, pour ne pas trop charger les contribuables, jusqu'en 1576, où la reconstruction de la maison est achevée.

Un petit trait pour terminer. Le 25 mars 1560, Joffrey Crinel, hôtelier des Trois-Rois, présente au conseil des syndics, réuni dans la maison de monsieur de Montarlot, une réclamation assez singulière. Il s'agit de « la quantité de *mil arens tant blancs que sorts* (saurs), demye livre d'uyille, trois gros de saffran et d'une grosse anguille de 52 sous et demy, oultre le gros poisson, livré ès mains de noble Jehan des Costes, comme par police escripte de la main de feu noble George Truchet en datte du 23 de mars 1538. » Le conseil renvoie Crinel à se pourvoir contre qui bon lui semblera. Le bonhomme n'avait pas été pressé de se faire payer. Mais, *mille harengs !* il faut avouer que, s'ils ont été absorbés par le second ordre de la cité, ne manquât-il pas au banquet un seul de ses membres, les nobles de Saint-Jean avaient une violente passion pour les harengs.

CHAPITRE VII

Faits divers.

Descendons un peu dans les détails de la *politique* de la cité : ces menus traits sont nécessaires pour compléter le tableau d'une époque si différente de la nôtre.

Ce qui frappe surtout dans les anciens règlements de police, c'est l'exagération draconienne avec laquelle l'amende et la prison sont infligées pour les moindres délits ou contraventions ; et, comme si ce n'était pas assez de ces peines connues, pour imprimer la crainte salutaire qui est, pour beaucoup de gens, le commencement et la fin de la sagesse, le législateur ajoute toujours cette menace ténébreuse : *et autres à nous arbitraires.* Cette formule a servi de thème à beaucoup de déclamations et de romans sur l'ancien régime.

Ce n'était, en effet, qu'une formule, chez nous et à l'époque qui nous occupe, une de ces nombreuses formules chères aux magistrats comme aux notaires, qui composent la moitié des anciens actes. Cela n'avait aucune conséquence pratique. Les peines plus précises elles-mêmes n'avaient souvent pas plus de portée ; c'était une sorte d'épouvantail, et, rarement appliquées, elles n'inquiétaient guère les coupables.

Ce que l'on peut avec raison reprocher à la justice ou plutôt à la police de cette époque, ce n'est pas sa sévérité : c'est son indulgence pratique excessive dans les temps ordinaires, souvent même son absence presque complète. Elle se réveillait dans un moment de danger public ou de nécessité pressante, décrétait les mesures les plus rigoureuses et les mettait même à exécution ; mais bientôt ces mesures tombaient dans l'oubli, jusqu'à ce qu'une nouvelle circonstance particulière les fît renouveler.

La police, à Saint-Jean, appartenait au corrier. C'était lui qui, de son initiative ou sur la demande du Conseil général ou des syndics, rendait et faisait publier dans tous les carrefours de la ville, par le *serviteur* de la communauté, les règlements et ordonnances nécessaires pour la conservation de la santé publique, du bon ordre et de la sécurité des citoyens, le tout sanctionné par grosses *amendes, prison et autres peines à nous arbitraires*. Excepté dans les circonstances graves, où des commissaires spéciaux étaient désignés, dans chaque rue, pour veiller à ce que ces mesures fussent exécutées et dénoncer les contrevenants, les syndics étaient chargés de ce soin. Quant à la force armée, il n'y en avait pas d'autre que la *patrouille*.

C'était une sorte de garde nationale. Dans les temps de peste ou de guerre, elle avait des postes près des cinq entrées de la ville. En temps ordinaire, un détachement était censé se tenir au poste central, qui fut tantôt à la place de l'Officialité, tantôt au Pointet-du-Bourg, et faire chaque nuit des rondes dans toutes les rues. En fait, le poste était le plus souvent fermé et les hommes dans leurs lits ; en sorte que si le corrier ou les syndics avaient besoin de main-forte pour réprimer un désordre ou opérer une arrestation, il leur fallait préalablement envoyer chercher les gardes chez eux, s'ils y étaient, et quand ceux ci arrivaient avec leurs arquebuses, les oiseaux s'étaient envolés.

Un point sur lequel les syndics reviennent fréquemment dans leurs propositions au Conseil général, c'est la surveillance des étrangers et l'expulsion de ceux qui n'avaient pas de moyens d'existence. Saint-Jean était alors, plus encore qu'aujourd'hui, un centre où affluaient les mendiants de toutes les paroisses environnantes et une étape pour les vagabonds des contrées voisines. En carême, l'affluence était considérable, à cause de l'aumône que l'évêque était obligé de distribuer.

Voici sur ce sujet un passage d'une délibération du 19 décembre 1582 : « Le syndic Filliol remonstre que plusieurs estrangers des paroisses circonvoisines se sont habités en la presente cité par le moyen des membres *(appartements)* à eulx accommodés par ceulx de la cité soubs hombre de la caution qu'ils ont presté de ne surcharger la ville en cas de contagion, de laquelle Dieu nous préserve, vont ordinairement mendiant par la presente cité desrobant les *peysseaulx* des vignes et *sises,* pour rayson de quoy le dict comparant dict avoir receu plusieurs doléances et requiert estre resollu sur ce. »

Le Conseil général ne prit aucune décision.

L'entretien des ponts d'Hermillon et de Villard-Clément occasionna plus d'un procès entre la cité et les communes de l'étape.

Ces ponts sont sur votre territoire, disaient celles-ci ; ils sont donc à votre charge.

Ils sont sur la route, répondait celle-là ; ils sont donc à la charge de l'étape.

Les communes furent plus d'une fois obligées de céder. Quant aux ponts d'Arvan et de Bonrieu, ils étaient à la charge de la ville seule. Comme tous ces ponts étaient en bois, il y avait des réparations à faire chaque année. En 1583, l'adjudication de l'entretien du pont d'Arvan s'éleva à 80 florins, à cause, dit le procès-verbal, de la grande quantité de neige qu'il y a dans les montagnes.

Un peu plus bas que le pont d'Hermillon, sur un des contre-forts de la montagne, étaient dressées les fourches patibulaires indiquant le lieu des exécutions et la limite de la *Terre épiscopale*.

La police rurale était, paraît-il, mieux faite que celle de l'intérieur de la ville, du moins ordinairement. Elle constituait un office important, qui se conférait aussi solennellement que le syndicat.

Entrons, le 6 août 1536, dans la salle des *parements* du Palais épiscopal. Le cardinal Louis de Gorrevod, évêque et prince de Maurienne, va procéder à la nomination des *champiers* de sa bonne ville, après élection et présentation du clergé, de la noblesse et du tiers-état, dont la grosse cloche vient de convoquer les délégués. Ce sont : les chanoines Antoine Gavit, Jean Loup, Joffrey Boisson, Jacques Bergeret, Guillaume de Hoyemat, Antoine de Pont-Verre et Claude Langin ; trois chapelains ; sept nobles, parmi lesquels Pierre d'Arves, Jean des Costes et spectable Michel Cœur ; dix-huit bourgeois, chefs d'*hostels,* et les syndics Pierre des Costes et François Gussoud. Il y a encore le secrétaire, M° Jean Cornuti, notaire, et les témoins : Perceval Moissard dit de Planet, maître d'hôtel du cardinal ; Louis de Beny et Jacques-Louis de Lée, ses écuyers ; Robert Rolet, son valet de chambre ; André Landreydon, son chirurgien ; Louis Martin, son sommelier ; et Léonard Loys, curé de Montrond et protonotaire apostolique.

La copie que nous avons est signée par Mathieu Davrieux et porte en marge les droits de l'acte, qui sont de seize deniers gros, taxe comprise.

« Après que les délégués nous ont assuré, dit Mgr de Gorrevod, de la condition, de l'adresse, de l'activité et des autres vertus et mérites de noble Barjact d'Arves, de Louis Girolet et de Pierre Guinet, prieurs de la confrérie du Saint-Esprit......, en vertu de notre autorité épiscopale ordinaire et en suivant les exemples de nos prédécesseurs, nous les faisons, créons, constituons et établissons solennellement champiers, gardes et gardiens *(champerios, gardas et custodes)* de notre ville de Saint-Jean depuis la rivière d'Arvan jusqu'aux digues *(turnas)* du pont de Villard-Clément et de Villard-Gondran, en deça d'Arvan et au-delà de Bonrieu ; gardiens et gardes des terres, prés, vignes et autres propriétés de la ville ; pour un an qui commence aujourd'hui et finira le même jour de l'année prochaine ; moyennant le salaire de deux deniers forts pour chaque journal *(secaturata)* de pré et pour chaque sétorée *(sestariata)* de terre, et aussi par huit fossorées de vigne, à payer aux dits champiers par les propriétaires à la fin de l'année..... »

L'évêque donne aux champiers le pouvoir de traduire devant la Cour épiscopale ceux, de quelque condition qu'ils soient, qui causeront du dommage dans les vignes, terres, prés, vendanges, vergers, etc.; d'exiger d'eux des gages ou des cautions *(gagiandi et pignorandi)* ; d'opérer des saisies et des arrestations ; de saisir aussi les animaux et de les conduire devant ladite cour ; de révéler et estimer les dommages.

De leur côté, les champiers promettent, avec serment et hypothèque de tous leurs biens meubles et immeubles, d'exercer avec probité, fidélité, activité et attention *(curiosè)* leur charge, de n'opprimer, vexer ni épargner personne, de dénoncer sans retard au juge les dommages dont ils auront eu connaissance, et de servir fidèlement la cité. Enfin, les délégués, au nom de la communauté qu'ils représentent, leur promettent obéissance en tout ce qui concerne leur charge.

Nous supposons que noble Barjact d'Arve et les prieurs de la confrérie du Saint-Esprit n'étaient pas tenus de parcourir en personne les vignes, prés et terres, ni de conduire eux-mêmes devant le corrier les mulets, vaches et brebis saisis sur la propriété d'autrui. Le droit de sous-délégation était toujours entendu dans les actes de nomination aux emplois publics, même pour les syndics. C'est ainsi que, le 1ᵉʳ mars 1583, Jean-Antoine Villar, étant obligé de s'absenter pour ses affaires, passe procuration, devant Boname Baptendier, à son oncle Jacques Villar pour remplir pendant son absence les fonctions de consyndic.

La charge de *champier* perdit peu à peu l'importance qu'elle avait encore en l'année 1536. Pendant la vacance du siège épiscopal, qui suivit la mort de Philibert de Challes (1544), le droit de nomination passa de fait au Conseil général, qui négligea de l'exercer. Un arrêt du Sénat du 28 août 1559, enjoignant aux communes d'établir des gardes pour les propriétés, ne fut pas plus exécuté que tant d'autres arrêts et règlements publiés solennellement, et tout hérissés d'amendes, emprisonnements et peines corporelles arbitraires; en sorte que les bois, vignes et vergers étaient au pillage. Les propriétaires se plaignaient, les syndics transmettaient leurs doléances au Conseil général ; mais celui-ci ou n'était pas en nombre ou renvoyait sa décision à une autre séance. En 1580, les plaintes furent si énergiques, qu'il se décida à nommer des gardes-vignes, dont il fixa le salaire à un *coppet* d'un pot par fossorée. Il nomma aussi des gardes champêtres ou *champiers* proprement dits, et, comme les états du clergé et de la noblesse refusaient de les payer pour leur part, le tiers-état se pourvut devant le Sénat pour les y contraindre. La nomination des gardes-vignes fut ensuite remise aux prieurs de la confrérie du Saint-Esprit.

Une question qui préoccupa souvent le Conseil général et qui n'est pas encore résolue présentement, c'est l'approvisionnement de la ville en fait d'eau potable. Ce n'est pas que les délibérations, les projets, les commissions, les recherches aient fait défaut; mais c'est l'eau qui s'obstine à ne pas se laisser trouver, dit-on.

Au XVIe siècle, les fontaines étaient encore moins nombreuses qu'aujourd'hui. L'entretien des canaux était donné aux enchères. En 1565, Henri Ratel expose au Conseil général que, depuis six ans qu'il a cette adjudication, on a toujours oublié de le payer, ce qui ne l'accommode pas du tout. A cause des embarras financiers de la ville, il fait abandon de la moitié de la somme convenue, mais il faudrait payer le reste. Le conseil reconnaît qu'il a parfaitement raison, mais aussi que la caisse est vide; il décide qu'on lui remettra les obligations dues à la ville par les fermiers des boucheries, et, en attendant qu'on le paie, il le confirme dans sa charge. Le bon Ratel remercie et prête serment entre les mains du vicaire général et du corrier.

En 1567, le Conseil général, après une longue discussion, statue que l'on avisera, aux moindres frais et *le plus tôt possible,* aux moyens d'amener en ville de l'eau potable et en quantité suffisante. Les fontaines sont souvent à sec et les habitants, obligés de recourir aux torrents de Bonrieu et d'Arvan.

En 1575, la noblesse et le tiers-état acquièrent de Pierre Chapelle de Jarrier une source située dans sa propriété, et le droit de placer des canaux et de creuser sa terre pour les visiter et les remplacer, le tout à perpétuité.

En 1582, dans un Conseil général présidé par le vicaire général François de La Crose et par le corrier Georges de Jorcin (1), une discussion très vive s'engage à propos des fontaines, qui ne donnent plus d'eau, parce que les canaux sont gâtés et que personne ne veut se charger de les réparer. Pour en finir, Amé du Mollard s'offre à faire faire ce travail, à la seule condition qu'on lui donnera six ouvriers, ce qui est accepté.

En 1586, l'eau manque toujours. Les syndics en ont trouvé près du manoir de Jean-Amé du Mollard, mais elle est insuffisante. Le conseil décide que l'on prendra celle de la source de la Freydière, que l'on dressera un *thoron* devant la maison d'Adam Chapelle, pour y poser les canaux, et que cette eau sera conduite à la fontaine qui est entre le clocher et la prison.

Nous avons nommé la ferme de la boucherie. Il n'y avait pas d'autre boucherie que celle qui appartenait à la ville ; le conseil l'affermait chaque année et fixait le prix de la viande. Comme tous ceux qui passaient des traités avec la ville, les adjudicataires prêtaient serment devant le vicaire général et le corrier. Mais les bouchers étrangers, principalement ceux d'Hermillon, leur faisaient une rude concurrence. On voit, par une supplique

---

(1) Jean-Pierre de Jorcin, son père, était de Lanslebourg. Dans un manuscrit de Guillaume Arembourg, de Lanslevillard, on lit, à un registre de baptême du 13 mars 1539, *patrini egregius Georgius de Jorcino de Lanceo et Antonius Chinalerii de Lanceo.*

des bouchers de la ville du 9 avril 1599, que les étrangers débitaient la viande dans des boutiques et allaient même l'offrir dans les maisons, « ce que, disaient les plaignants, porte grand prejudice, non seulement aux suppliants qui sont contraincts debiter la leur en la boucherie, lieu accoustumé et destiné pour ce faire, mais aussy à la ville en tant que les suppliants se desisteront de ne servir plus la ville en tout temps, comme ils ont faict, puisque est permis ausdicts estrangers de vendre et debiter la leur à leur commodité et fantaisie et que la chair des suppliants se gaste pour ne la pouvoir vendre. » Ils demandaient donc que l'on interdit l'entrée de la ville aux bouchers étrangers, ou qu'au moins ils ne pussent vendre que dans la boucherie et au prix officiel. Le Conseil général préféra autoriser les bouchers de la ville à vendre comme les autres, où et comme ils voudraient, mais il interdit aux uns et aux autres de tuer et d'écorcher ailleurs que dans la boucherie.

Supprimer la boucherie officielle n'était pas possible, surtout à cause des passages de troupes. Une clause du cahier des charges obligeait les bouchers à fournir en toutes circonstances, au prix convenu, la quantité de viande demandée par les syndics. S'il n'y avait eu que des bouchers libres, la ville eût été exposée à ne pouvoir satisfaire aux réquisitions et à subir les fureurs de la soldatesque; en outre, elle eût perdu le revenu qu'elle retirait de la location de la boucherie, et dont ses finances avaient grand besoin. Mais il arriva plus d'une fois qu'aucun boucher ne se présentant aux enchères, le Conseil général fut contraint de mettre en campagne les syndics et un délégué du clergé pour en trouver, ou pour déterminer les précédents à renouveler leur soumission. Naturellement, ceux-ci profitaient de l'occasion pour obtenir une réduction du prix de fermage ou une augmentation du prix de la viande.

En 1581, personne n'ayant fait d'offres pour la boucherie, le conseil autorisa tous ceux qui le voudraient à vendre de la viande dans la boucherie, au prix de cinq quarts la livre de mouton et d'un sol la livre de bœuf. Dans les conventions de l'année suivante, le prix de la viande est ainsi fixé : six quarts la livre de mouton, neuf forts la livre de bœuf, un sou la livre de veau.

Ajoutons qu'au mois d'août 1579, les œufs se vendaient trois sous la douzaine, à peu près un franc de notre monnaie.

La cherté des vivres et surtout du pain fut, pendant une grande partie du xvie siècle, mais particulièrement de 1580 à 1590, la préoccupation la plus constante du Conseil général de la ville. Cette cherté tenait à deux causes : les mauvaises récoltes, presque continuelles dans cette période de dix ans ; les passages de troupes, qui absorbaient une partie considérable des produits du sol. Comme dans les contrées voisines, le conseil s'en prit aux accapareurs et aux boulangers, et il crut trouver le remède au mal dans la fixation du prix du pain et l'interdiction d'exporter du blé hors du territoire de la ville.

Le 11 mars 1580, les deux procureurs fiscaux

requièrent le juge-corrier d'ordonner aux syndics de convoquer le Conseil général pour aviser aux moyens d'arrêter la cherté toujours croissante du blé, amenée, disent-ils, *par l'accaparement des bolongiers, au nombre de 80, qui haussent les prix du blé et augmentent ensuite celui du pain.* Ils demandent que le prix du pain *blanc* soit fixé à 5 quarts ou à 9 deniers forts la livre, et celui du pain de seigle à 3 quarts, *sauf l'avis des syndics et du conseil.*

Nous ne trouvons pas la décision du conseil et nous supposons qu'il n'en prit aucune, personne ne voulant assumer la responsabilité d'une mesure aussi grave.

Le prix du blé s'éleva encore dans les années suivantes, et les boulangers, pour ne pas effrayer leurs pratiques, se mirent à vendre le pain sans le peser. La supercherie fut promptement découverte. Les boulangers répondirent que, le blé étant cher, ils étaient bien obligés ou d'augmenter le prix du pain ou de diminuer le poids. Comme le Conseil général ne savait quel parti prendre, on recourut à Charles-Emmanuel Ier, qui, au commencement de l'année 1586, fit rendre l'ordonnance suivante :

« De la part de Son Altesse, suyvant les inhibitions et deffenses à tous hostes, bolongiers et aultres de ne vendre aulcung pain sinon à la livre jusque autrement soyt advisé, et pour la presente année seullement ayant aulcunement esgard à ce que les bleds sont de petit poix et font peu farine, est estably le prix suivant..... à peine de perdition de pain et de dix livres fortes pour chescungs..... applicables moytié aux seigneurs de la court commune, l'aultre moytié au proffit du peuple de la presente cité..... »

Le tarif contient une échelle du prix du pain de froment dit *pain farin,* duquel se lève la cruche et le *cyais,* et des deux qualités de pain de seigle en usage dans le pays, le pain *bartellé* appelé pain *grua,* et le pain *gros bien appresté,* réglé sur les prix divers que le froment et le seigle peuvent atteindre entre 13 et 32 sols la quarte, c'est-à-dire, en valeur actuelle, entre 4 fr. 30 cent. et 10 fr. 55 cent. Les syndics, Amé des Costes, Thibaut de Capella et Jean Costaz, le complétèrent en ajoutant une première qualité de pain de froment, et, pour éviter toutes contestations, ils signèrent sur le registre. Ordinairement, les délibérations ne portent que la signature du secrétaire. Voici quelques extraits de ce tarif, qui a la date du 23 février 1586 :

FROMENT	PAIN	LA LIVRE
La quarte.	1re qualité.	2e qualité.
13 à 14 sols.	3 quarts 1 fort.	. . . .
15 à 16 sols.	1 sol.	3 quarts 1 fort.
19 à 20 sols.	5 quarts.	1 sol 1 fort.
25 à 26 sols.	6 quarts 1 fort.	6 quarts.
29 à 30 sols.	7 quarts 1 fort.	7 quarts.
31 à 32 sols.	2 sols.	7 quarts 1 fort.
SEIGLE	PAIN	LA LIVRE
La quarte.	1re qualité.	2e qualité.
11 à 12 sols.	2 quarts 1 fort.	2 quarts.
15 à 16 sols.	3 quarts 1 fort.	3 quarts.
19 à 20 sols.	1 sol 1 fort.	1 sol.
21 à 22 sols.	5 quarts.	1 sol 1 fort.
29 à 30 sols.	7 quarts.	6 quarts 1 fort.
31 à 32 sols.	7 quarts 1 fort.	7 quarts.

On ne suppose pas que les prix puissent s'élever plus haut. En faisant le sol de 0 fr. 333, le quart de 0 fr. 083, le fort de 0 fr. 042, le lecteur pourra voir à combien ces prix reviendraient en valeur actuelle.

Inutile de dire que tout le monde poussa les hauts cris. Les boulangers juraient qu'ils étaient ruinés ; le peuple se désolait, affirmant que les syndics voulaient le faire mourir de faim. En quoi les uns et les autres s'accordaient, c'était à prétendre qu'il y avait des accapareurs qui entassaient le blé dans leurs greniers ou l'expédiaient secrètement au dehors. On désignait les maisons ; on indiquait la nuit et l'heure où des chariots chargés de blé étaient sortis de la ville.

Le 8 juin, le corrier enjoint aux syndics de mettre des gardes sur les ponts d'Hermillon et de Villard-Clément, « affin que ne soyt distraict ny transmarché le bled hors le present pays, soubs grande peyne. »

Le 4 octobre, il ordonne de poursuivre les boulangers qui continuent de vendre du pain sans le peser; le pain doit peser au moins deux livres. De plus, comme l'on craint que la peste ne se joigne à la famine, il défend, sous les peines les plus sévères, de garder des porcs dans l'intérieur de la ville, et prescrit d'amener de l'eau dans toutes les rues, de laver les tuyaux de conduite des lavoirs des maisons, et d'enlever immédiatement toute immondice des rues et des cours.

Le 13 novembre, le syndic de la noblesse, un des syndics du tiers-état et plusieurs conseillers font des perquisitions dans plusieurs maisons accusées de contenir des amas de blé. On trouve quelque part un grenier dans lequel un homme de Jarrier en a mis secrètement une certaine quantité, et on y appose les scellés. On dresse un inventaire du blé que chaque particulier possède, et, après avoir pris l'avis de l'évêque, on sollicite du duc de Savoie la défense de sortir du blé ou d'autres denrées appartenant à l'évêché, « ayant esgard aux nécessités desquelles nous sommes menacés. »

Pour l'intelligence de cette dernière mesure, il faut savoir que l'évêque était tenu d'envoyer chaque année, sur le produit de ses dîmes et redevances en grains, une certaine quantité de blé aux pauvres de plusieurs communes.

Dans une délibération du 28 février 1588, où le conseil prie Mgr de Lambert de faire l'aumône du carême au temps accoutumé, il est dit qu'en la renvoyant au mois de mai, il est à craindre que les pauvres, étrangers à la ville, n'aient plus rien à apporter pour leur nourriture et qu'ils ne se jettent dans les vignes pour manger les jeunes pousses, comme ils l'ont fait l'année précédente.

La disette était donc aussi grande dans les autres communes de la Maurienne qu'au chef-lieu.

Dans le chapitre que nous consacrerons à ce grand évêque, nous verrons quels projets il avait formés, pour donner un meilleur emploi à l'aumône du carême et couper cours définitivement aux désordres dont se plaignait le Conseil général, et comment ces projets échouèrent devant l'opposition de ce même Conseil général et l'attachement exagéré de la population à tous les anciens usages, qu'elle considérait comme faisant partie de ses droits. Attachement qui lui fut maintes fois funeste, sans doute, à cause de cette exagération ; mais dont nous n'avons pas le droit de nous moquer trop, car le sable mouvant sur lequel nous vivons offre bien aussi des inconvénients.

Le Conseil général de Saint-Jean avait, en 1563, remporté une victoire sur un meilleur terrain. Des règlements, faits d'un commun accord par l'autorité ducale et par l'autorité française, avaient établi à Suse un droit de péage ou de *dace* (1) sur les marchandises qui allaient d'Italie à Lyon, ou de Lyon en Italie, et auxquelles il était interdit de prendre une autre route que celle du Pont-Beauvoisin et de la Maurienne. Les fermiers du péage voulurent frapper de ce droit les marchandises transportées pour la foire de la Saint-Jean, *accostumée tenir en nostre ville*. Mais François Passetto, receveur de l'évêché, et Urbain Boson, l'un des syndics, furent envoyés à Chambéry et obtinrent du conseil d'Etat la suppression de cet impôt, qui précédait de trop loin le traité du 24 mars 1860.

(1) De l'italien *dazio*.

CHAPITRE IX

Le Tiers-État et ses Syndics.

Nous avons déjà parlé des tribulations des syndics du tiers-état ; mais il est nécessaire d'y revenir, pour bien exposer le système d'administration communale de cette époque.

Très large en fait de liberté de la commune, ce système imposait, surtout au milieu des événements qui remplirent la seconde moitié du xvie siècle, même aux hommes les plus intelligents et les plus consciencieux, une responsabilité que les syndics ne pouvaient porter sans se heurter à d'insurmontables difficultés et sans compromettre leurs intérêts personnels.

Résumons cette situation, au point de vue de l'administration financière.

Le tiers-état n'avait aucune autre ressource que les quartiers de taille votés au fur et à mesure des besoins.

La perception ou, comme l'on disait alors, l'*exaction* de cette taille fut longtemps faite par les syndics eux-mêmes, et quand elle fut confiée à des *exacteurs,* les sommes étaient versées entre leurs mains. S'il y avait des retardataires, c'était leur affaire de les poursuivre et, en attendant, de combler le déficit.

Pour les dépenses imprévues et urgentes, ils étaient obligés de faire les avances, et ces sommes ne leur étaient souvent remboursées que longtemps après, sur la production de pièces justificatives, soumises à l'examen d'une commission élue par le Conseil général.

Les créanciers de la ville avaient une action personnelle directe contre les syndics, qui, de même, subissaient toutes les conséquences de l'insuffisance des approvisionnements pour les troupes de passage.

La tenue de la comptabilité n'était soumise à aucune forme, à aucune règle déterminée; elle était laissée, sans inspection, à l'intelligence et à la conscience des syndics, jusqu'au moment de la reddition de leur compte, à l'expiration de leur mandat.

En entrant en charge, les syndics, à moins qu'ils n'en eussent été expressément dispensés par le Conseil général, avaient pour premier devoir de faire rendre compte à leurs prédécesseurs, si ce compte n'avait pas été réglé avant leur élection, ce qui arrivait presque toujours. Ainsi, aux difficultés de leur propre administration, s'ajoutaient les embarras résultant des négligences que ceux-ci avaient pu commettre ou des obstacles qu'ils avaient rencontrés.

On voit que, pour peu que les événements politiques, la peste ou d'autres circonstances imprévues vinssent compliquer l'administration ordinaire, il était difficile que les syndics sortissent de charge sans avoir des contestations avec le

Conseil général, sans parler des froissements et des rancunes qu'aucun administrateur ne peut éviter.

Les maires de nos jours sont bien heureux ! Sans doute, en sus du conseil, qui n'est pas toujours accommodant, mais qui n'est pas nombreux et qui n'a que des ongles de médiocre longueur, ils ont le sous-préfet, le préfet, le ministre, les lois, les règlements, les circulaires, la politique, et que sais-je encore ? inventions toutes modernes en fait d'administration communale et qui se développent merveilleusement sous le nom de liberté. Mais ils peuvent s'en tirer sans payer de leur bourse, ni aller en prison méditer sur les inconvénients de l'écharpe municipale.

Le dimanche 3 mai 1550, le conseil du tiers-état s'assemble dans le palais épiscopal en présence du vicaire-général. Les syndics, Hugues Falcon et Pierre Testut, observent qu'ils n'ont accepté le syndicat qu'à la condition que Guillaume Moullin et André Perret, les derniers syndics, rendraient leur compte, Moullin surtout qui a exercé cette charge pendant longtemps, et que la situation financière de la ville serait établie nettement. Moullin répond qu'il a dépensé pour la cité plus qu'il n'a reçu. Là-dessus, de vives altercations s'élèvent. Le vicaire-général y met fin, en enjoignant aux syndics et à leurs conseillers d'examiner le compte de Moullin et de commencer ce travail le 7 mai. Le notaire Cornuti dresse acte de cette décision, en présence de Bon-Amédée Baptendier et du notaire Bernard Jomar, appelés comme témoins.

On voit que ce ne fut que depuis 1550 que les syndics furent changés chaque année, et peut-être les comptes de Guillaume Moullin furent-ils la cause ou l'occasion de cette mesure, qui ne rendit pas le règlement des comptes plus facile.

En 1553, Jacques Reymond et Claude Ducrest, qui viennent de quitter le syndicat, sont obligés de faire rendre un jugement contre Louis Girollet et Jean Gros, leurs prédécesseurs, qui n'ont pas encore présenté leurs comptes.

Le 25 mars 1560, après d'innombrables séances et discussions, le conseil règle finalement les comptes des syndics qui se sont succédés depuis 1554, et qui, presque tous, étaient créanciers de la ville pour des sommes plus ou moins importantes. Il leur est dû en totalité 1,084 florins.

Au mois de juillet 1562, il y eut dans le conseil du tiers-état, réuni en présence du corrier Pierre Rapin, une violente discussion qui faillit aller se terminer devant le Sénat. L'objet de la délibération était d'examiner la proposition du syndic Jean Charrier de faire une taille de 1,600 florins, pour payer de vieilles dettes et régler diverses affaires urgentes de la bourgeoisie. La discussion était à peine commencée, que Jacques Reymond, l'un des conseillers, se leva et dit qu'il était fort étonné d'apprendre qu'il était encore question de clore les comptes de Martin Ulliel, apothicaire, et de M° Jean Mestrallet, syndics de l'année 1560, et d'ajouter aux 1,600 florins, seuls énoncés dans l'acte de convocation du conseil, une somme de 515 florins dont, à teneur de leurs comptes, Ulliel et Mestrallet seraient créanciers. Il déclara qu'il refusait de délibérer sur tout autre objet que celui pour lequel le conseil avait été convoqué, qu'ajouter ces 515 florins à la taille proposée *serait par trop à ung coup travailler les paouvres de la cité*, et qu'Ulliel et Mestrallet étaient assez riches pour attendre une autre taille. Jacques Delacombe joignit sa protestation à celle de Reymond, et tous deux sortirent de l'assemblée. Le conseil dût se séparer, sans avoir rien conclu.

On s'assembla de nouveau le lendemain. Mais Reymond réitéra son refus de s'occuper de l'affaire des syndics de 1560 et en appela au Sénat. Là-dessus on s'échauffa. Le syndic et les dix autres conseillers s'écrièrent que le compte de Mestrallet et d'Ulliel était plus exact que celui de Reymond, « au contenu duquel ledit Reymond n'a encore satisfait et toutefoys fait despence à la ville pour soy faire paier et ne veult que l'on face raison aux aultres; » que, s'il y a eu des *connivences* secrètes, le juge commun en déciderait, qu'ils allaient passer outre et que le Sénat jugerait, « protestant néanlmoings de faire reparer audit Reymond les injures et parolles indecentes, immodestes et temeraires par luy malicieusement advancés. »

Cela promettait un bon procès, mais l'affaire s'arrangea et le Sénat n'eut pas à s'occuper des indécences et immodesties de l'ex-syndic Jacques Reymond, ni de ses rancunes contre ses prédécesseurs.

En 1568, le conseil prit une décision qui semblait devoir mettre fin aux difficultés résultant des comptes des syndics, accumulés les uns sur les autres. Il statua que, dorénavant, les syndics ne seraient déchargés de leur office qu'après qu'ils auraient fait approuver leurs comptes. La mesure était bonne; mais, comme tant d'autres, elle demeura à l'état de lettre morte et il n'en résulta que la protestation des syndics entrant en charge de ne s'occuper ni des comptes, ni de l'administration de leurs prédécesseurs.

En 1576, il fallut imposer une taille de 800 florins pour rembourser aux syndics de plusieurs années ce qu'ils avaient payé de plus qu'ils n'avaient reçu.

Au mois de décembre 1580, les dettes contractées depuis quatre ans s'élevaient à 4,601 florins. La principale était une somme de 1,791 florins prêtée par Mgr de Lambert dans un besoin pressant. Le bon évêque ne la réclamait pas précisément ; mais on savait qu'il en avait besoin, la fondation du collége et du couvent des Capucins absorbant toutes ses ressources. Les autres dettes provenaient du passage des Espagnols, de celui du duc de Savoie et du prince de Sainte-Marie en 1578 (1), du traitement arréragé du secrétaire de la ville, des procès, de la réparation des ponts, des avances faites par les anciens syndics et de divers emprunts. Le conseil général vota une taille extraordinaire pour éteindre toutes ces dettes.

Cette délibération fait connaître certains détails qu'il est bon de noter. Les syndics en fonction

---

(1) Peut-être y a-t-il une erreur de date et s'agit-il du voyage d'Emmanuel Philibert à Grenoble, que Guichenon place à l'année 1579.

sont exempts des tailles communales. Ces tailles frappent tous les autres habitants proportionnellement à la fortune de chacun, tant pour les propriétés situées hors de la ville que pour celles qui se trouvent sur son territoire, et même pour les biens exempts de la gabelle. Nous verrons cependant que ce dernier point fut contesté. La base de la taille extraordinaire présente est de huit fois l'impôt de la gabelle. Le rôle sera dressé par une commission de prud'hommes nommée par le conseil. Les conseillers et les prud'hommes désigneront l'exacteur. Il est dit, de plus, qu'aucun vote de taille ne peut avoir lieu sans la présence et le consentement du corrier et des procureurs fiscaux. Dans les autres communes, c'était le chatelain qui était chargé de veiller à ce qu'elles ne s'imposassent pas des charges non justifiées.

Nous avons puisé ces faits dans les *Livres des gestes de la cité de Maurienne,* tenus par Jean Marquet, puis par Jacques Magistri, secrétaires de la politique. Ce dernier eut pour successeur, au mois de mai 1581, M° Jean-Michel Gussoud, aussi notaire, qui intitule son livre de l'année suivante : *Livre des negoces d'estat de la politique de la cité Saint Jehan de Maurienne.*

Une grande partie de ce registre est remplie par les pièces d'un long procès qu'il nous faut raconter avec quelque étendue, parce qu'il jette un jour particulier sur les complications de l'administration communale à cette époque. Il éclata à l'occasion de la taille extraordinaire dont nous venons de parler.

Jusqu'alors, l'exaction était faite par les syndics

qui, comme compensation à leurs peines, étaient exempts de leurs tailles pour l'année de leur syndicat. Mais cette taille étant extraordinaire sous tous les rapports, les syndics Mermet Ducrest et Pierre Delacombe avaient obtenu qu'on leur donnât un exacteur. Mal leur en prit. Le choix tomba sur un praticien nommé Antoine Nivellet, homme fort négligent, à ce qu'il paraît, si ce n'est à faire payer la taille, du moins à rendre compte des sommes qu'il avait perçues, et, selon la coutume, ce furent les syndics qui payèrent les conséquences de sa négligence.

Le 24 mai 1581, sommation est faite à Nivellet de rendre ses comptes dans trois jours, entre les mains de MM^{es} Pierre Lambert et Humbert Collombet, praticiens, nommés commissaires à cet effet.

Les trois jours se multiplièrent considérablement. Le 11 mars 1582, plainte des conseillers au juge commun Georges de Jorcin contre les anciens syndics Pierre Delacombe et Mermet Ducrest qui, ayant été en fonction pendant trois ans, n'ont ni rendu leurs comptes, ni fait rendre compte à leurs prédécesseurs, comme ils s'y étaient engagés par serment à l'époque de leur élection. Avis du procureur fiscal ducal Baudrey et du procureur fiscal épiscopal Bertrand. Ordonnance du corrier enjoignant à Ducrest et à Delacombe, sous peine d'amende et de prison, de rendre leurs comptes dans dix jours, et aux syndics de convoquer une assemblée le dimanche suivant pour élire des auditeurs chargés de l'examen de ces comptes.

Les comptes n'étant pas prêts, l'assemblée est différée.

30 juillet. Supplique des nouveaux syndics Antoine Filliol et Antoine Villar. — Ordonnance du corrier. Les comptes seront rendus dans trois jours. — Ducrest répond qu'il ne peut rendre ses comptes sans Delacombe. Or celui-ci a été mis aux arrêts à la correrie. De plus il faut les comptes de Nivellet et un grand nombre de quittances que les continuels passages de troupes n'ont pas permis de faire faire. Demande d'un délai.

31 juillet. Délibération du conseil. Les comptes doivent être rendus tout de suite, car les nouveaux syndics devront présenter les leurs tous les six mois. Même réponse de Ducrest et de Delacombe.

27 août. Ceux-ci se déclarent prêts à présenter leurs comptes aussitôt que ceux de Nivellet seront approuvés. Delacombe a été mis en liberté.

31 août. Le corrier ordonne de chercher dans les archives les pièces concernant les comptes de Nivellet et des précédents syndics.

10 septembre. Nouvelle ordonnance chargeant Delacombe et Ducrest de faire rendre compte à Nivellet.

13 septembre. Delacombe, à peine sorti de prison, est menacé d'y être renvoyé par le procureur fiscal de l'évêché, à cause de la somme due à Mgr de Lambert et qui devait être remboursée il y a deux ans. Il s'offre à passer une obligation, en attendant le règlement du compte de Nivellet. Ce compte a été présenté, mais les auditeurs nommés par le Conseil général ne l'ont pas encore examiné. Delacombe prie le corrier de les y contraindre *sous bonne peine* et proteste de l'*indeubue molestie*. Il se plaint

aussi de ce que l'on ne poursuit pas les syndics actuels, de même qu'on le poursuit pour les comptes de ses prédécesseurs. Le procureur fiscal patrimonial accepte le billet offert par Delacombe et lui accorde un délai de deux mois, sauf son recours contre la ville.

L'affaire se complique de plus en plus. Le procureur de l'évêché veut être payé des termes échus, les autres créanciers de la ville aussi. Les syndics font retomber la responsabilité des retards de paiement sur leurs prédécesseurs qui la leur rejettent, car c'est le Conseil général qu'ils représentent qui a choisi Nivellet pour exacteur. Les contribuables refusent de payer les termes jusqu'à ce que les anciens comptes soient réglés. Il y a des audiences presque tous les jours. Le corrier rend ordonnances sur ordonnances, toutes sous peine de mille livres d'amende... sur le papier.

Le 31 octobre, Nivellet se rend chez le corrier avec son compte. N'y trouvant pas les auditeurs, il proteste de tous dommages, car il doit accompagner le juge-mage et le procureur fiscal ducal qui vont tenir les assises dans la haute Maurienne.

Au mois de novembre, Urbain du Pont et Claude Fornier, ne pouvant être payés des sommes qui leur sont dues, font condamner les syndics Filliol et Villar aux arrêts dans la tour de la correrie. Ceux-ci protestent contre Ducrest, Delacombe et Nivellet, qui protestent contre eux.

Nivellet présente son compte définitif le 27 novembre. Réclamations de la part des syndics, qui cependant, ne trouvant personne pour cette besogne et n'ayant nulle envie d'aller en prison, sont forcés de le prier de continuer la perception de ce qui reste dû.

Le 5 décembre, nouveau mémoire de Ducrest et de Delacombe. Ils disent que, d'après une décision du Conseil général du 13 avril 1578, les comptes des syndics doivent être rendus selon l'ordre de priorité et qu'il y a des syndics avant eux, dont les comptes ne sont pas réglés. Cependant ils donneront le leur aussitôt que celui de Nivellet sera terminé et qu'ils auront eu communication des titres déposés dans les archives.

Nivellet se plaint aussi qu'ayant remis son compte et les pièces à l'appui, on ne lui a encore donné ni quittance ni décharge. Ce compte fut enfin clos au mois de février 1583. Nivellet demeura chargé de l'exaction de ce qui restait dû de la grande taille de 1580. Il y eut de nouvelles difficultés avec les syndics Filliol et Villar, qui lui reprochaient de ne pas procéder assez promptement à des saisies chez les contribuables en retard.

Le compte de Ducrest et Delacombe ne fut définitivement réglé, après une nouvelle série de réclamations, protestations et ordonnances, que dans le courant de l'été de 1586.

A cette époque, de nouvelles difficultés s'élevèrent. Les syndics des années précédentes étaient tous sortis de charge créanciers de la ville, et ils poursuivaient les syndics devant le corrier, en remboursement de sommes diverses s'élevant en totalité à 1,427 florins 8 sols. Dans un Conseil général tenu le 7 septembre 1586, les syndics demandèrent des tailles pour satisfaire à ces réclamations ; mais le conseil refusa d'en établir de nouvelles et répondit qu'ils trouveraient des ressources suffisantes en faisant payer immédiatement tout ce qui était encore dû sur les anciennes tailles. S'ils négligeaient de le faire, ils ne pouvaient pas se plaindre des désagréments qui en résultaient pour eux.

Pendant le reste de ce siècle, les comptes des syndics soulevèrent encore de temps en temps des réclamations ; mais soit que les syndics fussent devenus plus prudents et plus exacts, soit que l'expérience et les malheurs publics rendissent le Conseil général plus raisonnable ou plus tolérant, les choses s'arrangèrent sans procès. Le tiers-état avait bien assez de ceux qu'il avait intentés aux *prétendus* nobles et que nous raconterons dans un chapitre suivant.

Nous avons dit quelque part que les frais de justice étaient alors moins élevés qu'aujourd'hui. Ajoutons, pour ne pas trop vanter le temps passé, qu'il y avait des accessoires et qu'à cette époque les petits cadeaux ne nuisaient pas du tout à la prompte expédition des affaires. Voici la note d'un mandataire envoyé à Chambéry en 1592, à l'occasion d'un procès :

« Pour les postes, 32 florins ; mon gouter à Chambéry avec le maistre de poste, 3 florins ; pour la soupe tant pour moy que pour ung procureur qui a faict ma requeste et pour le maistre de poste, 4 florins ; une boîte de dragées de toutes sortes et un pain de sucre pour bailler à monsieur le maistre Bay, 13 florins ; ung autre pain de sucre au procureur patrimonial, 5 florins ; un autre pain de sucre pesant une livre et demie au président Empereur ; un déjeuner offert à Pierre Tardy et à son commis et au procureur qui sont allés avec luy parler à messieurs de la chambre pour moy fere expédier, 7 florins ; expedition de l'arrest, 2 florins. »

La soupe devait être bonne : 4 florins pour trois (environ 15 fr. en valeur actuelle relative) ; et peut-être serait-elle encore acceptée maintenant, même par un procureur. Mais le sucre a fait beaucoup de progrès depuis l'an 1592, et nous sommes convaincu que l'offrande d'un pain d'une livre et demie laisserait le président de la Cour d'appel tout à fait insensible.

CHAPITRE X

Les trois Ordres. — Le Tiers-État et le Clergé.

L'abbé Sieyès résumait ainsi l'histoire de la vieille monarchie française et les visées de la Révolution qui commençait : Qu'est-ce que le tiers-état? Tout. — Qu'a-t-il été jusqu'à présent? Rien. — Que demande-t-il? A être quelque chose. — Cette formule grisa les masses et la Convention ne fit qu'en déduire les conséquences logiques ; car si le tiers-état était *tout,* pourquoi se serait-il contenté d'être quelque chose? et quel autre moyen pour qu'étant *tout* en droit, il fut *tout* en fait, que de supprimer ce qui n'était pas le tiers-état, c'est-à-dire le clergé et la noblesse?

Nous n'avons pas à nous occuper de la France d'alors, ni même de la Savoie ; mais le lecteur a déjà pu voir qu'à Saint-Jean, si le tiers-état n'était pas tout, il n'avait pas à demander de devenir quelque chose, puisqu'il était et qu'il avait toujours été beaucoup.

La distinction des citoyens en trois ordres : le clergé, la noblesse et le tiers-état, était la conséquence de la diversité des conditions, des obligations et des droits. L'ancienne organisation sociale, au lieu d'osciller au hasard des aptitudes apparentes et des intrigues réelles, préférait s'appuyer sur le principe clair et stable de la naissance, la naissance naturelle pour la noblesse, la naissance du sacerdoce pour le clergé. Mais le clergé, la noblesse elle-même, surtout chez nous, s'ouvraient constamment devant le tiers-état. On peut dire qu'en réalité les deux premiers ordres n'étaient que l'élite du troisième, le lecteur en verra la preuve surabondante.

Entre ces trois ordres ou classes, il y avait des distances qui choquent les idées de notre temps. Mais si l'on examine la situation dans son ensemble, on s'aperçoit qu'il y avait moins d'inégalité que de variété de charges.

Le clergé et la noblesse avaient des privilèges. — Sans doute. Le privilège et l'exemption, pour quelques-uns, de certaines charges qui pesaient sur les autres, étaient la conséquence nécessaire, rationnelle, équitable des charges particulières qui pesaient sur les premiers et dont les autres étaient exempts. Prenons un exemple. Les nobles seuls devaient le service militaire personnel; ils ne pouvaient pas sans *déroger*, c'est-à-dire sans perdre les privilèges de la noblesse, être notaires, greffiers, négociants, etc.; mais ils étaient exempts de certaines tailles et des logements militaires : c'était une compensation. De même pour le clergé dont, sans parler du service ecclésiastique, qui est un service public, les biens étaient grevés de charges nombreuses pour les églises, les pauvres, les hôpitaux, les écoles, et le superflu réservé par l'Église aux œuvres de charité.

On pourrait demander si l'égalité absolue de tous n'est pas l'aplatissement de tous et si la suppression des privilèges a été autre chose que le déplacement et la multiplication des privilèges. Graves questions qui ne sont pas de notre ressort.

Il y avait des abus. — Certainement. Les redevances féodales étaient trop multipliées, gênantes pour le commerce, l'industrie, l'agriculture; le mode de perception était souvent vexatoire: d'autre part, elles étaient rarement payées d'une manière exacte, même dans les limites raisonnables, et les débiteurs travaillaient souvent à s'en affranchir par tous les moyens, ce qui en bien des cas, fréquents en ce qui concernait le clergé, ne lésait pas moins l'intérêt public que l'intérêt privé. Ceux qui ne possédaient pas certains privilèges, oubliant les compensations, plus ou moins grandes dont ils jouissaient, jalousaient ceux qui les possédaient; ceux-ci les exagéraient souvent, cherchaient à les retenir quand, selon le droit et la coutume, ils devaient les perdre, et ne tenaient pas suffisamment compte des circonstances exceptionnelles où le patriotisme et la charité exigeaient de leur part un peu d'abnégation. L'imperfection, l'abus, le mal, sont inhérents à la nature humaine et par conséquent à toute institution humaine; il n'y a que du plus ou du moins, et le pesage équitable demande des balances plus fines que n'en possèdent les critiques expéditifs.

Nous avons indiqué les deux privilèges du clergé et de la noblesse de Saint-Jean, qui soulevèrent le plus de contestations; ils n'en avaient guère d'autrés, sauf pour le clergé le privilège du *for*, c'est-à-dire le droit d'être jugés, eux et leurs causes, par les tribunaux ecclésiastiques. Quant aux droits féodaux que nous trouvons dans nos chartes, nous en parlerons dans un autre chapitre. Remarquons seulement que la plupart de ces droits existent de nos jours, sous une autre forme et un autre nom. Seulement ils sont perçus par le gouvernement ou par la commune; ils l'étaient alors par le clergé ou par la noblesse, même quelquefois par des bourgeois, en vertu d'actes de donation ou d'achat. Ces droits, dont l'origine détaillée n'est pas connue, étaient une propriété. On possédait une redevance en argent ou en denrées, comme on possédait une maison, un champ, une vigne, etc. L'Etat n'estimait pas plus nécessaire de posséder toutes les redevances que de posséder toutes les vignes, tous les champs, toutes les maisons; et l'on ne se croyait pas plus esclave, pas plus déshonoré, en payant, par exemple, la *leyde* au Chapitre, quand on venait vendre des marchandises à Saint-Jean, qu'on ne l'est aujourd'hui en payant la patente à l'Etat et l'octroi à la ville.

On a vu que l'ordre de la noblesse comprenait, sauf quant aux privilèges spécialement réservés aux nobles proprement dits, tous ceux qui avaient obtenu le diplôme de docteurs. Or le doctorat n'était pas alors le privilège de la richesse. Après l'enseignement à peu près gratuit et les bourses du collège, l'étudiant trouvait à Paris, à Avignon, dans toutes les Universités, l'enseignement gratuit, l'examen gratuit et les bourses préparées par la charité chrétienne, en grande partie par la charité cléricale, aux pauvres, s'ils étaient méritants ; et le long de la route il avait les hospices pour le logement et la nourriture. Si nous en jugeons par la Maurienne, ces hospices étaient très rapprochés : il y en avait, chez nous, à Aiguebelle, à La Chambre, à Saint-Jean (la Miséricorde), à Saint-Michel, à Saint-André, à Modane, à Aussois, à Termignon, à Lanslebourg, au Mont-Cenis ; nous ne citons que les principaux.

Ainsi le jeune homme pauvre, mais sage, intelligent et laborieux, pouvait, à peu de frais, non-seulement entrer dans le clergé, mais parvenir au doctorat en droit ou en médecine, entrer dans l'ordre de la noblesse et même acquérir la noblesse en titre ; car elle n'était pas difficile à obtenir, non seulement de nos évêques, mais même des ducs de Savoie, surtout depuis l'édit du 7 février 1563 et l'ordonnance du 10 avril de la même année (1).

Emmanuel-Philibert ayant convoqué la noblesse à Chambéry pour lui prêter le serment de fidélité, après sa rentrée dans ses États, celle-ci se plaignit que « plusieurs n'étant de la qualité susdite, s'ingéroient de venir prêter la dite fidélité et s'attribuer le titre et privilège de noblesse, combien qu'ils ne soient vrais nobles. » Ce prince ordonna de n'admettre au serment que « les nobles de sang, degrés de dignité, ou annoblis par lettres de lui ou de ses prédécesseurs, » et de contraindre tous les autres qui possédaient des fiefs nobles à en « vuider leurs

---

(1) Alexandre JOLLY, *Compilation des anciens édits......*, p. 40 et 42.

mains ». Mais ensuite, sur les réclamations qui lui furent adressées, il se ravisa et chargea la Chambre des Comptes de délivrer des lettres de noblesse, ayant la même valeur que si elles venaient de sa personne, à tous ceux qui « s'étaient adonnés à vivre noblement » et qui tenaient « quelques juridictions, honneurs, hommages, rentes ou autres fiefs nobles, » s'ils en faisaient la demande.

Parmi les juridictions et charges réputées nobles figuraient les emplois de juge-mage, de corrier, de châtelain, de receveur des deniers ducaux, etc. Telle fut l'origine de la noblesse des d'Humbert, d'Avrieux, de Jorcin..... auxquels la bourgeoisie fit une si rude guerre.

Le clergé et la noblesse paraissent avoir joui sans contestation de leurs privilèges jusqu'à l'occupation française en 1536. Mais alors le tiers-état, écrasé par les passages de troupes et les frais de la guerre que François Ier faisait en Italie, chercha à rejeter une partie du fardeau sur les deux ordres privilégiés. La discussion commença à l'occasion d'une garnison qui fut mise à Saint-Jean. Les syndics des bourgeois, appuyés par les officiers du roi, voulurent mettre une partie des frais de logements et autres à la charge des ecclésiastiques et des nobles. Ceux-ci adressèrent au roi, par l'entremise du Parlement de Chambéry, une supplique dans laquelle ils disaient (1) :

Par les prédécesseurs ducs de Savoye ont estés baillez plusieurs beaux previléges aux dicts suppliants et mesmement que tant leurs biens patrimoniaulx que aussy

(1) Archives d'Arves.

leurs personnes seroient exempts de toutes contribucions, aides et subsides tant ordinaires que extraordinaires soit pour garnisons, soulde de gendarmes ou autres affaires esquels nommément et expressement les nobles ne sont comprins. Desquels previléges ils ont joy et usé plainement et paisiblement à memoire perdue du temps des comtes et ducs du dict Savoye. Et combien qu'ils deussent estre continués en leurs previléges et franchises, neanmoins puis naguère vos officiers à Chambery se sont efforcés les coctiser et tailler à la suscitation des scindics des bourgeois de Saint-Jehan de Maurienne et par arrest provisionnel ont ordonné que les suppliants seront coctisés à pourter leur part et porcion des charges des gens de guerre estans en garnison en la dicte ville de Saint-Jean de Maurienne. Qu'est entièrement les priver et frustrer de leurs dicts previléges et contre tout droict et raison. Ce consideré, Sire, et actendu que les nobles vous font journellement service tant au bamps et arrière bamps que ailleurs aux faicts de vos guerres, et que estant contribuables aux dictes charges seroit les rendre au rang des aultres non nobles et les charger de double charge de vous faire les dicts services et neanmoins les coctiser, chose que jamais n'a esté pratiqué ny entendue. Et les gens d'esglise tant pour raison des dicts previléges que aussy par la disposicion de droict sont exempts des dictes contribucions. Vous plaise de vostre benigne grace desclairer que n'entendez que les dicts suppliants estre aucunement contribuables aux dictes charges et subsides, et vostre vouloir estre qu'ils joyssent de leurs previléges et droict d'exemption tout ainsi et par la forme et manière qu'ils avoient accoustumé de faire avant que le dict pays de Savoye ait esté reduict à vostre obeissance. Sy ferez bien et les suppliants prieront Dieu pour vostre prosperité et sancté.

Cette supplique est de l'année 1549. Nous verrons la suite de cette affaire; mais auparavant il nous faut raconter une contestation que le tiers-état eut avec le Chapitre.

Les droits de leyde (1), poids, aunage (2) et bourgeoisie (3) appartenaient de toute antiquité aux évêques de Maurienne. Amédée II de Savoie les albergea à Jean Jordan, bourgeois et apothicaire de Saint-Jean, le 9 février 1354. Henri des Costes en devint acquéreur et les reconnut en faveur de l'évêque Amédée de Montmayeur le 7 juin 1471. Enfin Pierre des Costes les vendit au Chapitre par acte du 17 novembre 1501 (4).

En 1554, quelques jours avant la foire de la Saint-Jean, des oppositions s'étant élevées contre la perception de ces droits, le Chapitre, par l'intermédiaire de M° Baptendier, son avocat, exposa à Gilles de Lahaye, corrier et juge de la cour commune « estre vray que par bons et legitimes tiltres et documents les dicts suppliants depuis tant de temps qu'il n'y a memoire au contraire sont en paysible possession et joyssance de prendre et percepvoir aux foires et marchés de la présente cité de Maurienne, c'est à savoir l'issue (5) de l'achepteur et la leyde ou entrée des vendeurs du bestial ou

---

(1) Droit sur les marchandises entrant en ville pour être vendues.

(2) Droit pour peser et mesurer au poids et à l'aune publiques.

(3) Droit à payer pour être reçus dans la bourgeoisie.

(4) *Travaux de la Société...*, t. I, p. 373. — Voir là le détail de ces droits.

(5) Droit sur la sortie des marchandises achetées dans la ville.

aultre marchandise qui se vend et traffique à la dicte foire à la forme et manière contenue au rolle cy attaché et aultres droicts des suppliants. » C'est pourquoi il priait le corrier de décerner à son leydier des lettres l'autorisant à contraindre les vendeurs et les acheteurs étrangers à la ville, à payer la leyde et l'issue, conformément au tarif, et à poursuivre les renitents. Un jugement favorable au Chapitre fut rendu le 20 juin, après un avis conforme des deux procureurs fiscaux.

Le Chapitre obtint deux autres jugements dans le même sens, le 20 juin 1560, du corrier Pierre Rapin, précédemment procureur fiscal de l'évêché; et le 28 juin 1577, du juge ordinaire de l'évêque, Guillaume Bourdin.

Le 13 mars 1586, à l'approche de la foire des Rameaux, le Chapitre fit afficher le tarif des droits de leyde et d'issue, qui était le même que celui de 1554; il ajouta ce qui suit : toute marchandise apportée à la foire paie, à la sortie, deux deniers genevois si elle vaut deux sols ou plus, une obole si elle vaut moins de deux sols; elle ne paie rien si sa valeur est inférieure à douze deniers ou un sol. L'étranger et l'habitant de la terre épiscopale qui achète pour revendre, s'ils ont acheté *une multitude* de bœufs, de vaches et de veaux, paient un denier genevois pour une valeur de plus de deux sols, une obole pour une valeur de deux sols et au-dessous.

La noblesse et le tiers-état, représentés par les syndics Jacques Ducol et Thibaut Decapella, par Boname Cueur et par douze conseillers, protestèrent aussitôt et déclarèrent qu'ils ne feraient aucune réponse au Chapitre tant qu'il n'aurait pas enlevé ses affiches et justifié de ses droits. Le Chapitre produisit ses titres et l'affaire en resta là.

Revenons à l'exemption des logements et des services militaires, en ce qui concerne le clergé.

L'armée de François Ier se composait en partie d'aventuriers de diverses nations, gens sans foi ni loi, qui ne connaissaient que leur sabre et se croyaient tout permis en pays conquis. On verra plus loin combien la ville de Saint-Jean eut à souffrir de la part de cette soldatesque indisciplinée. Les églises et le clergé furent particulièrement victimes de ses violences; car un grand nombre de ces soldats étaient protestants, tout enflammés des déclamations de Luther et de Calvin. Le Chapitre fut contraint de prendre une délibération autorisant ses membres à se retirer où ils voudraient, sans perdre les droits attachés à la résidence et à l'assistance au chœur (1). N'ayant reçu aucune réponse à la supplique de 1545, il fit de nouveau valoir, en 1551, le privilège d'exemption des logements militaires, que les lois lui reconnaissaient.

Les syndics formèrent opposition. Leur embarras était extrême; car le privilège du Chapitre s'étendant non-seulement aux maisons habitées par ses membres, mais à toutes celles qu'il possédait dans la ville, et elles étaient nombreuses, on était fort en peine pour loger les troupes qui passaient, allant en Italie ou en revenant.

(1) Manuscrit de Jacques Damé.

Comme les droits du roi se trouvaient indirectement en cause, le procès fut porté d'abord devant le juge-maje, puis au Parlement de Chambéry. Le jugement rendu, le 18 juin 1558, en faveur du Chapitre, résume les plaidoiries des deux parties et toute la marche de l'affaire ; nous allons le rapporter presque en entier :

François de Lorraine, duc de Guise, pair et grand chambellan de France, gouverneur et lieutenant-general pour le Roy en Savoye, à tous ceulx qui ces presentes verront salut. — Scavoir faisons comme procès s'est meu en la court de parlement du païs de Savoye entre les sindics, manans et habitans de Saint-Jehan de Maurienne appellans de l'octroy et concession de certaine commission émanée du juge-mage du dict Maurienne du onziesme jour d'octobre 1557, exécution d'icelle et de tout ce qui s'en seroit ensuivy d'une part, et les chanoines et chappitre de l'esglise cathedralle du dict lieu de Saint-Jean de Maurienne appellés d'aultre. Disoient les dicts appellans, par Boullaye, leur advocat, qu'il présupposera en premier lieu, que de droict nul ne peult estre condamné sans estre ouy ou appelé. Or est-il que, vyolant cet ordre de droict, les appellés le 11ᵉ jour d'octobre dernier passé auroient presenté requeste au juge *a quo*(1), jacoit *(quoique)* il soit incompétent de cognoistre de telle matière, remonstrans par icelle que dès l'année 1551 ils avoient presenté requeste au feu sieur de Maugeron, lors gouverneur et lieutenant-général pour le roy en ce pays de Savoie en l'absence de monseigneur le duc de Guise, afin d'estre exempts en toutes leurs maisons de recepvoir et loger gens de guerre à pied ou à cheval, et que le dict sieur de Maugeron le leur avoyt accordé ainsi et appointé, et que de la mesme année ils en

(1) Le juge dont on appelle.

avoient presenté une aultre à mesmes fins au dict sieur duc de Guise, lequel avoit approuvé et confirmé ce que par son dict lieutenant avoit esté sur ce faict et ordonné.

Ils requiroient à ceste cause que inhibitions fussent faictes tant aux scindics de la dicte cité que aux fourriers et aultres qu'il appartiendroit de ne loger en leurs dictes maisons aucuns gens de guerre, et ne dict pas seulement en leurs maisons d'habitation, mais en toutes leurs maisons, et que quand les fourriers viendroient, ils les fissent exempter d'en loger à peine de mille livres et de rebellion et prison, ce que le dict juge leur interine par le champs en sa maison privée à leur simple requeste sans ouyr ne appeler persone, mesmement les dicts scindics, manans et habitans pour l'évident interest qu'ils y ont. A ceste cause les dicts scindics, manans et habitans, advertis de telle provision et decret se sont portés pour appellans de l'octroy et concession d'icellui. Ce nonobstant, le dict juge en actemptant auroit declaré et ordonné que, nonobstant le dict appel et aultres oppositions ou appellations quelconques, les dictes inhibitions tiendront. Appert que c'est ung pur actemptat. Par quoy concluoit à ce que tout ce qu'a esté faict depuis et au parsus le dict appel et au prejudice d'icellui soit cassé et annulé et reparé comme actemptat. Et au principal soit dict qu'il a esté mal, nullement et par incompetence procedé, octroyé et decreté par le dict juge en sa maison privée, mal et nullement exploicté par vertu de telles lettres et decret, bien appelé par les dicts appellans....., sauf aux appelés de se pourvoir deuement par devant juge competent et à la forme du droict, mectant en faict que *ab omni domino* (1) le dict juge-mage n'a heu cognoissance d'aucune affaire politique, ains que ce a tousjours esté le courrier et juge commun. Et demandent despens.

(1) Sous tous les souverains.

Disoient les appellés par Dufour leur advocat, que par disposicion de droict les clercs et persones ecclesiastiques sont immunes et exempts de toutes contribucions et angaryes et mesmement de recepvoir et loger en leurs maisons les gens de guerre. Or ayant les dicts appellés ce privilège spécial *clausum in corpore juris* (1), combien qu'ils eussent peu *recta* (2) s'adresser au juge *a quo* comme juge royal du dict lieu pour l'observation et entretenement d'icellui privilége, ils se seroient neantmoins retirés au sieur de Maugeron, lors gouverneur et lieutenant-general pour le roy en ce païs, en l'absence de monseigneur le duc de Guise, auquel ils ont donné à entendre comme ils étoient foullés et angariés, et mesmement que les scindics et habitans du lieu veulent qu'ils logent des gens d'armes et gens de guerre en leurs maisons contre leur dicte immunité et exemption, sur quoy le dict seigneur par ses lettres patentes auroit inhibé aux dicts scindics, manans et habitans et à chacun d'iceulx sur peine de mille livres de ne loger ny souffrir estre logés aucuns gens de guerre dans les maisons des dicts chanoines, sinon en cas d'urgente necessité, auquel cas leur est enjoinct faire appeler les dicts chanoines par devant le juge royal du lieu pour veoir faire les attiquets (3) et despartement des logis et voir qu'ils ne soient surchargés, et enjoint aux juge royal et courrier du lieu et chacun d'eulx de tenir main que la dicte ordonnance soit gardée et observée, leur faisant defense de ne permectre que les dicts gens de guerre soient logés aux dictes maisons des dicts chanoines contre la forme des dictes lettres. Lesquelles lettres et provision auroient esté en après confirmées par le dict seigneur duc de Guise.

(1) Exprimé dans le corps du droit.
(2) Directement.
(3) Billets de logement.

Depuis voyans les dicts chanoines qu'ils estoient grandement foullés et augariés, de sorte que les dicts scindics et habitans ayans treuvé moyen de loger les dicts gens de guerre par quartiers, les logent ordinairement trèstous dans les maisons et logis des dicts chanoines, ils se sont adressés au dict juge royal de Maurienne, lequel sur leur requeste à ces fins par eulx presentée a octroyé commission pour faire informer sur les contraventions aux inhibitions pourtées par les dictes lettres patentes et que cependant seront faictes itératives inhibitions aux scindics modernes et mareschaulx des logis de ne contrevenir aux inhibitions portées par les dictes lettres des dicts seigneurs gouverneurs de ne loger ni adresser gens d'armes aux maisons et logis des dicts chanoines contre la forme d'icelles ny aultrement y contrevenir directement ou indirectement en aucune manière.

De l'octroy desquelles lettres et commission les dicts scindics, lors de l'exécution d'icelles faict le 12e octobre dernier, se sont pourtés pour appelans, à quoy les dicts chanoines ont remonstré par devant le dict juge qu'il doibt passer oultre, nonobstant l'appel, et que les dictes inhibitions tiendront nonobstant le dict appel et sans prejudice d'icellui... Et quant à l'incompétence dict que c'est audict juge *a quo* d'en cognoistre tant des affaires de politique que aultres et non au courrier qui n'est que chastellain, d'ailleurs il estoit mandé au dict juge par les dictes lettres patentes du dict sieur gouverneur de les faire garder et observer et d'y tenir la main..... Et en tout événement où le procès prendroit long traict concluoit afin que par provision, actendu que notoirement ils sont exempts de la dicte hospitalité, les dictes inhibitions tiennent pendant le procès.

A quoy replicquant les dicts appellans que, si les dictes inhibitions sortoient effect, il ne se treuveroit logis en la ville de Saint-Jehan de Maurienne pour loger les gens de guerre quand il y adviendra passage, car la pluspart des maisons de la vilie sont des chanoines. Et à ce que l'advocat de la partie adverse dict que le courrier n'est que chastellain, la court scait qu'il cognoist de toutes matières et de tous cas d'haulte, moyenne et basse jurisdiction, et au contraire le dict juge-mage *a quo* n'eust onques la cognoissance des affaires de politique. Quoy actendu et que les dictes inhibitions *a quibus* sont indistinctement de ne loger ny faire loger aucuns gens de guerre ès maisons et granges des dicts chanoines et de n'y prendre fourrage, et qu'elles ont esté faictes incontinent sans ouyr les dicts appellans, lesquels s'ils eussent esté ouys eussent remonstré à bon droict qu'il n'y a lieu de les en exempter. Dict qu'il persiste à ses conclusions.

Et après que lecture a esté faicte des lettres inhibitoires desquelles a esté appellé, la dicte par son arrest et jugement diffinitif, parties ouyes, a dict qu'il a esté bien octroyé et decerné par le dict juge-mage de Maurienne, mal et sans grief appellé par les appellans, et l'amenderont *unica emenda*. Et si les condamne aux despens de la cause d'appel, a ranvoyé et ranvoye les parties par devant le dict juge pour passer à l'exécution de sa commission et tenir main que l'ordonnance du gouverneur soit observée selon sa forme et teneur : En tesmoing de quoy nous avons faict mectre le scel royal à ces dictes presentes. Données à Chambéry en parlement ce 18 de juing 1558.

Des lettres-patentes d'Emmanuel-Philibert, datées du 2 mars 1563, reconnurent encore aux chanoines de Saint-Jean le privilège d'exemption des logements militaires. Ces lettres, signifiées aux syndics le 13 août 1587, empêchèrent le Conseil général d'entamer un nouveau procès.

CHAPITRE XI

Le Tiers-État et la Noblesse.

Un procès d'une nature beaucoup plus grave fut intenté par le tiers-état, tout à la fois au clergé et à la noblesse, dès les premières années de l'occupation française de 1536. Les deux premiers ordres, se fondant sur leurs privilèges et sur les droits spéciaux qu'ils payaient au prince, se prétendaient exempts de toutes tailles et impositions communales, même des droits de mutation de propriétés, à l'exception des tailles mises sur tous les citoyens, par délibération commune des trois ordres, pour les besoins communaux, tels que l'entretien des églises paroissiales, de la maison de ville, des ponts, des fontaines et des pavés des rues. A l'appui, ils alléguaient la coutume, les chartes des princes et les arrêts des tribunaux. La bourgeoisie voulait l'égalité de tous les citoyens, la suppression de tout privilége en matière d'impôts. Elle obtint du Parlement, d'abord, en 1545, un arrêt par provision, soumettant, jusqu'au jugement définitif, *les gens d'église et de noblesse* à payer leur part de toutes les tailles et cotisations; puis, en 1553, un jugement définitif dans le même sens. Mais ces arrêts furent plus tard annulés ou plutôt modifiés par le Sénat.

Il paraît, par une délibération du 6 mars 1558, que, dès cette époque, le tiers-état avait restreint ses réclamations et qu'il ne prétendait plus soumettre à l'égalité de la taxe le clergé, ni toute la noblesse, mais seulement deux catégories de nobles : les nobles *épiscopaux* et les nobles exerçant des *arts mécaniques*.

Un certain nombre des familles nobles de Saint-Jean devaient leur anoblissement aux évêques : Truchet, 1450 ; Colonnes, 1452 ; Fournier, 1475 ; Rapin, 1489..... (1). Or, disait la bourgeoisie, les princes souverains seuls peuvent accorder des lettres de noblesse et les évêques de Maurienne ne sauraient être considérés comme tels, puisque, par le traité du 2 février 1327, ils ont cédé une part de leur ancienne souveraineté aux princes de Savoie, la part principale, sinon en droit, du moins en fait. Les titres émanés de leur autorité sont donc sans valeur et ceux qui les ont obtenus ne doivent jouir d'aucun privilége. Cet argument pouvait, avec autant de raison, être retourné contre les ducs ; le tiers-état comprit qu'en contestant les droits souverains des évêques, il se privait d'un fort utile contre-poids au pouvoir ducal. Aussi ne le trouve-t-on employé que dans une des premières pièces du procès et le tiers-état paraît avoir définitivement renoncé à attaquer la valeur des titres des nobles *épiscopaux*.

La lutte fut plus acharnée et plus longue sur le terrain des *arts mécaniques*. Si la noblesse avait des priviléges qui, on le verra tout-à-l'heure, augmen-

(1) *Société d'hist. et d'archéol.*, t. II, p. 206.

taient les charges du tiers-état, par contre ces priviléges n'étaient pas pour elle sans inconvénients. La plupart des nobles, à Saint-Jean, n'étaient pas riches et ne trouvaient pas dans leur fortune personnelle des ressources suffisantes. Ainsi, en 1580, Bon du Pont, qui habitait entre le Pix et la place de la Croix de l'Orme, n'accusait qu'un revenu de 48 florins 4 sous, moins de 200 fr. en valeur actuelle; Boniface des Costes, de la rue Beauregard, n'avait, tant de son chef que de celui de Françoise de Collo sa femme, que 280 florins 4 sous ; et Pierre-Ambroise de La Balme, de la rue d'Arvan, que 121 florins 4 sous.

Or ils ne pouvaient, sans perdre pour eux et pour leurs enfants les priviléges inhérents à la noblesse, chercher un supplément dans des emplois ou des offices salariés, aultres que ceux qui conféraient la noblesse personnelle, comme les charges de la cour, de la magistrature et de l'armée, l'état d'avocat et de médecin, qui n'étaient pas à la portée de tous. L'exercice des autres, comme de notaires, de procureurs, de greffiers, était, aussi bien que le commerce et l'industrie, incompatible avec les priviléges nobiliaires. C'est pour cela que l'on rencontre souvent des membres de familles nobles qualifiés de *maistres;* des des Costes, des de La Balme et autres, rangés avec le tiers-état dans les délibérations des Conseils généraux. Plusieurs essayaient de se soustraire à ces conséquences et de cumuler les profits du notariat et du greffe avec les exemptions de la noblesse : ils obtenaient facilement pour cela des lettres-patentes du duc de Savoie.

Mais le tiers-état n'entendait pas de cette oreille; il tenait aussi à ses priviléges et libertés, et il n'admettait pas que le souverain pût y déroger en faveur de qui que ce fût. De là des procès poursuivis et soutenus avec un acharnement qui n'admettait plus les transactions si ordinaires à cette époque.

Le plus ancien dont nous ayons le dossier est celui qui fut intenté aux frères Guillaume et Michel, fils de noble Georges Truchet, le vice-corrier. Dans une requête, l'avocat des syndics demande à prouver par témoins : « que feu maistre George Truchet auroit en son vivant exercé l'art de notariat, recepvant plusieurs contracts desquels il estoit requis. Et encores auroit exercé autres arts mécaniques, car il auroit tenu à ferme et en accensement les greffes de la judicature commune de Saint-Jehan de Maurienne expediant et signant tous les actes d'ycelle. Esquels actes mécaniques il auroit beaucoup proufficté et se seroit faict riche et opulent, et auroit le dict George continué au dict exercice et art de notariat et de greffier jusque à son decès et trespas. Et sont les dicts deffendeurs enfans et heritiers du dict George Truchet ». L'avocat ajoute que « tant par disposition de droict commung que par commune observance aultre n'a povoir de conceder lettres de noblesse que le seul prince souverain privativement à tous aultres ». La conclusion c'est que « ceulx du nom des Truchet encores de present sont routuriers, plebeyens, cottisables et contribuables avec les autres du tiers-estat, tant ordinaires que extraordinaires, et ce sans difficulté. »

Les frères Truchet demandèrent, à leur tour, une enquête, que René Lyobard, seigneur du Chatellard, président au Sénat de Savoie, juge et conservateur de la gabelle du sel deçà les monts, confia à M⁰ Jean-François Ballin, actuaire au Sénat. Elle eut lieu au mois de juillet 1577, au logis où pendait l'enseigne de la Couronne, tenu par M⁰ Pierre de Beaumont, rue du Mollard-d'Arvan. Les syndics, Jacques Michel dit *de Bello* et Claude Fornier, d'une autre famille que les nobles du même nom, exigèrent préalablement que le commissaire s'adjoignît un praticien de la ville. M⁰ Jacques Filliol ayant été récusé par la partie adverse comme contribuable et par conséquent partie intéressée, ils choisirent M⁰ Claude Verdon, qui fut agréé. On entendit neuf témoins, sous la foi du serment : noble Urbain du Pont, fils de feu Jean-François, âgé de soixante ans et habitant à Sainte-Marie de Cuines ; Jean Viallet et Michel Julliard, de Jarrier, âgés de quatre-vingts ans, *ayant bonne mémoire de soixante ans;* Pierre Truchet, de Saint-Pancrace, âgé de soixante ans ; noble Michel, fils de feu Martin de La Balme de Montvernier, âgé de soixante-dix ans ; noble Louis du Pont, frère aîné d'Urbain, seigneur du Villaret, né et habitant à Saint-Jean de Maurienne, âgé de soixante-six ans ; Blaise Douce, laboureur et messager, natif d'Arves et demeurant à Saint-Pancrace, âgé de soixante ans ; noble Jean-Louis, fils de feu Michel de La Balme, natif de Saint-Michel, âgé de cinquante-deux ans ; et messire Henri Bollier, chanoine de la cathédrale, âgé d'environ soixante-dix ans.

Ils déposèrent : 1° que les évêques avaient toujours été regardés comme princes souverains de Saint-Jean, ayant le droit de grâce et ayant autrefois accordé des lettres de noblesse à qui bon leur semblait ; 2° que Guillaume et Michel Truchet, ainsi que Georges leur père et Claude leur aïeul, avaient toujours passé pour nobles, « issus de race et progénie de noblesse, vivant noblement du revenu de leur bien en leur maison de la rue Beauregard, sans faire aucun train ni trafic mécanique, assistant aux assemblées des gentilshommes du pays, et cottisés avec les autres gentilshommes et non avec les bourgeois et plébéyens. » Seulement Georges avait tenu, pendant quelques années, le greffe de la correrie. « Claude, au rapport de Julliard, faisoit profession d'advocat de son vivant, pour le moins il portoit une robbe longue. »

Urbain du Pont se souvenait que, quarante ans auparavant, l'arrière-ban de la noblesse du pays ayant été convoqué pour aller à la guerre contre les Genevois, Georges Truchet n'avait pu prendre part personnellement à la campagne, mais qu'il avait payé une certaine somme pour envoyer un homme à sa place. A la vérité, ajouta-t-il, le Parlement de Chambéry avait condamné les nobles de Saint-Jean à payer leur part de la taille imposée pour les frais de la guerre d'Italie ; mais il ne l'avait fait que par provision, à cause de l'urgence, et en réservant expressément tous leurs droits. Lui-même avait été ensuite député auprès du roi de France qui, dans une lettre-patente, avait déclaré que son intention n'était pas que les gentilshommes *noblement vivant* fussent imposés, pour les tailles ordinaires et extraordinaires, avec les roturiers, et avait renvoyé au Parlement de Grenoble le jugement du procès. Comme il était parti pour la guerre à son retour de la cour, il ignorait si l'affaire avait eu une solution. Du reste, le tiers-état avait lui-même reconnu la noblesse des frères Truchet; car quatre ans auparavant, Guillaume avait été élu par le Conseil général syndic pour cet ordre et son frère Michel remplissait présentement la même charge.

Le résultat de l'enquête fut la continuation du procès, qui s'étendit aux Rapin, aux du Mollard et aux Ducol ou *de Collo*. Pour en soutenir les frais, le conseil fut obligé, en 1578, de frapper une taille égale à *un quartier et demi du sel,* c'est-à-dire à trois huitièmes du montant de la gabelle du sel. Il y eut une seconde enquête; mais le commissaire, pressé de se rendre en Tarentaise, ne put entendre les parties et leurs témoins aussi longtemps qu'elles l'eussent voulu, en sorte que le Sénat n'y gagna qu'un concert unanime de plaintes et de récriminations.

Certains nobles ne se contentaient pas, ou ne pouvaient se contenter, en fait d'*art mécanique,* d'être notaires et greffiers : en voici un qui fit le marchand de vin en détail; il n'y avait pas de mal à cela, mais il ne fallait pas réclamer les priviléges de la noblesse. C'est Bon des Colonnes. Dans un *playdé,* signé de Montmeilleur, avocat, et présenté par le procureur Humbert Collombet, les syndics du tiers-état se déclarent en mesure de prouver : « 1° que ni Bon des Colonnes, ni Jacques Antoine son père, ni ses autres ancêtres n'ont jamais esté nobles soit par privillége ou autrement ; 2° que tant le dict Jacques Antoine que Loys et George des Colonnes, ses cousins germains, ont estés de leur vivant roturiers, exerçant arts mécaniques ; 3° que le dict deffendeur luy mesme faict estat de revendre du vin à destail, lequel il achepte des aultres, et faict aultres actes mécaniques ; 4° que ni luy ni ses ancestres ne sont inscrits comme nobles dans les registres de la Chambre des comptes ; » 5° qu'ils sont *cottisés et taillés* avec les autres roturiers de la paroisse de Saint-Pancrace, lieu de leur domicile ; 6° que Jean-Antoine, pendant qu'il habitait cette paroisse, y a été élu syndic et qu'il a payé sa part des tailles.

Un autre noble que le tiers-état attaqua avec une animosité particulière, en 1577, c'est le puissant et redouté juge commun, Pierre Rapin. Bien qu'en 1563 il eût envoyé à la Chambre des comptes un état sommaire des fiefs nobles qu'il possédait en Maurienne et reçu du greffier de la Chambre acte du dépôt (1), on n'en contesta pas moins ses droits à la noblesse.

La bourgeoisie avait envoyé pour agent et solliciteur à Chambéry le notaire Jean Bertrand. Le syndic Claude Fornier s'y rendit lui-même dans les premiers jours de décembre 1577, pour consigner la somme exigée par les règlements du Sénat et voir les personnages influents, principalement le sénateur de Lescheraine. Ce procès passionnait véritablement les esprits. Fornier reçut partout de

(1) *Rapin-Thoyras*, par M. DE CAZENOVE, p. XXVI.

bonnes paroles et conçut les meilleures espérances. Cependant, comme il ne fallait rien négliger, il songea aux petits cadeaux et aussi à obtenir une recommandation d'une grande valeur au Sénat, celle de Mgr de Lambert. Bertrand écrivit, le 10 du même mois, au consyndic et aux conseillers une lettre que nos archives ont conservée et dans laquelle on lit :

J'ay entendu du sieur Claude que pouviez avoir lettres de Mgr le Révérendissime Evesque et prince de Maurienne pour la recommandation de vostre bon droict envers messieurs du Sénat, lesquelles ne vous peuvent sinon proufiter grandement pour le sousténement de vostre bon droict, mais fault que soit dans le terme de jeudi matin, aultrement est frustratoire importuner Mgr le Révérendissime..... Si vous semble bon envoier l'un de vous aultres pour nous aider à ce que sera requis avec le dict scindic Claude Fornier, qui ne peult abandonner avant qu'il y ait issue, vous le ferez, sinon y sera satisfaict par nous aultres, toutes choses delaissées, avec esperance qu'en brief vous en aurez à vostre contentement bonnes nouvelles, Dieu aidant, et ne peut estre aultrement, pour le moins l'opinion de tous ceux qui s'emploient est telle. Je vous assure, au reste, qu'il ne faut rien dormir encores que nostre partie ne soit presente, parce que je pense que les diables luy portent les nouvelles de tout ce qu'il veult, veu que le jourd'hier la consignation fust seullement faicte et touttefois il y a ja homme icy exprest pour luy avec ung nombre de bestes.

Fornier ajoute deux postscriptums. Le second est relatif aux lettres à obtenir de Mgr de Lambert, particulièrement pour le sénateur de Passier. Voici le premier : « En oultre, s'il y a moien incontinent faire tenir marmottes ou aultres choses pour donner où sera requis, y fault satisfaire. Pour regard des perdrix, pour argent on en trouve tant qu'on veult en ceste ville. »

La marmotte était plus appréciée des gourmets, même à Chambéry, et plus commune dans les environs de Saint-Jean, qu'elle ne l'est aujourd'hui. Elle figurait avec honneur dans tous les petits cadeaux et dans tous les repas un peu solennels. On trouve, à la date du 19 février 1587, une quittance de huit florins pour trois marmottes achetées par les syndics de Saint-Jean.

Le résultat ne répondit pas aux espérances du tiers-état et à l'activité du syndic Fornier. Par son arrêt du 16 décembre 1577, le Sénat releva Pierre Rapin et sa famille *de toute supposition de roture* et les maintint *ès priviléges de noblesse* (1).

Boniface des Costes avait été attaqué dès l'année 1564 pour exercice d'*art mécanique*. Cette année-là les habitants de Saint-Jean furent obligés de faire la déclaration de leurs propriétés immobilières et de leurs créances, pour la répartition des gabelles ducales et des taxes votées par la commune pour ses besoins particuliers. Ces déclarations furent faites au logis des Trois-Rois, en présence des syndics du tiers-état et de leur conseil, ou de leurs délégués : elles devaient spécifier les mutations de propriété, passibles d'un droit en faveur de la commune. Les nobles étant exempts des gabelles et, en

---

(1) *Rapin-Thoyras*, par M. DE CAZENOVE, p. XXVII.

partie, des taxes communales, l'étaient par là même de faire leur déclaration.

Boniface, étant notaire, fut sommé de faire la sienne. Il s'y refusa jusqu'à ce que ses frères eussent fait les leurs, promettant de payer ensuite autant qu'eux. Il avait obtenu, le 25 avril 1558, du Parlement, l'autorisation d'exercer le notariat sans déroger à la noblesse (1). Le 1ᵉʳ mars 1565, Jean des Costes, son frère, aussi notaire et, de plus, procureur au siège de Saint-Jean et greffier ducal à Saint-Julien, fut appelé devant le corrier, Pierre Rapin, pour fournir la preuve de son exemption de la gabelle du sel. Il répondit que son père n'ayant jamais été imposé avec les gens du tiers-état, il n'entendait pas l'être non plus, à moins qu'il n'y fût condamné par un juge autre que le corrier, dont il ne reconnaissait pas la compétence en cette matière. Rapin, après lui avoir exhibé un acte de délégation du conservateur des gabelles, le sénateur du Chatellard, pour juger toutes les difficultés relatives à la répartition de la taille, lui signifia que, s'il s'obstinait dans ses prétentions, on recourrait aux voies de rigueur pour le forcer à payer conformément à l'édit d'Emmanuel-Philibert.

Tous les nobles qui exerçaient des arts mécaniques se joignirent aux deux frères des Costes et ils résolurent d'attaquer la décision du corrier devant le Sénat. Mais la peste, qui éclata sur ces entrefaites, imposa aux deux parties la trêve de leurs communes terreurs. Après la cessation du fléau, le

(1) Archives royales de Turin.

tiers-état porta lui-même devant le Sénat la question des priviléges des nobles, et spécialement de ceux qui exerçaient des arts mécaniques.

Le procès, dont nous avons vu déjà quelques incidents, ne fut pas poussé bien activement, pour plusieurs motifs, dont les principaux étaient : le changement des syndics chaque année, ce qui ne leur permettait pas de s'occuper avec suite des affaires de la ville ; et le manque d'argent. La caisse du tiers-état était toujours vide, à cause des dettes dont il était obéré, de la difficulté de faire payer les tailles communales à tant de familles ruinées par la peste, les passages de troupes et les mauvaises récoltes qui se succédaient presque sans interruption, et de la répugnance des syndics à faire des avances dont le remboursement était, comme on l'a vu, si difficile à obtenir lors du règlement de leurs comptes. Le Conseil général renouvelait chaque année aux syndics, après leur élection, l'invitation de presser la conclusion du procès contre les prétendus nobles ; les syndics écrivaient à l'avocat et au procureur à Chambéry, ou y envoyaient un délégué ; l'avocat et le procureur demandaient de l'argent, et les choses en restaient là.

Le principal argument de la noblesse était tiré d'une transaction faite entre les deux ordres en 1559 et où ses droits étaient implicitement reconnus, disait-elle ; la bourgeoisie le niait, ajoutant que, d'ailleurs, les édits d'Emmanuel-Philibert avaient trop considérablement modifié, soit l'assiette de la gabelle, soit la situation respective des deux ordres relativement au paiement de l'impôt, pour que, en toute hypothèse, cette transaction pût encore être invoquée.

En attendant, la bourgeoisie tenait ses assemblées ou conseils généraux sans la noblesse qui, n'y étant pas expressément convoquée, ne s'y rendait pas et protestait contre les délibérations prises en son absence.

Un incident, consigné dans les minutes du notaire Marquet (1), fait voir à quel point, de part et d'autre, les esprits étaient montés.

Le 13 novembre 1577 arrivèrent les fourriers d'un corps de cavalerie espagnole se rendant en Flandre. Plusieurs furent envoyés à Claude du Pont, seigneur de Montarlot, qui refusa de loger. Aussitôt Claude Fornier, marchand et l'un des syndics du tiers-état, se rendit chez lui, accompagné de quatre de ses conseillers.

« Pourquoi, lui dit-il, refusez-vous de loger les militaires et les chevaux que l'on vous envoie ?

— Parce que la cavalerie qui arrive pendant ces huit jours n'atteint pas, pour chaque jour, le chiffre de trois cents chevaux et que par conséquent je ne suis pas tenu de loger. Je suis gentilhomme des ordonnances de Savoie, sous le commandement de monseigneur le comte de La Chambre, et prêt à me rendre partout où Son Alesse m'enverra, comme l'ont fait mon père et tous mes parents.

— Puisque, reprit le syndic, vous vous *baptisez* vous-même gentilhomme et soldat, vous ne devez pas être exempt de loger des gentilshommes, des

(1) Ce volume appartient aux archives du Chapitre.

capitaines, des enseignes, qui sont au moins de votre rang. Il n'y a guère dans cette ville de maison aussi vaste et aussi bien garnie que la vôtre. Quant aux services de guerre, on ignore ceux que vous, votre père et vos ancêtres, avez rendus à Son Altesse. Il est vrai que vous avez servi dans les ordonnances du roi de France pendant qu'il occupait les États de notre prince. Vous ne devez donc pas refuser de loger les hommes et les chevaux qui vont défendre la foi et le trône du roi de France. Une partie des meilleures maisons de la ville appartient à la noblesse, qui ne paie ni nos impôts ni nos gabelles. Une autre partie appartient au clergé; mais lui nous aide d'une autre manière à supporter les charges publiques. Quand il nous sera prouvé que Son Altesse vous dispense de loger, nous obéirons.

— Quoi ! s'écria Claude du Pont, vous niez notre qualité de gentilshommes ! Nous prenez-vous pour des praticiens ? C'est mon père qui a servi le roi de France, et il y a été contraint. Ni lui, ni Urbain mon oncle, ni moi, nous n'avons cessé d'être hommes d'armes. Je suis lieutenant dans la compagnie de monsieur de La Chambre. »

On s'emporta, on en vint aux gros mots et l'on finit par mander le notaire Marquet et des témoins, pour dresser procès-verbal de la querelle et rédiger les protestations, du seigneur de Montarlot contre la violence qu'on lui faisait, du syndic contre les prétentions non justifiées de la noblesse. Mais Claude du Pont dut loger les gentilshommes et les chevaux du roi d'Espagne.

En 1581, M%gr% de Lambert, affligé d'une division qui durait depuis si longtemps et qui nuisait si fort aux intérêts de la ville, engagea la noblesse et la bourgeoisie à tenter un accommodement, s'offrant à servir d'intermédiaire et d'arbitre. Mais comment accorder des plaideurs dont les uns ne veulent rien accorder et les autres rien céder ? Voici la délibération que prit le tiers-état, le 14 juillet 1581, en réponse aux conseils de paix de l'évêque :

Les scindics remonstrent avoir esté comminés par M%gr% le Reverennissime evesque et prince de Maurienne de transiger avec l'estat de noblesse de la presente cité sur certaine pretendue confirmation de transaction ja entre le dict estat de noblesse et estat de bourgeoisie faicte du temps de l'heureuse restitution aux estats de Son Altesse, pretendant le dict estat de noblesse soy reunir et confederer avec le dict estat de bourgeoisie, demandant par ce qu'au dict estat de bourgeoisie ne soyt loisible aucunement soy assembler, moins deliberer d'aulcune chose concernant le faict de politique sans l'assistance et deliberation du dict estat de noblesse, et qu'a faulte de passer le dict expedient ausdicts de noblesse, ils ont protesté contre la dicte bourgeoisie icelle tirer en proces pour ce esgard. Par quoy les dicts Delacombe et Ducrest scindics auroyent requis au dict seigneur reverendissime terme de huict jours pour respondre au faict espedient susdict ainsy que sera d'advys.

A esté desliberé et resolu par l'assemblée susdicte que de transiger avec l'estat de noblesse il n'y a lieu, d'aultant que si bien ils demandent confirmation de certaine transaction aultrefoys faicte, qu'elle a esté faicte en tel temps auquel les choses n'estoyent pas en tel estat qu'elles sont de present et que lors il n'importoit rien d'accorder la qualité de noble à ceux qui la se voulloyent usurper sans droict ny tiltre qu'ils en eussent, et que maintenant la chose estant venue à aultre estat et consideration, ils ont pensé plus profondément quels seront ceulx qui debvront jouir du dict previlége de noblesse, afin que ne soyt faict prejudice au menu peuple, et d'aultant qu'ils entendent y avoir bien petit nombre et voire si petit qu'ils ne le sauroyent declairer qu'ils soyent hyssus d'ancienne race de noblesse, et si bien y en avoit quelcung que ne se trouve avoyr esté descheu par actes mecaniques faicts et exercés publicquement, par le moyen desquels en suyvant les esdicts de Son Altesse, tous ceux qui ne se trouveront nés d'ancienne race de noblesse et en telle qualité inscripts en la Chambre des comptes ou autrement estre descheus eux ou leurs predecesseurs contribueront pour le faict des gabelles du sel et vin, ce néantmoings tous ceux qui ont usurpé le dict tiltre et qui notoirement savent qu'ils n'ont ce previlége n'ont onques voullu contribuer ès dictes charges sinon par contraincte, et venants à ce extrême, n'aiants autre tiltre plus vallable, se sont voulus ayder de la pretendue transaction par laquelle ne pensent à ce que despuis est advenu ny au prejudice que par ce moyen estoit faict au public lorsqu'ils les accordèrent nobles, et despuis ils s'en sont voulus ayder au prejudice du dict tiers-estat lequel de tout en supporte le faict et à ce qu'ils pensent contre l'intention et vouloir de Son Altesse.

Qu'il soyt ainsy il est plus que notoire que lors de l'imposition de la gabelle du sel, icelle charge estoit personnelle, en despuys elle a esté convertie en ordinaire et sur les biens ruraux du tiers-estat, de laquelle par le bon playsir de Son Altesse, ainsy qu'on leur a faict entendre, a esté rabattu pour les testes des deux estats, lesquels à cest heure se exemptent du payement du dict charge, et toutteffoys combien que la detraction soyt faicte comme ils pretendent pour l'esgard de leurs testes, elle n'est pas faicte selon la faculté de leurs biens, comme de mesmes il n'est pas faict pour l'esgard de la gabelle du vin, car par les mesmes édicts commuant telle imposition en taille ordinaire, il a seullement esté distraict en toute la Maurienne pour les testes des exemptés la somme de trente escus ou environ, si bien leur souvient, pour chescune année et iceulx du tiers-estat soubtiennent estre veritable que les dicts exemptés ou qui se pretendent exemptés tiennent et possèdent outre les deux parts de troys des biens et possessions situées rière la presente cité, le terroir de laquelle est de si petite contenance que chescung scait, et sont iceulx du tiers-estat chargés pour l'oppulence des exemptés et pauvreté, et de quoy en temps et lieu et ayants moyen de ce faire ils pretendent en faire quelque remonstrance.

Et au surplus de ne faire aucune assemblée que ne soient appelés ceulx qui se pretendent nobles, ils font responce que pour esgard de faict qui ne les concernera, ils ne pretendent les appeller en leurs deliberations pour les contrarietés que leur ont esté bailliées de leur part par cy devant et lesquelles ils doubtent encoures par cy après, et pour l'esgard des autres qui concerneront tout le public, les assemblées sont faictes communément au son de la cloche qui appelle les ungs et les autres, et ausquelles si bon leur semble s'y trouveront, et autrement disent qu'ils ne sont tenus les appeler, protestant encoures de deffendre plus amplement à leurs conclusions et requisitions. Neantmoins sur tout ce qu'ils ont cy devant opiné et resolu ils ont reservé le bon playsir de Son Altesse.

Il ressort de cette délibération que la cause de tous ces démêlés venait de l'assiette de l'impôt de la gabelle. Pendant qu'il fut réparti par têtes de citoyens, l'exemption accordée aux nobles n'amena aucune surcharge pour les bourgeois et peu importa à ceux-ci le nombre des privilégiés et la valeur de leurs titres. Mais quand la somme imposée à la commune fut mise sur le sol, les privilégiés en possédant plus que les simples manants et l'exonération se faisant toujours par têtes, les bourgeois furent frappés d'une augmentation de tailles et l'on conçoit qu'ils eurent intérêt à diminuer le plus possible le nombre des nobles ; comment n'auraient-ils pas usé, et même abusé, de l'argument des *arts mécaniques ?*

Le tiers-état avait donc raison au fond, mais il avait tort en deux choses : premièrement en exigeant que la noblesse renonçat d'elle-même au bénéfice des édits, c'est-à-dire de la loi ; secondement en s'adressant à la justice qui ne pouvait juger que conformément aux édits, au lieu de s'adresser au duc de Savoie, qui eût pu faire tout de suite ce qu'il fit plus tard.

Le 29 septembre de la même année 1581, il se tint une assemblée générale des trois ordres. Le clergé était représenté par le vicaire général, de La Crose, et le chanoine Chaboud ; la noblesse, par Jean d'Avrieux son syndic, Bonamé Cueur, Jacques Ducol, Pierre des Costes, Amé du Mollard et Claude de Montarlot ; le tiers-état, par les deux syndics et soixante-six bourgeois. Après que l'on eût, suivant l'usage, fixé les bans des vendanges, les syndics du tiers-état demandèrent si l'on voulait soutenir le procès intenté par Jean d'Avrieux, *se disant syndic de la noblesse,* au sujet des boucheries et du repas de la confrérie du Saint-Esprit, sur quoi l'on avait pris des délibérations sans l'assistance de la noblesse. Pour en finir, le syndic Delacombe proposa que chacun des deux ordres prît sa part des avoirs et des charges de la ville, afin qu'il n'y eût plus rien de commun entre eux et que l'on vécût en paix. Mais le syndic de la noblesse rejeta cette proposition et déclara que son ordre s'en tenait purement et simplement à la transaction de 1559.

Cependant, pour les raisons que nous avons dites, les deux procès ne sortirent guère des délirations des deux ordres. Un édit du 27 mars 1584 (1), en faisant droit dans une certaine mesure aux réclamations du tiers-état, amena la paix ou au moins une trêve. Le 24 juillet de cette année, il y eut dans la maison de la confrérie un Conseil général pour l'élection des syndics et des conseillers du tiers-état. Les trois ordres y assistèrent : le clergé, représenté par le vicaire général ; la noblesse, par sept de ses membres, parmi lesquels le corrier, Jean Amé du Mollard, syndic de l'ordre, et François Fay, docteur en droit ; le tiers-état, par quatre-vingt-trois bourgeois. Ainsi la bourgeoisie ne prétendait plus exclure la noblesse des assemblées où se traitaient ses affaires particulières.

Boniface des Costes faillit rallumer la guerre en 1588. Dans un conseil général du 24 juillet, les syndics firent connaître que Boniface avait obtenu du duc Charles-Emmanuel des lettres « tendant à réabilitation de *mécanization* avec pouvoir d'exercer

(1) *Compilation des anciens édits...*, p. 318.

l'art de notariat et patrociner sans rien payer au tiers-état, » c'est-à-dire sans perdre le privilége d'exemption de la gabelle et sans payer la compensation prescrite par l'édit de 1584. On décida, presque à l'unanimité, que l'on s'opposerait à ce qu'il exerçât le notariat et à ce que les lettres ducales fussent enterinées, à moins qu'il ne payât « somme d'argent considerable, telle que le revenu d'ycelle estant mise en cense puisse équivalloir les tailles tant ordinaires qu'extraordinaires et autres charges que le dict pourroit payer chescune année... et où plairoit à Son Altesse accroistre les tailles par quelque occasion, que le dict des Costes sera tenu d'accroistre la somme qu'il baillera. » La suite de cette affaire n'est pas indiquée dans les registres de la ville.

Le nœud principal du procès entre le tiers-état et une partie de la noblesse avait été tranché par l'édit que nous avons mentionné. Il avait obligé les *nouveaux anoblis,* c'est-à-dire ceux qui avaient été anoblis depuis l'imposition des gabelles, à payer les tailles ordinaires pendant cinquante ans, laps de temps jugé suffisant pour que leur cote ne retombât pas sur le tiers-état, « d'autant, dit Charles-Emmanuel dans un autre édit du 19 décembre 1626, par lequel il rétablit les prescriptions de 1584, qui avaient été modifiées par un édit de l'année 1610 (1), que la loy et condition des choses humaines nous fait voir dans le décours de cinquante années les familles éteintes ou passées en quenouille, ou les biens aliénés et revenus en

---

(1) *Compilation des anciens édits...*, p. 78.

mains roturières. » Il déclare que son intention a toujours été que les nouveaux anoblis, affranchis et exemptés de toutes tailles, mêmes ordinaires, dédommagent les peuples lors de leur anoblissement, et il ajoute que ce qui l'a déterminé à prendre cette mesure, c'est « la considération sur les inconvéniens qui pourroient arriver par la multitude des concessions de nouvelles noblesses, que l'importunité des poursuivans et de leurs protecteurs et adhérants avoit dans la nécessité des occasions passées extorqué de sa bonté et inclination naturelle de gratifier ceux qui recourent à ses graces. »

Les nobles *épiscopaux* furent obligés de faire vérifier leurs titres à la Chambre des comptes, et soumis aux mêmes conditions que les nobles *ducaux*, en fait d'exemption de tailles ducales. La question de l'exercice des *arts mécaniques* était, pour la plupart des nobles de Saint-Jean, réglée implicitement par l'édit de 1584 et, pour les autres, par le droit commun et par la coutume. Le tiers-état n'avait plus à craindre que les lettres de faveur qui avaient été, ou qui pouvaient être à l'avenir, *extorquées de la bonté et inclination naturelle* du prince. Mais le Sénat et la Chambre des comptes firent bonne garde et, par leurs refus d'enterinement, prirent la défense du peuple contre les intrigues des favoris et des courtisans.

Cependant quelques nobles essayèrent encore de lutter contre les conséquences de l'édit de 1584, en s'appuyant sur la transaction de 1559. Nous trouvons, en effet, une requête adressée au Sénat par le tiers-état et signée par l'avocat F. de Buttet, de

Chambéry. Cette pièce, qui doit être d'une date peu postérieure à celle de l'édit, éclaircit deux points intéressants : l'objet de la transaction de 1559 entre la noblesse et le tiers-état, et les motifs qui firent admettre les docteurs en droit et en médecine dans l'ordre de la noblesse, sans leur donner toutefois les privilèges et exemptions de celle-ci. Elle ne porte pas de date et n'indique pas la nature précise du procès. On y voit seulement que les nobles avaient obtenu gain de cause devant un des juges de Saint-Jean et que, le tiers-état ayant interjeté appel au Sénat, ils alléguaient la transaction du 29 novembre 1559 et l'inexécution de l'édit de 1584.

L'avocat examine ces deux moyens. Par rapport à la transaction, il dit que son seul objet a été de régler le nombre et l'élection des syndics des deux ordres; que, si les avocats et autres docteurs ont été mis au rang des gentilshommes, ç'a été parce que la coutume s'opposait à ce qu'ils eussent un syndic particulier et que *c'eut esté trop mepriser leur qualité de docteur qui doibt leur apporter quelque avantage et prerogative que de les rediger et mettre avec le tiers-estat;* que la transaction ne stipule aucune exemption, aucun privilège en leur faveur; qu'en fait ils ont toujours payé leur part des tailles du tiers-état; qu'en ce qui concerne les nobles, la transaction ne reconnaît aucune de leurs prétentions et que, d'ailleurs, l'édit de 1584 a dérogé à toutes les dispositions contraires aux décisions souveraines qu'il contient, précisément sur le point en litige. Cet édit est observé dans la plupart des provinces du ressort du Sénat, qui vient de l'enregistrer et de le faire publier partout, et qui, par conséquent, ne peut prononcer un jugement en opposition avec une loi dont il a reconnu la justice et la légalité.

Nous n'avons pas l'arrêt du Sénat ; mais comme il n'est plus parlé de procès entre la noblesse et la bourgeoisie touchant la gabelle, il est à présumer qu'il réduisit à néant les prétentions de la noblesse de date récente ou exerçant des arts mécaniques. Un édit du 25 février 1602 soumit toutes les discussions de ce genre au jugement de la Chambre des comptes (1). A cette date, un nouveau procès avait déjà commencé, à Saint-Jean, au sujet de la participation de la noblesse aux charges communales et aux frais de l'étape, mais nous n'avons point à nous en occuper.

Ces procès entre les nobles de date récente, ou obligés de chercher des ressources dans l'exercice des arts mécaniques, et le tiers-état, avaient jeté au sein de la noblesse des ferments de jalousie et de division, dont nous trouvons la preuve dans un projet de délibération de l'assemblée de la noblesse du 23 février 1582 (2). On s'y plaint que « la désunion et peu d'accord ou amitié et respect qu'est survenue et dès longtemps entretenue entre les gentilshommes est cause que la noblesse perd ses priviléges et desmeure mesprisée et en mespris sans aulcung respect envers les aultres. » C'est

---

(1) *Compilation des anciens édits...*, p. 65.
(2) Papiers de la famille des Costes, communiqués par M. F. Truchet.

pourquoi l'on demande que, par une délibération solennelle, les membres de l'ordre s'obligent à reprendre l'amitié et le respect mutuel qui les unissaient autrefois et à soumettre leurs différends présents et futurs au jugement du syndic et de l'assemblée.

On propose, en outre, de délibérer : 1° de faire des remontrances à l'évêque sur la conduite de ses officiers et commissaires qui usurpent les investitures et inféodations appartenant à la noblesse, et refusent de lui communiquer leurs registres selon la coutume ; 2° d'arrêter que, dans le cas où Mgr de Lambert ne ferait pas droit à ces réclamations, et où par conséquent on serait obligé de s'adresser à la justice, tous les nobles s'engageraient par écrit à contribuer aux frais du procès ; 3° de rechercher tous les titres concernant les droits de la noblesse et de les réunir dans un coffre dont Jean Amé du Mollard a fait don. Enfin le syndic demande que, quand il sera nécessaire qu'il aille faire des remontrances à l'évêque, les nobles qu'il invitera à l'accompagner se rendent à son appel, *sans excuse faire de maladie;* et que de même tous se joignent à lui *en bon équipage en touttes venues à faire au prince ou aultres seigneurs comme conviendra.*

Cette pièce est signée par Jean Amé du Mollard, syndic ; Claude du Pont, élu dans cette séance capitaine de la ville, en remplacement de Louis du Pont, décédé ; Georges Sauvage, conseiller ; Bon-Amé Cueur, conseiller ; Pierre de La Balme ; Pierre des Costes ; Jacques de Collo ; Gabriel de Lathoud ; Guillaume des Costes ; Pierre Salière d'Arves, conseiller ; Henri Varnier ; Michel Truchet ; Balthazard Baptendier ; François Fay, avocat ; don Jules des Costes ; Antoine des Costes, et Urbain du Pont.

Il est à présumer que Mgr de Lambert réussit à apaiser la noblesse ; car il n'existe aucune trace du procès dont il était menacé, au sujet des empiètements de ses officiers. Quant à la paix et amitié respectueuse entre tous les membres du second ordre de la cité, nous ignorons si les efforts de Jean Amé du Mollard obtinrent tout le succès désiré.

Nous avons vu que le clergé et la noblesse ne contestèrent jamais leur obligation de contribuer aux tailles pour les dépenses strictement communales. Il y eut cependant quelques difficultés en 1596, au sujet des frais de réparations aux fontaines ; mais elles ne portaient que sur la question de savoir si trois nobles qui avaient assisté au Conseil général et consenti à cette contribution, avaient eu mandat de l'ordre. Naturellement, comme le tiers-état n'entendait pas payer le tout, en attendant que les nobles pussent s'arranger, on plaida et ceux-ci durent s'exécuter.

Les pièces de ce procès nous apprennent que la noblesse possédait le quart du territoire de la ville et payait par conséquent le quart des contributions communales. Nous avons entendu le tiers-état affirmer que les propriétés des deux ordres privilégiés comprenaient les deux tiers de ce territoire. Si cette assertion était exacte, le clergé aurait été propriétaire des cinq douzièmes. Mais le registre des déclarations de 1581 pour la gabelle, démontre jusqu'à l'évidence que le tiers-état exagérait considérablement la richesse immobilière du clergé, celle de la noblesse étant déterminée par sa part dans les dépenses communales; peut-être englobait-il dans les propriétés du clergé toutes celles sur lesquelles il avait un droit de dîme ou une redevance quelconque. Il n'était pas plus exact, d'après le même registre, quand il disait que *la pluspart des maisons de la ville étaient des chanoines.*

Rien de tel que les procès pour fausser la vue en deux sens opposés tout à la fois.

CHAPITRE XII

Les aides, la gabelle et le don gratuit.

Ceux qui demandent la transformation complète de notre système d'impôts et la création d'un impôt unique, l'impôt sur le revenu, songent-ils bien que ce qu'ils réclament serait tout simplement le retour au système du moyen-âge? Nous ne disons pas qu'ils aient raison, ni qu'ils aient absolument tort; ce n'est pas notre affaire. Nous disons seulement qu'il y a là un fait remarquable. Nos violentes et continuelles agitations ressemblent beaucoup aux mouvements convulsifs d'un homme dont les membres seraient déboités et peut-être, au fond du tohu-bohu des systèmes de réforme, au fond des revendications communardes, ouvrières et autres, y a-t-il quelques parcelles de vérités fondamentales, dont le rejet par la révolution de 1789 a produit dans le corps social une véritable dislocation, que les opérations révolutionnaires et les cataplasmes législatifs sont impuissants à guérir, tant que les membres n'auront pas été remis en leur place.

Rentrons vite dans notre petit cadre. Les impôts ordinaires, payés au duc de Savoye, portaient, dans la première moitié du XVIe siècle, le nom d'*aydes* : c'était l'aide ou le supplément que le peuple ajoutait aux revenus du prince, pour qu'il pût subvenir aux dépenses du gouvernement de l'État.

Nos archives, dépouillées en 1537, ne fournissent aucuns renseignements sur l'assiette de cet impôt à Saint-Jean de Maurienne.

Dans la seconde moitié du même siècle, il fut remplacé par la *gabelle* et la *commutation du sel*.

La gabelle frappait : 1° le produit de la terre ; 2° le revenu locatif présumé des bâtiments ; 3° l'intérêt des créances. Mais les commissaires chargés de le répartir devaient déduire du revenu brut les frais de culture et l'intérêt des dettes, évalué souvent au six pour cent. Ils devaient, en outre, tenir compte des causes qui pouvaient mettre la propriété en péril ou diminuer sa production, comme le voisinage des torrents ou des chemins publics ; et même du nombre de personnes qui vivaient de ce revenu, afin que, selon une expression consacrée, *le fort portât le faible*.

L'impôt n'atteignait pas les autres sources de revenu : le commerce, l'industrie, le produit du bétail, les gains provenant des arts mécaniques ou des professions libérales. Le mobilier, étant improductif, n'avait rien à payer.

C'était véritablement, on le voit, un impôt sur le revenu, ou plutôt sur une partie du revenu, celle qui n'est pas le produit du travail de l'homme. Il ne pesait même sur ce revenu qu'indirectement et comme base d'évaluation ; car, au fond et directement, il ne frappait que la consommation du sel, et c'est pourquoi on l'appelait *gabelle du sel*. Cette expression désignait tout à la fois le monopole de la vente du sel réservé à l'Etat, la défense d'employer un autre sel que celui de ses magasins, vendu par l'adjudicataire ou *fermier de la gabelle,* et l'impôt que supportaient les sujets pour user du droit de l'acheter. C'était plus qu'un droit; c'était un devoir; et l'évaluation du revenu servait à déterminer la quantité que chacun en devait prendre, bien entendu au prix fixé par les édits, en sus de l'impôt de la gabelle.

Ce monopole et cet impôt furent établis par Emmanuel Philibert peu après qu'il fût rentré en possession de ses États, en remplacement de toutes les anciennes impositions que ce prince supprima. L'édit du 17 janvier 1561, portant nomination d'un juge conservateur de la gabelle, déclare formellement que cet impôt a été accordé par les communes. « Comme pour le repos, sureté et tranquillité de nos sujets, tuition et deffenses de nos pays et conservation de nostre Estat, y est-il dit, nous ayons dressé et erigé plusieurs grands et divers estats, tant pour le fait de gens d'armerie qu'exercice de la justice, avec établissement de grands gages, le tout à nos frais et charges, considerans nosdicts sujets l'exemption et immunité que nous leur avons octroyés des dictes charges et de toutes aides, tailles et subsides, nous ayant liberalement accordé la gabelle du sel, laquelle depuis nous avons baillé à ferme sous les paches, conditions et conventions portées par le bail sur ce fait..... »

La gabelle fut d'abord répartie sur les sujets à tant par tête; le clergé et la noblesse en furent exempts. Mais ce mode n'était pas équitable, parce qu'il fallait ou que l'impôt frappât le pauvre à l'égal du riche, ou que la répartition fût livrée à l'arbitraire de ceux qui étaient chargés de la faire. Emmanuel-Philibert, voulant lui donner une base plus juste, ne tarda pas à le mettre, comme nous l'avons vu, sur le revenu net des propriétés foncières du tiers-état.

En 1567, il établit encore sur la vente du vin en détail un impôt qui fut appelé *gabelle du vin*. Comme il retombait sur l'acheteur et, en conséquence, particulièrement sur les pauvres, il souleva partout de vives réclamations. Aussi, par un édit du 7 décembre 1575, ce prince le supprima, ou plutôt augmenta de sa valeur, la gabelle du sel, qui reçut depuis le nom de *gabelle et commutation du sel*. Un rôle, dressé à Turin, fixait la somme due par chaque commune de la Savoie, qui ensuite percevait elle-même, comme elle pouvait, la part revenant à chaque contribuable, d'après un état ou cadastre fait par une commission spéciale, proportionnellement au revenu. Dans l'édit que nous venons de citer, le duc reconnaît que jusque-là de nombreuses fraudes ont été commises dans la répartition et la perception de la gabelle, et que celle du vin surtout a été pour le peuple une source de vexations continuelles, « tant à faire des déclarations et enregistrement, retirer leurs billets, ouvrir et montrer leurs caves et selliers, mesurer et échantiller ce qu'est dans leurs vaisseaux, aller et venir de mois en mois pour faire compte et payement du droit de gabelle. »

De nombreux abus furent, en effet, constatés : des châtelains, des curiaux (1), des fermiers des revenus publics, des commissaires chargés de recevoir les déclarations des contribuables et de dresser les rôles, des praticiens qui n'avaient aucun titre de noblesse, des nobles déchus de leurs priviléges par l'exercice d'un *art mécanique,* s'exemptaient ou se faisaient exempter de la gabelle, qui retombait ainsi de plus en plus lourde sur le tiers-état, « leurs voisins et communiers ne les osant contraindre, craignant le mauvais traitement qu'au dit cas ils pourroient recevoir d'eux, ou bien d'estre constitués en grande dépense par longueur de procès. » Ce sont les termes d'un édit du 24 janvier 1576 qui, pour remédier à ces abus, prescrivit « à iceux syndics, procureurs et conseillers qu'ils aient..... à apporter ou mander à la Chambre des comptes de là les Monts un roole au vray de tous ceux qui entre eux sont tenus pour exempts et non contribuables ausdictes aides, duquel roole seront par la Chambre des comptes extraicts et détirés tant seulement ceux qui sont vraiment nobles de race ou par privilége et pour tels tenus et annotés en icelle Chambre, demeurant les autres..... réellement cottisables pour leur cotte et ratte. » Les conservateurs de la gabelle et leurs lieutenants étaient chargés de la *vidange* des procès qui pourraient survenir (2).

(1) Secrétaire des châtelains.
(2) On peut voir ces édits dans la *Compilation des anciens édits des princes de la royale Maison de Savoie,* par noble Alexandre JOLY. — Chambéry, 1676, Étienne Riondet, imprimeur et libraire.

Les nobles par privilège étaient ceux qui, descendant de roturiers, avaient obtenu depuis peu de temps des patentes de noblesse.

Ces édits témoignaient de la sollicitude du souverain; mais ils ne supprimaient pas les inconvénients des privilèges en eux-mêmes, quelque compensés qu'ils fussent par les charges spéciales des privilégiés; et ils ne pouvaient empêcher, ni ceux dont le droit était contestable de chercher par tous les moyens à les retenir, ni le tiers-état de travailler, avec une égale ardeur, à diminuer le plus qu'il pouvait la surcharge de tailles que les privilèges entraînaient pour lui. Nous avons vu les interminables procès auxquels donnèrent lieu ces immunités et les abus qu'elles engendrèrent.

Le lecteur désire peut-être savoir à combien s'élevait l'impôt de la gabelle. Nous pouvons le satisfaire. On se souvient que la répartition entre les communes était faite à Turin, d'après l'étendue approximative du territoire productif de chacune et la quantité présumée de son produit. Il est évident que, la péréquation n'existant pas, la justice distributive entre les communes ne pouvait pas être exactement observée.

Un premier registre ou *cadastre* fut fait en 1564; ce registre est perdu. Les contribuables, les *cottisables*, comme l'on disait alors, avaient-ils eu dans leurs déclarations une conscience trop élastique et leurs déclarations avaient-elles été admises sans un contrôle sérieux? Nous ne savons. Toujours est-il que chacun se plaignit, trouvant qu'il était trop chargé, et son voisin pas assez. Les choses allèrent au point que le Conseil général de la ville, par une délibération du 13 février 1579, chargea les syndics, Pierre Delacombe et Mermet Ducrest, d'adresser une requête au président du Chatellard, juge et conservateur des gabelles, pour demander que tous les cotisables fussent contraints de faire de nouvelles déclarations de leurs revenus devant le secrétaire de la politique, maître Jean-Jacques Magistri, notaire, assisté de quelques notables désignés par le Conseil général, « pour obvier, disent les syndics, aux doléances journellement faictes par les habitans contribuables au dict lieu aux cottizations d'icelles gabelles, à faulte d'avoyr déclayré au vray les facultés de leurs biens comme maysons, prés, terres, vignes et aultres revenus annuels, pour sur ycelles declarations en apprès fust procedé esgallement ausdictes cottizations et despartement, en telle sorte que personne des dits cottizables n'eust occasion soy doulloyr comme pauvres mesnagiers chargés de famille, pour lesquels plusieurs bien aysés debvroyent pourter partie de leur cottization, encoures qu'ils fussent esgaulx en facultés, par ainsy le fort pourteroyt le foible. »

Le décret de René Lyobard, seigneur du Chatellard, ayant été rendu le 1er décembre de la même année, — on voit qu'en ce temps-là les affaires administratives ne marchaient pas avec une vitesse désordonnée, — après due publication faite, à la messe paroissiale par ordre du vicaire général François de La Crose, et dans les carrefours de la ville par ordre du juge corrier Georges de Jorcin, le Conseil général s'assembla, le 2 février 1580, dans la maison de la Confrérie, en présence du vicaire général, du corrier, de Me Claude Guitard, docteur en droit, substitut du procureur fiscal de Son Altesse, et de Pétremaud Bertrand, procureur fiscal de l'évêque. Jean d'Avrieux, docteur en droit et syndic de la noblesse, s'y rendit aussi, pour veiller à ce qu'il ne se fît rien de contraire aux droits de son ordre.

On élut deux *prud'hommes et experts* dans chacun des quatre quartiers de la ville. On alloua à chacun d'eux dix sous par jour de vacation et on leur donna mission de faire assigner, par le sergent épiscopal, Martin Long, les cotisables à comparaître devant eux et le secrétaire de la politique, et ensuite de faire eux-mêmes, selon leur connaissance et conscience, la déclaration de ceux qui ne se présenteraient pas. Ils prêtèrent serment de bien et fidèlement remplir leur charge, sans partialité ni acception de personnes.

Les déclarants sont au nombre de quatre cent deux, cinquante sont qualifiés de *maistres,* parmi lesquels il y a les deux procureurs fiscaux, trois procureurs et douze notaires; la profession des autres n'est pas indiquée. Il y a aussi trois nobles : Boniface des Costes, Bon du Pont et Pierre-Ambroise de La Balme, parce qu'exerçant des *arts mécaniques,* ils ont craint de subir des poursuites; mais ils font toutes réserves de leurs droits et privilèges de noblesse.

Ce *cathastre* forme deux cent quatre-vingt-dix-sept feuillets. A la fin, une requête adressée au corrier par la veuve de Jean-Jacques Magistri, le 18 septembre 1581, fait connaitre que son mari est mort avant d'avoir pu le signer, en sorte que les syndics n'ont pas encore payé la somme qui lui est due. M⁰ Jean-Michel Gussoud, notaire et moderne secrétaire de la politique, reçoit la charge de terminer ce travail.

La commission indique les règles qu'elle a suivies dans l'évaluation des revenus et la répartition de l'impôt. Pour les créances, elle a tenu compte des chances de perte; pour les prés, terres et vignes, de leur situation, de la fertilité du sol, des pertes pouvant résulter du voisinage des chemins ou des torrents; pour les maisons, de leur situation, celles du centre de la ville représentant un revenu plus considérable, parce que là « le traffit et commerce de marchandise plus communément se déduict et fréquente. » Le revenu ainsi déterminé a été censé représenter le cinq pour cent du capital. Pour cent florins de revenu, on a inscrit au cadastre cent sous, soit un sou par florin, et c'est sur cette base que l'on a fait la répartition de la taille. N'oublions pas qu'il s'agit du revenu net et que toutes les dettes justifiées ont été déduites.

Une note écrite au sommet du dernier feuillet dit qu'en 1580, les contribuables ont payé trois deniers et trois quarts de deniers par florin de revenu inscrit ou d'*extime,* ce qui fait un peu moins d'un trente-huitième du revenu.

Ajoutons encore quelques détails. Le blé des terres situées hors du territoire de la ville, a été supposé d'une qualité un peu inférieure et la commission a tenu compte des frais de transport. Le froment de Saint-Jean a été estimé neuf gros (sous) la quarte ; le seigle de Saint-Jean, six gros ; celui des autres communes, cinq gros ; l'orge de Saint-Jean, quatre gros ; celui des autres communes, trois gros et demi; l'avoine de Saint-Jean, dix quarts ou deux sous et demi ; celle des autres communes, au même prix. Il paraît que les communes des environs de Saint-Jean ne cultivaient pas le froment, puisque l'on n'en a pas donné la valeur.

Les revenus déclarés par les bourgeois de Saint-Jean et contrôlés par les commissaires, se décomposent ainsi :

Immeubles et créances sur le territoire de la ville..................	34,667 fl. 1 s. 8 d.
Immeubles et créances en d'autres communes de la Maurienne, principalement à Fontcouverte, Jarrier, Saint-Pancrace, Pontamafrey, Hermillon, Saint-Julien, Villargondran et dans les deux Albiez.	11,302 fl. 7 s. 3 d.
Immeubles et créances hors de la Maurienne........................	299 fl. 5 d. 4 d.
Total.....	46,269 fl. 2 s. 3 d.

La livre de vingt sous valant 1 fr. 19 et le florin de Savoie étant de douze sous, le florin vaut 0 fr. 714 et le denier à peu près un demi centime. La somme précédente se traduit donc par 33,036 fr. 30 cent., en valeur de l'époque. Pour la réduire en valeur actuelle, nous pouvons prendre pour terme de comparaison le prix du froment, qui valait neuf sous la quarte en 1580 et qui aujourd'hui vaut environ trois francs; et nous obtenons 185,076 fr. 75 cent.

Quant au montant de la gabelle, les mêmes calculs donnent, pour l'année 1580, 5,158 fr. 54, en valeur actuelle. L'année suivante, une délibération du 27 janvier 1581, au sujet d'un don gratuit, montre qu'elle s'éleva à 8,477 fr. 77 cent.

Donnons encore quelques chiffres sur les années antérieures, toujours en valeur actuelle.

En 1564, la gabelle du sel seule fut de 1,200 florins, soit de 4,800 fr.

En 1575, un ordre de contrainte envoyé aux syndics par le corrier Pierre Rapin, en qualité de subrogé du conservateur de la gabelle, porte le quartier à 361 florins 7 sous, ce qui donne pour l'année 1,446 florins 4 sols, ou 5,785 fr. L'augmentation est due à la gabelle du vin.

En 1577, les quittances faites au syndic Claude Fornier, accusent le paiement de 7,056 fr. 45 cent.

On voit que le montant de la gabelle variait d'une année à l'autre.

Cependant, les édits que nous avons analysés n'avaient pas coupé court aux plaintes que la gabelle soulevait de toutes parts, mais surtout dans les communes rurales. La principale était motivée par un fait qui a peut-être déjà frappé le lecteur. Chaque contribuable était imposé dans la commune de son domicile, même pour les biens qu'il possédait dans d'autres paroisses, à moins qu'il ne prouvât qu'il y était déjà imposé. Comme l'impôt était réparti entre les communes en proportion de leur territoire, il en résultait que les habitants payaient pour les étrangers et que Saint-Jean, par exemple, était relativement moins imposé que Jarrier, Saint-Pancrace, Fontcouverte et les autres communes où ses contribuables avaient des propriétés. Un édit du 27 mars 1584 fit droit à ces réclamations, en statuant que chacun serait imposé, non dans le lieu de son domicile pour l'ensemble de ses revenus, mais dans chacune des communes où ces revenus existaient. Il établit aussi définitivement quels étaient ceux qui étaient exempts de l'impôt. C'étaient : 1° les ecclésiastiques et les religieux, pour les biens de l'ancien patrimoine de leurs églises, monastères et bénéfices, c'est-à-dire pour les biens qu'ils possédaient avant la création de la gabelle ; 2° les conseillers des Cours souveraines ; 3° les contrôleurs des guerres ; 4° les secrétaires de Son Altesse en fonction près de sa personne ; 5° les nobles d'ancienne race. Nous avons vu les dispositions relativement aux anoblis depuis l'établissement de l'impôt.

Mais plusieurs communes n'avaient pas de limites bien déterminées, en sorte que toutes cherchaient à empiéter les unes sur les autres, pour diminuer les charges de leurs habitants. Afin d'atténuer cet abus, un édit du 16 mai 1586 décida que, désormais, la répartition de l'impôt total se ferait par châtellenies ou mandements, et non plus par paroisses. Enfin, de nouvelles plaintes s'étant élevées sur le peu d'exactitude d'un grand nombre de déclarations, « se trouvant en divers endroicts les plus foibles plus chargés que les riches et plus forts, et les lieux fertiles et plus commodes déchargés au respect des infertiles et montueux, » un édit du 1er février 1594, ordonna que l'on fît une révision sévère des cotes et des déclarations, ainsi que des titres et qualités de tous ceux qui s'étaient fait exempter de la gabelle.

Quant au prix du sel, nous ignorons à quel taux il fut d'abord fixé. La duchesse Catherine d'Autriche, par un édit du 30 mai 1592, le porta à 28 florins et un sol l'émine (1), et à trois sols la livre en détail (2). Pour le Genevois et le Faucigny, on ajoutera le prix du transport. La duchesse donne pour raisons de cette élévation de prix, la pénurie du sel et le prix excessif de la monnaie d'or et d'argent, *qu'a donné lieu à quelques malins de vendre parfois la livre six sols,* tandis que ceux qui le vendaient au prix ancien et légal se ruinaient et n'en voulaient plus vendre, à moins que le trésor ne les indemnisât de leurs pertes. Le renchérissement de toutes les denrées, les frais de la guerre et les dépenses que l'Etat avait dû faire pour s'assurer d'une quantité suffisante de sel d'*Evice,* sur le littoral de Nice et de Gênes, firent porter encore le prix du sel à quatre sols la livre, par un édit du 17 mars 1595.

Le transport du sel en Savoie était à la charge de l'entrepreneur ou fermier, mais ses employés s'en acquittaient fort mal et souvent le sel man-

(1) Émine de vin, 21 pots ; émine de blé ou de sel, un peu plus d'une quarte et demie. Le pot de Saint-Jean est de 1 lit. 483 ; la quarte, de 13 litres 34.

(2) Aujourd'hui environ 1 franc.

quait. On s'adressait alors aux communes, pour qu'elles envoyàssent des bêtes de transport, ce qu'elles ne faisaient pas volontiers, n'y étant pas tenues. M. de Charanson écrivait aux syndics de Saint-Jean (1) :

Au lieu de trente bestes chacung jour, ferez mieulx d'en fornir quatre-vingts sy possible est, vous avertissant que j'ay treuvé à Lanslebourg cinq cents charges du dict sel et deux mille ballons à la Ferrière, qui y sont il y a ja ung mois. Voyez, je vous prie, la belle dilligence des gabelliers et des commis de faire ce qu'ils ont promis à secourir la pauvre Savoye, et vont disant qu'il n'y a point de sel aux repositoyres ni à Suze.

Nous avons dit que la gabelle ne frappait pas le commerce. Cependant, le 29 janvier 1565, le Conseil général de Saint-Jean avait demandé qu'elle lui fût étendue au moins dans une petite proportion, attendu que les marchands retiraient du commerce un profit indépendant de leurs autres revenus imposés et « que la volonté de Son Altesse était que le fort portàt le foible. » Mais cette demande ne fut pas accordée, puisque les gains provenant du commerce ne figurent pas dans les revenus déclarés pour la répartition de l'impôt et que les boutiques seules y entrent comme valeur locative.

La gabelle était l'impôt ordinaire. Les communes durent souvent y ajouter un impôt extraordinaire qui portait le nom gracieux de *don gratuit*. C'était une offrande qu'en certaines circonstances importantes, comme l'avènement d'un nouveau

---

(1) Cette lettre n'a pas de date, mais elle est postérieure à l'année 1586.

duc, le mariage d'un membre de la famille ducale, une guerre, etc., elles étaient censées faire spontanément, « en tesmoignage et déclaration de leur bon voulloir au service de Son Altesse. » Seulement, comme la pensée ne leur en fût peut-être pas venue, elle était suggérée par le conseil d'Etat, qui même, pour abréger les délibérations, indiquait discrètement la somme qu'il convenait d'offrir, si le prince n'avait pas pris cette peine lui-même ; un refus eût été souverainement inconvenant et même dangereux.

Pour la Terre épiscopale de Maurienne, le conseil d'Etat écrivait à l'évêque. Alors, les syndics et les délégués des communes se réunissaient au chef-lieu de chaque étape, et, après avoir voté le don gratuit, avec beaucoup de formules d'affection, de dévouement et d'obéissance, à travers lesquelles perce parfois un peu de regret, ils arrêtaient la répartition entre les communes, sur la base de la gabelle, et fixaient l'époque et le mode de la perception. Si le versement ne pouvait se faire de suite, on s'adressait au conseil d'Etat pour obtenir un délai. On profitait de l'occasion pour présenter des *doléances et remontrances* sur les abus dont on avait à demander le redressement, lointaines réminiscences des anciens Etats généraux, quand ils eurent été supprimés par Emmanuel-Philibert.

Voici comment les choses se passèrent à l'avènement de Charles-Emmanuel Ier.

Le 4 septembre 1581, les deux syndics du tiers-état et vingt-deux conseillers et bourgeois *des plus apparents* sont assemblés à l'Ecu de France. Les syndics exposent que, par ordre de l'évêque, ils ont écrit aux syndics des quatre autres lots de l'étape de se rendre à Saint-Jean pour fixer la somme qui sera offerte au nouveau duc, suivant *l'ordre et l'exhortation* du conseil d'Etat en date du 29 août. On nomme six délégués, qui se joindront aux syndics pour la délibération à prendre et la rédaction du rapport sur les doléances et remontrances qu'il est le cas de présenter.

Le 6, nouvelle assemblée, à laquelle assistent les syndics de Saint-Jean et de Saint-Sorlin d'Arves, des deux Albiez, de Fontcouverte, de Jarrier et de Saint-Pancrace, au nom de toute l'étape. On décide de se rendre le lendemain à l'évêché pour faire déclaration de bonne volonté.

Le 7, les syndics et les délégués vont à l'évêché, où le juge-mage Jean d'Humbert se rend aussi, et le syndic Pierre Delacombe fait la déclaration suivante :

« Ils ont veu et entendu les lettres missives envoyées par messeigneurs du conseil d'Etat à sa seigneurie reverendissime et au seigneur juge mage, par lesquelles ils ont peu cognoistre que le bon voulloir de Son Altesse et des dicts seigneurs de son conseil d'Estat est que jouyeusement et librement par les subjects de Sa dicte Altesse au pays de Maurienne soyt accordé faire ung don gratuit à Son Altesse pour l'heureux advènement à sa couronne. Lequel don tous les dicts scindics ont desclairé que librement l'accordoyent estre faict et payé icelluy don gratuit. Neantmoings pour ce qu'appresent tant en montaignes circonvoisines de la dicte cité que en icelle cité l'on est empesché à faire la recolte des fruicts, semer les terres et proche à faire vendanges, pour ce effaict ont prié très humblement sa dicte seigneurie reverendissime et le dict seigneur juge mage voulloir obtenir pour les dicts scindics et communautés terme competant pour faire dû departement d'icelluy don gratuit et en apprès l'exaction d'icelluy, lequel ils offrent chescung pour ce qu'il sera cottisé, communauté par communauté, et à ces fins leur estre employé le terme et respic de payer pour la fin du quartier proche venant ès mains de qui sera ordonné. »

Les jours suivants, arrivent des réponses semblables des syndics des paroisses de Bessans, Lanslevillard, Lanslebourg, Termignon, Sollières, Bramans, Aussois, Modane et sa mestralie, Saint-André, Saint-Michel et sa mestralie, le Châtel, Hermillon, Montvernier, Montpascal, Pontamafrey, Sainte-Marie et Saint-Etienne de Cuines, Saint-Avre, Saint-Martin-sur-la-Chambre et Montgellafrey. Les syndics de Montvernier, Montgellafrey et Saint-Martin-sur-la-Chambre déclarent qu'ils agissent au nom tant des sujets ducaux que de ceux du marquis de La Chambre. Tous demandent, outre un délai, la formation d'un rôle spécial pour le don gratuit. On voit percer la crainte que, si le don et la gabelle sont confondus dans le même rôle, le don ne puisse trop facilement se transformer en surimposition permanente.

Il faut remarquer que la gabelle se payait par *quartier* ou trimestre. Le délai accordé par le conseil d'Etat expirait le 31 décembre. Le 27, rien n'étant fait encore, les syndics de Saint-Jean pressèrent la confection du rôle du don de joyeux avènement, « afin qu'il ne soyt procédé par emprisonnement des personnes des dicts scindics et aultre voye judiciaire, » tout comme pour la gabelle et les autres dettes de la commune. Pour plus de simplicité, le conseil décida que le don serait réparti par égales parts entre tous les contribuables et en augmentation de leur cote du quartier de la gabelle. La part du tiers-état de Saint-Jean avait été fixée à la moitié de ce quartier, soit à 264 florins 11 sous 2 deniers.

Ainsi, en cette année 1581, le tiers-état paya en totalité au duc de Savoie la somme de 9,537 fr. 50 cent.

Jamais prince n'eut plus besoin d'argent que Charles-Emmanuel Ier, le plus entreprenant et le plus ambitieux des princes de Savoie, — nous parlons des anciens, — naturellement excité d'ailleurs, il faut le reconnaître, à profiter de la situation et des événements politiques des Etats voisins pendant son long règne. Dès l'année 1582, il demanda un subside extraordinaire. Les communes le lui accordèrent pour deux ans et le fixèrent à cinq deniers par livre, c'est-à-dire à un quarante-huitième du revenu de chaque contribuable.

Le 2 janvier 1583, tous les syndics des paroisses du diocèse et les principaux bourgeois de Saint-Jean furent convoqués au palais épiscopal ; ils y trouvèrent avec l'évêque les sénateurs du Chatellard et de Passier, le juge-mage d'Humbert, le corrier de Jorcin et le procureur fiscal Baudrey. Le duc voulait que le subside fût accordé pour un plus grand nombre d'années, et peut-être craignait-il des résistances. De fait, la discussion fut longue. Enfin, l'assemblée consentit à continuer le payement des cinq deniers par livre pendant cinq ans, à compter après l'expiration des deux années accordées précédemment, et par conséquent jusqu'à la fin de l'année 1588.

Le subside fut encore continué pour l'année 1589, mais Charles-Emmanuel le transforma en dîme de même valeur sur la récolte des grains et des vins (1). Le 17 août, les syndics de l'étape de Saint-Jean offrirent de donner et de conduire à Chambéry 266 vessels de froment, mesure de Chambéry, à la condition que les communes fussent exemptes de tout le reste de la dîme sur les autres espèces de grains, le vin et les légumes. Ces conditions furent acceptées.

Le clergé et la noblesse étaient exempts de la gabelle. Ils ne l'étaient pas du don gratuit, qu'ils s'imposaient, aussi spontanément à la demande du conseil d'Etat, mais sur un taux beaucoup plus élevé que la bourgeoisie, en sorte que la gabelle y trouvait une compensation très appréciable.

Nous n'avons, pour le XVIe siècle, que peu de renseignements en ce qui concerne la noblesse de Saint-Jean ; nous savons seulement qu'en 1570, sa *coctisation* fut de 215 florins (2), qui vaudraient aujourd'hui 860 fr. Nous voyons encore par des papiers, très incomplets, des nobles Martin de Saint-Colomban des Villards, Salière d'Arves, Baptendier et Truchet, que ceux qui étaient aptes

(1) Voir sa lettre du 29 juin 1589 au président d'Avrieux et au sénateur Davise *(Travaux de la Société d'hist.*, t. IV, p. 174.)
(2) Rôle, archives d'Arves.

au service militaire firent à leurs frais les guerres de François Ier, d'Henri II et de Charles-Emmanuel Ier, et que les autres durent envoyer un remplaçant.

Pour le clergé, nous sommes moins incomplètement renseignés. En 1534, le Chapitre de Saint-Jean paya 144 florins pour sa part du subside, entre les mains du trésorier de Savoie, Nicolas de Beaumont, et par l'intermédiaire du vicaire général, Jacques de Passier (1).

En 1578, Emmanuel-Philibert ayant demandé au clergé de la Savoie un subside de 20 mille écus, les chanoines de Saint-Jean lui adressèrent un mémoire dans lequel ils s'efforcent de démontrer que la pénurie de leurs ressources les met dans l'impossibilité de contribuer à ce subside (2). Entre autres choses, ils rappellent que « les dicts chanoines et Chapitre sont chargés de paier annuellement pour le don gratuit, accordé à Son Altesse par le clergé de Savoye, la somme de 376 florins 10 sols 3 quarts, monnaie de Savoye, et ce pour leur quotte partie suyvant l'esgallement faict par devant feu le reverendissime evesque de Geneve nonce du pape le dernier de novembre 1567, » malgré la diminution considérable que les revenus du Chapitre ont subie depuis vingt-cinq ans.

Cette somme représenterait maintenant environ 1,507 fr. 60 cent. par an.

Nous ne savons quel accueil fut fait aux récla-

---

(1) Archives du Chapitre.
(2) Ce Mémoire a été publié par la *Société d'histoire et d'archéologie de la Maurienne*, t. II, p. 19.

mations du Chapitre relativement au nouveau subside.

L'assemblée du clergé de Savoie et de Bresse, tenue à Belley au mois de juin 1582, vota un don gratuit de 20 mille écus de cinq florins, payable en deux fois, de six mois en six mois. La part du clergé de Maurienne fut de 8,971 florins, dont la répartition fut faite par les chanoines Antoine Chaboud, Pierre Trabichet et Antoine Magnin (1). Nous nous contentons d'extraire du rôle quelques chiffres :

	Revenu.	Subside annuel.
Chapitre de Saint-Jean, avec les cures et les bénéfices qui en dépendent.....	2,180 fl.	730 fl. 7 s.
Chapitre d'Aiguebelle..	1,600 fl.	543 fl. 9 s.
Chapitre de Chamoux..	300 fl.	101 fl. 9 s.
Chapitre de la Chambre	600 fl.	203 fl. 2 s. 2 q.
Cure de Saint-Julien...	60 fl.	20 fl. 3 s. 2 q.
Cure du Châtel..........	60 fl.	20 fl. 4 s.
Le religieux dudit lieu.	32 fl.	10 fl. 9 s. 2 q.
Prieuré d'Extravache...	154 fl.	36 fl. 11 s. 2 q.

L'année suivante, le clergé de Maurienne tint une assemblée générale, dans laquelle il accorda à Charles-Emmanuel un don de 1,200 écus de cinq florins. Les chanoines Henri Bollier, Jacques et Jean-Jacques Rapin, et Eynard Perret furent chargés de dresser les rôles, dont on nous permettra de présenter encore quelques extraits (2) :

Saint-Jean de Maurienne : l'évêché, 2,300 fl.; le Chapitre, en sus de ce qu'il doit pour les bénéfices qui lui

(1) Archives du Chapitre.
(2) Archives d'Arves.

sont unis, 107 fl.; la cure de la cité, 28 fl.; la chapelle de Bonne-Nouvelle, 12 fl. 12 s.

Aiguebelle : la cure de Notre-Dame de la Roche, 6 fl. 6 s.; le prieuré et cure de Saint-Etienne, 54 fl.; le chapitre de Sainte-Catherine, 450 fl.

Aiton : le prieuré, 200 fl.

Betton : l'abbaye, pour les biens situés en Maurienne, 23 fl.

Chamoux ; le chapitre, 50 fl.; le prieuré, 21 fl. 8 s.; la cure, 21 fl. 8 s.; la *secretanie*, 13 fl.

Châtel : le prieuré, 9 fl. 9 s.; la cure, 30 fl. 6 s.

Extravache : le prieuré, 10 fl. 10 s.

La Chambre : les Cordeliers, 20 fl.; le chapitre, 205 fl.; la chapelle de l'hôpital et le prieuré de la Magdeleine au Pont-Renard, 13 fl.

Le Montcenis : la prévôté, pour les biens situés en Maurienne, 15 fl.

Saint-Julien : le prieuré, 97 fl. 6 s.; la cure, 14 fl.

Le rôle comprend : 4 chapitres, 3 couvents, 12 prieurés, 95 cures et 148 chapelles.

Ainsi, en 1581 et en 1582, pour ne citer que ces deux années, pendant que le tiers-état payait le trente-huitième du revenu de ses terres pour la gabelle et le quarante-huitième pour le don gratuit, le clergé versait en moyenne près du tiers du revenu des siennes. Il est vrai qu'il ne payait pas à titre de gabelle, qu'il y avait des années d'exemption et qu'il fallait l'autorisation du pape : voilà, au fond, en quoi consistait le fameux privilège du clergé.

Mais il y avait les dîmes et le casuel. Oui, comme le tiers-état avait l'industrie, le commerce, les professions libérales, les arts mécaniques, etc.

Cependant, quand le tiers-état se plaignait que

les deux premiers ordres fussent exempts de la gabelle, il n'avait pas tort, à son point de vue, en ce sens que, si le clergé et la noblesse avaient pris une partie de cet impôt, il eût peut-être été déchargé d'autant. Mais, en ce cas, il eût été juste de réduire les charges spéciales à ces deux ordres. Le clergé et la noblesse y auraient peut-être gagné, mais probablement le duc de Savoie y aurait perdu.

Ce n'est donc pas de la Maurienne, ce n'est pas de la Savoie que l'on peut dire : « Le pauvre peuple seul payait pour la terre, en moyenne, la *moitié* de la valeur du revenu ; les *nobles* et le *clergé*, rien du tout ; et ils possédaient les *deux tiers* du territoire. »

Mais le clergé français ? dira-t-on. Le clergé français payait des *départements,* comme le clergé savoyard payait des subsides et des dons gratuits. Le lecteur en trouvera la preuve dans le *Recueil des actes, titres et mémoires concernant les affaires du clergé de France,* t. VIII, titre II.

CHAPITRE XIII

La dîme. — La taille communale. — Les droits féodaux. — L'affranchissement.

En correspectif du don gratuit accordé par le clergé, les ducs Charles III et Emmanuel-Philibert ordonnèrent à leurs juges et autres officiers de tenir la main à ce que les dîmes fussent exactement payées. On conçoit, en effet, que, donnant souvent jusqu'au tiers du produit de ses terres, cette ressource devenait plus que jamais indispensable au clergé.

Charles III rendit à cette occasion des lettres-patentes datées de Chambéry le 10 juin 1534. L'un des témoins de cette charte est Jean-Philibert de Challes, qui signe *élu de Maurienne*. Le cardinal Louis de Gorrevod, son oncle à la mode de Bretagne, l'avait obtenu pour coadjuteur (1).

Le duc s'adresse à ses baillis, juges, châtelains et autres officiers : « Bien que, dit-il, les dîmes soient d'institution divine et qu'elles doivent être immuablement acquittées, nous avons appris

(1) Il ne fut donc pas élu par le Chapitre après la mort de son oncle, comme dit M. Angley. (*Histoire du diocèse de Maurienne*, p. 282.)

qu'un grand nombre de nos sujets se sont mis depuis quelque temps, soit par ignorance, soit par malice, à refuser de les payer à la manière accoutumée, ou à retenir une partie de ce qu'ils doivent. Il en résulte que des querelles et des procès s'élèvent souvent, et que les récoltes deviennent manifestement mauvaises. Car Dieu, souverain maître de ses biens et de ses grâces, voyant que les hommes, oublieux de ses droits, se montrent obstinément récalcitrants à payer les dîmes nécessaires à son culte, est par là comme invité à se montrer aussi avare envers nous, en diminuant les fruits de la terre et en nous envoyant les temps pleins de douleurs et de difficultés que nous traversons. C'est pourquoi, désirant couper cours pour l'avenir à un désordre si funeste, de notre certaine science nous ordonnons et enjoignons à chacun de vous, en ce qui le concerne et sous peine de privation de sa charge, d'obliger et contraindre tous nos sujets médiats et immédiats qui doivent les dîmes, en recourant au besoin à des peines sévères, à la saisie, mise aux enchères et adjudication de leurs biens, et par tous autres moyens légaux et efficaces, à payer les dîmes selon la forme de leur institution, savoir à raison d'une mesure sur onze, aux ecclésiastiques et autres qui y ont droit, à moins qu'ils ne prétendent n'être tenus qu'à une moindre quantité en vertu d'un privilège, d'une convention, d'une concession ou d'une coutume légitime, dont ils devront vous fournir la preuve..... le tout sans fraude, ni abus, ni surcharge indue, sous peine de **notre indignation et de cent écus d'amende pour** chaque fois où vous auriez commis quelque fraude ou abus ou surchargé illégitimement qui que ce soit... »

A la requête du procureur du Chapitre de Saint-Jean, le corrier Bon-Amédée Baptendier ordonna, le 16 juin, que les lettres ducales fussent immédiatement expédiées et mises à exécution.

Emmanuel-Philibert renouvela l'ordonnance de son père en 1567, lorsqu'il obtint le don gratuit dont nous avons parlé.

La charte de 1534 montre bien ce qu'était la dîme, l'impôt payé à Dieu et la part qui lui était réservée sur les fruits de la terre, en reconnaissance de son souverain domaine et de sa providence créatrice qui mesure avec justice et miséricorde la fertilité et la stérilité. Dans l'ancienne loi, Dieu avait dit (1) : « Toutes les dîmes de la terre, des récoltes et des fruits appartiennent au Seigneur et lui sont consacrées. » On ne pensait pas que cette loi fût du nombre de celles que Jésus-Christ a abolies.

La dîme n'appartenait pas au prêtre; elle appartenait à l'Eglise, en faveur de laquelle étaient toujours faits les actes de reconnaissances; le prêtre avait droit d'y prendre sa subsistance, comme ministre de Dieu et serviteur de l'Eglise. Elle fournissait en grande partie aux frais du culte, à l'entretien et à la réparation de l'église, aux aumônes prescrites par la coutume et à beaucoup d'autres dépenses qui la faisaient rentrer dans le peuple;

---

(1) *Levit.*, 27, 30.

de sorte que, son produit diminuant, le clergé était obligé, après avoir d'abord serré sa ceinture, de restreindre les œuvres dont il était chargé, de quoi le peuple, qui ne raisonne pas toujours, murmurait fort.

En principe, la dîme était du onzième du produit de toutes les terres. Mais il en était de ce principe comme de certaines règles de la grammaire française qui ne trouvent presque pas de cas auxquels elles s'appliquent, tant les exceptions sont nombreuses. Des *privilèges, conventions, concessions* et *coutumes légitimes* exemptaient certaines propriétés et, pour les autres, restreignaient la dîme à une part beaucoup moindre et très variable. Il faut donc bien se garder, si l'on veut faire de l'histoire vraie, d'étendre les indications fournies par les actes particuliers de reconnaissances à d'autres propriétés que celles qui en sont l'objet, même sans sortir de la commune, et c'est ce qui rend si difficile, pour ne pas dire impossible, une étude quelque peu générale de la valeur de la dîme.

Dans la *Terre épiscopale* de Maurienne, c'était un principe que deux dîmes ne pouvaient tomber sur la même terre ou la même vigne. Deux décimateurs se partageaient le territoire de Saint-Jean, l'Evêque et le Chapitre. Nous avons vu que la dîme due au Chapitre, représenté en partie par les curés de Sainte-Marie et de Saint-Christophe, ses vicaires, était de deux pots de vin par fossorée de vigne, de deux quartes de grain par six quartellées de terre. Celle de l'évêque était aussi de deux pots de vin par fossorée de vigne ; mais elle n'était généralement que d'un quart de quarte de blé par quartellée de terre, un peu moins élevée par conséquent que celle du Chapitre.

La dîme de l'évêque avait donné lieu, dans la seconde moitié du xvᵉ siècle, à de sérieuses difficultés, presque à un procès entre Etienne de Morel et les syndics et habitants de Saint-Jean. Lorsque cet évêque prit possession de son siège en 1483, il y avait quarante-deux ans que le diocèse n'avait presque pas vu son premier pasteur, depuis la mort d'Ogier de Conflans au commencement de l'année 1441. Le cardinal de Varambon (1441-1451) n'y avait passé que les cinq dernières années de sa vie. Jean de Ségovie n'avait eu l'évêché en titre que pendant quelques mois : devenu simple administrateur au spirituel, il s'était retiré à Aiton. Guillaume d'Estouteville n'y avait jamais résidé. Les droits de l'évêché avaient été fort mal défendus ; ses revenus avaient même été réduits sous la main de l'Etat pendant la plus grande partie de l'épiscopat de Guillaume d'Estouteville. Il avait donc été facile à ceux qui devaient la dîme de ne pas la payer, personne ne se présentant pour la recueillir.

Quand Etienne de Morel voulut exercer ses droits conformément aux actes de reconnaissances et aux livres de recettes des archives de l'évêché, il rencontra une résistance presque générale, et, par rapport à la dîme du vin, les syndics prétendirent que la coutume, une coutume si ancienne que personne ne se souvenait du contraire et qu'elle devait remonter à plus de cent ans, autorisait chaque propriétaire de vigne à ne payer la dîme qu'à celui à qui ses prédécesseurs la payaient et selon la mesure où ils la payaient. Or, la coutume était la première loi, le premier titre, mais la constater n'était pas facile. La discussion pouvait durer longtemps.

On en vint à une transaction. L'évêque déchargea la conscience des habitants de la ville de toute obligation relativement au passé (1); pour l'avenir, on convint que chaque propriétaire de vigne paierait à l'évêque deux pots ou *pointets* de vin pris à la cuve, pour chaque fossorée pour laquelle il ne devrait pas la dîme à un autre, et que les contestations seraient décidées par l'usage des années antérieures (2). L'évêque accorda encore que les propriétaires dont les vignes étaient peu fertiles ne paieraient que la dix-huitième partie du revenu, sans tenir compte de la contenance de la vigne, pourvu qu'ils fissent leur déclaration avant Pâques. Cette transaction fut confirmée par une bulle du pape Innocent VIII du 17 novembre 1487 (3).

La dîme du blé ne causa pas moins de difficultés. Le propriétaire avait parfaitement le droit de convertir son champ en pré, mais il continuait à devoir la dîme en blé. Comment la déterminer ? Il n'y avait qu'un moyen, c'était une mensuration. Si les frais valaient plus que la dîme et que le pro-

---

(1) *De gratia speciali pro dictorum civium et habitatorum conscientiarum exoneratione et animarum salute id totum eisdem remitteret, quittaret et donaret.*

(2) *Dummodo talis vinea esset que non esset astricta alteri solvere ipsam decimam, quo casu solveret cui deberetur secundum quod ipse solvens solitus solvere esset.*

(3) *Chartes du diocèse...*, p. 303.

priétaire eût la conscience large, la dîme, diminuée peu à peu, finissait par se perdre. Notons qu'il n'y avait aucune dîme sur les prés anciens.

La principale source des abus et des contestations, c'était le mode de perception. Nous avons sur ce point un arrêt du Sénat en date du 3 août 1566 (1). C'était sous l'épiscopat du cardinal de Ferrare. Il recourut à la cour souveraine, « disant que par disposition du droit divin et humain il est en possession, jouyssance et saisine de prendre et percevoir les dismes de bled tant en gerbes que au *soel* (aire) à raison de douze l'une, de treize, quatorze et en aultres lieux de dix-huict l'une sellon la coustume..... Or puis certain temps en ça certains particulliers des villages d'Arvaz et leurs circonvoisins ont différé et diffèrent de payer les dictes dismes à la manière accoustumée et ceulx qui doibvent les dictes dismes en gerbes et payer sur le champt les emportent sans en advertir les *dismiers* (collecteurs) et procureurs du dict suppliant..... Ceux qui doibvent les dismes au *soel* diffèrent payer disant qu'ils veulent payer sellon leur conscience, tellement que les ungs payent bien peu et les aultres du tout rien, qui redondent au grand dommage du dict suppliant et des pauvres mendiants estants riesre la dicte terre de Maurienne, parceque l'aumosne generale qui se faict annuellement toutte la quaresme est fondée sur le revenu des dictes dismes, pour l'entretenement de laquelle il convient employer plus de sept ou huit cents seytiers de

(1) Archives du Sénat, registre des arrêts.

grains, sans y comprendre les febves et le vin qui se distribuent en aumosne le jour du jeudy sainct, à quoy sans le payement des dictes dismes accoustumées ne se pourroit satisfaire. »

L'arrêt du Sénat, signé Pobel et Ginod, défend aux habitants des villages dont le cardinal s'est plaint, et à tous les propriétaires de vignes et de terres qui doivent la dîme à l'évêché, « de ne transmarcher *(emporter)* ou faire transmarcher les bleds et vins de leurs dictes vignes, terres et possessions sans avoir au préalable appellé et crié sur les lieulx à haulte voix par troys diverses fois les dymiers pour venir prendre et lever le droict de disme à la manière accostumée, et à faulte que les dymiers ne se treuveront pour recepvoir la dicte dyme les dicts manants et habitants des dicts lieux laisseront la part et portion d'icelle disme sur le champ à la quotte accostumée à peyne contre ung chescung contrevenant de cent livres et aultre arbitreyre. »

Quant à la somme totale de la dîme appartenant à l'Évêque sur le territoire de Saint-Jean, elle était en 1768, époque de l'affranchissement des communes, de 300 quartes de seigle et de 20 charges de vin (1). Mais on a déjà pu voir dans la supplique du cardinal de Ferrare, et l'on verra mieux encore au chapitre des Evêques, que ceux-ci étaient moins les propriétaires que les dépositaires de la dîme pour les pauvres.

Pour la dîme due au Chapitre, nous n'en connaissons pas la valeur totale ; mais les livres de la cure

(1) Voir l'acte d'affranchissement. *(Travaux de la Société d'hist. et d'arch...*, t. II, p. 99.)

de Saint-Christophe, les seuls que nous ayions trouvés, sont remplis de doléances sur les frais et les difficultés des reconnaissances à obtenir, sur les prétextes et les fraudes qu'employaient les débiteurs pour se dispenser de payer la dîme, sur l'impossibilité où se trouvait fréquemment le chanoine-curé de pourvoir aux frais du culte, de faire les aumônes d'usage, etc.

La dîme n'épargnait pas, comme la gabelle, les biens de la noblesse, sauf bien entendu, comme pour les autres, les privilèges, exemptions, rachats et coutumes, et les mêmes registres font mention de reconnaissances faites ou à faire par les du Pont, les du Mollard, les des Costes, etc.

A la dîme payée à l'Eglise, à la gabelle et au don gratuit payés au duc de Savoie s'ajoutaient les tailles communales. Elles étaient calquées sur la gabelle et surpassaient généralement, à Saint-Jean, les autres charges réunies, surtout depuis l'année 1590. La commune se gouvernait elle-même, elle était seule juge de ses besoins, mais elle devait y suffire par ses propres ressources. Le Conseil général votait un ou plusieurs quartiers de tailles, c'est-à-dire une taxe égale à un ou plusieurs quartiers de la gabelle ducale, et la faisait recouvrer comme il l'entendait, par les syndics ou par des commissaires spéciaux. Cette liberté absolue fut un peu restreinte par un édit du 27 mars 1584, qui, voulant mettre un frein aux prodigalités de certaines communes, défendit aux conseils généraux d'établir aucune cotisation ou contribution sans la permission du prince ou du Sénat, excepté pour le paiement de la gabelle. Cependant, lorsqu'il s'agissait de procès à soutenir, de biens et droits à conserver, et d'autres dépenses purement communales et urgentes, l'autorisation pouvait être accordée par le juge-mage (1).

Voici quelques chiffres de tailles communales des dernières années du XVIe siècle, tirées d'un *Rolle des syndics du tiers-état et quartiers de tailles qu'ils ont imposés :*

1586. Jean Costaz et Thibaud de Capella ; 9 quartiers.
1587. Jean Jenner et Etienne Suchet ; 10 quartiers.
1588. Jean Reymond et Catherin Plan ; 8 quartiers.
1592. Pétremand Ponce et Claude Ducrest ; 39 quartiers.
1593. Laurent Fay et Amed Flosset ; 17 quartiers.
1594. Pierre Brunet et Guillaume Moulin ; 12 quartiers.
1595. Jean-Baptiste Savoye et Barthélemy Gonthier ; 18 quartiers.
1596. Jacques Costaz et Jean-Claude Noirey ; 15 quartiers.
1598. Humbert Gravier et Antoine Baudrey ; 24 quarters.
1599. Denis Sibord et Antoine Albrieu ; 18 quartiers.

On sait que le quartier était le quart de la gabelle. Vingt-quatre quartiers équivalent donc à six fois la gabelle de l'année. Ces tailles si considérables, surtout dans les années 1592 et 1598, proviennent des charges que la guerre imposait à notre ville d'étape, qui ne dut pas bénir beaucoup les entreprises de Charles-Emmanuel Ier.

(1) *Compilation des anciens édits*, p. 318.

Nous pouvons maintenant nous rendre un compte à peu près exact de ce qu'avait à payer un bourgeois de Saint-Jean. Prenons l'année 1588, et supposons qu'il devait la dîme au Chapitre ou à l'Évêque, et qu'il possédait autant de vignes que de terres. Il dut payer sur le revenu net de ses vignes et de ses terres : 1° au duc de Savoie (gabelle), 1/38 ; don gratuit, 1/48 ; 2° à l'évêque ou au Chapitre (dîme), 1/17 ; 3° à la commune, deux fois la valeur de la gabelle, soit 1/19 ; total, un peu moins de 1/30. Mais n'oublions pas que tous ses autres revenus étaient exempts d'impositions.

Le tableau ci-dessus montre que la charge de ce bourgeois fut plus lourde les années suivantes.

Les impôts n'étaient donc pas bien considérables en eux-mêmes; mais ils étaient mal assis, mal répartis, mal perçus ; ils frappaient trop exclusivement la terre et donnaient lieu à trop de fraudes et de procès. La dîme, en particulier, très gênante pour le propriétaire, lorsqu'il ne pouvait pas enlever sa récolte avant qu'elle eût été recueillie, tenait d'autre part le clergé en face de ce problème difficile, de subvenir à des charges invariables avec des revenus soumis à toutes sortes de fluctuations et de contestations.

Il nous reste à parler des droits féodaux proprement dits. Le lecteur reconnaîtra vite que ces droits, — ceux qui existaient à Saint-Jean, — existent encore pour la plupart. Ceux qui n'existent plus sont remplacés par d'autres droits : le timbre, l'enregistrement, la personnelle, la patente, les portes et fenêtres, etc. Mais ces droits ne sont plus féodaux ; ils portent des noms plus civilisés ; on les paie à l'Etat ou à la commune, en vertu de la loi, et non à l'évêque, ou au Chapitre, ou à quelque noble, en vertu de donations des souverains, d'albergements ou de baux emphytéotiques.

Nous avons déjà parlé du droit de bourgeoisie, du poids et aunage, de l'issue et de la leyde. Ce dernier droit fut vendu par le Chapitre à l'évêque, au commencement du xviie siècle, et plus tard cédé par celui-ci à la ville. L'aunage était de six deniers par aune ; le poids, aussi de six deniers si la pesée n'excédait pas vingt livres ; au-dessus, il était d'un sou. Pour le blé, il n'y avait pas de mesure publique, et, disent les syndics dans une déclaration du 27 juin 1573, il était d'usage immémorial que les vendeurs le portassent chez quelque particulier pour le mesurer. Ceux qui prétendaient se servir de mesures apportées par eux étaient traduits devant le corrier et mis à l'amende, de même que ceux qui employaient d'autres aunes ou poids que ceux de l'évêque, déposés sur la place du Pointet. Sans ces précautions, les poids et mesures variant presque d'une commune à l'autre, les acheteurs auraient pu être constamment trompés.

L'évêque possédait encore le droit de la garde du vignoble de Margillan, qui était d'un pot de vin par fossorée, et le droit du *vin du ban*. C'était un droit assez étrange, bien qu'il ne paraisse pas qu'il ait été l'objet d'aucune contestation pendant le xvie siècle. Chaque année, dans un mois déterminé, la ville devait faire prendre à l'évêché soixante charges de vin et le payer un tiers plus cher que le meilleur vin qui se vendait en ville, avec diminution de près d'un quart sur la mesure, c'est-à-dire que la charge n'était que de soixante-quatre pots, tandis que la mesure commune était de quatre-vingt-quatre. Les syndics distribuaient ce vin entre les aubergistes, qui étaient forcés de le prendre. Ceux qui, pendant ce mois, vendaient du vin en gros, qui en apportaient en ville ou qui en emportaient, payaient à l'évêque deux sous par charge ; c'était le droit de *barléage*.

Les autres droits étaient ceux que l'on trouvait partout : les laods et vends (1), l'investiture et revestiture (2), les servis (3), sur certaines propriétés, conformément aux actes de reconnaissances renouvelés à chaque changement de propriétaire ou de seigneur. Ces renouvellements étaient passibles d'un droit de *plait* (placitum) ou de *muage* (mutagium). Les droits d'investiture et revestiture, appartenant à l'évêque, ne frappaient que les successions autres que celles des ascendants, des descendants, des frères et des sœurs ; il était d'un dixième de la valeur du fonds. Les laods et vends variaient d'un fief à l'autre, et même d'une terre à l'autre ; ils allaient du sixième au douzième du prix de vente ou de la valeur du fonds vendu. Il en était de même, à plus forte raison, des servis, réglés

---

(1) Droit à payer au seigneur du fief duquel dépendait une propriété, pour qu'il en approuvât la vente *(vend)* ou l'achat *(laod)*.

(2) Mise et remise en possession d'une propriété.

(3) Redevances personnelles *(corvées)* ou réelles, en argent ou en denrées.

uniquement par les albergements et les reconnaissances successives. Il était rare que l'évêque, le Chapitre, un noble vendissent une terre ou un droit quelconque sans se réserver, en sus du prix en argent, une mesure de grain ou de vin, une poule, un chapon, un fromage, ou une autre redevance en nature, payable chaque année, et souvent les bourgeois faisaient de même. Cela accommodait autant l'acheteur, qui avait moins d'argent à débourser, que le vendeur. Telle était l'origine du plus grand nombre des servis dont nous avons vu des reconnaissances.

D'autres provenaient de legs, et la plupart de ceux qui appartenaient aux évêques, à Saint-Jean et dans la Terre épiscopale, de la dotation de l'évêché par le roi saint Gontran ; c'était l'impôt rappelant leurs droits de souveraineté. Ainsi, le mas du Villard, à Saint-Jean d'Arves, devait chaque année à l'évêque neuf poules et neuf chapons, dont une poule pour le four du village, quatre poules pour les bois noirs dépendant de ce mas et appartenant à la commune, et le reste pour l'ensemble du mas, qui était un fief de l'évêque (1).

Au XVIe siècle, nous ne trouvons plus, à Saint-Jean, aucune servitude personnelle, aucune autre corvée que celle qui était due, deux fois par an, par les propriétaires de terres voisines de la route. Nous n'y rencontrons de même aucun homme-lige, aucun *taillable à miséricorde*, c'est-à-dire imposable au gré

---

(1) *Compte des servis reçus par Pierre Salière d'Arves, exacteur du R^{me} évêque en la mestralie d'Arves, 1586.* — Archives d'Arves.

du seigneur, dans les limites cependant fixées par le droit et par les reconnaissances, sauf un seul qui appartenait au Chapitre vers l'année 1520. Le servage avait donc disparu de Saint-Jean, et même à peu près entièrement de la Terre épiscopale, longtemps avant le remarquable édit publié le 25 octobre 1561, par le duc Emmanuel-Philibert, *touchant l'affranchissement des taillables et des biens conditionnés* du domaine ducal (1). Néanmoins, les considérants de cet édit sont puisés à une source si haute et démontrent si bien que l'abolition de l'esclavage, et ensuite du servage, fut le fruit naturel du Christianisme, que nous ne pouvons résister à la pensée d'en donner un extrait à nos lecteurs :

Puisqu'il a plu à Dieu, dit ce prince, restituer l'humaine nature en sa première liberté, et que tous princes chrétiens ayent dès longtemps en leurs terres et païs éteint et aboly l'odieux nom de servitude introduit par les payens, duquel à eux, entre autres choses, sommes differens ; ce neanmoins, de nostre heureuse restitution en nos païs, il y soit encore retenue certaine espèce de servitude, nommée *taillabilité* et main morte, dont les personnes sont appelées taillables, chargés et astraincts d'insupportables liens, qui se disent *angariés* et *parangariés,* incapables de tester ou contracter. Les uns par leur décès sans enfans masles, laissans leurs filles hors de toute succession, les autres mourans sans masles et filles, tout revenant à leur seigneur : et en d'autres nommés lièges *(liges),* estans pris les meubles d'iceux, et en aultres endroits les seuls fonds et biens chargés de telle écheute, decedant leur possesseur sans enfans, jaçoit (bien) qu'ils soient d'ailleurs de soy francs et

---

(1) *Compilation des anciens édits...,* p. 542.

libres. Sentant entre nous les justes doléances et plaintes de ceux mesmes qui sont de bon cœur, desirans de sortir de telle misère et racine de captivité, avons bien voulu, préférant le soulagement et indemnité de nos dits subjets à toutes expectations de nostre profit particulier en toutes échutes, émeu de pitié d'y remédier, pour estre le propre de tous bons princes d'user envers son peuple de toute clémence, bonté et magnificence que nous pouvons trouver estre plus méritoire et de louable réputation, que d'ôter et mettre nos hommes et leurs biens taillables hors de telle serve condition, les faisant libres et francs à perpétuité...

Le duc fixe la somme que devront payer le taillable et l'homme-lige pour devenir francs et libres, et qui varie, selon les cas, du quinze au vingt pour cent de la valeur de leurs propriétés. « Et parceque, continue-t-il, plusieurs se pourroient trouver de si bas cœur, nés et nourris à l'ordure de telle servitude, astreints à un nonchaloir de tout honneur et liberté, estant raison qu'iceux comme intérieurement, aussi par dehors, soient reconnus en leurs qualités d'avec les libres et francs, » il ordonne que les hommes libres soient préférés aux taillables pour tous offices, dignités, charges et administration, et il défend aux taillables et liges « n'estre si osés ni hardis désormais porter en robbes, chausses, chappeaux, bonnets, bords, bendages et autrement, en quelque façon que ce soit, aucune soye, drap de couleur, et autre que de simple bureau et drap de païs sans teinture, sur peine de prompte confiscation des dits accoustremens, au profit de nos officiers qui les trouveront, et de vingt livres pour chacune fois, à nous applicables. »

Ainsi, le serf qui ne voudrait pas de la liberté qui lui était offerte était déclaré infâme. Ces peines, prononcées contre ceux qui pourraient préférer le servage à la liberté, avec une diminution de leur fortune, à la vérité, mais avec l'assurance qu'au moins le reste leur appartiendrait définitivement, méritent d'être remarquées : on pourrait en conclure qu'à cette époque et dans les Etats de Savoie, le sort des serfs n'était pas excessivement malheureux.

Sans doute, il y avait dans cet édit d'affranchissement une mesure financière, excellente pour le trésor ducal, en ce moment surtout où il était vide et où Emmanuel-Philibert avait à organiser tout à la fois l'administration et la défense de ses Etats, ruinés par la guerre et par l'occupation étrangère. Néanmoins, il faudrait être injuste pour ne pas y voir des motifs d'un ordre plus élevé. Les Etats de Savoie prenaient le pas sur toutes les nations européennes, même sur la France, dans la voie des réformes libérales. Répétons, à l'honneur de la Terre épiscopale de Maurienne, qu'Emmanuel-Philibert y avait été devancé par nos évêques, et, à leur suite, par le Chapitre et par la noblesse. Le servage avait été aboli chez nous tout doucement, et il n'existe, du moins à notre connaissance, aucune charte relative à cette importante réforme.

Mais nos archives ont conservé les chartes des franchises ou libertés accordées aux communes par les évêques (1). C'est à ces franchises qu'il faut

---

(1) Voir *Chartes du diocèse....*, p. 238. — *Travaux de la Société d'hist. et d'arch...*, t. I, p. 397; t. II, p. 197.

attribuer le développement au sein de nos populations de cet amour de la liberté, de ce sentiment de leurs droits, de cet esprit de corps dont les luttes, plus ou moins raisonnables, contre les privilèges des deux premiers ordres, privilèges compensés par des charges, sont elles-mêmes un témoignage manifeste.

En terminant cette partie de notre travail, un amateur d'études comparées ne manquerait pas de poser cette question : des contribuables de l'ancien régime, par exemple du XVI° siècle, et des contribuables du régime actuel, quels sont les plus chargés ? Naturellement, la politique se mêlerait de l'affaire, — de quoi ne se mêle-t-elle pas aujourd'hui ? — et la solution de cet amateur serait combattue par un autre avec non moins de papiers et de chiffres. La bataille pourrait durer longtemps ; car, à notre avis, la question est insoluble, faute des éléments que demanderait une solution équitable, même pour une seule commune, à plus forte raison s'il s'agit d'un canton ou d'une province. Comment comparer des charges à peu près stables, sauf leur accroissement continu, à des charges presque toutes essentiellement variables chaque année ? Comment évaluer les conséquences économiques résultant du mode de paiement de certains droits, en nature ou en espèces ; du déboisement et du défrichement ; de la valeur des denrées et de la dépréciation de la monnaie ; de l'état des voies de communication et des frais de voyage ; de l'extension du service militaire ; de la concentration du commerce dans les grands centres ; de tant d'autres faits, les uns à l'avantage de notre époque, les autres à celui du moyen âge, qui ont complètement modifié la situation du contribuable, au point de vue de ses ressources comme à celui de ses charges, deux éléments de la solution du problème, dont il faut également tenir compte?

Rude besogne, que nous abandonnons au lecteur qui en aura le goût. S'il conclut que nos ancêtres n'avaient pas tort de se plaindre de leurs charges, nous sommes de son avis. S'il ajoute que les nôtres sont loin d'être légères, et que, pour une large part, elles proviennent de la suppression de bien des libertés dont jouissaient nos ancêtres, nous n'y contredirons pas non plus.

CHAPITRE XIV

La Justice et les Hommes de loi.

Le roi saint Gontran avait cédé à l'évêque de Maurienne, en toute souveraineté, un territoire qui comprend aujourd'hui dix-huit communes : deux sur la rive droite de l'Arc, Saint-André et Argentine ; seize sur la rive gauche, depuis le ruisseau du Freney jusqu'au Rocherai, entre Saint-Jean et Pontamafrey : Saint-Martin d'Arc, Valmeinier, Valloires, Albane, Montricher, Villargondran, Albiez-le-Jeune et Albiez-le-Vieux, Montrond, Saint-Jean et Saint-Sorlin d'Arves, Fontcouverte, Villarembert, Saint-Pancrace, Jarrier et Saint-Jean de Maurienne (1). La justice était administrée au nom

(1) Mgr Billiet, dans une note sur une bulle du pape Lucius III, du 16 octobre 1184, approuvant les donations faites à l'évêque de Maurienne, met au nombre des paroisses sur lesquelles s'étendait sa souveraineté, le Bourget, Aussois, Sollières, Termignon et la moitié des Millières. (*Chartes du diocèse de Maurienne*, p. 35.) M. Burnier reproduit cette note dans son *Histoire du Sénat de Savoie*, t. I, p. 31. La bulle elle-même montre que c'est une erreur. Le pape confirme d'abord la donation du roi Gontran, qui constitue la principauté de l'évêque : *Statuit ut omne jus regale in toto territorio Villarum S^i Andreæ et Argentine episcopi Maurianenses optineant. Idem quoque in locis ultra Arcum positis..... a rivo qui fluit a monte et intrat*

et par les juges de l'évêque : c'étaient les châtelains d'Argentine, de Saint-André, de Valloires et des Arves, et le juge de la Cour temporelle de l'évêque, résidant à Saint-Jean. Ce juge était d'ordinaire en même temps juge de la Cour spirituelle (1). On pouvait appeler de ses sentences à l'official du métropolitain de Vienne, et ensuite, ou même immédiatement, au Saint-Siège.

Cette principauté portait le nom de *Terre épiscopale de Maurienne.*

La révolte des Arvains, en 1325, obligea l'évêque Aimon des Hurtières à associer Edouard, comte de Savoie, à sa souveraineté sur la plus grande partie de la Terre épiscopale, qui prit dès lors le nom de *Terre commune.* Les châtellenies de Valloires, de Saint-André et d'Argentine demeurèrent soumises à l'évêque seul.

Le traité, signé le 2 février 1327 dans la collégiale de Sainte-Catherine d'Aiguebelle (2), stipule que

Arcum ad stricta St Andree usque ad rupem calvam que fere imminet ville Pontis. Ensuite il approuve d'autres donations de biens et droits, faites à l'église de Maurienne, soit dans les paroisses dont l'évêque est souverain, soit dans plusieurs autres, et il en cite quelques-unes : *in quibus hec propriis duximus exprimenda vocabulis.* Ce sont, non pas les paroisses, mais les églises de Termignon, Sollières, le Bourget, Aussois et la moitié de celle des Millières.

(1) *Judex curie temporalis episcopatus..... Judex episcopalis in spiritualibus et temporalibus.*

(2) Nous ne possédons qu'un résumé de ce traité, publié par la *Société d'histoire et d'archéologie,* t. I, p. 340; peut-être même tous les accords faits entre les parties contractantes ne furent-ils pas écrits, car il est dit : *Per quam associationem pacta et conventiones facte sunt; sed quia valde laboriosum est omnia describere, pauca tamen dice-*

« le comte exercera la justice civile et criminelle de concert avec l'évêque et de la même manière que celui-ci l'exerçait seul précédemment. »

Le juge représentant les deux souverains reçut le titre de *corrier et juge commun de la cité de Maurienne et ressort;* il eut sous sa juridiction les onze paroisses comprises dans l'association, et fut installé dans la tour et la maison que le comte avait acquises en fief de l'évêque. « Les causes de toute espèce, dit M. Burnier (1), étaient portées devant lui ; il rendait ses sentences sur les conclusions

mus. Que les trois châtellenies de Valloires, de Saint-André et d'Argentine ne fussent pas comprises dans l'association, cela résulte des termes même du traité, et, plus clairement encore, en ce qui concerne la châtellenie de Valloires, d'une transaction du 4 octobre 1438 entre l'évêque Oger de Conflans et le duc Louis. (Voir *Travaux de la Société d'histoire et d'archéologie,* t. V, p. 369.)

(1) *Histoire du Sénat de Savoie,* t. I, p. 45. — Quelques lignes plus haut, l'auteur dit que l'évêque de Maurienne *avait sacrifié le pouvoir absolu, c'est-à-dire reconnu au-dessus de lui le pouvoir du souverain.* Il suffit de lire le traité de Randens pour se convaincre qu'il ne place pas le comte de Savoie au-dessus de l'évêque et ne le fait pas son souverain, mais son égal et son associé dans l'exercice du pouvoir souverain sur un territoire où le comte n'avait eu jusque-là aucun droit: *Ipsum dominum comitem presentem et recipientem pro se et suis heredibus consociat, socium et dominum facit.* L'évêque donne au comte l'investiture de cette part de souveraineté et le comte reconnaît la tenir *De ipsius domini episcopi et ecclesie predicte feudo et directo domino.* Amédée VIII fut le premier prince de Savoie placé *au-dessus* de l'évêque de Maurienne comme souverain temporel, non en vertu du traité de Randens, ni en qualité de duc de Savoie, mais en celle de vicaire perpétuel de l'empire, dont l'évêque était feudataire.

d'un avocat fiscal (1). Une double voie s'ouvrait pour l'appel : presque toujours, on se pourvoyait à Vienne ou en Cour de Rome contre les jugements du tribunal épiscopal.

En 1500, l'appel à l'officialité métropolitaine était encore exercé sans contestation aucune. Nous en avons une preuve, entre autres, dans une sentence d'excommunication prononcée, le 27 mars de cette année, par messire Guillaume Palmier, official de Vienne, contre noble Pierre des Colonnes, sur un appel des syndics et consuls de Saint-Pancrace (2). L'objet du procès n'est pas indiqué. La sentence fut publiée sept dimanches ou fêtes de suite, dans l'église de Saint-Pancrace et dans celles de Sainte-Marie et de Saint-Christophe, le condamné ayant une maison à Saint-Jean. « Ceux qui communiqueront avec lui, dit l'official, sauf dans les relations ordinaires de la vie, seront frappés d'interdit et, si vous apprenez qu'il est dans l'église ou dans le cimetière, vous cesserez immédiatement l'office divin, la prédication et même le baptême des enfants ; jusqu'à ce qu'ayant fait réparation, il soit absous et rendu à l'unité de l'Eglise. »

« Ce second degré de juridiction, continue M. Burnier, présentait tant d'inconvénients, que le duc Charles III obtint, en 1515 et en 1525, des bulles qui déclaraient que toutes les appellations des

(1) 6 janvier 1508, contrat de mariage entre Antoine Bolier, *professeur de droit, avocat fiscal de l'évêché*, et Jérémie, fille de Jean d'Arves. Ce titre fut ensuite remplacé par celui de *procureur fiscal*.

(2) Archives de la cure de Saint-Pancrace.

juges temporels des évêques et autres seigneurs ecclésiastiques, en matières civiles et criminelles, seraient portées au Conseil résident de Chambéry. »

Parfois aussi, on s'adressait directement au duc de Savoie et à l'évêque pour obtenir réparation de certains griefs.

Une autre attribution du corrier était d'autoriser les assemblées du Conseil général, de les présider et d'en faire exécuter les décisions.

Représentant à la fois le duc et l'évêque, le corrier était nommé par les deux co-souverains ; quand le siège épiscopal était vacant, le Chapitre représentait l'évêque. A cause de la multiplicité des affaires, souvent fort menues, dont il était chargé, et des fréquentes absences de Saint-Jean qu'il était obligé de faire pour aller tenir les assises dans les diverses communes, faire les levées de cadavres et les enquêtes qu'il ne jugeait pas à propos de confier aux métraux, etc., il pouvait se choisir un substitut ou vice-corrier, qu'il nommait lui-même par acte passé devant l'official diocésain. C'est ainsi que, le 4 août 1522, spectable seigneur Bon-Amédée Baptendier, corrier de la cité de Maurienne, nomma noble Georges Truchet son substitut, lui donnant plein pouvoir d'entendre toutes les causes civiles et criminelles, de trancher les différends, de rendre des jugements définitifs, de prononcer des sentences contre les délinquants et les criminels, d'infliger même la torture, de publier et faire exécuter ses jugements, de rendre en un mot la justice et de faire tout ce que ferait le seigneur corrier, s'il était présent.

Georges Truchet occupa cette charge pendant plus de vingt ans. Son registre a été conservé (1); il renferme d'intéressants détails sur la justice et les mœurs de l'époque.

Quand le corrier siégeait, Truchet remplissait parfois les fonctions de greffier, et c'est ce qui valut à ses enfants, de la part du tiers-état, le procès dont nous avons parlé. Les jours de foire, le corrier ou le vice-corrier restait en permanence au banc de la Cour commune, pour juger séance tenante, s'il était possible, les différends qui surgissaient, et punir les voleurs, fraudeurs et batailleurs.

Ce registre, qui va jusqu'à l'année 1543, avec quelques lacunes, ne contient pas une seule sentence en matière de crime, ni même de délit. Les jugements civils eux-mêmes sont très rares. Presque toujours, après quelques audiences, les parties transigent sur l'arbitrage du juge et de quelques amis communs *(amicabiles compositores)*. Cependant, le registre forme un assez gros volume : c'est que très souvent les notaires rédigeaient, en présence du corrier et dans la salle de la correrie, les actes de partage, de vente, d'échange, les testaments, etc., pour leur donner plus de force (2). Il y a un grand nombre de nominations de tuteurs et de curateurs : la tutelle durait jusqu'à quatorze ans ; la curatelle, jusqu'à vingt-cinq (3). Georges Truchet insérait aussi dans son registre de la correrie les

(1) M. le comte Amédée de Foras en a fait don à la Société d'histoire et d'archéologie de Maurienne.
(2) *Ad majorem rei firmitatem.*
(3) *Major quatuordecim, minor vigenti quinque annorum.*

actes qui concernaient ses propres affaires et celles de son frère Antoine.

Relevons quelques points de droit. La légitime des filles était, d'après la coutume, d'un septième de l'hoirie du père et de la mère, à partager entre elles ; elle était d'un sixième dans la succession d'un frère (1).

Le créancier avait le droit de faire incarcérer à la correrie son débiteur qui ne pouvait ou ne voulait payer, à moins qu'il ne fournît caution ou qu'il ne donnât *main garnie,* c'est-à-dire qu'il ne remît en dépôt, jusqu'au paiement, des meubles ou du bétail pour une valeur supérieure à sa dette. Il devait se rendre de lui-même en prison le jour qui lui était fixé par le juge, et le créancier avait soin de s'assurer qu'il y était bien et dûment enfermé. Mais le prisonnier pouvait obtenir de petits congés pour ses affaires urgentes ; il paraît aussi qu'il ne lui était pas difficile de s'évader, car il existe plusieurs suppliques de créanciers, se plaignant que, étant allés voir leur débiteur en prison, ils ne l'y ont pas trouvé, et que le geôlier n'a pu dire ce qu'il est devenu. Me Pierre Jovet, notaire de Saint-Etienne de Cuines, fit incarcérer ainsi, en 1533, deux de ses fils qui n'avaient pas payé une maison qu'il leur avait vendue et qu'ils durent lui rétrocéder pour sortir de la tour de la correrie.

Le créancier était tenu de nourrir son débiteur en prison, sauf, bien entendu, à ajouter le prix de la pension à sa créance, ce qui ne manquait pas

(1) Transaction du 22 janvier 1529.

d'amener un nouveau procès, le débiteur prétendant qu'il avait souffert la faim, le créancier affirmant qu'il l'avait soigné comme son enfant, et le geôlier ne sachant pas au juste ce qu'il en était. Quelquefois, ce dernier se chargeait de nourrir le prisonnier ; alors, le procès était en partie double.

Les procès ne coûtaient pas cher, et pour quelques florins l'on pouvait se procurer l'honneur et le plaisir de voir le seigneur corrier à son banc, une fois par semaine, pendant assez longtemps ; et il paraît que plaideurs et procureurs y tenaient beaucoup, car il fallait qu'une affaire fût bien claire pour qu'elle ne prît que quatre ou cinq audiences. Elles avaient lieu, en été, à cinq heures du matin, *attendant six;* en hiver, à huit heures, *attendant neuf;* ce qui veut dire que le juge devait attendre et pouvait se faire attendre pendant une heure.

Une abondante source de chicanes, c'étaient les jugements *par provision*. Lorsqu'un procès paraissait devoir traîner en longueur, — et il n'y en avait guère qui ne fussent dans ce cas, — le juge, à tous les degrés, pouvait, sur la requête du demandeur, rendre un arrêt provisoire condamnant le défendeur à payer ou à livrer l'objet réclamé, moyennant que l'autre partie donnât *bonne et suffisante caution de rendre et restituer, s'il est dict à fin de cause et qu'autrement soit ordonné.* On comprend que le condamné provisoire ne manquait pas de protester et qu'il était difficile que, s'il avait gain de cause définitif, la restitution ne donnât pas lieu à des difficultés.

Citons un exemple de cette singulière procédure.

Le 28 juillet 1546, le tiers-état de Saint-Jean obtient du Parlement de Chambéry un arrêt par provision soumettant, *au besoin par saisie et exécution de justice,* les ecclésiastiques et les nobles à payer leur part proportionnelle de toutes les tailles et cotisations qui pèsent sur lui. L'huissier Clériadus de Laure se transporte de Chambéry à Saint-Jean, et, le 7 août, il se rend chez noble Pierre d'Arves, qu'il somme de payer aux syndics de la bourgeoisie la somme de sept florins et demi, montant de sa taxe. D'Arves refuse et proteste. L'huissier enregistre la protestation, mais il saisit *ung pourpoint de satin carmoisy doublé de fustainne blanche,* et ordonne à son propriétaire *de comparoir le lundy suivant au lieu accoustumé faire criés et subhastations pour venir voir vendre au plus offrant et dernier encherisseur le dict pourpoint.*

La vente eut lieu sur la place du Pointet-du-Bourg, et le pourpoint fut adjugé à André Regnault, un simple bourgeois, aubergiste à l'enseigne des Trois-Rois, pour la somme de sept florins et demi, qui fut immédiatement délivrée aux syndics du tiers-état. Seulement, l'huissier réserva au propriétaire débarrassé de son habit de cérémonie le droit, conformément à la coutume de Savoie, de le racheter, dans le terme de dix jours, en remboursant à l'acquéreur le prix d'adjudication.

Pierre d'Arves, qui a laissé ce dossier dans les archives de sa famille, a écrit au dos, avec une évidente satisfaction, que plus tard l'arrêt fut révoqué par le Sénat; mais il ne dit pas s'il avait usé de son droit de rachat, à défaut de quoi il est fort douteux qu'il ait pu, au moyen des sept florins et demi remboursés par le tiers-état, acheter un habit semblable. Mais, en ce cas, il aura eu la ressource de réclamer des dommages et intérêts, devant le corrier d'abord et, au besoin, devant le Sénat.

Le juge représentait les deux co-souverains ; il n'en était pas de même du ministère public, le duc et l'évêque pouvant avoir des vues et des intérêts opposés. Chacun d'eux avait donc son procureur fiscal près la correrie, et les deux procureurs donnaient leurs conclusions séparément ; s'ils ne s'accordaient pas, le corrier jugeait pour le mieux, sauf l'appel du procureur mécontent. Dans la Terre commune, où il n'y avait pas de châtelains, à l'époque qui nous occupe, les enquêtes, les arrestations, les mises à exécution des jugements étaient faites par les métraux ; il y en avait trois : celui de la cité, celui d'au-delà et celui d'en deça du col d'Arves. Nous verrons bientôt en détail quelles étaient les attributions de ces magistrats.

Les corriers étaient, après les évêques, les personnages les plus importants de Saint-Jean, au XVIᵉ siècle. Voici ceux dont nous trouvons les noms :

Aimon ou Aimonet du Mollard remplissait cette charge dans les premières années de ce siècle. En 1506-1508, elle fut occupée par Antoine de Montmayeur, d'Aiguebelle ; de 1508 à 1522, par Gabriel des Costes. Bon-Amédée Baptendier, qui lui succéda, rendit la justice jusqu'en 1543, où, à la date du 25 avril, il était remplacé par Jacques de Passier, notaire en 1518 et chef de la famille de ce nom (1).

Son successeur, Gilles de La Haye, écuyer, siégeait encore en 1558. Etienne Regnault, qui vint ensuite, ne resta guère qu'un an; car, la Savoie ayant été rendue à Emmanuel-Philibert, il rentra en France. Il était fils d'André Regnault, *chevaucheur tenant la poste pour le roi en la cité de Maurienne,* au logis des Trois-Rois, déjà mentionné en cette qualité dans un acte du 14 novembre 1542 (2).

Pierre Rapin fut corrier depuis 1559 jusqu'à sa mort, arrivée en 1579 ; il eut pour substitut Claude Michaelis, docteur en droit, et, en 1578, Mathieu d'Avrieux.

(1) Il ne faut pas le confondre avec Jacques de Passier, vicaire général à la même époque.

(2) La création des postes aux chevaux et aux lettres est due, en France, à Louis XI. En l'année 1464, il ordonna que, de quatre en quatre heures, on établirait des chevaux courants et des maîtres coureurs ou chevaucheurs pour porter les dépêches et les lettres du roi: les chevaucheurs ne devaient donner des chevaux à qui que ce fût sans un ordre royal. L'Université de Paris établit aussi des courriers pour la correspondance des étudiants avec leurs familles. (Charles BUET, *Louis XI et l'unité française*, p. 123.) Ce ne fut qu'un peu plus tard que cette utile institution fut mise au service du public. François Ier l'introduisit en Savoie en 1536. Un frère d'André Regnault le chevaucheur était praticien à Saint-Jean ; un autre était courrier de l'hospice de la Magdeleine, près du Lautaret en Dauphiné. En 1558, il obtint de Guillaume Robin, procureur du roi en Maurienne, un certificat de bonne vie et renommée, constatant qu'il possédait une fortune d'au moins mille écus. En 1559, Bon-Amé *Davril,* sans doute *Deaprili* ou *Davrieux,* de Lanslebourg, fut confirmé dans l'office de chevaucheur à Saint-André, qu'il remplissait déjà sous le gouvernement français. (Archives du Sénat. — *Édits, bulles,* etc.)

En 1580, Georges de Jorcin était au banc de la correrie ; son père, Jean-Pierre de Jorcin, était notaire en la rue Beauregard et se contentait du titre modeste de maître. Mais Georges était docteur en droit ; sa mère, Thomasse Romanet, de Saint-Jean, était noble ; il prit la qualification nobiliaire. Il mourut vers la fin de l'année 1582.

L'office de corrier fut confié, le 28 janvier suivant, à Bon-Amédée Baptendier ; le 18 juin 1587, Charles-Emmanuel l'autorisa à remplir en même temps la charge de juge de Bessans et de Lanslevillard, pour le cardinal Alexandrin, seigneur de ces deux communes (1). Il eut successivement pour substituts Jean d'Avrieux, Bon-Amé Cueur et Gabriel de Lathoud.

Jacques-Albert d'Avrieux fut nommé corrier en 1598 (2).

La juridiction du corrier, avons-nous dit, ne s'étendait que sur la *Terre commune,* c'est-à-dire sur la partie de la *Terre épiscopale* dont la souveraineté était, depuis le traité du 2 février 1327, indivise entre les évêques de Maurienne et les princes de Savoie. Le reste, qui était demeuré soumis à l'évêque seul et qui comprenait les communes de Saint-Martin d'Arc, Valmeinier, Valloires, Albane, Montricher, Saint-André et Argentine, avait continué à être régi, sous le rapport judiciaire, par le juge épiscopal. Ce magistrat avait, en outre, dans ses attributions, la connaissance des causes des ecclésiastiques de tout le diocèse, soustraits à la juridiction laïque par leurs privilèges, et par con-

(1) Archives du Sénat. — *Registres des édits.*
(2) Ibid.

séquent de celles qui intéressaient l'évêque et le Chapitre dans l'exercice même de leurs droits temporels. C'est ainsi que nous voyons, en 1566, Nicolas Michel, juge ordinaire de l'évêché, condamner à l'amende un marchand de fromages de Valloires, qui avait refusé de se servir du poids épiscopal déposé au Pointet-du-Bourg. Le ministère public était représenté auprès de lui par le même procureur fiscal qui représentait l'évêque auprès du corrier.

Jusqu'en 1559, les fonctions de juge temporel de l'évêché furent remplies par le vicaire général, et nous trouvons des jugements rendus en cette double qualité par Henri Dupuis, en 1506 ; Guillaume Perret, chanoine de Genève et de Lausanne, en 1507 ; Paul Dubois *(De Bosco),* en 1518 ; Claude de Mouxi, en 1520 ; Jacques de Passier, en 1521 et en 1532 ; Louis Catel, en 1526 ; Joffred Boisson, substitut, en 1530 ; Claude de Morel, juge, en 1540 et 1548 ; François Bonnivard, en 1547 et 1550 ; Laurent Lauri, en 1551 ; Jean de Valence *(Valentinianus),* de 1552 à 1556, avec le chanoine Antoine Gavit pour substitut. Depuis 1559, la judicature épiscopale fut séparée du vicariat et généralement confiée à des laïques : Antoine Pasquier, en 1564 ; Nicolas Michel, en 1566 ; Guillaume Bourdin, qui prenait souvent la qualité de noble, en 1571 et 1584, et, après lui, noble Pierre Rembaud, que nous trouvons mentionné dans le testament de Pierre de Lambert, avec un legs de cinquante écus, et dans un jugement du 8 janvier 1594 (1).

(1) Archives d'Arves.

Nous avons vu qu'à la demande du duc Charles III, les papes Léon X et Clément VII avaient décidé que, dorénavant, les appellations des juges temporels des évêques et autres seigneurs ecclésiastiques, en matières civiles et criminelles, seraient portées au conseil résidant à Chambéry. C'était une rude atteinte au pouvoir souverain des évêques de Maurienne ; d'égaux du duc de Savoie, ils devenaient ses subordonnés. Aussi, cherchèrent-ils pendant longtemps à faire revenir le Saint-Siège de sa décision, et, en attendant, à en éviter autant que possible la mise à exécution. Mais, le 9 janvier 1539, François Ier rendit une ordonnance par laquelle il prescrivit « que tous les appels des jugements rendus par les gens d'Eglise, dans le ressort du Parlement de Savoie, seront portés devant cette Cour et non ailleurs (1). L'évêque de Maurienne, Jean-Philibert de Challes, opposa une résistance énergique et alla en personne faire valoir ses droits auprès du roi ; mais il mourut dans ce voyage et le siège épiscopal demeura vacant de fait jusqu'en 1567. François Ier et Henri II se substituèrent à l'évêque dans son pouvoir temporel, comme ils se substituaient au duc de Savoie.

C'est sans doute ce qui a fait dire à l'historien du *Sénat de Savoie* (2) « que l'évêque de Maurienne ne gardait de ce pouvoir que le titre de prince de

---

(1) Burnier, *Histoire du Sénat de Savoie*, t. I, p. 130.

(2) Ibid., p. 132. L'auteur commet une seconde erreur quand il dit que l'évêque commanda en maître absolu dans la vallée qui s'étend d'Aiguebelle au Mont-Cenis.

Maurienne et le droit de faire porter une épée devant lui, quand il parcourait processionnellement sa résidence. » Cette assertion n'est pas complètement exacte, même au point de vue des faits. Pierre de Lambert et ses successeurs exerceront encore des actes du pouvoir souverain dans la *Terre épiscopale* et même dans la *Terre commune.* Mais, sans être nié ou attaqué positivement, ce pouvoir, sans cesse diminué par les envahissements des ducs de Savoie, finira par disparaître.

Saint-Jean avait une troisième autorité judiciaire qui, avec le temps, absorbera les deux autres, celle du juge-mage *(judex major).*

Le juge des princes de Savoie siégea d'abord à Salins : sa circonscription comprenait les parties de la Maurienne et de la Tarentaise qui étaient soumises à la juridiction directe de ces princes. Il était aussi chargé de veiller à la conservation de leurs droits politiques et féodaux dans les terres des évêques de Maurienne et de Tarentaise, et du jugement des affaires qui s'y rapportaient. C'est pour cela que nous avons vu le juge-mage intervenir dans les procès du tiers-état avec le clergé et la noblesse. Il avait, pour la Maurienne, un lieutenant que nous trouvons, en 1490 et en 1509, résider à Pontamafrey.

Jean Cornu en 1310 et 1317, Pierre de Saint Jeoire en 1319, Pierre *de Muris* en 1330, Guillaume du Verger en 1428 et 1450, Jean Bergier en 1458, Claude de Verdon en 1492, Pierre de Verdon en 1513, François Bonnivard (1) en 1514 et 1532, signaient : *juge de Maurienne et de Tarentaise.* En

---

(1) Peut-être le même François Bonnivard qui, en 1547, était official et vicaire capitulaire du diocèse de Maurienne.

1514, Bonnivard avait pour lieutenant en Maurienne noble François de Saint-Sixt, de la paroisse d'Hermillon. Noble Bon-Amé de Saint-Sixt est témoin à un contrat le 13 décembre 1567 (1).

On trouve cependant, en l'année 1528, un jugement rendu par Jean-Joffred Arnaud, *juge-mage de Savoie,* pour autoriser la vente aux enchères d'une maison située à Saint-Jean et appartenant à une mineure. Pourquoi ne s'était-on adressé ni au juge-mage de Maurienne, ni au corrier? Le jugement ne l'explique pas.

François Ier donna à la Maurienne un juge particulier et Emmanuel-Philibert le lui conserva. De 1545 à 1563, il se nommait Étienne de La Roche, docteur en droit. Antoinette, sa fille, épousa Mathieu d'Avrieux et le contrat de mariage fut signé, le 19 septembre 1548, dans la maison de Pontcharra appartenant à noble Pierre Pellette (2). Jean-Claude de La Roche, fils et successeur d'Étienne, dont il avait été lieutenant, ne fit que passer dans la judicature-mage. Dès la fin de l'année 1563, elle était occupée par Antoine Baptendier. Celui-ci eut pour successeur, en 1572, Jean Dumbert, dont les lettres de nomination sont du 31 août. Nommé sénateur le 20 décembre 1592, il obtint que la judicature-mage de Maurienne fût donnée à son fils Jean-François, le 9 novembre 1595 (3).

Ces trois juridictions, placées dans la même ville, n'avaient pas des limites si nettement tra-

(1) Archives d'Arves.
(2) Archives de M. Florimond Truchet.
(3) Archives du Sénat.

cées, qu'il ne restât entre elles certains terrains vagues dont la propriété n'était pas bien établie. Les droits du duc et ceux de l'évêque, les privilèges du clergé et de la noblesse, les franchises du tiers-état, le droit romain, la coutume, les statuts de Savoie et les statuts épiscopaux formaient sur ces terrains des fourrés dans lesquels les arrêts du Sénat, compliqués des ordonnances ducales, n'ouvraient pas dés chemins bien visibles. Naturellement le juge-mage se tenait du côté du duc ; le corrier penchait souvent du côté de l'évêque et du tiers-état ; le juge temporel appartenait à l'évêque. Les plaideurs s'efforçaient de réclamer la juridiction qui convenait le mieux aux besoins de leur cause, surtout dans les procès où la politique, c'est-à-dire les intérêts du duc, de l'évêque ou des ordres de citoyens, se trouvait engagée.

Chacun de ces tribunaux avait son greffier ou secrétaire, ses scribes ou écrivains. Il y avait d'autres greffes encore : le greffe de la cour spirituelle, le greffe du sceau et des émoluments de l'évêché, le greffe du chapitre, le greffe de la châtellenie de Maurienne, celui de la châtellenie de Pontamafrey. Ces greffes étaient donnés à ferme pour trois ou cinq ans. Souvent le même praticien en prenait plusieurs, ou bien deux ou trois praticiens les prenaient tous, pour les céder ensuite en détail, moyennant un bénéfice. Le fermier était responsable, il payait la somme portée dans le fermage et retirait les émoluments fixés dans les tarifs ; il devait faire agréer les sous-fermiers, qui n'avaient affaire qu'avec lui. Si l'un des greffiers associés venait à mourir pendant le bail, le survivant s'arrangeait avec les héritiers comme il pouvait.

En 1592, Jean Collomb et André Rossat afferment tous les greffes de l'évêché et du Chapitre, y compris celui de la correrie. L'année précédente, Collomb était fermier du domaine et des revenus de Son Altesse : leydes, péages, servis, tailles, ventes, curialités, mestralies, etc., de la haute Maurienne depuis le pas de la Verne jusqu'à Bonneval. Collomb et Rossat s'associent le notaire Claude Bertrand et le praticien Humbert Rolaz pour l'exploitation des greffes. Puis tous les quatre cèdent le greffe de la cour spirituelle à Jean Favre pour 460 florins par an et le *regeste,* ou secrétariat, du Chapitre à Michel Ribous pour 200 florins, et se partagent les autres greffes : Collomb a la cour commune ; Bertrand, la cour temporelle de l'évêché ; le premier paiera 800 florins sur le prix total du fermage, le second paiera 520 florins. En 1593, Collomb et Bertrand cèdent encore à Jean-Baptiste Boisson le *regeste* des causes civiles de la cour commune (1).

Ce qui allongeait démesurément les procès, c'était, outre l'obscurité des lois et les dédales de la jurisprudence et de la coutume, la fréquence des jours fériés. Nos tribunaux étaient, sous ce rapport, assimilés à la Cour de Chambéry, successivement Conseil résident, Parlement et Souverain Sénat. M. Burnier (2) donne le tableau des féries, d'après le recueil de Bailly : on compte, en dehors des vacances et des dimanches, soixante-seize jours

---

(1) Archives de l'hôpital de Saint-Jean.
(2) Ibid., p. 343.

où les audiences n'avaient pas lieu. Les vacances ou *féries des vendanges,* duraient du 1ᵉʳ septembre au 18 octobre. Dans la seconde moitié du xvıᵉ siècle, la coutume y ajouta les *féries des moissons,* du 1ᵉʳ au 23 juillet. Parmi les jours fériés, il y avait les six premiers et les six derniers jours de l'année, la quinzaine de Pâques, de Rameaux à Quasimodo, la fête de sainte Thècle.

Les avocats ne se montraient guère en public sans être revêtus de leur toge et n'allaient à l'audience que pour les affaires les plus importantes. Généralement, les procureurs et les praticiens étaient chargés de lire et de développer leurs consultations.

Le procureur devait être nanti d'une procuration de son client. Elle pouvait être faite à plusieurs procureurs : nous en avons vu, faites par des personnes qui allaient entreprendre un voyage et passées à la fois à trois ou quatre, même à tous les procureurs de Saint-Jean et, en cas d'appel, à plusieurs procureurs de Chambéry.

Les procureurs étaient nombreux à Saint-Jean ; les notaires et les praticiens l'étaient plus encore. Les notaires ajoutaient souvent au notariat proprement dit, les fonctions de procureurs, d'agents d'affaires et même d'avocats ; les praticiens étaient agents d'affaires, clercs de notaire ou de procureurs, greffiers ou scribes dans les tribunaux. Leurs études *(operatoria),* semblables aux boutiques des marchands, s'ouvraient principalement tout autour de la place de l'Officialité et dans toutes les extrémités de la ville, dans les rues d'Arvan, Beauregard et Bonrieu, pour attirer au passage les gens de la campagne pressés de quelque affaire. On trouvera ailleurs des chiffres pris à l'année 1581. Disons seulement ici que la rue Beauregard possédait en cette année-là, outre les frères Baptendier, Guillaume Bourdin et Michel Truchet, docteurs en droit, *huit maîtres,* dont les principaux étaient : Boniface des Costes, Pierre Lambert, Pierre Delacombe, Georges Bibal et Mathieu Davrieux.

Georges Bibal était fils d'Antoine Bibal, médecin, et de noble Antoinette Testut, veuve en premières noces de noble Jacques-Antoine des Colonnes, de Saint-Pancrace. Son père, né dans le Languedoc, était venu s'établir à Saint-Jean, lors de l'occupation de la Savoie par François Ier, et il n'avait pas tardé à y acquérir une grande considération qui lui valut cette apostrophe de Jacques Peletier :

> Et toi, Bibal, qui laissas de bonne heure
> Ton Languedoc pour faire ici demeure,
> As prouvé qu'un païs montueux
> Est bien ancor païs des Vertueux.

Il possédait, avec Jacques son frère, à droite en montant dans la rue, la maison qui est précédée d'une cour et où l'on voit, du côté de la rue de l'Orme, une fenêtre ogivale de la première moitié du XVIe siècle. Louise, leur sœur, avait épousé noble Henri Varnier, de la cité de Saint-Jean (1).

Mathieu Davrieux ou d'Avrieux *(Deaprili)* était né à Lanslebourg. Une tradition, consignée dans

---

(1) Acte du 5 décembre 1580, archives d'Arves.

un mémoire écrit vers l'année 1700 (1), dit que ses ancêtres habitaient Avrieux, dans le canton de Modane, l'ancien *Brios* où mourut l'empereur Charles-le-Chauve, et que cette famille était originaire d'Angleterre. On ajoutait que le premier, qui était venu se fixer dans ce pays, était un gentilhomme, parent de Saint Thomas Becket, forcé de s'expatrier après le martyre du saint archevêque en l'année 1170. Ce qui est certain, c'est que l'église d'Avrieux fut fondée et dotée en 1204 par Anselme *de Aprili* qui se dit d'Angleterre (2).

En l'année 1541, Mathieu *Deaprili* était notaire et l'un des secrétaires ou scribes des actes judiciaires de l'évêché. Cet emploi l'impliqua dans un procès que nous raconterons. En 1581, il est qualifié de procureur et de *clavaire* (3). Il habitait la dernière maison de la rue Beauregard, près les manoirs du Pont et Baptendier. Il laissa trois fils : Jean, Pierre et Jacques-Albert. Le premier fut juge-mage de Tarentaise. Le second, « devant faire ung long voyage du costé de Toulouse et aultres endroicts de la France, et recognoissant les dangers ausquels chesque personne est aujourd'hui constituée, et mesmes ceulx qui voyagent en terre et province lointaine, » fit son testament le 16 juillet 1592. Le troisième, avocat au Sénat de Savoie en 1596, avait épousé Claudine des Costes : en 1592, il prit la

(1) Archives de F. Truchet.
(2) Archives paroissiales d'Avrieux.
(3) *Clavaire*, garde des archives et aussi garde des clés de la ville. Ici il faut prendre ce mot dans le premier sens ; car les clés des portes de la ville, quand on jugeait nécessaire de les fermer, étaient déposées chez le corrier.

qualification de noble et il devint conseiller de Son Altesse, corrier et juge commun de Saint-Jean (1).

Citons encore quelques noms parmi ces nombreux maîtres et praticiens que nous voyons prendre une part active et dévouée à toutes les affaires et à toutes les luttes de la bourgeoisie.

Un des plus riches et des plus influents était, en 1581, Me Antoine Canal, de la rue d'Arvan. Il appartenait à une famille très ancienne, dont nous trouvons des membres dans toutes les professions libérales de la ville. En 1558, elle comptait deux apothicaires fort estimés, et un procureur du roi pour la partie de Pontamafrey.

Saint-Antoine avait à cette époque le secrétaire Jean Marquet et venait de perdre son prédécesseur, Jean-Jacques Magistri.

Les principaux à Bonrieu étaient Jacques Boudrey, qui fut confirmé le 1er décembre 1580 dans la charge de procureur fiscal de Son Altesse, et les six frères Bertrand. Ceux-ci étaient disséminés dans toute la ville, mais la maison paternelle était entre la maison de Babylone et la *rue des Champs*. Les principaux étaient : Jean, l'aîné, qui épousa sa voisine, Louise, fille de noble Thibaud Fournier et sœur du P. Chérubin, morte avant 1581 ; Pétremand, procureur fiscal de Mgr de Lambert, qui lui légua « cinquante escus petits pour un accoustrement qu'il portera pour l'amour de lui et cent semblables escus pour ayder à marier Martine, sa fille ; » Jacques, successeur de son frère, en 1615,

---

(1) *Armorial et Nobiliaire.* — Archives de M. Truchet.

comme procureur fiscal; et Thomas qui, en 1602, fut nommé imprimeur de Son Altesse, à Chambéry (1).

Mgr de Lambert fit aussi un legs de cinquante écus à maître Pierre Delacombe, de la rue Beauregard, porte-enseigne de la cité.

Remarquons que presque toutes les communes avaient des notaires. Nous en trouvons à Jarrier, à Saint-Pancrace, à Fontcouverte, dans les Arves et les Albiez, à Saint-Julien, à Hermillon, etc. Si l'on en juge par les minutes très incomplètes qui nous restent, tous ces notaires étaient convenablement occupés. C'est que l'on faisait beaucoup d'actes et pour les moindres affaires, en ce temps-là où les frais se réduisaient au petit honoraire du notaire. Ces petits ruisseaux, auxquels se joignaient les petits revenus de divers autres emplois, presque toujours confiés à des notaires, comme de greffiers, de châtelains, de commissaires des extentes, chargés de faire renouveler les reconnaissances des redevances dues au duc de Savoie, à l'évêque, aux églises et aux nobles, etc., formaient souvent d'assez belles rivières. Aussi, une fois pourvus d'une certaine fortune et d'une certaine influence, les notaires aspiraient-ils à la noblesse par des alliances et par l'acquisition de fiefs réputés nobles. La plupart des nombreuses familles nobles que nous rencontrons à Saint-Jean à cette époque, avaient commencé par le notariat. Citons seulement les Baptendier, les Rapin, les d'Avrieux, les Ducol, les Truchet, les Rembaud, les Sibué.....

(1) Archives du Sénat, registre des édits et patentes.

On trouve des notaires qui étaient prêtres : en 1414, Antoine des Costes, chanoine; en 1534, André Guirand, de Jarrier ; en 1538, Jacques Poëfil, chapelain de la cathédrale ; en 1544, Pierre Lyonard, prêtre du Bourget....... Ce cumul du bréviaire et du protocole paraît avoir cessé vers le milieu du xvie siècle.

On sait que l'année commençait à Noël. Les notaires avaient l'habitude d'écrire en tête du registre de chaque année quelque souhait pieux. Voici celui qu'on lit dans les minutes de Jean Marquet :

Jesus Nazarenus Rex Judæorum.
Titulus Domini Nostri Jesu Christi defendat et protegat
me ab omnibus malis. Amen.
Qui cœptum præstas da finem Trina Potestas.
Adsit principio Sancta Maria meo,
Meque juvet et faciat implere quod utile fiat. Amen.

Le bon notaire marque que, le vendredi 11 mai 1554, il lui est né un garçon et qu'il l'a appelé Antoine. *Dieu par sa sainte grâce,* ajoute-t-il, *luy doint bonheur et fortune. Ainsi soit-il.* Nous regrettons de ne pouvoir dire au lecteur si ce vœu paternel s'est accompli. En tout cas, Jean Marquet paraît l'avoir mérité, excepté par son écriture qui nous a donné bien de la peine.

Michel Gussoud met au commencement de son livre des *Gestes de la cité de Saint-Jean de Maurienne,* commencé le 24 mai 1581, ce dystique :

L'homme mondain n'est point certain
Qu'il ne soit malade demain.

L'édit du 9 janvier 1539 opéra une réforme consirable dans la rédaction des actes publics. Jusqu'à cette époque, ils étaient en latin, mais c'était un latin qui ne ressemblait à celui de Cicéron que par la queue latine ajoutée aux mots français et patois dont il était émaillé. Le roi ordonna que les procédures et les actes judiciaires se fissent désormais en français. Le Parlement de Chambéry opéra la réforme immédiatement. En province, on fut plus lent à l'exécuter. Le premier acte rédigé en français dans le registre du vice-corrier Georges Truchet, est du 15 mars 1543. Les notaires, que l'ordonnance royale n'atteignait pas, suivirent peu à peu l'exemple des tribunaux. Les avocats ne les imitèrent que plus tard et nous trouvons encore en 1560 des avis écrits en latin : ils sont signés *Petrus de Collo, Petrus Rapinus, Antonius Pasquerius*. Jean Dumbert, seul peut-être à Saint-Jean, écrit et signe déjà en français. Mais pendant très longtemps, ils continuent tous à intercaler dans le français, presque à chaque ligne, des citations latines des lois et des jurisconsultes, ce qui compose la plus singulière mosaïque qui se puisse imaginer.

François Ier avait aussi prescrit la tenue des registres des naissances et baptêmes, qui devaient être signés par le curé et par un notaire. Nous n'en avons encore trouvé aucun de cette époque en Maurienne, et ce ne fut même que dans les dernières années du xvie siècle, sous l'épiscopat de Mgr Philibert Millet, que les décrets du Concile de Trente, sur la tenue des registres, furent généralement mis à exécution dans notre diocèse.

CHAPITRE XV

La Noblesse.

La ville de Saint-Jean avait, au xvie siècle, une noblesse beaucoup plus nombreuse que ne le ferait supposer le chiffre de sa population qui, à cette époque, ne dépassa pas 2,500 âmes. Le traité de 1327, en associant les comtes de Savoie à la souveraineté des évêques, sur la plus grande partie de leurs terres, n'avait pas enlevé à ceux-ci le droit de conférer des titres de noblesse et quelques-uns en avaient usé largement. Aux anciennes familles du Pont, du Mollard, des Costes, de La Balme, etc., Étienne de Morel et, avant lui, les cardinaux de Varembon et d'Estouteville avaient ajouté les Fournier, les Truchet, les Colonnes, les Rapin, etc. Puis vinrent les Baptendier et les d'Avrieux, anoblis par le duc de Savoie. Les édits d'Emmanuel-Philibert enjoignant à la Chambre des comptes de délivrer des lettres de noblesse à tous ceux qui prouveraient qu'ils vivaient noblement et qu'ils possédaient des fiefs réputés nobles, apportèrent un notable renfort à la classe des privilégiés. Nous avons vu dans quel sens et avec quelles restrictions il faut prendre ce mot, dont on a tant abusé.

Notons d'abord la disparition, à la fin du xv° siècle, d'une famille qui avait été peut-être la plus importante de la Terre épiscopale, la famille Séchal.

Le 15 mars 1460, noble Jean Séchal, fils de feu noble Gabriel Séchal, d'Albiez-le-Jeune, fait une reconnaissance de fiefs et redevances nobles qu'il tient du duc de Savoie, et dont la moitié appartient aux héritiers de Claude Séchal, son frère. Ces fiefs sont presque tous situés à Beaune, au-dessus de Saint-Michel : les reconnaissances remplissent un registre de cent-vingt-six feuillets.

La famille Séchal était fort ancienne. Philippe et Pierre Séchal, chevaliers, sont mentionnés dans une charte de 1188. En 1209, deux Aimon Séchal, l'oncle et le neveu, engagent au Chapitre de Maurienne tout ce qu'ils possèdent à Montricher; en garantie d'une somme de dix livres qu'ils ont empruntée de lui (1). En 1303, noble Jean Séchal prête serment de foi et hommage à l'évêque de Maurienne.

Dans la reconnaissance de 1460, Jean Séchal ajoute à son nom le titre de Séchal de Saint-Jean de Maurienne (2). *Séchal* est une contraction de *sénéchal*. Le séchal était donc le chef de la noblesse de Saint-Jean et probablement de toute la Terre épiscopale.

L'évêque n'ayant jamais de guerre, cet office était inutile. Aussi une bulle du pape Pie II, datée

(1) *Chartes du diocèse de Maurienne.* p. 36.
(2) *Johannes Secalci..... secalcus Sancti Johannis Mauriane.*

du 16 juin 1461, confirma la suppression, prononcée par le cardinal d'Estouteville, soit par son procureur, Boniface Favre, chanoine de Lausanne, et par le Chapitre de la cathédrale, d'un office de la cour épiscopale appelé *sécalie,* lequel, dit la bulle, se transmettait de père en fils et, devenu vacant, était rentré sous la main de l'évêque. La suppression était motivée sur ce que, d'une part, cet office ne rendait aucun service réel à l'église de Maurienne et à la mense épiscopale, et que, de l'autre, il était une lourde charge pour le peuple.

On peut conclure de là que la charge de séchal était héréditaire dans la famille Séchal, qu'elle lui avait donné son nom, et que Jean Séchal était mort sans enfants mâles avant l'année 1461. Les deux filles de Claude avaient épousé deux frères, nobles Claude et Louis Salière (1).

Ce nom de Séchal se retrouve ensuite dans une famille bourgeoise de Saint-Jean. En 1506, Georges Séchal, syndic du tiers-état, fut un des signataires des Constitutions du cardinal de Gorrevod. En 1581, Me Jean-Pierre Séchal était un des principaux praticiens de la rue Bonrieu. Le chanoine Étienne Séchal, mort en 1818, curé de Montvernier, avait été le dernier curé de Saint-Christophe.

Quant aux fiefs de Beaune, une note, mise en tête du livre de reconnaissances de 1460, par les notaires Jean Portier et Pierre de La Crose, commissaires des extentes de Maurienne, dit qu'ils avaient passé entre les mains de noble Jean d'Albiez.

On trouve des nobles d'Albiez depuis la fin du

(1) Note de M. le comte de Foras.

xiiᵉ siècle (1), Jacques d'Albiez était châtelain de Bessans en 1339. Un petit fait montre quelle était la valeur des livres avant l'invention de l'imprimerie. Le 7 novembre 1409, noble Martin d'Albiez, chanoine et chantre de l'église de Maurienne, fait son testament devant les portes de l'église de Sainte-Catherine d'Aiguebelle (2). Entre autres legs, on lit celui-ci : « Le testateur donne son bréviaire à la chapelle Sainte-Marguerite, fondée dans l'église Saint-Jean-Baptiste, et à son chapelain ou recteur, à la condition que celui-ci célèbrera tous les lundis une messe des défunts pour le repos de l'âme du testateur. Après la messe, il ira sur le tombeau où sera son corps, y répandra de l'eau bénite en récitant le psaume *De profundis,* et dira ensuite l'oraison *Inclina, Domine, aurem tuam.....* Si ledit recteur refuse d'accepter cette charge, le Chapitre et l'héritier du testateur vendront le bréviaire et le prix sera employé à acheter une rente pour l'acquittement de la messe. Le testateur veut être maintenu pendant deux ans après sa mort dans la confrérie du Saint-Esprit de la cité de Maurienne comme confrère défunt *(pro uno confratre mortuo),* et l'on paiera pour lui la rétribution d'usage. » Il institue héritier Guigonet d'Albiez, son frère.

Cette famille ne survécut pas longtemps à celle de Séchal (3). Antoine, fils de Jean d'Albiez et de

---

(1) *Armorial et Nobiliaire de Savoie.* D'Albiez porte *de gueules à la bande d'or chargée d'un demi-vol de sable.* (Façade de la chapelle Saint-Antoine à Saint-Jean.)

(2) *Chartes du diocèse de Maurienne,* p. 247.

(3) Il existe dans le Roussillon une famille d'Albiez, qui a les mêmes armes que les anciens d'Albiez de Saint-Jean. C'est probablement une branche passée en France dans le xvᵉ siècle.

Marie du Pont, possédait de vastes propriétés sur divers points du territoire de Saint-Jean, entre autres sept moulins aux Choudanes. Il épousa Marie, fille de noble Humbert de Montmayeur, en faveur de laquelle il fit, le 6 juin 1491, une reconnaissance de la somme de cinq cents florins qu'il avait reçue pour sa dot et qu'il hypothéqua sur sa maison-forte de Molard-Bouchard, le verger et les cinquante fossorées de vigne contiguës. Parmi les témoins, il y a noble Louis d'Albiez et noble Jean Fournier, père de Jérôme, qui reçoit l'acte. Antoine d'Albiez eut deux filles : Jeanne, que nous retrouverons tout à l'heure, et Louise. Il testa le 20 mars 1511.

Jean, son père, avait été, ainsi que François du Pont, Pierre Salière et Denis Buisson, curé de Saint-André, envoyé à Rome par le Chapitre, en 1451, pour obtenir la confirmation de l'élection qu'il avait faite de Jean-Louis-Octave de Savoie, huitième fils du duc Louis, pour succéder au cardinal de Varembon sur le siège épiscopal ; mais ils avaient échoué dans leur mission, l'élu était un enfant de dix ans ! (1)

Parmi les nombreuses familles nobles mentionnées dans nos documents, un grand nombre n'ont habité Saint-Jean que peu de temps et n'ont laissé de souvenirs que dans les minutes des notaires. C'est par celles-là que nous commençons.

CHATEAUMARTIN. — Cette famille habitait rue Bonrieu, en face du Petit-Séminaire. Une branche

---

(1) *Histoire chronologique des évêques de Maurienne*, manuscrit de M. Combet.

était établie à Saint-Julien. En 1513, noble Pierre de Châteaumartin était clavaire de Maurienne : il laissa trois fils : Pierre, qui entra dans les ordres, Jacques et Louis. Jacques eut Eynaud, et Jean dont le fils, Claude, est inscrit au rôle de la noblesse de Maurienne de l'année 1602. On y voit aussi Jeanne de Châteaumartin, de Saint-Julien, veuve de noble Constant du Pré, de Suse (1).

Colonnes. — C'était une famille de Saint-Pancrace; mais elle avait une maison à Saint-Jean, détruite par l'ouverture de la rue Neuve. Nous y trouvons, en 1434, Claude, Antoine et Guillaume des Colonnes, qui furent anoblis par patentes du 14 août 1452; en 1487, un autre Guillaume, excommunié en 1500 par l'official de Vienne, sur une plainte de la commune de Saint-Pancrace; en 1581, Bon, fils de Jacques-Antoine des Colonnes, de Saint-Jean, dont les propriétés furent alors subhastées.

Falcon ou Falcoz. — En 1508, noble Jean Falcon, de Valloires, habitant à Saint-Jean, épousa Ambroisine, fille de noble Louis Mareschal, de Saint-Martin-la-Porte. Son père, noble Jacques Falcon, notaire de Valloires, lui fit donation de son domaine de la Garotière *(Gorateria),* un joli petit coin de terre situé au fond des Plans. Le domaine s'étendait jusqu'au ruisseau qui descend du village. La dot de l'épouse fut de 900 florins. En 1533, nobles Pierre et François Falcon, originaires de Valloires, habitaient aussi à Saint-Jean (2).

(1) Archives d'Arves.
(2) Ibid.

Grosset. — M⁰ Jean Grosset, de Megève, notaire et commissaire des extentes de l'évêché de Maurienne, reçoit le 6 décembre 1507 une reconnaissance des habitants d'Argentine en faveur de Mgr de Gorrevod. Ils y déclarent que l'évêque a *pouvoir souverain, hommage, haulte et basse justice, dimes, laods et vends, plaids et usages,* et droit à deux corvées par an, depuis Roc-Vacher jusqu'au chemin qui conduit aux *tournes* (digues), où sont plantées les fourches d'Argentine, depuis la rivière d'Arc jusqu'au sommet de la montagne, et du côté d'Aiguebelle jusqu'au crèt où sont d'autres fourches patibulaires. Un des témoins de cet acte est noble Louis Grosset, aussi de Megève et notaire, receveur de l'évêché de Maurienne. Le même Louis Grosset reçoit le 15 janvier 1513 une transaction entre Mgr de Gorrevod et noble Michel de Vercellot dit *Brulefert,* châtelain d'Argentine. Celui-ci acquiert définitivement le droit de couper du bois, pour faire du charbon, dans les forêts de cette commune, qui appartiennent à l'évêché (1). En 1533, nobles Guillaume et Paul Grosset, fils de Louis, qui mourut avant le 12 novembre 1541, font souscrire à un grand nombre d'habitants d'Orelle des reconnaissances pour des sommes qu'ils devaient à leur père comme receveur de l'évêché. Il paraît qu'ils quittèrent Saint-Jean peu après la mort de leur père, car nous ne les trouvons plus mentionnés nulle part.

Rembaud ou Rambaud. — Une sentence de l'officialité de Maurienne de l'année 1309, porte décla-

---

(1) Archives de l'évêché.

ration de lettres de noblesse en faveur d'Humbert Rembaud et de ses frères (1). Noble Gabriel Rambaud fit une reconnaissance en 1460 et noble Michel Rambaud, notaire, un codicille le 26 janvier 1537. Pierre, son fils, fut juge temporel de l'évêché. Noble Guillaume Rambaud était, en 1602, *professeur en lettres humaines* au collège de Lambert ; il était né à Valloires, d'où cette famille était originaire (2).

Sibué et de Collo. — En 1418, l'empereur Sigismond confirme les lettres de noblesse accordées par l'évêque de Maurienne au sieur Sibué (3). Les actes de la famille Rambaud font mention, sans donner de dates, de noble Gaspard Sibué et de noble Jean Sibué, *d'au-delà d'Arvan*.

Dans les dernières années du xvi° siècle, noble et spectable Jacques Sibué, qui depuis 1589 était procureur fiscal pour Son Altesse, achète diverses propriétés à Fontcouverte, où habitent ses neveux. Cependant d'autres actes de la même époque ne lui donnent que la qualité de maître. De fait, Charles-Emmanuel Ier lui accorde des lettres de noblesse datées de Turin le 24 février 1607, ce qui montre qu'il ne descendait pas des nobles Sibué, *d'au-delà d'Arvan*. Il était fils de Villémoz ou Guillaume Sibué de Fontcouverte. Claude, son fils, avait hérité de noble Jacques *de Collo*, et c'est ce qui fut cause de l'anoblissement de cette famille.

La famille *de Collo* venait du hameau du Col à

(1) *Travaux de la Société d'histoire et d'archéologie de Maurienne*, t. II. p. 226.
(2) *Rôle de la noblesse de Maurienne*, archives d'Arves.
(2) *Trav. de la Société d'hist. et d'archéol...*, t. II, p. 235.

Valloires. En 1514, nobles Claude et Barthélemi de Collo, notaires dans cette commune, reçoivent d'un nommé Alizand plusieurs fiefs et droits féodaux. A Saint-Jean nous trouvons, en 1518, Etienne et Hypolite de Collo ; en 1540, le même Hyppolite et Pierre de Collo.

Hypolite de Collo fut un personnage considérable : docteur en droit, collatéral au conseil résident de Chambéry avant 1536, juge temporel de l'évêché, avocat du fisc épiscopal et du fisc ducal. Il fut enseveli dans le cloitre de la cathédrale, où une inscription, dans le style empoulé de l'époque, rappelle ses titres et ses mérites (1). Le troisième chiffre de la date de sa mort est effacé ; mais divers documents indiquent l'année 1553.

Le notaire Claude de Collo, de Valloires, eut cinq enfants : Jeanne-Marie, mariée à François Broncin,

---

(1)   Sepulcrum.

Magistri Dⁿⁱ Hypoliti de Collo Voloviensis jurisconsulti, ac sub Illustrissimo Carolo Duce 3° Camberiaci quondam senatoris Meritissimi qui anno 1553 VII kal. augusti obiit octuagenarius et sui ordinis primus.

Doctor utroque in jure erat Advocatus fisci Episcopatus Maur^{is} judex temporalis terre dicti episc^s judex temporalis totius episcopatus, advocatus fisci generalis Sabaudie, collateralis Supremi Consilii Sabaudie.

Ditetrasticon.

Hic est ad cujus normam vite et tenorem
Emendet mores sedula posteritas,
Vallovium genuit, plusque quem urbes Taurina docuit.
Ille senator erat hinc principis ex placito
Creatus, gravisque simul patronus fisci Sabaudi,
Sic Antistiti suo semper adactus erat,
Mauriana hæc civitas nutriit, excepit,
Ut vides primus, fama perennis erit.

de Saint-Michel, dont la fille épousa le procureur fiscal Jacques Sibué ; Anne-Marie, Claude-Louis ; Hyppolite, vivant en 1593 ; Claude et Jacques. Ce dernier hérita de tous ses frères. En 1589, il coopéra à la défense de la Combe-d'Olle, au-dessus de Saint-Sorlin, et il testa en 1604. Comme il n'avait pas d'enfants, il légua son nom, ses armes et ses biens à Claude, fils de son neveu Jacques Sibué, à la condition qu'il obtiendrait des lettres de noblesse dans le terme de trois ans. Elles furent accordées à son père. Claude Sibué n'eut qu'une fille et l'héritage passa à son frère Jacques, duquel descend la famille Sibué-Ducol (1).

Mentionnons rapidement : de 1446 à 1486, nobles Jean Roche, Pierre son fils, et Janin son petit-fils ; de 1482 à 1511, nobles Louis Thibière *(Thiberii)* et Léon, fils de Jean Tibière ; en 1528, nobles Jacques Garin et Antoine Bollier, celui-ci avocat fiscal de l'évêché et professeur de droit ; en 1532, noble Pierre-le-Rond *(Rotundi)*, notaire, et noble Hyppolite Sestier ; en 1533, noble Humbert Vital et Amédée son frère, celui-ci habitait à Aiguebelle et eut un fils, Jean, qualifié d'écuyer en 1554 ; de 1530 à 1540, nobles Jean et Pierre Testut, de Saint-Pancrace, habitants de Saint-Jean ; de 1541 à 1570, noble Jacques Portier ; en 1559, noble Philippe Chauvet, d'une famille de Saint-Remy ; en 1583, noble Bon-Amé Cueur, de la rue d'Arvan, qui était lieutenant du corrier en 1565 ; enfin, nobles Louis et Guillaume Choudet, de Fontcouverte, le premier en 1491, le second en 1574.

(1) Archives Ducol et d'Arves.

Nous arrivons aux familles nobles qui occupent une place plus large dans notre histoire. Nous nous contenterons cependant, pour l'ordinaire, de quelques notes, renvoyant le lecteur, qui voudrait avoir les généalogies complètes, au splendide monument historique que M. le comte Amédée de Foras élève présentement, l'*Armorial et Nobiliaire de Savoie*.

De quelque côté que l'on arrive à Saint-Jean, trois bâtiments frappent les regards, au sommet de la ville et au pied des pentes de Bonne-Nouvelle et du Verpil : le grand-séminaire, la maison des missionnaires et le couvent des Sœurs de Saint-Joseph.

Commençons par là notre seconde excursion dans les rues de la ville, à la recherche des familles et des tours féodales, familles presque toutes depuis longtemps éteintes, tours rasées ou décapitées, sur lesquelles la légende populaire elle-même ne fait planer aucun de ces sombres nuages dont elle aime ailleurs à envelopper les vieux manoirs.

L'espace compris entre le Pix, la place de la Croix de l'Orme et le sommet de la rue actuelle des Ecoles, formait encore, au xvie siècle, le *fief du Pont*. Le manoir principal de cette famille se dressait à l'extrémité du fief, près de la porte de Beauregard, là où, en 1840, on voyait, à côté de la maison Collafre, une vieille tour tombant en ruines, qui fut rasée pour la construction de la maison des missionnaires.

L'église, le presbytère et le cimetière de Saint-Christophe étaient enclavés dans ce fief, ce qui permet de supposer que ce terrain avait été donné par les seigneurs du Pont et qu'ils avaient été les fondateurs de la chapelle, devenue église paroissiale.

Les du Pont (1) possédaient deux autres fiefs importants : le fief du Villaret, au Châtel, dont la tour en ruines est perchée sur le haut rocher qui domine la vallée de Pontamafrey, entre la tour du Châtel et le village de Montvernier; et le fief de Sainte-Marie-de-Cuines, avec sa maison-forte de Bergin ou Burgin, dont quelques débris se cachent dans les châtaigneraies au-dessus de la Pallud.

Au xv° siècle, deux branches de cette famille s'étaient transplantées, l'une à Saint-Michel, l'autre à la Chambre.

En 1473, noble Louis du Pont, de Saint-Michel, fait son testament dans sa *Tour-Blanche* et choisit sa sépulture dans le tombeau de sa mère, Jaquemette, fille de noble Boniface Don de Saint-Michel. Son descendant, Claude du Pont, était propriétaire à Saint-Martin-la-Porte en 1559.

En 1516, Jacques, fils de Jacques du Pont, bourgeois de la Chambre, fait une reconnaissance en faveur de Jean, comte de la Chambre, pour des fiefs qu'il possède à Sainte-Marie-de-Cuines, indivis avec les du Pont de Saint-Jean, ses cousins. Il avait épousé, en 1484, Marie du Terrail, sœur du chevalier Bayard. Pierre, son fils, formé par son oncle, dont il devint le lieutenant, mérita d'être appelé le *gentil chevalier, sage et hardi*.

A Saint-Jean, nous trouvons, en 1500, Louis du Pont. En 1516, Jacques, fils de Pierre du Pont, ayant été accusé d'homicide, obtint sa grâce du

(1) Du Pont porte : *d'azur à la bande ondée d'argent.*

cardinal de Gorrevod, mais il dut s'exiler. Il prit du service dans les armées de François Ier et mourut en 1525. Jean-François, son frère, fit, en 1518, reconnaissance au comte de La Chambre pour la maison-forte de Burgin et des fiefs à Sainte-Marie, à Pontamafrey, à la Chambre, dans les Villards, dont il avait reçu donation de son oncle Jean du Pont et de son neveu Jacques du Pont. Il eut six garçons : Jean, Amédée, Humbert, Claude, Louis et Urbain.

Jean fut seigneur du Villaret; il avait une maison à Saint-Jean près du *bornel de la Pierre* et mourut vers 1570, laissant son héritage à son frère Louis.

Amédée, qualifié d'écuyer, eut le fief de Montarlot, situé entre les rues d'Arvan et des Fours : c'est la propriété qui, passée en ce siècle au baron Brunet, a été achetée pour la construction de la sous-préfecture. En 1570, il établit son domicile à Saint-Etienne-de-Cuines, pour échapper aux tracasseries du tiers-état. Montarlot passa ensuite successivement à ses frères Humbert et Claude, dont la fille, nommée Jeanne, le porta en dot, en 1602, à Jean-Balthazard de Duin dit Mareschal.

Le fief du Pont fut partagé entre Louis et Urbain. Louis eut le manoir paternel. Il fut capitaine de la ville, c'est-à-dire commandant de la milice urbaine, en un temps où les passages continuels de troupes rendaient cette charge fort difficile. Son mariage avec dame Claude, fille de Jean de Cuines, seigneur de Ribaud, veuve de Charles de Duin dit Mareschal, ne lui donna que deux filles. Jeanne, la seconde, épousa Jean-Claude de Reydet, seigneur de

Manigod. L'aînée, Marguerite, femme de Claude-François de Pobel, comte de Saint-Alban, conseiller d'Etat et chevalier du Sénat de Savoie, lui porta la part du fief du Pont, qui avait appartenu à son père. Le comte de Saint-Alban la vendit, par acte du 16 juin 1656, à noble Gaspard Collafre, maître d'hôtel de Mgr Paul Millet, pour le prix de 2,050 florins ; la maison était en ruine. Le Villaret avait fait retour à Urbain.

Celui-ci joignit à la moitié du fief du Pont et au fief du Villaret les fiefs de Sainte-Marie-de-Cuines, dont il fit faire reconnaissance au mois de décembre 1585 : les *confessants* sont au nombre de cent quatre vingt-huit. Il était, en outre, seigneur de Myans, chevalier et capitaine pour Son Altesse de trois cents hommes à pied et cent arquebusiers à cheval. Comme il avait longtemps guerroyé, il fut, en 1589, chargé, de concert avec Mgr de Lambert, d'organiser la défense de la ville et de la province contre les bandes de Lesdiguières.

Sa femme, Claudine, fille de noble Pierre Sariat, testa le 4 août 1580 dans la maison-forte de Sainte-Marie. Il mourut lui-même peu après l'année 1599 et fut enterré dans l'église de Myans. Il laissa six filles qui se partagèrent sa succession par acte du 15 juillet 1602.

Ainsi s'éteignit la famille des nobles du Pont.

La partie du fief qui était échue à Urbain, appartenait, au xviie siècle, aux Cullierat. Le chanoine Ennemond Vernaz, exécuteur testamentaire de Mgr de Rosignan, l'acheta en 1757 et y fit construire les bâtiments du grand-séminaire.

Le fief du Mollard, au bas de la pente du Verpil, n'est séparé de celui du Pont que par un chemin. Il forme un petit vallon, un nid fort aimé des oiseaux, dont les chants y sont rarement troublés par les cris des hommes. Sur le revers, au levant, le cimetière a fait, depuis quelques années, sa troisième translation en ce siècle. De l'autre côté, le Pix ou, pour l'appeler de son nom moderne, pris des *tournes* ou digues qui le dirigent vers l'Arc, mais par-dessus lesquelles il passe quand il lui plaît, la *Torne,* a creusé son lit. Sur un petit plateau entouré de vignes, se dressaient, il y a quarante ans, les restes d'une tour et se voient encore maintenant quelques débris de murailles. Ce sont les derniers vestiges de la maison-forte des nobles du Mollard.

En 1303, noble Jacques du Mollard prête foi et hommage à l'évêque de Maurienne, Amblard d'Entremont, avec les représentants de familles disparues, presque toutes avant la sienne : Hugon, Sauvage, Vornitier, Bernard, d'Albiez, de La Tour, des Colonnes, Séchal, Fontcouverte, Dupuis.

En 1434, Philippe du Mollard fait une reconnaissance en faveur de l'église Saint-Christophe, en présence de Jean, son frère. En 1458, l'obituaire du Chapitre marque le testament de Catherin du Mollard, chanoine et chantre, qui lui a donné cent vingt florins petit poids, ou six florins de revenu, hypothéqués sur son pré et sa grange du Tillerey, pour un repas le jour de la fête de l'Assomption. Le testateur a prescrit que, pendant tout le repas, un diacre lise un sermon sur l'Assomption de la Sainte Vierge.

En 1442, Urbain du Mollard loue sa maison de la cloche *(de campana)* à Pierre Panarel. C'était un religieux du prieuré de Payerne, dans le diocèse de Lausanne, que le cardinal de Varembon, par patentes du 5 février 1442 (1), avait nommé son vicaire général, avec Philippe Boer, docteur en droit.

Urbain eut deux fils : Aimon et Amédée. Le fief du Mollard passa d'Aimon à Jean, son fils, puis à Urbain, fils d'Amédée, qui mourut sans enfants le 27 janvier 1535. Le fief revint à Jacques et Georges Paquellet, de Saint-Martin d'Arc, fils de Marie du Mollard, sœur de Jean. Les autres biens d'Aimon furent dévolus aux nobles Truchet et Roche, descendants de Catherine, fille de Pierre du Mollard, dont on trouve le testament en l'année 1408 (2).

Jean-Amé Paquellet du Mollard, fils de Jacques, prit une part très active et très dévouée à l'administration de la ville et fut syndic de la noblesse en 1582. Jacques, son héritier, testa en 1583 en faveur de son cousin Louis et, par substitution, dans le cas où celui-ci n'aurait pas d'enfant mâle, en faveur des enfants de noble Georges Bérard : Claude, chanoine de la cathédrale, Gabriel et Urbain, à condition qu'ils prendraient le nom et les armes du Mollard (3).

Nous voici au couvent des Sœurs de Saint-Joseph. Le 24 janvier 1518, Jeanne, fille d'Antoine

---

(1) Titre communiqué par un habitant de St-Pancrace.
(2) Inventaire des titres de la famille du Mollard. — Archives de la *Société d'histoire et d'archéologie*.
(3) Archives de l'hôpital.

d'Albiez, étant devenue veuve de Jean Truchet, épousa Mᵉ Louis Baptendier. Le lendemain elle se constitua en dot sa maison paternelle, appelée *maison d'Albiez,* avec cour et jardin, située à la rue Saint-Christophe, hors de la porte de la ville. Autour du manoir, deux ou trois maisons étaient groupées; Baptendier les acheta.

De l'antique maison d'Albiez, il ne reste rien dans cet amas de constructions qui forme le couvent.

Lorsque l'on a bâti la maison des missionnaires et baissé le niveau du chemin de Saint-Christophe, on rompit la voûte d'un souterrain partant de la tourelle du couvent et l'on y trouva une vieille arquebuse. Ce souterrain n'aurait-il pas été creusé pour mettre en communication les maisons-fortes d'Albiez, du Pont et du Mollard? On parle de plusieurs souterrains semblables, ayant entrée dans le clocher, dans l'hôpital, dans la maison des Flammes et même dans la tour de la poudrière.

Par qui cette maison-forte a-t-elle d'abord été construite? Nous n'avons qu'une supposition, pas tout à fait gratuite. La vigne située à côté du couvent s'appelle la vigne du *Temple.* N'y aurait-il pas eu là une commanderie de Templiers, centre des nombreuses stations ou hôtelleries que cet ordre possédait en Maurienne: à Saint-Michel, à Saint-Julien, à la Chambre, à la Corbière, à Saint-Arnaud (au pied de Montgilbert), etc., et des Templiers la maison-forte n'aurait-elle pas passé au sénéchal de la noblesse et des Séchal aux d'Albiez?

Revenons à Louis Baptendier. Il était fils d'André

Baptendier, notaire, natif du mandement de Beaufort et habitant à Ugine. Notaire lui-même, il était venu s'établir à Saint-Jean avec ses frères Pierre et Bon-Amé ou Boname, à la même époque que les frères Grosset ; il y exerça la charge de *secrétaire de l'église de Maurienne pour le spirituel et le temporel*. En 1521, les trois frères furent anoblis (1). Un mot sur chacun d'eux et sur leur descendance jusqu'au commencement du XVIIᵉ siècle.

1° Louis acquit de grands à Saint-Jean et dans les environs, particulièrement à Hermillon. Il mourut avant l'année 1557 et eut trois fils :

Jean, qui épousa Jeanne, fille de Barjact Salière d'Arves. Ce mariage mit plus tard, par substitution, le château en la possession des Salière d'Arves. Ses fils furent Melchior, Louis et Balthazard. Devenu veuf d'Anne-Gasparde, fille du sénateur Georges Sauvage, Balthazard épousa Gasparde, fille de noble Pierre Rembaud, de la rue de l'Orme, juge temporel de l'évêché. La curatelle de son beau-frère Pierre Sauvage lui fournit l'occasion de tenir un livre de comptes, dont nous détacherons plus loin quelques pages ;

Antoine, avocat, marié à Jeanne de Coppeaux. Ils moururent l'un et l'autre avant l'année 1568, laissant trois enfants : François, Jean-Baptiste et Jeanne, sous la tutelle de leur oncle Jean (2) ;

Paul, qui fut écuyer et secrétaire du duc de Nemours, comte de Genevois. Il ne paraît pas être

(1) Baptendier porte : *de sinople au pal d'argent chargé d'un lion de sable*.
(2) Archives d'Arves.

revenu à Saint-Jean et il épousa, en 1551, Jeanne Largentier, fille du bailli de Pons-sur-Seine. Son père ratifia son contrat de mariage et, pour garantie de la dot, donna hypothèque sur les biens qu'il possédait dans le mandement d'Ugine (1).

2° Pierre fut contrôleur des finances et mourut avant le 1ᵉʳ septembre 1531.

3° Boname remplit, de 1524 à 1542, les fonctions de juge-corrier. Il épousa Jeanne, fille de François Truchet (2) et acquit, au fond de la rue de la Sonnerie-Vieille, la maison flanquée d'une antique tour ronde que nous avons déjà signalée.

Antoine, son fils, fut juge-mage au bailliage de Maurienne. Il possédait une ferme à Hermillon et le domaine de Lancessey, près de la ville, qui a été vendu, il n'y a pas longtemps, par l'hôpital et porte encore le nom de *La Charité*. Ce fut là qu'il eut l'honneur de recevoir, le 19 juin 1564, le duc Emmanuel-Philibert et la duchesse Marguerite (3). Il aimait à chercher dans la poésie et l'agriculture un délassement à ses fatigues judiciaires. Peletier le compare à Mᵍʳ de Lambert; c'est bien le plus grand éloge qu'il pût faire de lui :

> Et Batendier de suffisance égale
> En poésie et science légale,
> Fait de ses droits Maurienne jouir
> Et ses beaux vers par tout le monde ouïr.
> Son Lancessey, basti joignant la ville,
> Et Armillon qui en est loin d'un mille

(1) Archives d'Arves.
(2) Acte du 18 août 1524, Marquet notaire. — Obituaire du Chapitre, *IIII non., decemb.*
(3) ANGLEY, *Histoire du diocèse de Maurienne*, p. 304.

Près des rochers demonstrent bien à part
L'euvre divers de la nature à l'art,
Quand bien je voys son estat domestique,
Le comparant avecque le rustique,
Je dis de luy (ainsi sont vrais mes chants)
Qu'il est heureux à la ville et aux chans.

Boname Baptendier, fils d'Antoine, eut la charge de juge-corrier. Sa fille unique, Antonie, épousa en premières noces noble Pierre Rembaud et ensuite noble Claude des Flammes, maître d'hôtel de Mgr Philibert Millet. La maison de la Sonnerie-Vieille fut depuis désignée sous le nom de *maison* ou *hostel des Flammes*. Claude laissa son héritage à J.-B. Milliet, baron de Faverges.

Vers le milieu de la rue Beauregard, on voit sur un portail un écusson mutilé ; c'est celui des nobles Truchet (1).

Des lettres de noblesse furent accordées en 1450 par le cardinal de Varembon à Michel Truchet, citoyen et bourgeois de Saint-Jean, à Antoine son frère, et à Jacques leur neveu, tous trois docteurs en droit et avocats dans la cité. Ils avaient des propriétés et des fiefs à Saint-Jean, à Jarrier, à Saint-Pancrace, à Saint-Jean-d'Arves et à Sainte-Marie-de-Cuines.

Jacques ne paraît pas avoir eu de postérité, du moins elle nous est inconnue.

Antoine, mort vers 1460, laissa de son mariage avec Marguerite, fille de Pierre Mareschal de Combefort et d'Antoinette de Cuines, un fils nommé

---

(1) Truchet porte: *d'azur à deux branches d'or accostées en chef de deux étoiles d'or.*

Jean, qui, dans un acte de la correrie de l'année 1461, est qualifié d'*homme noble du Mollard,* possédant des fiefs à Jarrier, où il habitait. Son oncle, Jean Mareschal de Combefort, lui fit un legs par son testament du 27 octobre 1498 (1).

Claude Truchet, fils de Michel, était avocat et marié à Colette, fille de Jean d'Arves *l'ancien* (2). Ils eurent trois fils : Pierre-Michel, Antoine et Georges.

Jean, Jacques et François, fils de Pierre-Michel, firent, en 1522, en faveur de l'évêque, une reconnaissance pour des biens situés en Arves. Louis, fils de Jacques, vivait encore en 1581 (3).

Antoine, mort avant l'année 1560, est qualifié d'écuyer, ainsi que ses deux fils, Jean et Louis.

Georges est le notaire, greffier et vice-corrier, dont nous avons parlé. Il épousa Louise Salteur, de laquelle il eut Guillaume et Michel, dont nous avons raconté les démêlés avec le tiers-état au sujet de leurs privilèges nobiliaires. Michel fut, en 1589, chargé avec Georges Sauvage de la défense du col de la Roue. Il hérita de son frère et mourut en 1601, sans postérité. Sa succession fut partagée entre sept héritiers, parmi lesquels Pierre Sauvage, sa sœur, première femme de Balthazard Baptendier, Jean-Amé du Mollard et spectable Jacques Boudrey. Mais elle était grevée de dettes et occasionna tant de procès et de frais, que Baptendier, après avoir vidé sa bourse et celle de son pupille,

(1) Note de M. de Mareschal de Luciane.
(2) Archives d'Arves.
(3) Registre des déclarations pour la gabelle.

fut contraint, dit-il dans son livre de comptes, de faire vendre à la criée les *livres, calepins, dictionnaires et autres objets qui servent pour escholiers* de Pierre Sauvage, une partie de ses provisions de ménage, de ses meubles et de ceux de sa seconde femme, même son propre chapeau gris, le tapis de table et un des anneaux de sa femme.

Cependant Pierre Sauvage avait un beau fief. C'est la maison et la propriété de M. Grange, notaire, à côté de la place Fodéré. La maison a encore sa tour, mais démocratiquement abaissée au niveau des constructions plus jeunes qui l'enserrent. La propriété était plus vaste; elle allait d'une seule pièce des maisons de la rue de l'Orme au pré de l'Evêque et de la Réclusière à la route actuelle qui lui appartenait.

Il était fils de Georges Sauvage, sénateur au Sénat de Savoie (1), mort à la fin du XVIe siècle. Mgr de Lambert, confiant à Georges Sauvage et à Michel Truchet la défense du col de la Roue, en donne cette raison, qu'*ils ont des parents et alliés à Bardonnenche, desquels ils pourront tousjours avoir bons advertissements*. En effet, Georges était fils de Jacques Sauvage et de dame Anne Agnan de Bardonnêche. Son père avait épousé Jolande d'Avrieux en secondes noces, mais il n'en avait pas eu d'enfants. Le fief Sauvage était grevé d'une petite redevance en faveur de l'église Saint-Christophe, reconnue en 1412 par noble Jean Sauvage, en 1467 par Pierre, son fils, père d'Antoine, et en 1492 par Louis Sauvage, fils de Guigonet et père de Jacques. Nous trouvons ce dernier syndic de la noblesse en 1563.

---

(1) Archives d'Arves.

CHAPITRE XVI

La Noblesse (suite).

Avant l'ouverture récente de cette partie de la rue des Ecoles à laquelle on donne vulgairement le nom de rue du *coude*, la rue Beauregard ne se reliait à la rue Bonrieu que par un chemin passant sous la maison Borgès. En 1558, cette maison, ainsi qu'une assez grande étendue de jardin, pré et vigne, qui allait confiner à la maison Baptendier et à la vigne du Temple, appartenaient à Sébastien Pellette, écuyer, habitant à Pontcharra et encore placé sous la curatelle de Jacques Sauvage pour les biens situés à Saint-Jean. Le nom de Pontcharra était devenu et est resté celui de la maison. Quelques années après, Pellette la vendit à noble Pierre Rapin. En 1502, noble Léon Pellette était, en outre, propriétaire dans le mas de Molard-Bochard (1).

Une tradition, soigneusement conservée dans la famille Rapin et relatée par son historien (2), la

(1) Archives d'Arves.
(2) *Rapin-Thoyras, sa famille, sa vie et ses œuvres,* par Raoul DE CAZENOVE, Lyon, 1886. — Ce que nous allons dire de cette famille est tiré en partie de cet ouvrage; les archives de la ville et celles de M. d'Arves nous ont fourni le reste.

rattachait à la famille de Sainte Thècle. Quoiqu'il en soit de ce point impossible à éclaircir, M⁹ʳ Etienne de Morel accorda, le 18 août 1489, des patentes de noblesse à Antoine, Jacques et Catherin, fils de Claude Rapin, de Valloires (1).

Nous n'avons pas à nous occuper de Catherin ni de Jacques. La descendance de celui-ci s'établit à Villargondran, à la Maison-Blanche.

Antoine Rapin était notaire; en 1505, il fonda dans l'église de Valloires (2) une chapelle en l'honneur de saint Sébastien, et mourut le 20 avril de la même année, laissant quatre fils : 1° Pierre, dont nous parlerons tout à l'heure ; 2° Antoine, avocat, qui fut enterré devant les grandes portes de la cathédrale de Saint-Jean et qui eut deux fils : Jacques-Philippe, docteur en droit, avocat au Parlement de Chambéry en 1559, puis conseiller de Son Altesse et juge-mage de Tarentaise, et Michel, bailli de Tarentaise; 3° Jacques, sur lequel nous n'avons pas de renseignements ; 4° Guillaume, qui fut protonotaire apostolique, prieur de Bernex, d'Aiguebelle (3) et de la Croix, et chanoine de la cathédrale de Saint-Jean.

Pierre Rapin obtint en 1510 de M⁹ʳ de Gorrevod la permission de faire célébrer la messe dans sa

---

(1) Rapin porte: *écartelé d'or, au 1ᵉʳ et 4ᵉ un oiseau de rapine de sable éployé, au 2ᵉ et 3ᵉ trois roses de gueules posées 1 et 2.*

(2) Cette église a été rebâtie dans la seconde moitié du xvIIᵉ siècle.

(3) Preuré de Saint-Étienne, église paroissiale depuis 1598.

maison de la Choudane, à Valloires (1). Vers 1515, il épousa Guillaumaz d'Arves, prêta en 1552 serment de foi et hommage au roi de France, maître de la Savoie, et eut neuf enfants, dont trois filles : Marguerite, mariée à noble Jean Rembaud ; Barthélemie, femme de noble Louis de Collo ; et Jeanne, qui ne se maria pas.

De ses six garçons, trois entrèrent dans les ordres. Charles, l'aîné, fut chanoine de la cathédrale. Jean-Jacques portait en 1571 le titre de prieur et d'official d'Aiguebelle. Jacques hérita de la plupart des titres et des bénéfices de son oncle Guillaume : il fut curé de Pontamafrey en 1554 ; puis chanoine, procureur fiscal de l'évêque, prieur de Bernex, protonotaire apostolique et vicaire général du diocèse. Ce fut un homme de grande réputation. Il prêcha à Chambéry devant la Cour de Savoie, lorsqu'Emmanuel-Philibert vint reprendre possession de ses États et recevoir le serment de fidélité de la noblesse et des communes. L'éclat de ses talents oratoires et la distinction de ses manières lui attirèrent la faveur du vainqueur de Saint-Quentin et de son épouse, Marguerite de France, sœur du roi Henri II. Aussi, des affaires de famille l'appelant à Paris, le duc l'autorisa, par une lettre datée du 27 décembre 1560, à rester, s'il le jugeait à propos, au service de la reine Marie de Médicis, qui lui avait déjà, on ne sait à quelle occasion, conféré le titre de son aumônier. De

---

(1) Au-dessus de la chapelle de Sainte-Thècle. C'est là que la tradition place la maison des deux sœurs Thècle et Pigménie. Il ne reste rien de la maison des Rapin.

son côté, la duchesse le recommanda à sa **redoutable belle-sœur** par la lettre suivante :

Madame,

Cognoissant les mérites du prothonotaire Rapin, l'un de vos aulmoniers, s'étant bien suffisamment acquitté de son devoir en toutes les charges qui lui ont été commises, je Vous ay vollu escrire la presente pour Vous supplié trez humblement, Madame, le vouloir havoir en ma faveur pour recommandé en ce qu'il Vous fera entendre qu'il aura besoing de Vostre ayde et support. Il est personnaige qui mérite beaucoup et voudrais bien luy faire cognoistre l'affection que j'ai de luy portée suivant le témoignage que je vous fais de luy. J'ajoutteray cette obligation aux autres dont je Vous suis redevable, et me recommandant trez humblement à Vostre bonne grace, je prie Dieu, Madame, Vous donner en santé trez heureuse et longue vie.

De Verceil ce xxe jour de janvier 1561.

Vostre trez humble et trez obéissante sœur et subjecte,
MARGUERITE DE FRANCE.

Quant aux affaires qui conduisaient Jacques Rapin à Paris, elles se rapportaient probablement aux réclamations et à l'apostasie de deux de ses frères.

Au commencement de l'année 1564, nous le retrouvons à Saint-Jean. Le cardinal Hyppolite d'Est ayant été pourvu de l'évêché de Maurienne en commende, le nomma son grand vicaire et il assista en cette qualité à un conseil général de la ville au mois de juin de la même année. Mgr de Lambert la lui conserva, en lui adjoignant François de La Crose.

Les deux apostats étaient Antoine et Philibert,

qui passèrent en France et, par rancune contre leurs frères dont ils prétendaient avoir eu à se plaindre dans les partages, embrassèrent le protestantisme. La descendance de Philibert se retira en Hollande et ensuite en Prusse.

Pierre, l'acquéreur de Pontcharra, était le cinquième fils de Pierre Rapin et de Guillaumaz d'Arves. Le 17 août 1559, le comte de Challant, gouverneur de la Savoie, lui donna la charge de corrier et juge-commun, et le Chapitre, administrateur de l'évêché pendant la vacance du siège, la lui confirma le 18 décembre, dans une assemblée tenue, au son de la grosse cloche, dans la salle du réfectoire. Rapin prêta serment. Le procès-verbal porte les signatures des chanoines Charles Rapin, Claude Cullierat, François de La Crose, Henri Bollier, Guillaume Mareschal, Antoine Cornuti, Jean Scarron, Philippe Perret, Claude Bonier et Jacques Favre.

Durant vingt ans, Pierre Rapin exerça avec un zèle infatigable, avec autant d'impartialité que de science, ces fonctions que rendaient souvent très pénibles les courses qu'elles l'obligeaient à faire dans les montagnes. Il n'échappa point pour autant, comme nous l'avons vu, au procès que le tiers-état intenta à tous les nobles de création épiscopale. Nous citerons de lui, quand nous parlerons de Mgr de Lambert, un mémoire où percent une certaine animosité contre la bourgeoisie et un grand dévouement aux intérêts du duc de Savoie. Peletier lui décerne cet éloge :

Rapin, courrier, que vit naître Valoire,
Reçoit et donne à Maurienne gloire,
Il sait les noms et leurs conditions,
Les honorant par ses commissions.

Le 22 février 1563, il rendit hommage au duc Emmanuel-Philibert, avec le juge-mage Antoine Baptendier, tant pour ses biens que pour sa personne, en l'assemblée des états de la noblesse, dans la grande salle du château de Chambéry. Quelques années plus tard, il fut nommé commissaire aux vivres dans la Maurienne et chargé de la levée des subsistances nécessaires pour le passage de la cavalerie que le duc de Savoie envoyait au service du roi de France.

Son testament est du jour même de sa mort, 8 novembre 1579 (1). Il ordonne que son corps soit enseveli « au cloistre de l'esglise cathédrale de Maurienne au tombeau de ses prédécesseurs ou leurs armoiries sont peintes et dans trois mois apprès son trespas illec estre mise une lose ou pierre en la muraille, repeintes leurs armoiries et là par ung escript ces parolles : *Ibi jacet nobilis dominus Petrus Rapini de Chodana Volovii hujus civitatis et terre communis correarius et judex, qui viam universe carnis humane ingressus est die.....* L'inscription existe encore. Ses funérailles seront faites à moindres frais qu'il sera possible, *ayant les pauvres en recommandation au lieu des banquets, torches et pompes mondaines.* On y invitera, avec le vicaire de Notre-Dame, les prêtres de Villargondran, de Valloires et de Saint-Martin-d'Arc.

(1) Archives d'Arves.

Celui de ses héritiers qui aura la Choudane, à Valloires, tiendra couverte la chapelle de Sainte-Thècle.

Ses enfants étant tous mineurs, car son mariage avec noble Antoinette Bertrand, de Saint-Michel, ne datait que de l'année 1563, il les recommande en termes touchant à leur mère, au chanoine Jean-Jacques Rapin, son frère, à Georges Sauvage, son neveu, à Jean Bertrand, son beau-père, à François-Joseph Bertrand, son beau-frère, à Jules et à Jacques des Costes, chevaliers, ses neveux.

Ses trois filles reçoivent chacune une dot de quinze cents florins; elles seront nourries et entretenues jusqu'à leur mariage. Ses quatre fils sont héritiers universels par égale part; mais le partage n'aura lieu que quand ils auront tous vingt-deux ans, et il leur est défendu de vendre aucune partie de l'héritage à des étrangers. L'héritage était assez considérable; car, outre les domaines de Pontcharra, à Saint-Jean, et de la Choudane, à Valloires, Pierre Rapin avait des propriétés et des maisons à Villargondran et à Saint-Martin-d'Arc.

« Pour inviter sa femme à bien gouverner ses enfants et à demeurer en viduité, » Pierre Rapin lui légua l'usufruit de la moitié de son hoirie et « tous ses accoustrements et ornements précieux et aultres chaines, doreures et bagues d'or quelconques; » mais elle préféra se remarier avec Gabriel de Lathoud, docteur en droit.

Des quatre fils de Pierre Rapin, Pierre mourut en 1607; Pompée, en 1603; Jacques, qui était le second, entra dans la compagnie des gentilshommes archers de la garde du duc de Savoie ; Guillaume, l'aîné, syndic de la noblesse en 1596, mourut le 30 décembre 1630 (1).

La section de la rue Bonrieu, qui a pris le nom de rue du Collège depuis que, au commencement de ce siècle, cet établissement a été transféré de la maison bâtie par Mgr de Lambert dans le couvent des Bernardines, se termine, à gauche, par la tour de Babylone et la maison Ducol. D'où vient ce vieux nom de Babylone, nous l'ignorons. Au XVIe siècle, la tour et la maison appartenaient à la famille des Costes. Un peu plus haut elle possédait une autre maison, qui fut rasée pour la construction de l'église des Bernardines ; et, dans la rue Beauregard, celle qui fait face à la partie de cette rue qui a conservé son vieux nom. En 1580, la troisième appartenait à Me Boniface des Costes, notaire ; la seconde, au chevalier Jules des Costes ; et Babylone, aux héritiers de François-Etienne des Costes.

Jules des Costes avait pour voisin noble Fournier. Jean Fournier reçut, le 10 novembre 1475, des lettres de noblesse du cardinal d'Estouteville. Jérôme, son frère, était chanoine de la cathédrale (2). Le fils de Jean reçut le nom de son oncle ; il fut notaire et divers titres de 1491 et de 1518 lui donnent la qualification d'*honorable seigneur*. Thibaud, son fils, maria en 1557 sa fille Louise à maître Jean Bertrand. Le 24 mars 1566, il eut un fils qu'il appela Alexandre et qui, sous le nom de P. Chérubin de

---

(1) Note à la marge du testament. — Archives d'Arves.
(2) Second Obituaire du Chapitre, 11 novembre.

Maurienne, devint une des gloires de l'ordre des Capucins, l'ami de Saint-François de Sales, et l'apôtre du Chablais et du Vallais. En lui s'éteignit la famille des nobles Fournier.

Les maisons Fournier et Bertrand ont aussi été rasées lors de la construction du couvent des Bernardines.

La famille des Costes était originaire de Saint-Pancrace (1). Au milieu du XIV° siècle, noble Jean des Costes rendait la justice au nom d'Agnès de Savoie, femme de Jean, fils de Jean de La Chambre, et résidait avec elle au château de Cuines (2). En 1383, un autre Jean des Costes était juge de la châtellenie de Valloires.

En 1439, Richard des Costes donna soixante florins au Chapitre pour un obit (3). Jean, son frère, docteur en droit, devint conseiller de Louis, duc de Savoie, et signa, en 1457 et 1458, des lettres-patentes de ce prince, concernant des contestations survenues entre les communes du Bourget et d'Avrieux, qui n'avaient pu être terminées par une transaction qu'il avait précédemment ménagée entre elles, de concert avec Antoine Truchet (4). En 1446, il avait été un des juges du vice-chancelier Bolomier.

Pierre, fils de Jean des Costes, acheta, le 6 novembre 1443, de noble Guigonet Tondut, de Conflans, la maison-forte de Saint-Marcellin, qui avait appartenu à Philippe du Mollard. Le prix est de

---

(1) Des Costes porte : *de gueules à la bande d'or chargée de trois côtes au naturel.*

(2) ANGLEY, *Histoire du dicoèse de Maur.*, p. 193, note.

(3) Obituaire, VI kal. sept.

(4) Archives paroissiales du Bourget et d'Avrieux.

mille florins d'or petit poids, de douze deniers tournois gros l'un. Les témoins sont les nobles Pierre des Colonnes, Pierre Sauvage, Jean Portier, Gabriel Vallin et Jean de Villarembert (1). Le château du Villard devint aussi, quelques années plus tard, la propriété de la famille des Costes.

En 1521, Gabriel des Costes était corrier et juge-commun. Il possédait Babylone, Saint-Marcellin et le Villard.

En 1563, Jean, fils de Bon des Costes, prêta serment de fidélité à Emmanuel-Philibert, au nom de son père. Il avait eu, en 1545, une aventure assez singulière. Il était curial de la Bâthie pour le seigneur d'Aix. Un jour qu'il se promenait près du village, son épée jetée sur les reins, il fut accosté par une femme qui lui cria : ha, curial, c'est toi qui prends mon bien ! et qui l'accabla d'injures. Des Costes essaya vainement de faire entendre raison à cette furieuse. Une autre femme se joignit à elle et les deux mégères se jetèrent sur lui ; mais la seconde accrocha l'épée, dont la pointe sortait du fourreau brisé, et se blessa au ventre. A ses cris, le village accourut. Le curial s'enfuit épouvanté, croyant que cette femme était blessée à mort. Le mal n'était pas si grave. Néanmoins il y eut plainte, poursuites et décret de prise de corps. Enfin des Costes réussit à prouver qu'il y avait eu un simple accident, tout à fait involontaire de sa part, et il obtint des lettres de grâce (2). Il acquit ensuite le greffe du baillage de Maurienne et en

(1) Archives d'Arves.
(2) Archives du Sénat.

céda une partie, le greffe de la châtellenie de **Ponta-mafrey**, à M⁰ Pierre Lambert, pour la **somme de** six cent trente florins chaque année.

Jean des Costes avait trois frères : Boniface, Antoine et Pierre.

Boniface était le notaire de la rue Beauregard, dont nous avons vu les démêlés avec le tiers-état.

Antoine, écuyer, fermier du duc de Savoie et châtelain du marquis de La Chambre, habitait à Saint-Avre et acquit par héritage le château du Villard.

Pierre fut héritier universel de son cousin Louis des Costes, écuyer. Le 11 janvier 1566, revenant d'assister au service de fin de neuvaine et avant d'entrer dans la maison dont il héritait, il manda le notaire Collombet et, devant la porte, il fit dresser acte « de sa diligence et perfection, ayant faict les honneurs et funérailles requis tant au sepvellement, noveyne, vestir paouvres et aultres contenus en l'acte de testament. » Il fut syndic de la noblesse en 1569 et présenta, en 1576, au conservateur de la gabelle un mémoire pour « estre maintenu en la possession et jouissance des privilèges de noblesse et estre immune et exempt de toute contribution avec le tiers-estat. »

Pierre et Boniface furent choisis, en 1589, par Urbain du Pont, pour l'aider à diriger la défense de la ville. Pierre avait fait un testament le 1ᵉʳ avril 1581, à cause de la peste qui avait éclaté à Saint-Jean. Le 22 avril 1589, il y ajouta un codicille, « estant près de partir pour aller servir Son Altesse en la guerre, en gentilhomme qu'il est. » Jacques, un de ses fils, propriétaire du Villard, étant *soupçonné de contagion,* fit son testament, en 1598, dans un pré derrière sa maison.

Babylone et Saint-Marcellin appartenaient alors à Amé des Costes.

Nous avons nommé le chevalier Jules des Costes, écuyer. Il était décoré de l'ordre des SS. Maurice et Lazare pour faits de guerre. En 1599 et en 1600, il était capitaine-commandant du fort d'Arves et signa diverses quittances de fournitures que le seigneur de Jacob et de La Dragonière, gouverneur de la Savoie, avait donné ordre au juge-mage, messire d'Humbert, de lui faire envoyer par les étapes de Saint-Jean, de Modane et de Lanslebourg. Il vivait encore en 1602.

Jacques, son frère, était aussi écuyer et chevalier des SS. Maurice et Lazare. En 1575, il reçut en cette qualité cinq cents florins sur la ferme et commanderie du Bourget.

La famille des Costes s'éteignit ou disparut de Saint-Jean dans le XVIIe siècle. Son tombeau est dans le cloître, près de la porte qui donne entrée dans l'église. La maison de Babylone passa aux Ducol ou Sibué-Ducol.

Montons dans la rue Bonrieu. A côté du chemin ouvert en 1882, pour donner à la rue une issue du côté du Clapey, s'élève une tour carrée, adossée à une maison avec cour sur le devant, dans laquelle on entre par un portail en tuf à plein cintre. Dans plusieurs pièces, on voit des vestiges d'une grandeur disparue, des restes de peintures murales, des solives de planchers à consoles sculptées, etc. Plus haut, de l'autre côté de la rue et immédiatement avant le débouché du chemin de Jarrier, une masure entoure une tour qui a servi de cage d'escalier, percée de petites ouvertures en forme de croix et aussi en grande partie écroulée.

En 1580, la première de ces maisons appartenait à noble Pierre de La Balme, fils de Philippe et d'Humberte des Costes ; la seconde, à Jean-Louis de La Balme, fils de Michel.

Pierre de La Balme était marié avec Jeanne d'Avrieux ; il avait un fils, nommé Humbert, qui servit dans l'armée du duc de Savoie en Piémont. Lui-même, « ayant beaucoup pratiqué les guerres, » fut, en 1589, choisi par Urbain du Pont pour son lieutenant, pendant que Jacques et Louis, fils d'Antoine de La Balme et de Louise du Pont, ses cousins, étaient chargés de la garde du passage de Pontamafrey, « aussi pour jeter au besoingt quelque garnison dans leur maison-forte battant sur le dict Pontamafrey et située sur le roch de Montvernier (1). » Les ruines de cette maison-forte ont fait place, il y a quelques années, à une chapelle dédiée à la Sainte Vierge.

Jean-Louis avait épousé Claudine d'Arves, de laquelle il eut un fils du nom de Gasbamel, qui est inscrit dans le rôle de cotisation de la noblesse de l'année 1602.

Philippe, Michel et Antoine étaient trois des neuf enfants de Martin de La Balme, qui testa le 10 juin 1515. Un autre de ses fils, Pierre-Ambroise, fut notaire en la place de Malconseil, et prieur de

---

(1) ANGLEY, *Histoire du diocèse de Maurienne*, p. 317.

la confrérie du Saint-Esprit pour l'année 1559. Ses deux fils, Jacques et Louis, sont inscrits dans le rôle de 1602.

La famille de La Balme, dit M. de Foras (1), parait remonter au xiii° siècle, mais c'est à dater de Martin seulement que la filiation devient authentique. Nous pouvons indiquer un degré de plus. Martin était fils de Catherin de La Balme, qui eut quatre fils : Jean, Michel, Jacques et Martin, et qui testa le 9 avril 1477 (2).

Martin possédait de nombreux fiefs relevant du duc de Savoie, à Montvernier, à Montpascal, à Pontamafrey, au Châtel, à Hermillon, à Saint-Avre et à Beaune. Ces fiefs, dit un acte de reconnaissances de l'année 1521 (3), étaient indivis avec Jean-François du Pont et Simon Rosset, de Montmélian, et provenaient de Claude et Hugues de La Balme, d'Aiguebelle, et de Jacques et Pierre Rosset (4).

Une illustration de cette famille, dont malheureusement le nom de baptême et la filiation ne nous sont pas connus, fut le P. Esprit, capucin. Les historiens français ont mal traduit son nom latin *Spiritus a Balma* ou *Balmensis* (5) par Esprit de la Baume. Le P. François d'Orly, de Thonon, le met au nombre des hommes apostoliques que la Mau-

(1) *Armorial et Nobiliaire de Savoie.*
(2) Archives de M. F. Truchet.
(3) Ibid.
(4) Les armes de La Balme sont : *de gueules à la fasce d'or accompagnée en chef d'une étoile de même et d'un oiseau d'argent en pointe.*
(5) Boverius, *Annales FF. Minor. Capucin.*, t. II, p. 684.

rienne peut se glorifier d'avoir produits (1). Le P. Fidèle de Talissieu (2) dit qu'il était de la même étude que le P. Chérubin, c'est-à-dire qu'ils avaient fait ensemble leur noviciat. « Sa voix puissante, ajoute le P. François, a retenti dans vostre cathédrale ; il a institué à vostre Réclusière, à la Chambre, à Aiguebelle, à Saint-Michel, à Saint-André, en Amodane, la dévote confrérie du Saint-Sacrement, après l'avoir instituée ès principales villes du Lyonnais et Savoye. » Bovérius le représente comme l'un des principaux soutiens de la province des Capucins de Lyon, à laquelle les couvents de Savoie appartenaient à cette époque, comme un prédicateur d'une grande éloquence et comme l'un des religieux qui s'étaient le mieux pénétrés de l'esprit de leur séraphique Père Saint-François. En 1595, il fut envoyé dans le baillage de Ternier, pendant que le P. Chérubin évangélisait les environs de Genève. L'année suivante, il alla à Rome pour le Chapitre général de l'Ordre. En 1597, il rejoignit son célèbre compatriote pour les quarante-heures d'Annemasse et il l'accompagna ensuite à Thonon, où Saint François de Sales les avait demandés. Mais il ne paraît pas qu'il ait fait un long séjour dans cette ville, car on ne trouve pas son nom parmi ceux des missionnaires qui prirent part aux quarante-heures de 1598. Bovérius dit qu'il mourut au couvent de Lyon en 1602.

(1) *Les Merveilles de N.-D. du Charmaix,* Besançon, 1643, p. 321.
(2) *Relation abrégée des Missions des PP. Capucins de Savoye,* p. 17.

Lorsque, au sommet de la rue Bonrieu, l'on a dépassé ce que l'on peut encore, avec quelque apparence de raison, appeler une rue, la vieille rue *des forts,* on voit, à gauche, à quelques pas de la route qui conduit au pont de Bonrieu, une maison entourée de champs et de jardins. A côté de la route se trouvait un petit oratoire dédié à Saint Pierre, où l'on déposait, jusqu'à l'arrivée du clergé, les morts des hameaux d'au-delà de Bonrieu. La maison n'est pas vieille, mais elle a un nom très vieux, *la cour d'Arve. Cour* rend mal la signification du mot latin *curtis,* que l'on trouve dans les chartes *(curtis de Arva).* C'est jardin, *courtil,* qu'il faudrait dire ; mais dans le cas présent, *cour* est sans doute une abréviation de *courtil.*

La famille qui a donné son nom à ce domaine, avant le xve siècle, résidait d'ordinaire dans son fief d'Arve, où elle avait une maison-forte appelée la *tour genevoise* (1), située entre le hameau du Mollard et l'église de Saint-Jean d'Arves : c'est cette tour qui est désignée dans les titres du xvie siècle, après la destruction du château-fort des évêques, sous le nom de *fort d'Arve.* Le nom de *la tour* s'est conservé. Quant à l'origine du qualificatif *genevoise,* nous l'ignorons. Les nobles d'Arve avaient à la *cour,* près de la ville épiscopale, un pied-à-terre et un jardin.

Cette famille est peut-être la plus ancienne noblesse de la *Terre épiscopale ;* elle se divise en trois

---

(1) Des reconnaissances en faveur de l'évêque Mgr de Gorrevod sont passées le 9 septembre 1522, *in plathea domus fortis de genevesia ante granerium.* — Archives d'Arves.

tronçons, soudés par des mariages : d'Arve, Salière d'Arve et Martin Salière d'Arve. Il est bon de noter que l'on n'écrivit *Arves,* au pluriel, que depuis que Saint-Sorlin fut séparé de Saint-Jean d'Arves et érigé en paroisse.

Au mois de mars 1195, le Chapitre de la cathédrale de Maurienne envoya au comte Thomas les chanoines Guillaume de Cuine et Martin de La Chambre, Pierre de La Tour et Jean d'Arve (1), pour obtenir qu'il confirmât la donation qu'il lui avait faite de Mont-Bérenger (2), le 12 juin 1189, avec défense à ses métraux de le troubler dans l'exercice de ses droits (3).

Les descendants de Jean d'Arve eurent en fief héréditaire la mestralie d'Arve, si déjà il ne la possédait lui-même. Rondet d'Arve la tenait en 1320; Martin, en 1350; Antoine, en 1372; Jean, en 1376. Ce dernier avait épousé Françoise de Luciane : il n'eut que trois filles, dont l'aînée, Marie, épousa, avant 1421, noble Gaspard Salière, docteur en droit, qui dès lors joignit à son nom celui d'Arve (4).

Une reconnaissance faite, le 27 juin 1421, en faveur d'Amédée de Montmayeur, évêque de Maurienne, de tous les fiefs que les enfants de Jean d'Arve tenaient de lui, et en particulier de la mestralie d'Arve, indique nettement quelles étaient les

(1) D'Arves porte: *tranché de gueules sur or à la ratelle de poisson posée en bande de l'un en l'autre.*

(2) Hameau de la commune du Châtel,

(3) *Chartes du diocèse de Maurienne,* p. 44 et 38.

(4) Archives d'Arves. — Salière porte: *de gueules à la salière d'or, au chef d'azur chargé de deux étoiles d'argent.*

attributions des métraux. Ils devaient : 1° percevoir les redevances dues à l'évêque, et ils retiraient de ce chef douze deniers forts par livre (le cinq pour cent); 2° s'enquérir des droits de l'évêque et les maintenir soigneusement; 3° aider le juge-corrier et les autres officiers de l'évêque dans l'acquittement de leur charge et se transporter là où ils en recevaient l'ordre de leur part; 4° dénoncer à l'évêque et à ses officiers les crimes et délits commis dans la mestralie; 5° arrêter et conduire les coupables dans la prison épiscopale; 6° si l'évêque ou ses officiers jugeaient nécessaire de dresser des fourches patibulaires dans la mestralie et d'y pendre quelque brigand, de conduire ce brigand jusqu'au pied des fourches; 7° de conduire de même au pied de l'échafaud les malfaiteurs condamnés à des peines corporelles quelconques.

Le traitement du métral, en sus de la remise pour la perception des revenus de l'évêque, se composait d'un certain nombre de redevances, la plupart en blé : la principale, en Arves, était de cinq setiers d'orge, au moment de la moisson, trois à Saint-Jean d'Arves et deux à Saint-Sorlin.

Gaspard Salière d'Arves, étant devenu veuf de Marie d'Arves, épousa Françoise, fille de Pierre Sauvage.

Par acte du 3 mars 1450, Jean, son fils aîné, dit Jean *l'ancien*, pour le distinguer d'un de ses fils et d'un de ses petits-fils, acquit en albergement de noble François, fils de Jean du Pont, du Villaret, la tour ronde de la Fournache, soit du Mollard de la Fournache, qui existe encore maintenant au-dessus de Bonrieu, entre les chemins de Fontcouverte et de Saint-Pancrace, avec la maison et le verger attenants. Le prix est de cent vingt florins d'or petit poids, de douze deniers gros de Tours l'un, plus un servis d'un denier et les droits féodaux d'usage.

Pierre, l'un des fils de Jean l'*ancien*, épousa Claudaz, fille de noble Barjact Oppinel, praticien fort considéré qui avait son étude en la place de Malconseil et qui fut enseveli dans le cloitre vers l'année 1505. Leur testament, fait en commun le 20 décembre 1514, nous apprend que la tour carrée, qui est au-dessus de la tour ronde de la Fournache, du côté de Saint-Pancrace, appartenait à Claude des Costes.

Barjact, un des enfants de Pierre, qui testa en 1557, avait réuni entre ses mains, par héritages, toutes les possessions de la famille : la mestralie d'Arves, la cour d'Arves, la Fournache, une maison située à côté de Montarlot et qui existe encore, etc.

Pierre, l'ainé de ses fils, dont la mère était Louise de Bavoux, servit dans les armées du duc de Savoie et fut capitaine d'une compagnie d'infanterie. En 1578, il fit le pèlerinage de Rome. En 1589, il eut la garde des montagnes d'Olle et de la Perche, avec Jacques Ducol, Henri Varnier et Jean Dedux, bourgeois de Saint-Jean. Il y fit de grandes dépenses ; car, dans une ordonnance de Don Amé de Savoie, marquis de Saint-Rambert, lieutenant-général deça les monts, en date du 5 juin 1592, on lit ceci : « Noble Pierre Sallières Darve auroit par commandement de Son Altesse esté estably dès quelques années en ça cappitaine à la garde des advenues en

Daulphiné rière les lieux et barricades du col d'Olaz et Malperthuis aux montagnes de la dicte province..... En laquelle charge il s'est comporté en tout debvoir de vray et bon subject et supporté grands frais et despens pour l'entretenement de ses soldats, sans jamais avoir perceu les contributions que lui auroint esté assignées..... » C'est pourquoi ordre est donné aux paroisses de la mestralie d'Arves de lui payer six cents florins de Savoie pour les arrérages jusqu'à la fin du mois de mai de la même année, et ensuite cent florins par mois jusqu'à la fin du mois de novembre « que les dictes montagnes seront chargées de nége, et ce pour son entretenement tant seullement (1). »

Pierre Salière d'Arves mourut vers 1595, ne laissant de son mariage avec noble Antoinette Constantin que deux filles, dont l'aînée porta, le 31 janvier 1605, le nom et les armes de la famille à noble Ennemond Martin, de Saint-Colomban des Villards, lieutenant-colonel du régiment de Maurienne; sa sœur épousa noble Balthazard Portier.

Dans le cloître, à côté de la porte de la cathédrale, on lit, au bas d'une pierre armoriée, cette simple inscription : *Hic jacent nobiles Salerie de Arva.*

Terminons dans la rue d'Arvan notre excursion à la recherche des blasons. Nous y trouvons une des plus nobles familles de la Maurienne, celle des Mareschal, de Saint-Michel et de Saint-Martin-la-Porte; mais nous n'avons que peu de chose à en dire, pour ne pas sortir de notre cadre.

(1) Archives d'Arves.

Ils possédaient, à l'angle de la petite rue de l'Ecole, une maison qui, dans un partage du 26 juillet 1569, échut à François Mareschal Luciane, seigneur de La Tour (de Saint-Michel); il était fils d'Antoine et de Jeanne des Costes. Son père avait eu d'un premier mariage avec Catherine du Pont le chanoine Guillaume Mareschal, que le lecteur connait déjà, et Louise, qui épousa M° Jean Bertrand, après le décès de Louise Fournier (1).

Aimée Mareschal épousa Jean-François de Chabert, maître d'hôtel de Mgr de Lambert et fils de noble Charles de Chabert. Il acquit la maison-forte de la Fournache et, comme il voulait la faire rebâtir, il obtint de Charles-Emmanuel, le 11 janvier 1582, des lettres-patentes accordant à la Fournache tous les privilèges des maisons-fortes, entre autres celui d'avoir des girouettes et une pierre armoriée sur le portail, et son propriétaire fut autorisé à s'appeler Chabert de La Fournache. Philibert, son frère, secrétaire de Mgr de Lambert en 1571, est qualifié de sieur de La Violette, gentilhomme de bouche de Son Altesse, dans un acte de l'année 1609 (2).

En 1602, Jean-Balthazard de Duin, dit Mareschal, vicomte de Tarentaise, baron de la Val d'Isère et seigneur de Saint-Michel, épousa, comme nous avons vu, la fille unique de Claude du Pont. En 1608, il était *gouverneur du fort de Saint-Jean*, et en 1611, *gouverneur aux présides de Maurienne et capitaine en la cité* (3).

(1) Note de M. de Mareschal de Luciane.
(2) Archives d'Arves.
(3) Archives départementales de Chambéry.

CHAPITRE XVII

Les Évêques. — Louis de Gorrevod.

Nous n'avons pas l'intention de faire ici la biographie complète des évêques qui ont occupé le siège de Maurienne pendant le xvie siècle. Elle a été faite par M. Angley dans l'*Histoire du diocèse de Maurienne* (1). Nous nous contenterons de résumer cette partie de son travail ; mais nous aurons à corriger quelques inexactitudes et à compléter son récit par un certain nombre de faits importants,

(1) Le livre de M. Angley ne contient guère que l'histoire des évêques et quelques pages sur l'époque où le christianisme a été apporté en Maurienne, sur la cathédrale et le Chapitre, et sur les reliques de saint Jean-Baptiste. Ce n'est donc pas, en réalité, une histoire du diocèse. L'histoire même des évêques a des lacunes regrettables et d'assez nombreuses inexactitudes, celles-ci généralement peu importantes. La plus grave, c'est qu'il fait remonter la série des évêques de Maurienne à un Lucien qui aurait occupé le siège en 347. Or, il est incontestable que notre évêché a été créé au vi^e siècle par le roi Gontran, que la Maurienne faisait auparavant partie du diocèse de Turin, et que saint Felmase est le premier qui ait pu porter le titre d'évêque de Maurienne. Néanmoins, M. Angley a rendu un grand service à l'histoire du pays. Ajoutons que le fond de son livre est emprunté à l'*Histoire des évêques de Maurienne*, manuscrit de M. Combet, curé de Lanslevillard.

qu'il a passés sous silence ou à peine indiqués, principalement en ce qui concerne Louis de Gorrevod, Pierre Meynard et Pierre de Lambert.

Le 29 juillet 1499 (1), les chanoines s'assemblèrent dans la chapelle Saint-Barthélemi. Ils étaient au nombre de dix : Jacques de Vigny, official, Jean Trolliet, François Gavit, Jean de Gerdil, Jean de Mouxi, Nicolas de Pontverre, Henri Dupuy *(de Poldo)*, Pierre de Menthon, Philippe Trolliet et Antoine Gavit. Huit prébendes étaient vacantes ou occupées par des titulaires qui ne résidaient pas, nous avons vu pourquoi. Il s'agissait d'élire un successeur à l'évêque Etienne de Morel, décédé cinq jours auparavant dans la Bresse, sa patrie, et pour lequel le Chapitre venait, le jour même, de célébrer un service solennel.

Plusieurs personnages furent proposés ; on discuta les mérites de chacun, et enfin les chanoines de Vigny et Dupuy, en leur qualité de docteurs en droit canonique, furent chargés de recevoir et d'écrire les suffrages sur l'autel de la chapelle. Toutes les voix se trouvèrent réunies sur Louis de Gorrevod, protonotaire apostolique et chantre de l'église de Genève. Alors le Chapitre se leva et entonna le *Te Deum*. Après quoi le notaire Jean Oudin dressa l'acte d'élection qui fut signé par les

---

1 Nous avons un acte authentique concernant la fondation d'une chapelle de Saint-Michel dans l'église de Saint-Pancrace. Cet acte porte la date du 30 mars 1497, R^{mo} *in Christo patre et domino nostro domino Ludovico de Gorrevodo miseratione divina et apostolice sedis gratia Maurianensi episcopo et principe existente.* L'erreur de date est aussi évidente que difficile à expliquer.

chanoines et par trois témoins : nobles Jacques du Château, Barthélemi d'Ussillion et Jean du Mollard, citoyen de la ville de Maurienne. Une expédition en fut faite immédiatement par le notaire Jean Fusen et le Chapitre y joignit une supplique adressée au Pape pour le prier de confirmer cette élection par son autorité apostolique (1).

Louis de Gorrevod n'avait que vingt-six ans, mais l'acte d'élection fait de lui cet éloge : « Il est aussi recommandable par sa vertu que par sa science ; il est habile à manier les affaires tant spirituelles que temporelles, respectueux des droits de chacun, prudent, réservé, chaste, sobre, très laborieux, humble, affable, charitable, hospitalier, très versé dans la connaissance de la loi de Dieu, des saintes Ecritures et des dogmes de l'Eglise, irrépréhensible en toutes choses ; il est aimé de Dieu et des hommes ».

Sa famille était une des plus illustres de la Bresse. Jean de Gorrevod, son père, jouissait d'une grande faveur auprès de la cour de Savoie et lui-même y était fort apprécié. Ce fut lui qui, en 1501, bénit à Romain-Moûtiers le mariage de Philibert-le-Beau avec Marguerite d'Autriche.

Il choisit pour vicaire général le chanoine Henri Dupuy et pour official Didier de Morel, chanoine de Besançon et parent de l'évêque défunt, qu'il avait suivi à Saint-Jean. Au mois de décembre 1507, Dupuy était remplacé par Guillaume Perret, chanoine de Genève et de Lausanne (2).

(1) *Charles du diocèse de Maurienne*, p. 314.
(2) Archives de l'évêché.

Un des premiers soins du nouvel évêque fut de travailler à mettre un terme aux empiétements que les officiers ducaux commettaient, non seulement contre les droits temporels de l'évêque, mais même contre la liberté de sa juridiction spirituelle.

Ces empiétements, qui avaient commencé bien avant le traité de Randens, étaient devenus plus nombreux et plus graves depuis cette époque, et les employés des princes de Savoie n'avaient cessé de rogner, le plus qu'ils pouvaient, la part de souveraineté conservée par l'évêque sur les paroisses où le duc était co-souverain. Même sur celles qui n'appartenaient qu'à l'évêque, les tentatives d'usurpation étaient fréquentes. Ainsi nous avons une charte du 4 octobre 1438 (1), par laquelle, sur les réclamations de l'évêque Oger de Conflans, le duc Louis, au nom d'Amédée VIII, son père, révoque le châtelain, le juge, le métral et le greffier qui ont été établis à Valloires, et reconnaît que cette châtellenie ne relève que de l'évêque. Déjà, le 30 avril 1285, le comte Philippe Ier avait fait une déclaration semblable au sujet d'Argentine (2). Les empiétements ne s'étaient pas moins reproduits de temps en temps et presque tous les évêques avaient eu des réclamations à adresser au duc de Savoie.

D'autre part, le cardinal d'Estouteville avait eu à se plaindre que les officiers ducaux arrêtaient les porteurs des lettres des officiaux de Saint-Jean et

---

(1) *Vidimus* d'Aimon Aimonet, official de Maurienne, du 13 novembre 1438. — Archives de la *Société d'histoire et d'archéologie*.

(2) *Chartes du diocèse de Maurienne*, p. 121.

d'Aiguebelle, et du vicaire général. Les ordonnances du prince n'avaient pas suffi pour modérer le zèle de ses employés. Louis de Gorrevod, ayant éprouvé les mêmes vexations, écrivit au duc Charles III, qui, par lettres-patentes du 10 juin 1505, défendit, sous peine de fortes amendes, d'entraver, en quoi que ce fût, l'exercice de l'autorité épiscopale (1). Les conventions passées entre les prédécesseurs des deux souverains furent aussi renouvelées et les droits politiques de l'évêque, expressément reconnus.

Cependant, ces luttes entre les représentants des deux autorités associées, avaient favorisé la cupidité des décimateurs et des officiers de justice qui, tantôt au nom de l'une, tantôt au nom de l'autre, avaient pendant longtemps pressuré les hommes de la Terre épiscopale. Maître enfin de son pouvoir et libre de ses mouvements, Louis de Gorrevod voulut donner satisfaction aux plaintes qui lui parvenaient de toutes parts. Après avoir entendu les observations des syndics de toutes les paroisses et pris l'avis de ses conseillers, dont les principaux étaient les chanoines Henri Dupuy, Didier de Morel et François Gavit, et Antoine Bolier, avocat fiscal de l'évêché, il dressa des statuts qui furent publiés le 2 mars 1506, dans la salle de la curie, au palais épiscopal. Les témoins furent : Charles de Cornon, protonotaire apostolique et chanoine de Maurienne; Hector de Grolée, protonotaire apostolique; Catherin Salière d'Arves, docteur en droit; Jean Salière d'Arves; Louis d'Albiez;

---

(1) Archives de l'évêché.

Perceval Planet, maître d'hôtel de l'évêque ; Sébastien de Pierrevive ; Pierre Roche ; Michelet Martin, lieutenant du juge de la Chambre ; et les syndics de la bourgeoisie de Saint-Jean, Etienne Croset et Georges Séchal. Les procès-verbaux furent signés par quatre notaires : Pierre Cologniez, du diocèse de Genève ; Pierre de Châteaumartin, de Châteaufort, dans la Chautagne, citoyen de Saint-Jean ; Girod Boudrey, de Saint-Sorlin d'Arves ; et Jérôme Fournier, de Saint-Jean (1).

Ces statuts sont divisés en quinze titres :

1° Que les décimateurs de nos terres n'oppriment pas induement nos sujets à l'occasion de leur office. — Pour la dîme des gerbes, du foin, des pâturages, des agneaux et autres animaux, les décimateurs ne s'écarteront pas de la coutume ; pour les dîmes à la mesure, ils se serviront de mesures marquées des armes de l'évêque. Le tout sous peine de poursuites pour crime de faux et de vingt-cinq livres fortes d'amende.

2° Il est défendu à nos secrétaires de charger nos sujets par des écritures superflues dans les procédures judiciaires. — Les secrétaires, clavaires et autres scribes, qui feront des écritures non exigées par les ordonnances ou par la coutume, seront privés de leur office et frappés d'une amende de 25 livres fortes applicables au fisc. L'amende sera de 50 livres et au profit de la partie lésée, s'ils exigent plus qu'il ne leur est dû.

(1) Les Statuts ou Constitutions de Mgr Gorrevod portent ce titre : *Statuta noviter edicta per R. in Christo P. et D. D. Ludovicum de Gorrevodo miseratione divina episcopum Mauriane et principem concessa sue terre episcopatus Mauriane citra fluvium arcus et suis hominibus et subdictis S[i] Andree et Argentine.*

3° Taxe des écritures judiciaires et suppression d'écritures superflues. — Les substitutions ou procurations et les rescrits apostoliques ne seront pas insérés dans les actes des procès, mais seulement avant la sentence définitive, s'il peut y avoir appel. En ce cas, la taxe sera celle d'un mémoire simple ou d'une copie, et l'insertion ne sera pas répétée dans la même cause. Même amende que ci-dessus.

4° Taxe des mémoires et des registres judiciaires. — La taxe des mémoires simples est fixée à 12 deniers forts; celle des mémoires doubles, à trois deniers gros. Sont considérés comme mémoires doubles : 1° la constitution ou substitution de procureurs; 2° la promesse d'approbation; 3° l'ordonnance provisoire; 4° l'enquête et le serment de calomnie ou de malice, si la partie demande l'insertion dans les actes; 5° la nomination et la révocation d'une commission; 6° les interrogatoires; 7° les conclusions, renonciations, provisions du curateur pour reconnaissance d'acte et son rapport; 8° le mémoire contenant une demande, ou une sentence, ou une absolution d'excommunication, pour celle des parties qui l'a demandée; 9° le premier et le second décret de mise en possession; 10° le monitoire; 11° la taxe des frais; 12° toute ordonnance dont il n'a pas encore été fait mention; si elle condamne aux frais, le droit est triple; il est simple, si les frais sont réservés. On s'en tiendra à la coutume pour les sentences définitives et interlocutoires. Il en sera de même dans les causes matrimoniales et les autres où il n'y a pas de valeur déterminée. En cas de doute, le juge prononcera sommairement et sans écrit.

5° Taxe des copies judiciaires. — On paiera 6 quarts pour chaque feuille. Chaque page aura 25 lignes; chaque ligne, 4 mots *(dictiones)* et au moins 5 s'il y a plusieurs monosyllabes. Si cette prescription n'a pas été observée, on ne paiera que 4 quarts.

6° Taxe du sceau et des lettres et actes judiciaires. — Pour les provisions, mandements sur requête et suppliques, tant de justice que de grâce, on paiera 6 quarts pour l'écriture, 2 gros pour le sceau et 1 gros pour le décret du juge. Pour les reconnaissances judiciaires, si elles n'excèdent pas 10 florins, la taxe est celle d'un mémoire double pour l'écriture et de 6 quarts pour le sceau ; au-dessus, elle est de 4 deniers gros pour l'écriture et de 2 deniers gros pour le sceau.

7° Taxe des mémoires annulés et des actes non expédiés. — Les secrétaires des tribunaux ne doivent expédier aucun acte avant le terme de trois semaines, sauf à la demande de l'une des parties. Pendant ce temps, les parties peuvent demander l'annulation de ces actes, pour laquelle le droit est de 3 ou de 6 deniers forts, selon que l'acte est simple ou double. En cas de contestation entre les parties, le juge prononcera sans frais. Le secrétaire qui exigera davantage, restituera ce qu'il aura perçu de trop et paiera une amende de quatre fois cette somme.

8° Sur les arrestations et les enquêtes criminelles. — Les jugements doivent être rendus promptement. Le procureur fiscal, le corrier, *en ce qui nous regarde,* dit Mgr de Gorrevod, *et pour la part qui nous concerne,* les châtelains et les commissaires délégués par les juges ne doivent faire aucune enquête publique pour crime ou offense, ni procéder à aucune arrestation, à moins que l'accusation ou la plainte ne soient fondées et après avoir pris des informations secrètes, sauf dans les cas prévus par le droit ; ils doivent observer les franchises et libertés accordées par les précédents évêques aux hommes de la Terre épiscopale. Tout contrevenant sera puni de 25 livres fortes d'amende, et ce qu'il aura fait ou ordonné sera nul et de nulle valeur.

9° Qu'il faut inscrire l'excommunication et l'absolu-

tion au dos de la citation et rejeter les exceptions frustratoires. — Pour éviter des frais superflus, s'il n'y a encore aucun procès commencé et enregistré, l'excommunication pour contumace et l'absolution seront inscrites, sans frais, au dos de la citation. L'évêque ajoute : « Nous ordonnons très expressément à nos juges d'abréger les procès autant qu'ils le pourront, de rejeter les excuses dilatoires et les autres moyens frustratoires, et de juger promptement et brièvement selon la vérité et la justice, les causes dont ils auront été chargés. »

10° De l'absolution des excommuniés, en ce qui concerne les droits épiscopaux. — L'absolution de l'excommunication ne sera désormais passible d'aucun droit de sceau ni d'écriture, soit au vicariat, soit à l'officialité. Si l'excommunication est enregistrée, on paiera 2 quarts au secrétaire. Celui qui violera cet édit paiera 10 livres fortes d'amende.

11° Du salaire des métraux et receveurs. — Les métraux et les exacteurs des deniers de l'évêché ne pourront rien exiger au-delà de ce qui est porté dans les reconnaissances. Si le débiteur réclame une quittance, il paiera 1 quart. Pour le partage et la délimitation des propriétés, les officiers épiscopaux ne pourront percevoir que 4 deniers gros par opération, et si, eu égard à leurs peines, ce salaire paraît insuffisant, le vicaire général, ou le juge compétent, taxera sans frais. Les contrevenants restitueront le double et paieront 25 livres fortes d'amende.

12° Défense aux curés de publier aucune sentence (registra) *sans monition préalable.* — Défense, sous peine d'excommunication et de 25 livres fortes d'amende, aux curés et vicaires de publier les sentences qui leur sont transmises par le receveur général de l'évêché, ou par le secrétaire garde du sceau des actes judiciaires, avant le terme de six jours depuis la monition.

13° Prescription d'un an pour les lettres de coutumace. — La taxe pour les lettres de contumace ou de citation émanées des juges, est prescrite par un an. Les notaires ou autres clercs qui tenteraient d'en poursuivre le paiement, seront condamnés aux frais et à 5 livres fortes d'amende.

14° De la sépulture de ceux qui sont morts par suite d'un accident. — Les curés procèderont à la sépulture librement et sans frais, pourvu qu'il leur conste qu'aucun empêchement, canonique ou autre, ne s'y oppose ; car, dit le législateur : « Nous aimons de toute notre âme la justice et l'équité, et nous voulons extirper absolument les dépenses que nos officiers imposent à nos sujets dans ces circonstances. »

15° Des féries des moissons et des vendanges. — Conformément à l'usage immémorial du diocèse, les juges, si les plaideurs le demandent, suspendront toutes les procédures pendant les moissons et les vendanges, depuis la Nativité de Saint Jean-Baptiste jusqu'à la quinzaine après la fête de Saint Michel, savoir : pendant quatre semaines pour les moissons et pendant trois semaines pour les vendanges. Pendant tout ce temps, on n'introduira aucune cause, excepté les causes spirituelles, matrimoniales, patrimoniales, fiscales, celles des voyageurs, des étrangers, des personnes qui seraient soupçonnées de vouloir prendre la fuite et celles où il y aurait une nécessité évidente. Le tout sous peine de nullité et de 25 livres fortes d'amende applicables à l'aumône.

Mgr de Gorrevod déclare en terminant que, si quelques-unes des prescriptions de ces statuts dérogent, en quoi que ce soit, aux libertés, franchises et immunités accordées par ses prédécesseurs, ou par les comtes et ducs de Savoie, aux hommes et aux communautés de la Terre épiscopale, il les retire et abroge dès ce moment, son intention étant, non de léser les droits de ses sujets, mais de réformer les abus dont ils se plaignent.

Ces constitutions nous paraissent fort remarquables, surtout si l'on se reporte à l'époque où elles furent publiées. Elles montrent, entre autres choses, que le Chapitre n'exagérait pas l'éloge qu'il faisait du jeune prélat dans son acte d'élection. Voici un autre fait que nous avons déjà raconté ailleurs (1).

En l'année 1515, les troupes de François Ier se disposant à traverser les Etats du duc de Savoie pour aller à la conquête du Milanais, les Suisses, alliés de Milan, se jetèrent en Piémont, occupèrent plusieurs places, entre autres Suse, et menacèrent la Savoie et le Briançonnais. A cette nouvelle, les habitants de la Maurienne se portèrent en armes sur le Montcenis et firent si bonne garde, que les Suisses renoncèrent à les attaquer. Cette prise d'armes et le passage des Français entraînèrent des dépenses, dont le vicaire général, Jacques Fossier ou Fosseret, et le procureur de l'évêché, s'engagèrent envers la Terre commune à faire supporter une partie au mandement de Valloires. Mgr de Gorrevod était alors à Genève. Les quatre communes furent donc assignées sur la demande des syndics de Saint-Jean. Elles comparurent, mais demandèrent du temps pour produire les titres qui constataient leur exemption, fondée sur ce qu'elles étaient

(1) *Travaux de la Société d'histoire et d'archéologie*, t. I, p. 28 et 215.

seules chargées de la garde du passage du Galibier. Fosseret leur accorda un jour ; après lequel il lança un mandat d'arrêt contre les syndics, vieillards cassés par l'âge, qui furent traduits dans les prisons épiscopales, jusqu'au paiement de la somme de 125 florins, à laquelle la part du mandement avait été fixée.

Alors les communes adressèrent à l'évêque une supplique dans laquelle, après avoir protesté en termes énergiques contre la conduite de son vicaire général, elles le priaient d'évoquer l'affaire à son tribunal, de faire mettre les syndics en liberté et de les garantir contre toute nouvelle vexation, se déclarant prêtes à se soumettre au jugement qu'il porterait sur le fond du procès. Mgr de Gorrevod manda près de lui noble Pierre Rapin, de la Choudane; Jean Falcon de La Tour, notaire et consyndic de Valloires ; Noë Fontaine, consyndic de Montricher, pour la châtellenie de Valloires ; et pour Saint-Jean, noble Jean Falcon, consyndic, et Charles Porte, conseiller. Il prononça son jugement à Genève le 25 janvier 1516 : la procédure faite contre la châtellenie de Valloires fut annulée et celle-ci déclarée exempte de contribuer au paiement des frais en question. Mais, pour décharger ses officiers de la promesse qu'ils avaient faite, il les autorisa à prendre les 125 florins sur les revenus de l'évêché, *ce que*, dit-il, *les deux parties acceptèrent et approuvèrent de tout leur pouvoir*. Ce n'était pas difficile.

Une autre affaire importante occupa les premières années de l'épiscopat de Mgr de Gorrevod. Jusqu'à la bulle de S. Pie V, du 9 juillet 1568, chaque province ecclésiastique, et même chaque diocèse, avait son bréviaire particulier. En 1512, l'évêque de Maurienne fit imprimer celui de son diocèse et l'adressa à son clergé avec ordre de s'y conformer. C'est un volume in-18 de 400 feuillets (1). Le frontispice, sous le titre : *Breviarium ad usum Maurianensis ecclesie,* porte dans un encadrement un ange nimbé, ailé et vêtu, tenant des deux mains les écussons de Saint-Jean de Maurienne et de Gorrevod. Il n'y a ni lieu d'impression ni nom d'imprimeur. Seulement, dans une note à la fin du volume, celui-ci déclare l'avoir terminé le 15 du mois d'octobre de l'année 1512 (2). De cette note on peut conclure que ce n'était pas un bréviaire nouveau, mais le bréviaire traditionnel de la cathédrale, étendu à tout le diocèse, dont les diverses parties avaient peut-être eu jusqu'alors des bréviaires différents.

Ce bréviaire offre assez peu de différences avec le bréviaire romain actuel, quant au psautier, au propre du temps et au commun des saints. Les fêtes sont divisées en quatres classes : les fêtes de trois leçons, les fêtes de neuf leçons, les fêtes doubles, et les fêtes de quatre chantres ou solennelles

(1) La bibliothèque du grand-séminaire de Saint-Jean en possède deux exemplaires, tous deux incomplets. Sur l'un on lit: Antoyne Rapin, *prebstre de Valloyre.* — *1565, 2 décembre.*

(2) *Explicit Breviarium secundum usum ecclesie cathedralis Sancti Johanni Maurianen de mandato R. D. D*ni *Ludovici de Gorrevodo episcopi et principis Maurianen. Ad laudem cunctipotentis et totius cleri utilitatem impressum diligenter castigatum et luculenter correctum. Anno a partu Virginis.* M.ccccXII. *Die* xv. *Mensis Octobris.*

(festum quatuor cantorum vel solemne). Nous mettons en note quelques-unes des prières qui ne sont pas dans le bréviaire romain (1). Les leçons sont généralement très courtes et ne donnent pas un résumé complet de la vie des saints. Voici les principales fêtes propres du diocèse : 28 mars, Saint Gontran ; lundi après Quasimodo, les miracles de Saint Jean-Baptiste ; 2 mai, les trois Marie (2) ; 22 juin, Saint Alban ; 25 juin, Sainte Tygre ; le dimanche après la fête de Saint Pierre et de Saint Paul, la fête des reliques de la cathédrale, instituée, dit une note manuscrite, en 1260,

(1) Antienne unique des laudes du dimanche : *Regnavit Dominus præcinctus fortitudine cum decore virtutum cujus sedes parata est in æternum.*

Bénédictions du 3ᵉ nocturne de l'office de la Sᵗᵉ Vierge : *Jesus Marie filius sit nobis clemens et propitius. — Oret voce pia pro nobis Virgo Maria. — Qui natus es de Virgine succurrat nobis hodie.*

Oraison pour la fête de Saint Joseph : *Concede quesumus omnipotens Deus ut intercessione Beati Joseph confessoris tui qui Pater Domini Nostri Jesu Christi in terra dignus vocari inventus est et vir gloriose semperque Virginis Marie non coinquinatione carnis sed tantum nomine appellatus est ab omnibus malis et adversitatibus liberemur.*

Responsoire de l'office de la Conception de la Sᵗᵉ Vierge : *Actor mortis dyabolus genus ab exordio viliavit humanum sed aurum fulgens reperitur in luto. Et ex pungente spina pulchre rubens oritur rosa.* ℣. *Ex radice viciata sine vicio prodiit Virgo jesse Maria.* — Les six leçons du 1ᵉʳ et du 2ᵉ nocturne sont tirées du décret du pseudo-concile de Bâle sur l'Immaculée-Conception de la Sainte Vierge.

(2) Voici l'oraison de cette fête : *Da nobis Domine Jesu Christe Beate Marie semper Virginis sanctarumque tuarum Marie Jabobi et Marie Salome piis patrociniis adiuvari, que tibi tam viventi quam mortuo studuerunt devotis obsequiis famulari.*

par l'évêque Antelme (1) et supprimée plus tard par Philibert Millet ; 16 août, Saint Roch ; 14 octobre, dédicace de la cathédrale ; 23 octobre, dédicace de l'église Sainte-Marie ; 30 octobre, dédicace de l'église Saint-Christophe ; 21 novembre, commémoraison de Saint Colomban (2) ; 17 décembre, Saint Lazare.

Les litanies des Saints sont placées après le psautier. Entre autres noms qui ne sont point dans les litanies romaines, il y a ceux de Saint Alban, de Saint Christophe, de Saint Maurice, de Saint Colomban, de Sainte Tygre, de Sainte Thècle, vierge et martyre, des Saintes Foi, Espérance et Charité.

Entre le propre du temps et le propre des saints, on trouve les messes votives et au milieu d'elles les préfaces de l'année et le canon. La seule différence avec le rite romain, c'est qu'après les ablutions, le prêtre récitait le cantique *Nunc dimittis*.....

Le propre des saints est suivi des commémoraisons communes pour les laudes et les vêpres. Ce sont celles de Saint Jean-Baptiste, de Sainte Thècle *(Tygre)*, de tous les saints, et pour la paix. En carême, on faisait auparavant celles de la Croix et des saints anges. Au temps pascal, la commémo-

(1) Il y a là une erreur de date. Anthelme de Clermont n'est monté sur le siège épiscopal de Maurienne qu'en 1262.

(2) Les fêtes de saint Colomban et de saint Alban, celles d'autres saints anglais, que nous ne célébrons plus : saint Ethelbert, saint Edmond, saint Hugues de Lincoln..., ne semblent-elles pas confirmer la tradition qui attribue à saint Colomban, ou à ses disciples, la construction d'un monastère à Saint-Colomban des Villards et le défrichement de cette vallée ?

raison de la Croix prenait le nom de commémoraison de la Résurrection du Seigneur ; c'est la même que celle du bréviaire romain actuel (1).

Le bréviaire de Maurienne se termine par le commun des saints, l'office de la Sainte Vierge et celui des morts. C'est en grande partie comme dans notre bréviaire.

Les archives de l'évêché possèdent le même bréviaire in-folio sur parchemin. Des chaînes, encore attachées au volume, le fixaient dans l'avant-chœur de la cathédrale, probablement devant les choristes. Malheureusement, il est aussi incomplet et, notamment, les feuillets qui contenaient l'office de Sainte Thècle, ont été coupés. Dans le petit bréviaire, et il en était évidemment de même dans celui-là, les six très courtes leçons de la légende de la Sainte s'arrêtent à son arrivée à Alexandrie.

Mentionnons rapidement les autres faits de l'épiscopat de Mgr Louis de Gorrevod.

Quatre établissements importants se formèrent à cette époque dans le diocèse : le couvent des Célestins de Villard-Sallet, fondé par les seigneurs de Montmayeur ; le couvent des Carmes de la Rochette, et les deux collégiales de Sainte Anne de Chamoux et de Saint Marcel de la Chambre, par les seigneurs de La Chambre. La dernière fondation fut approuvée par deux bulles du pape Léon X, des années 1515 et 1518.

---

(1) Oraison de la commémoraison de tous les saints au temps paschal : *Deus qui ad eternam vitam in Christi resurrectione nos reparas, imple pietatis tue ineffabile sacramentum, ut cum in magestate tua salvator noster advenerit, cum omnibus sanctis quos fecisti baptismo regenerari, beata facias immortalitate vestiri.*

Par acte du 3 mars 1514, noble Michel Rembaud, notaire et secrétaire du Chapitre, Mgr de Gorrevod fonda une procession solennelle qui devait se faire la veille de l'Annonciation à sept heures du soir, de la cathédrale à l'église Sainte-Marie, au son de toutes les cloches, *tant grosses que petites*. Le pape Léon X avait accordé une indulgence de deux cents ans et d'autant de quarantaines à tous ceux qui y assisteraient. On voit par l'acte de fondation que les sonneurs étaient placés sous les ordres d'un diacre ; ils recevaient pour leur peine, dans cette circonstance, six deniers gros. Pour les chandelles et les honoraires à distribuer au clergé, le fondateur donna au Chapitre cinquante florins tournois gros (1).

L'année suivante, 1515, l'évêque de Maurienne fut encore nommé évêque de Bourg, aussitôt après la création de ce diocèse, obtenue par le duc Charles III ; mais il fut supprimé quelques années après, à cause de l'opposition du roi **François Ier**.

Louis de Gorrevod possédait toute la confiance du duc Charles III, qui l'envoya en ambassade à Rome. En 1528, la duchesse Marguerite d'Autriche le chargea de la représenter au baptême d'Emmanuel-Philibert. En 1530, il fut nommé cardinal et légat du Saint-Siège dans les Etats de Savoie.

(1) Second obituaire du Chapitre. Cet obituaire doit avoir été fait en 1533 ou en 1534 ; car il mentionne un acte du 14 février 1533, et il ne contient aucun obit pour le cardinal de Gorrevod, qui, dans la fondation de la procession, mise à la fin, est supposé vivant.

Il était encore vivant le 3 novembre 1538. Son tombeau, creusé devant l'autel de la chapelle de Jésus, est couvert d'une simple pierre, autour de laquelle est gravée une inscription déjà bien fruste (1).

(1) *Hic jacet R^{mus} in Christo Pater D. Ludovicus de Gorrevodo tituli Sancti Cesarii in palatio presbyter cardinalis Maurianensis nuncupatus Sabaudie etc. legatus qui hoc sacellum fundavit et dotavit anno Domini MDXXXV.* M. Angley *(Histoire du diocèse de Maurienne*, p. 280) a pris l'année de la fondation de la chapelle pour celle de la mort du fondateur.

CHAPITRE XVIII

Les Évêques. — Jean-Philibert de Challes. — Brondolésius de Trottis. — Hyppolite d'Est. — Pierre Meynard.

Peu de temps après la mort du cardinal de Gorrevod, le Chapitre confirma l'élection, faite en 1532, de Jean-Philibert de Challes, fils d'Amédée de Challes et de Jeanne de Loriol, comme coadjuteur avec future succession (1). Les événements politiques retardèrent sa consécration, qui ne put avoir lieu que le 22 mai 1541, dans la cathédrale de Saint-Jean.

En 1536, François Ier s'était emparé de la Savoie. Comme toujours, les vrais motifs de cette guerre ne sont pas très clairs. Si nous en croyons Guichenon (2), il y en aurait eu deux : la revendication par le roi des droits ou prétentions de Louise de Savoie, sa mère, sœur de Charles III ; le refus par le duc de céder Nice et les places conquises dans le marquisat de Saluces, et de faire hommage pour le Faucigny. Ce qui est certain, c'est que l'évêque de Maurienne y était absolument étranger. Par

(1) *Armorial et Nobiliaire.*
(2) *Histoire général...*, t. II, p. 212.

conséquent, le fait de la conquête ne pouvait porter atteinte, ni aux droits de souveraineté de l'évêque, ni au droit du Chapitre d'élire l'évêque. Le roi de France se substituait au duc de Savoie dans le bénéfice du traité de Randens, voilà tout.

Le vainqueur ne fit pas cette distinction. D'une part, il étendit arbitrairement à la Savoie les stipulations du Concordat de 1516, qui lui accordait le droit de présentation des évêques et s'opposa à la confirmation de l'élection faite par le Chapitre ; de l'autre, il traita la Terre épiscopale comme le reste de la Savoie, en pays conquis. Il aurait au moins dû, après avoir reconnu le nouvel évêque, lui restituer ses droits et rentrer dans les limites fixées par les traités ; mais il n'en fit rien.

Ces considérations sont essentielles pour apprécier les faits que nous allons raconter. Nous nous étonnons peu que le Parlement français, établi à Chambéry, n'en ait pas tenu compte ; mais nous nous étonnons davantage qu'elles ne se soient pas présentées à l'esprit si judicieux de l'historien du Sénat de Savoie. S'il les eût faites, il aurait mieux vu l'objet réel des réclamations de Jean-Philibert de Challes et n'aurait pas dit qu'elles étaient *contraires aux bulles de deux papes* (1) ; car il aurait vu que ces bulles, qui ne traitent que de l'appel des jugements en matière civile, étaient en dehors de la question. Il n'aurait pas non plus accusé Pierre Meynard d'avoir *oublié son caractère sacré et commis des extorsions criantes dans tout le diocèse* (2) ; car il aurait

(1) *Histoire du Sénat de Savoie*, t. I, p. 131.
(2) Ibid., p. 139.

certainement remarqué que Meynard n'avait fait qu'exercer les droits de l'évêque de Maurienne, qu'il représentait. Reprenons le récit des faits.

Aussitôt qu'il fut en possession de son siège, Jean-Philibert de Challes s'occupa d'abord de profiter de l'influence que ses vertus lui avaient acquise, pour ramener la concorde parmi ses diocésains, et surtout parmi les habitants de la ville épiscopale, où le changement de gouvernement avait soulevé beaucoup de haines et de dissensions. Il songea ensuite, comme il était de son devoir, à revendiquer les droits de son église et il prit le parti de se rendre lui-même auprès de François 1er, emportant les principaux titres propres à les établir. Parmi ces titres se trouvait, dit Jacques Damé, la charte de fondation de l'évêché par le roi Gontran, écrite sur un petit parchemin large de trois doigts. On voit qu'il s'agissait bien de ses droits de souveraineté, et non pas d'une simple question d'appel tranchée par le Saint-Siège. Mais le prélat mourut dans ce voyage et les titres dont il était porteur furent perdus sans retour. C'était dans les premiers mois de l'année 1544.

Le Chapitre élut, pour lui succéder, François de Luxembourg, vicomte de Martigues; il ne fut pas agréé par le roi, qui nomma Dominique de Saint-Séverin, abbé de Saint-Victor, à Paris, d'une famille napolitaine exilée à Marolles. Cette nomination n'eut pas non plus de suite, le Saint-Siège n'admettant pas une extension aussi abusive des stipulations du Concordat français.

En 1551, le pape Marcel II transféra le cardinal

Jérôme Ricevali du siège de Nice à celui de Maurienne. Il ne s'y rendit point et mourut à Rome au mois d'octobre 1559.

Alors Emmanuel-Philibert, rétablissant un usage, ou plutôt un abus, auquel ses ancêtres avaient formellement renoncé comme *sacrilége et condamnable* (1), prononça la saisie et la réduction sous sa main *souveraine* de tous les biens, fruits et revenus de l'évêché et en confia l'administration à Nicolas Provence, écuyer, *jusques à tant que par nostre sainct père le pape y soit pourveu de nostre consentement*. C'est la première fois qu'il est parlé du consentement du duc de Savoie pour la nomination de l'évêque de Maurienne. Emmanuel-Philibert adoptait les prétentions du roi de France, sans avoir même le prétexte d'un titre quelconque, et supprimait de fait le droit immémorial du Chapitre d'élire l'évêque. Ces lettres-patentes sont du 18 février 1560 (2). Elles statuent cependant que les revenus futurs et les arrérages seront employés « tant à l'entretenement du divin service et aulmosnes accoustumées que pour dresser la fabrique et les réparations qui sont plus que nécessaires au dict evesché et membres qui en dependent. »

Cette saisie ne dura que quelques mois. Le 5 mai de la même année 1560, Pie IV nomma Brondolésius de Trottis, de Ferrare, qui prit la route de son

---

(1) Voir la charte d'Amédée V, du 7 juillet 1248. — *Chartes du diocèse...*, p. 82.

(2) Archives du Sénat. — *Registre des édits, bulles et patentes.*

diocèse, dans le courant de l'année 1561 ; mais la mort l'arrêta à Rivoli près de Turin (1).

A cette nouvelle, le Chapitre s'assembla dans la grande salle du réfectoire et, au lieu d'élire un évêque, nomma un vicaire capitulaire dans la personne de messire Charles Dupré *(de Prato),* en lui donnant messire Charles Rapin pour substitut. Celui-ci mourut le 31 janvier 1564. Dupré était absent depuis longtemps. Le 1er février, les chanoines élurent messire Jacques Rapin, vicaire général et official, jusqu'au retour de Charles Dupré. L'acte est signé par François de La Crose, Henri Bollier, Guillaume Mareschal, Antoine Cornuti, Philippe Perret, Claude Bonier, Jacques Favre, Antoine Chabord et Jean-Jacques Rapin, en présence des notaires Mathieu Davrieux et Catherin Bertrand (2).

L'évêché de Maurienne fut, l'année suivante, donné en commende au cardinal Hyppolite d'Est, qui le résigna le 21 novembre 1567 en faveur de Pierre de Lambert. C'est le seul service qu'il paraît avoir rendu au diocèse. Il y avait vingt-trois ans qu'aucun évêque titulaire n'y avait résidé.

Mais en 1544, après la mort de Jean-Philibert de Challes, Pierre Meynard, évêque d'Hébron *in partibus,* suffragant, c'est-à-dire coadjuteur de Maurienne et de Tarentaise (3), remplit les fonctions

(1) M. Angley fixe à l'année 1563 la mort de cet évêque. Un document dont nous parlerons tout-à-l'heure prouve qu'il se trompe de deux ans.

(2) Archives du Sénat.

(3) M. BURNIER *(Histoire du Sénat de Savoie,* p. 158) mentionne un autre suffragant de Maurienne et de Tarentaise, sous l'épiscopat de Louis de Gorrevod. Il se nommait Georges Perrin et mourut à Genève le 9 décembre 1518.

d'administrateur du diocèse. La *Pratique ecclesiastique du Sénat de Savoie* (1), parlant du crime de concussion, qu'elle donne comme *privilégié* et relevant par conséquent de la juridiction laïque, alors même que le coupable serait un ecclésiastique, dit :

Nous en avons un exemple dans le procès criminel intenté par le procureur général contre messire Pierre Meynard, évêque d'Hébron, comme délégué aux diocèses de Tarentaise et de Maurienne, un R^d Laurentius Laury, vicaire général de Maurienne, Nantet Sibuet, procureur d'office du dit évêché, Mathieu de Aprili, scribe, et un Jean Clerc se disant prêtre, tous accusés et impliqués dans le crime de concussion et indue exaction sur les habitants des paroisses du dit diocèse de Maurienne, faite dans la visite d'icelui par le prélat, lequel avec les susnommés furent décrétés de prise de corps, et ensuite le dit évêque fut confronté par arrêt du 29 octobre 1551, et, par un autre arrêt du 9 février 1552, la Cour de parlement ayant vu les sentiments, compositions, machinations faites dans la dite visite aux fins d'exiger argent des sujets du Roi, les déclara nulles, tortionnaires et abusives, leur fit défense de ne faire plus telles extorsions, concussions et machinations sur les dits sujets à peine de mille livres et autre plus grande à la discrétion de la Cour, et pour l'excès commis les condamna à des amendes, chacun selon son mérite, qu'ils tiendraient prison jusqu'au jugement ; ils furent condamnés à la restitution de ce qu'ils avaient pris, et ordonné que l'arrêt en seroit publié dans l'auditoire de Maurienne.

M. Burnier ajoute quelques détails : « Pendant la dernière année de son administration, dit-il, Pierre Meynard......, accompagné de quelques

---

(1) Chap. III, § 5.

ecclésiastiques formant une espèce de conseil, avait parcouru les campagnes, rendu des jugements arbitraires et arraché aux habitants du pays des sommes considérables. La rumeur fut si grande, que le Parlement de Chambéry crut devoir intervenir. Sur requête du procureur général (1), il chargea un conseiller à la Cour, maître Jean Poille, de procéder à une enquête sur la conduite de Meynard et des prêtres qui le suivaient. Voici leurs noms : Jean Clert, Mathieu de Aprilis, Antoine Parchery, Laurentius Laury et Mantel Sibuet. L'enquête eut lieu le 14 juillet et les jours suivants; plus de cent cinquante témoins furent entendus. Enfin, la Cour rendit son arrêt le 9 février 1552, en contradictoire de Meynard, Clert, de Aprilis et Parchery. Laury et Sibuet faisaient défaut; depuis plusieurs mois déjà, les quatre premiers avaient été décrétés de prise de corps. »

Sans parler de quelques légères différences, que le lecteur aura remarquées, entre le récit de la *Pratique ecclésiastique* et celui de l'*Histoire du Sénat,* ce procès est assez important, à plusieurs points de vue, pour que nous ayons voulu remonter aux sources.

Nous n'avons trouvé, dans les archives du Sénat, où les recherches sont loin d'être faciles, ni les dépositions des témoins, ni les interrogatoires des accusés, en sorte que nous ne pouvons savoir si Meynard avait visité toutes les paroisses du diocèse, ni si les extorsions qui lui étaient reprochées, comprenaient aussi les droits perçus dans les

(1) C'était Julien Tabouet.

paroisses de la Terre commune. Mais nous avons lu les arrêts du Parlement. En voici le résumé (1) :

Le 29 octobre 1551, la Cour, « faisant droit sur la declinatoire et ranvoy requis par le dict Meynard en tant que concerne la conservation des chapelles et aultels et aultres actes de la visitation dependant de spiritualité, a ranvoyé et ranvoye le dict Meynard par devant l'archevesque de Vienne metropolitain...... Pour le regard des indues exactions de deniers pretendues par le dict procureur general sur les subjects du Roy, a retenu et retient la cognoissance et ce faisant et avant proceder au jugement diffinitif du procès et faisant droict sur les conclusions du dict procureur general ou son substitué, a ordonné et ordonne que certains tesmoings seront recollés et, si besoing est, confrontés au dict Meynard, et lesquels le dict procureur general fera venir dans la huitainne, et neantmoins a ordonné et ordonne que M⁰ Mathieu Deaprilis sera adjourné pour se representer en estat et auquel la dicte chambre a faict injonction de exhiber par devant elle le livre de la visitation par eulx allégué. »

Le 20 novembre, le Parlement prononce prise de corps contre Laurentius Laury, *Marcel* Sibouet, substitut du procureur d'office de l'évêché de Maurienne, et Antoine *Pasquery,* accusés et défaillants.

Le 12 décembre, sur la requête de Pierre Meynard, de M⁰ Mathieu Deaprilis, scribe, et de M⁰ Jean Clert, prêtre, il ordonne qu'ils soient mis en liberté « en se soubmettant et cautionnant l'un pour l'autre de se representer en l'état au premier jour playdable après les Roys. » De plus il leur fait « inhibition et deffense de ne parler directement ny

(1) Registre des arrêts criminels, 1551 et 1552.

indirectement aux tesmoings, et ausdicts Meynard et Clert de n'aller en Maurienne. »

Le jugement fut prononcé le 9 février 1552 « en plaine audiance. » Parmi les pièces visées, il y a « certaines inhibitions faictes par le corrier aux officiers de l'evesque de ne recepvoir l'élection des sindicques et aultres procedures y contenues, certains actes de sindicat de la paroisse d'Albié-le-Jeune et le Viel, de Jarrier et autres. »

« La Court a declaré et declare les sentences, compositions, marciations et aultres procedures faictes par le dict Meynard en la dicte visitation aux fins de exiger argent des subjects du Roy nulles, tortionnaires et abusives, a cassé et revocqué tout ce que en vertu d'icelles s'en est ensuyvy et luy a faict et à tous autres qu'il appartiendra inhibitions et deffenses de ne plus faire telles extortions, concussions et marciations sur les subjects, du Roy à peyne de mil livres et autre plus grande à la disposition de la Court..... »

Meynard est condamné « en 25 livres d'amende envers le Roy et aultres 25 livres applicables aux œuvres pies pour la norriture et substentation des religieux de saincte Marie Egyptiaque. » Laurentius Laury et Marcel Sibuet, qui font défaut, sont condamnés, le premier à 200 livres envers le roi et 100 livres envers les œuvres pies « pour avoir exigé grandes sommes d'argent; » le second à 50 livres d'amende et à 10 livres applicables aux œuvres pies, pour avoir fait les poursuites. Davrieux et Pasquier, secrétaires, sont condamnés chacun à 20 livres d'amende et resteront en prison « jusques à plain payement des dictes amendes. » Tous, sauf Meynard, sont condamnés solidairement « à rendre et restituer, à scavoir Laurentius Laury, Sibouet et Deaprilis toutes les sommes exigées des habitans des paroisses en la visitation en laquelle le dict Deaprilis se trouvera avoir assisté, et les dicts Laurentius Laury, Sibouet et Pasquery toutes les sommes exigées des habitants des paroisses où le dict Pasquery se trouvera avoir assisté comme greffier. » Davrieux et Pasquier ont trois mois pour apporter quittance des habitants des paroisses, sous peine de 500 livres d'amende. Le Parlement réserve leur droit de recours contre Laury, principal coupable. Le jugement sera publié au siège du bailliage de Maurienne, un jour d'audience.

Voilà les pièces essentielles de ce procès. Permettent-elles de dire que Pierre Meynard *avait oublié son caractère sacré,* qu'il avait réellement *commis des extorsions criantes dans tout le diocèse...* qu'il avait *rendu des jugements arbitraires et arraché aux habitants du pays des sommes considérables ?*

Nous ne le pensons pas et, à notre avis, le procès de l'évêque d'Hébron, suffragant de Maurienne, et des membres de la curie épiscopale, fut purement politique.

Faisons d'abord une observation qui n'est pas sans importance. La suite de l'évêque n'était pas uniquement composée d'ecclésiastiques, comme le suppose M. Burnier. Laury, vicaire général du cardinal Ricevali, évêque titulaire de Maurienne, et Clert étaient prêtres ; mais le substitut du procureur de l'évêché, Sibuet, et les deux secrétaires ou greffiers, qui assistèrent chacun à une partie des visites, Pasquier et Davrieux, étaient laïques. Nous n'avons aucun renseignement sur les deux premiers. Davrieux était l'un des citoyens les plus considérés de Saint-Jean et sa condamnation ne lui fit rien perdre dans l'estime publique.

Le jugement, on l'aura remarqué, ne condamne Meynard à aucune restitution. Le Parlement avait donc reconnu son innocence quant à l'accusation d'avoir extorqué de l'argent. Du prêtre Jean Clert, il n'est pas même fait mention. C'est Laury et Sibuet qui doivent restituer; Pasquier et Davrieux ne sont que des complices subsidiairement et solidairement responsables.

De quoi étaient-ils coupables aux yeux du Parlement, et pour quel méfait Meynard fut-il condamné à l'amende? Un mot souvent répété dans les pièces que nous avons analysées, le dit nettement : ils avaient exigé de l'argent des *sujets du roi,* de plus on contestait à l'évêque d'Hébron, bien qu'il eût reçu Henri II dans la cathédrale de Saint-Jean, le droit de remplir les fonctions épiscopales dans le diocèse de Maurienne; mais on a vu que pour ce chef il fut renvoyé devant le métropolitain de Vienne, dont nous n'avons trouvé aucune sentence.

Or, il ne le faut pas oublier, ces sujets du roi de France, en vertu de la conquête, étaient aussi les sujets de l'évêque Ricevali, en vertu d'un droit que la conquête ne pouvait pas avoir atteint, puisque l'évêque de Maurienne avait été complètement étranger à la guerre entre François Ier et Charles III. Ainsi Meynard comme suffragant de l'évêque titulaire, Laury comme vicaire général de celui-ci et juge temporel de l'évêché, n'avaient aucune raison de s'abstenir des actes que les évêques de Maurienne avaient toujours faits dans leurs visites pastorales.

Ces visites n'avaient pas uniquement pour objet l'administration du sacrement de Confirmation et l'inspection de l'église et de la paroisse au point de vue religieux. Les évêques réprimaient les abus et terminaient les différends. Dans les paroisses de la Terre commune, et plus encore dans celles de Saint-André, d'Argentine et de la châtellenie de Valloires, où ils étaient seuls souverains, le juge temporel rendait la justice, le receveur percevait les deniers épiscopaux, afin d'épargner aux plaideurs et aux débiteurs des déplacements et des frais. La visite prenait quelquefois plusieurs jours. Dans toutes les paroisses du diocèse, la coutume et les règlements mettaient la dépense à la charge de la communauté, et il n'y eut jamais aucune difficulté à ce sujet, soit avant, soit après l'occupation française au XVIe siècle. Le droit était tellement incontestable, que ni les princes de Savoie, ni le conseil résident de Chambéry, ni le Sénat, qui succéda au Parlement, ne songèrent jamais à le contester (1).

(1) Voir, entre autres, *Chartes du diocèse...*, p. 313, les lettres de grâce accordées par Étienne de Morel, en 1493, aux habitants de Saint-André qui avaient manqué à leurs devoirs lors de sa visite.

Or, l'évêque Meynard et les personnes de sa suite n'avaient ni fait ni exigé autre chose au nom du cardinal Ricevali. L'occupation française supprimait-elle le droit des évêques, le droit immémorial de percevoir des communes les frais de la visite, le droit, dans la Terre épiscopale, de faire des actes de souveraineté, de rendre la justice, de confirmer l'élection des syndics et de recevoir leur serment?

Mais le roi de France ne reconnaissait pas d'autre souverain que lui-même dans le pays conquis, ni d'autre droit que le droit français, et, naturellement, le Parlement, que son père avait créé à Chambéry, jugeait de même. Tout le procès de Pierre Meynard, de Laurentius Laury et des autres est là; ce fut un procès politique.

Quant à cette rumeur qui, au dire de M. Burnier, aurait forcé le Parlement à intervenir, il convient de la réduire beaucoup. D'ailleurs, dans tous les temps, il y a eu et il y aura des débiteurs charmés de trouver un moyen de reprendre leur argent, même très légitimement dû. Voici un fait qui montre que les communes ne furent pas très empressées de recevoir la restitution ordonnée par le Parlement. Il se passa le dimanche 1ᵉʳ mai 1552, à Saint-Colomban des Villards, paroisse située en dehors de la Terre commune. Les habitants étant, les uns sujets du duc de Savoie, les autres sujets du comte de La Chambre, il y avait le syndic *des ducaux* et le syndic *des chambriens,* deux communautés sur le même territoire.

Au sortir de la messe paroissiale et en présence

de tout le peuple, noble Henri Martin, écuyer, accosta Jean Rostaing, consyndic *des hommes chambriens* et, au nom de M° Antoine Pasquier, congreffier des cours de l'évêché, lui offrit un écu et demi, pour la moitié de trois écus qui avaient été délivrés pour Pierre Meynard dans la visite de l'année précédente 1551. Le syndic répondit : « Ce n'est pas moi qui ai donné cet argent ; je ne veux pas le recevoir, ni me mêler de cette affaire. » De quoi les parties firent séance tenante dresser acte par un notaire (1).

Il paraît qu'à la suite de ce jugement, le séjour de la Maurienne fut interdit à l'évêque d'Hébron, car nous ne trouvons plus son nom nulle part.

Un autre évêque occupe quelques pages des registres du Sénat, de 1561 à 1565. Lorsqu'à la mort du cardinal Ricevali, dit *Capo di Ferro*, le Pape donna l'évêché de Maurienne à Brondolésius de Trottis, il réserva sur ses revenus une pension de mille écus en faveur du cardinal de Ferrare, nous ne savons pour quel motif. Brondolésius étant mort en 1561, les revenus de l'évêché furent de nouveau saisis et leur administration, confiée à un *gardiateur et économe*, nommé Vincent Cartari. Celui-ci refusa de payer la pension du cardinal de Ferrare, à moins qu'il n'y fût autorisé par le Sénat. Cette autorisation n'était pas facile à obtenir et le cardinal préféra s'adresser à Emmanuel-Philibert qui, à la date du 5 mars 1562, donna ordre au Sénat « de laisser jouir nostre dict cousin d'icelle pension de mil escus par an, sans vous arrester à ce

---

(1) Archives d'Arves.

qu'il ne peult faire à present apparoir de ses tiltres, ayant esgard à ce que sommes bien advertis icelle pension luy estre deue et telle estre la volonté de N. S. P. le Pape (1). »

En 1562 ou 1563, l'évêché de Maurienne fut donné au même Hyppolite d'Est, cardinal-évêque de Ferrare et cousin d'Emmanuel-Philibert. Il posséda en même temps les archevêchés d'Auch, de Lyon et de Milan, et l'évêché d'Autun. Cette réunion de plusieurs évêchés sur un même titulaire fut un des grands fléaux de l'Eglise et plusieurs papes l'avaient solennellement condamnée ; le concile de Trente, à son tour, l'avait expressément interdite (2). Mais ce décret n'était pas encore mis à exécution et il n'était pas toujours possible aux papes, surtout en ces temps difficiles, de résister aux sollicitations des princes catholiques.

Le Sénat de Savoie s'opposait, autant qu'il le pouvait, à ces actes de favoritisme, et même à toute collation de bénéfice à des étrangers. Le cardinal recourut une seconde fois à son cousin qui, par lettres-patentes, lui octroya « main levée de toutes saysies, troubles et empeschements du susdict evesché et membres d'icelluy. » Le sénateur Geoffroy Ginod, qui avait été nommé économe des revenus de l'évêché, voulut au moins retenir le prieuré d'Aiton, uni et incorporé à la mense épiscopale par une bulle du pape Calixte III, confirmée par Pie II le 12 novembre 1458 (3). Il obtint un arrêt du Sénat

(1) *Édits, bulles, patentes,* etc., 1561-63, fol. 104 v°.
(2) Sess. 7 (3 apr. 1547), cap. II, *de reforme.*
(3) La bulle de Pie II se trouve dans le manuscrit de M. Combet, *Preuves,* n° 70.

et assigna les fermiers du prieuré pour qu'ils eussent à payer entre ses mains le prix des fermages.

Naturellement le cardinal prit fait et cause pour ses fermiers, ou plutôt pour lui-même, et, comme Ginod le renvoyait à se pourvoir devant le Sénat, il exposa à Emmanuel-Philibert « que le dit Ginod est conseiller au dict Sénat et que plusieurs des présidents et conseillers d'icelluy sont grands amis et familliers du dict Ginod et consequemment favorables à icelluy Ginod et grandement suspects au dict cusin de manière qu'il ne pourroit espérer bonne yssue. » Le duc, ne pouvant rien refuser au *très cher et très ami cusin,* dont, du reste, le droit devenait incontestable par le fait de la reconnaissance de son titre d'évèque de Maurienne, évoqua la cause au conseil d'Etat résidant près de sa personne, par lettres-patentes du 23 février 1565. Le Sénat essaya encore de faire opposition, se basant sur ce que les causes dont l'objet était en Savoie, ne pouvaient, sans violation de ses droits et privilèges, être déférées à une autre Cour ; mais il dut céder devant les lettres de jussion que le prince lui fit signifier (1).

(1) Archives du Sénat, *Édits, bulles, patentes,* etc., 1565-65, fol. 55.

CHAPITRE XIX

Les Évêques. — Pierre de Lambert.

Pierre de Lambert naquit à Chambéry, de Philibert de Lambert, receveur général à la Chambre des Comptes de Savoie et de damoiselle Philippine Lotier. Devenu chanoine de Genève, il fut chassé de cette ville en 1535 avec l'évêque, Philibert de La Beaume, et pourvu du doyenné de la Sainte-Chapelle de Chambéry. C'est là que l'acte de résignation du cardinal de Ferrare, obligé enfin de se conformer aux décrets du concile de Trente, alla le chercher, le 21 novembre 1567, pour le placer à la tête du diocèse de Maurienne.

Son sacre dut avoir lieu à Chambéry au mois de mai de l'année suivante ; car une délibération du conseil général de Saint-Jean, en date du dimanche 23 de ce mois, porte que la ville paiera sa part des mille florins dus au nouvel évêque pour les frais de sa consécration ; cette part fut de soixante-dix florins. Mais il ne put se rendre à Saint-Jean qu'au mois de septembre 1569. Une délibération du 17 juillet porte, en effet, ce qui suit : « Ont remonstré au conseil général Mᵉ Claude Michaelis, docteur ès droicts, scindic des nobles, Jean Rossat et Jacques Villar, scindics des bourgeois, leur estre venu à notice comme de prochain monseigneur et reverendissime de Lambert, evesque de Maurienne, doibt arriver et faire son entrée en ceste cité, et que pour le debvoir, honneur et obéissance que luy est deub comme estant nostre souverain prélat et pasteur, est requis faire venue, comme est accoustumée faire aux precedents reverendissimes evesques, et mieulx s'il est possible, attendu le bon traictement, solaigement et voloir qu'il a monstré et continue faire envers ses subjects. » Le conseil nomme une commission, composée des syndics, de noble Cueur, avocat, ou, à son défaut, de Jacques de Collo, et de six bourgeois. Le 4 septembre il vote une taille pour les frais de la réception.

On voit que le bon évêque n'avait pas attendu son arrvée à Saint-Jean pour prendre possession de son siège, et qu'il y avait vite conquis toutes les sympathies. Le tiers-état lui en donna une preuve naïve le 29 avril 1570. « A esté resolu, dit une délibération, faire present, de la part des bourgeois et tiers-estat de la cité au seigneur reverendissime le jour de la celebration de sa messe, tant en venaison que gibier des plus excellents et exquis que l'on pourra trouver, jusques environ la somme de dix à doze escus, et prendront et emprumpteront les modernes scindics des dicts bourgeois, pour fournir à l'achept du dict present et don, des deniers de la taille dernièrement faicte. »

Mgr de Lambert commença la visite de son diocèse dès le 22 juillet 1570 et la poursuivit jusqu'au 29 septembre. Alors, dit-il dans un procès-verbal fait à Montdenis, le froid étant déjà très vif dans les paroisses de la montagne, il fut forcé de l'interrompre. Il la reprit le 26 mai de l'année suivante et la termina le 26 novembre par la visite de l'église Notre-Dame à Saint-Jean.

Le volume des procès-verbaux donne la liste des personnes de sa suite. Ce sont : le P. François *Ad Boves,* de l'ordre de Saint-François, prédicateur de l'évêque ; François de La Crose, vicaire général ; deux chapelains ; un prêtre porte-crosse ; noble Jean-François de Chabert, maître d'hôtel ; noble Philibert de Chabert, secrétaire ; nobles Gaspard Salière d'Arves et François Sébastien, valets de chambre, et quelques autres domestiques et familiers.

Les frais de la visite, avons-nous dit, étaient à la charge de la paroisse ; nous pouvons nous rendre compte de leur importance par une note de Pierre Salière d'Arves sur la visite que Mgr Philibert Milliet fit dans les Arves en 1592.

Il arriva à la Tour le lundi 1er juin, vers le soir. Comme il allait d'abord visiter Saint-Sorlin, les frais du soupé furent au compte de cette paroisse. Voici la note du métral :

« Goster de celluy qui apporta le bagage de monseigneur de Villarembert à la Tour, cinq sols.

« Soupper de mon dict seigneur et ceulx de la première table, scavoyr : vin claret, 2 flaccons et ung pot ; vin roge, 1 pot, 8 sols ; 1 perdrix, 18 sols ; 4 pollatons, 16 sols ; 3 livres *baccon ;* 2 artichaux, 8 sols ; 1 cytron ; 2 orenges ; amandes ; *caperés* (fromage de chèvre) ; dragées et confitures.

« A la seconde table : pain *gruaz* pour les mulatiers et lacquaix, 6 livres ; vin claret, 1 flaccon, 15 sols ; vin rouge, 6 pots, 3 florins.

« A la troysiesme table des soldats de Saint-Sorlin qui feront la garde : pain *gruaz*, 8 livres ; vin roge, 3 pichelettes, 5 florins.

« Collation de M. le Vicaire et autres : vin claret, 1 pot ; chandoilles, 1 livre.

« Pour les chevaux : aveyne, 2 quartes. »

Le lendemain, l'évêque partit pour Saint-Sorlin et le métral délivra au syndic : 2 flacons de vin clairet, un jambon et 2 pigeons. Il note 2 florins 6 sols pour le déjeuné des serviteurs et 5 sols donnés à un messager qui avait apporté une lettre.

Le compte de Saint-Jean d'Arves est plus long. Le 1er juin, le métral a fourni 6 livres et demi de pain *gruaz* et 1 pot de vin rouge, pour le dîner des syndics ; 7 livres et demi de pain *gruaz* et 3 pots de vin, pour leur soupé et celui des soldats qui sont allés au-devant de l'évêque.

« 2 juin, pour le diner des syndics, ung pot de vin claret ; aux soldats d'Arve estant retournés d'accompagner monseigneur et attendant son retour en Arve, pour leur diner, 13 livres et demi pain de seigle et 4 pots de vin roge.

« Le mesme jour, estant mon dict seigneur arrivé de Saint-Sorlin à Saint-Jehan d'Arve, livré aux dicts scindics : 24 peings blans de froment, desquels en avoyt douze de bouche et douze de service ; pour le soupper des scindics, un pein gruaz et un pot vin rouge ; pour apprester le soupper de mon dict seigneur : 8 pingeons, 2 onces poyvre pillé, 2 onces gingembre pillé, 3 quarts d'once canelle pillé, 1 citron, 2 orenges, *caperés,* amandres, espars (1) à troys souls; à soupper, pour la première table, 4 pots vin claret, 2 pots vin roge; item à la seconde table, 7 cruchons vin claret et 2 pots vin rouge.

« 3 juin. Pour mettre cuire la teste de porceau et jambette, 3 pots vin rouge; pour Mᵉ Annibal, 1 pot vin claret; pour le dejung de monsieur le vicaire et autres, 1 pot vin claret; pour le dejung de certains conseillers d'Arves et Mᵉ Gravier, 1 pot vin claret et 1 pot vin rouge. »

Voici le menu du dîner à la première table : une tête de cochon, deux douzaines de pains blancs, huit poulets, deux douzaines d'œufs, un saucisson, des dates, des fromages de chèvre, deux oranges et un citron; on y but cinq pots de vin. Pour la seconde table, la note ne porte que six pots de vin. Au souper, Pierre Salière d'Arves n'a fourni à la première table qu'une douzaine d'œufs, un artichaut, des fromages, deux oranges et du vin; et à la seconde, que du pain et du vin.

Mᵍʳ Milliet passa encore la journée du 4 à Saint-Jean d'Arves. On servit à sa table, au compte des syndics, à dîner, six grives et du riz, à souper des artichauts; le dessert comme les deux jours précédents. Il y eut aussi les tables des soldats, des syndics et conseillers, mais on ne porte en note que le vin clairet et le vin rouge.

Dans une note supplémentaire, le métral confesse qu'il a oublié les salades, les chandelles, le lait, le sel, la *saraziaz,* trois verres cassés et un plat fendu.

(1) Épices.

Nous avons dit ce qu'étaient les visites pastorales à cette époque. Dans la dernière des paroisses comme dans son palais de Saint-Jean, Pierre de Lambert ouvrait son cœur et sa bourse à tous ceux qui avaient besoin d'y puiser. Les syndics s'adressaient à lui dans leurs embarras et il se chargeait volontiers de négociations auprès du Sénat et du duc de Savoie, faisant, s'il était nécessaire, le voyage de Chambéry ou de Turin. En 1583, il fit annuler une réquisition que César Piston, commissaire de la gabelle, avait adressée à toutes les communes d'avoir à fournir des bêtes pour le transport du sel, qui était à la charge de l'entrepreneur. Ses conseils, que l'on savait toujours éclairés et impartiaux, étaient suivis religieusement. Il n'y a que deux points où il ne put se faire entendre, c'est à propos des procès entre la noblesse et le tiers-état de Saint-Jean, et de l'aumône du Carême.

Malgré sa bonté, il ne sacrifiait pas les droits de son siège, qui avaient été fort entamés. En 1570, il fit une transaction avec les habitants d'Argentine sur la dîme du vin et du blé. La même année, son procureur fiscal poursuivit devant le juge temporel les communautés de Jarrier, Saint-Pancrace et Fontcouverte, qui contestaient à l'évêque le droit de percevoir deux quartes de blé par sétorée sur toutes les terres non chargées d'autres dîmes. Les communes furent condamnées. Fontcouverte fit appel au Sénat qui, par arrêt du 3 juillet 1582, confirma la sentence du premier juge (1).

(1) Archives de l'évêché.

En 1582, il obtint de la Chambre des Comptes un arrêt qui reconnaissait à l'évêque de Maurienne le droit de percevoir douze éminées de sel et soixante florins d'argent sur la gabelle du sel à Saint-Jean.

Beaucoup de reconnaissances de dîmes et de redevances en nature, négligées depuis longtemps, furent renouvelées à cette époque, sur les poursuites du procureur fiscal. Pour les arrérages, Mgr de Lambert transigeait facilement. En 1574, il obtint un arrêt du Sénat prescrivant à tous les notaires de lui délivrer des extraits des testaments et autres actes contenant des legs et donations en sa faveur ou en celle de ses prédécesseurs. C'est que, outre le devoir qui incombe à tout administrateur de conserver les biens dont il a la charge, ces revenus étaient plus la propriété des pauvres que celle de l'évêque, dans la bourse et les greniers duquel ils ne faisaient guère que passer. Nous voulons surtout parler ici de l'aumône du carême, une des plus lourdes charges de l'évêché et des plus curieuses institutions de cette époque.

« Une obscurité profonde plane sur l'origine de la fondation de cette aumône, dit M. Florimond Truchet dans un Mémoire auquel nous empruntons une partie de ce récit (1). Le document le plus ancien dont nous ayons connaissance est un compte

---

(1) *Travaux de la Société d'histoire et d'archéologie de Maurienne*, t. II, p. 267. — Nous devons relever une inexactitude échappée à l'auteur. On a vu : 1° que la dîme des évêques n'était pas du dixième des produits ; 2° qu'elle ne s'étendait pas à tous les produits agricoles, ni sur toutes les terres du diocèse, ni même de la Terre commune.

de l'évêché, de l'année 1343, sur parchemin, mentionné dans l'inventaire des titres de l'évêché, qui a été fait par ordre des héritiers de Mgr de Rosignan...... Nous ne possédons pas ce titre qui ferait remonter au xive siècle cette fondation et qui peut-être pourrait jeter du jour sur son origine.

« Elle se faisait tous les jours du Carême, depuis dix heures du matin jusqu'à une heure après midi, et les dimanches, de neuf heures à midi..... Elle consistait en pain d'orge bluté ou criblé, confectionné avec le grain que l'évêque retirait des dîmes de ses terres. Ce ne furent d'abord que quelques hottes de pain, préalablement divisé en morceaux. Chaque pain était de six livres et on le coupait en six morceaux. La distribution se faisait à la porte de l'évêché. En 1486 et 1487, l'aumône ne s'éleva *à gueres plus de centz sestiers* de blé ; plus tard, cette proportion fut triplée et Mgr Bobba (1619-1636) la fit de quatre cents sestiers. L'affluence de pauvres qui y arrivaient de toutes parts n'était pas moindre de trois à quatre mille, chiffre supérieur à celui de la population de la ville, et cependant la part de chaque pauvre était *ung lopin de pain qui peult valoyr au plus hault pris un liard et demy,* d'après un mémoire de Mgr de Lambert.

« Le jeudi saint, l'aumône était double et consistait en deux lopins de pain, plus le vin, les fèves et les liards d'argent (quarts) que l'on distribuait jusqu'à concurrence de 200 gros (1) annuellement. »

Cette affluence de pauvres ne pouvait manquer

---

(1) Le gros ou denier gros était la même chose que le sou, douzième partie du florin de Savoie petit poids.

d'apporter de graves désordres dans la ville et il n'est pas étonnant que Mgr de Lambert ait fait tous ses efforts pour supprimer cette aumône, ou plus tôt pour la transformer complètement. Mais il échoua devant la résistance opiniâtre du Conseil général. Un des abus qui le révoltaient le plus, c'est que les riches eux-mêmes ne rougissaient pas d'aller prendre leur morceau de pain depuis que, dit M. F. Truchet, le légat de Gorrevod avait voulu que tout individu qui n'était pas plus riche que lui vînt participer à cette aumône, ce qui en faisait non plus une œuvre de charité, mais une agape.

Nous allons analyser les documents publiés par M. F. Truchet et quelques autres que nous avons pu nous procurer.

Le premier est du samedi 8 mars 1567. En présence de Jacques Rapin, vicaire général, de Nicolas Michel, juge temporel de l'évêché, et de Pierre Rapin, corrier et juge-commun, les syndics de Saint-Jean : Pierre de La Balme, Jean Couvert et Vincent de La Rivière, et les syndics des autres communes de la Terre épiscopale, assistés de quelques-uns de leurs conseillers, requièrent, par l'organe d'Antoine Baptendier, juge-mage de Maurienne, Vincent Cartary, secrétaire et procureur général du cardinal de Ferrare, de continuer à faire la distribution de l'aumône du Carême, selon la coutume. Cartary le promet, *saufs et réservé le bon plaisir du souverain Sénat de ce païs de Savoie et droicts de messieurs les generaulx.*

Mgr de Lambert paraît avoir eu, dès les premières années de son épiscopat, la pensée de modifier la distribution de cette aumône, de manière à en écarter les abus et à réaliser des économies qui seraient employées à la fondation d'un collége. Mais, comme il arrive toujours quand on veut toucher à un vieil usage, les objections ne manquèrent pas. Il y répondit par plusieurs mémoires qui furent lus le 6 janvier 1575, dans une séance du Conseil général.

Dans le premier, écrit de sa main, il tâche de prouver que l'aumône faite en blé et envoyée dans les paroisses sera plus utile aux pauvres que le pain distribué à la porte de l'évêché ; qu'on sera ainsi délivré des étrangers, dont leurs communes peuvent avoir soin ; que, si Mgr de Gorrevod, par bonté de cœur, a introduit des abus, on a la même autorité que lui pour les corriger ; que cette dépense superflue n'a produit aucun résultat utile ; tandis qu'employée à fonder un collège ou un hôpital, elle profiterait à la terre de l'évêché et même à tout le diocèse. C'est pourquoi il invite les communes à bien réfléchir avant de rejeter sa proposition, et il les menace de céder cette charge avec les revenus qui s'y rapportent, à quelque seigneur qui sera moins accommodant que lui. « Et d'ailleurs, dit-il, mieulx employée sera partie de la dite aumosne (quand lon seroit contrainct de la donner abusivement comme de coustume) à quelque valliant gentilhomme qui yra exposer sa vie à la mort contre les infidelles que de la donner à deux mille poltrons qui la viennent prendre sans besoing, et à un tasts de ruffiens, de palliards et paillardes. » Il termine par une phrase latine où se trouve une définition de la foule, qui n'est pas précisément à l'honneur du suffrage universel (1).

Le second mémoire, divisé en trois parties, est du procureur fiscal de l'évêché et un développement de celui de l'évêque. Il commence ainsi : « Puisque Dieu entre autres graces qu'il a departy à reverendissime seigneur messire Pierre de Lambert à present evesque et prince du dit evesché de Maurienne luy a donné ceste-cy d'estre bien aymé de son peuple et petit troupeau ainsy que il de son costé luy porte une amitié sincère et paternelle, il ne faut point s'estendre en long discours pour persuader combien le dit seigneur evesque desire l'avancement de l'honneur et service de Dieu, le maintenement de son église et solagement de son dit peuple, car facilement l'on a peu conoistre qu'en cherchant de reparer et corriger les choses que par laps de temps estoient despravées, cecy soit dit sans aucune gloyre ny jactance, il ne le fait tant pour l'avantage de son profit particulier et pour cumuler des biens terriens que pour en acquerir des spirituels et permanents et pour reduyre toutes choses à leur ordre et debvoir, et qu'il soit ainsi ceulx qui le voient le scavent... Voudroit le dit seigneur en levant l'abus y laisser l'us et institutions et bonne costume, car tant s'en fault qu'il venille defrauder les pauvres, qu'au contraire son intention est qu'ils soient nourris et substantés,

(1) *Videant igitur prestantiores cives et qui sunt capaciores rationis ne omnino acquiescant futilibus opinionibus vulgi qui est (ut aiunt) Bellua quedam multorum capitum, ne in posterum comitetur eos sera penitentia ac triviale proverbium : Sero sapiunt Phriges.*

mais aussy il ne veult souffrir que celluy qui n'a aucun besoin ny indigence vienne abusivement prendre le pain de Dieu et de l'église. »

Quant à l'origine de cette aumône que le peuple attribuait à une dame *(la dona)*, le procureur fiscal dit « qu'il n'y a aucune dame qu'ayt institué telle aumosne que madame Charité et la bonté des seigneurs evesques qui de leur liberalité ont aussi volu despartir de leurs biens aux pauvres et ne se treuvera qu'il y ait aucuns biens de l'evesché qui soient esté specialement donnés pour tel effect, ains les dits seigneurs evesques ont institué telle aumosne des grains provenants des dismes qui sont les plus justes revenus qu'ayt l'église. »

Le procureur fiscal montre ensuite : 1° qu'en 1487, l'on ne donnait que le pain de cent sétiers de blé, parce que les pauvres seuls venaient à l'aumône, tandis que maintenant il en faut quatre ou cinq fois davantage, parce que les riches y viennent aussi bien que les pauvres, ou y envoient leurs valets et chambrières qui vendent ce pain aux muletiers, *et de l'argent acheptent quelques affiquets;* 2° que la plupart de ceux qui y viennent, soit de Saint-Jean et des environs, soit de la haute et de la basse Maurienne, n'en ont aucun besoin, puisqu'ils prêtent de l'argent à intérêt et vendent du blé ; 3° que cette aumône ayant lieu à une époque où il n'y a pas de travail, il y vient « une infinité de populace de Tharantaise, de Genevoys, de la vallée de Myollans et Grisevaudan, de Besses, de la Grave, du bourg d'Oysens, Monestiers et Brianson..... qu'est une chose bien estrange, absurde et abusive que le seigneur evesque de Maurienne doibve nourrir tous les pauvres estrangers des lieux circonvoysins, que debvroint estre nourris par ceulx de leur province, et, outre ce, qu'il en nourrisse grand nombre tant du dit Maurienne que des dits estrangiers auxquels n'y a point de necessité ; » 4° qu'il est notoire que plusieurs nourrissent leurs chevaux et leurs mulets avec ce pain et que *les chambrières amassent le pain de l'aumosne de caresme pour acheter la coiffe verte au moys de may ;* 5° que, si les habitants de Saint-Jean retirent quelque argent du louage de leurs granges à *telles bellistrailles de gens,* ils y perdent plus qu'ils n'y gagnent, car ces gens là occasionnent des incendies, volent tout ce qu'ils peuvent attraper, infectent la ville et corrompent les mœurs au point que, quand ils y sont, *la cité de Sainct Jehan de Maurienne est le plus infame et abominable bordeau (soit dict avec révérence) qu'il y en ayt point en l'Heurope.*

Le moyen de remédier à ces abus et à beaucoup d'autres, portés à tel point que *sont venus par dedans ceulx qui ont bien de quoy vivre jusques à forcer la maison épiscopale et rompre les portes de là ou l'on tenoyt le pain pour en prendre à leur volunté,* ce serait de déterminer une quantité fixe de blé dont on ferait une part soit à la ville, soit à chaque commune des terres de l'évêché ; on l'enverrait vers Noël et les syndics, conseillers, curés et vicaires en feraient la distribution aux pauvres. L'aumône des liards, et celle du jeudi-saint en vin et en fèves, seraient converties en grain.

On pourrait aussi « appliquer quelque quantité

et partie des dits grains au seminayre et escolles pour amplier le stipende et gage des regents afin qu'on puisse tousiours havoir des plus doctes en bien et faire une fondation pour la nourriture et entretennement de quelques pauvres enfants de bon esprit de nombre tel que seroyt advisé, qui avec le temps pourroient devenir gens de bien et d'honneur et doctes, honoreroient et serviroient la cité et tout le public, soit en profession séculière ou ecclésiastique, là où, à faute de moyens, ils demeurent endormis en leur pauvreté. »

Pour le cas où l'on tiendrait absolument à ce que l'aumône continuât à être distribuée en pain, l'évêque demande au moins que la quantité de blé qui doit y être employée soit déterminée d'un commun accord ; que le pain ne soit distribué qu'aux nécessiteux et que le blé qui restera à Pâques soit réservé pour les pauvres honteux ou pour quelque œuvre d'utilité publique ; « et afin, dit le procureur, qu'on ne fit doubte que le seigneur reverendissime ne fist distribuer toute la quantité de bled que l'on aura accordé, l'on la remettra entre les mains des scindics de la cité et autres députés à ce faict pour fère fère le pain et le distribuer à leur volunté et députeront conterolleurs et, sy aura du reste, la cité s'en servira comme dict est cy-dessus, moyennant toutes fois qu'elle ne fasse point de tort aux pauvres. »

Incontestablement, les vues de Mgr de Lambert étaient aussi sages qu'avantageuses aux communes des terres de l'évêché. Mais le moyen de faire entendre raison à des gens auxquels des abus, quelque

criants qu'ils soient, font gagner quelques sous!
A tous les raisonnements de l'évêque, les conseils
généraux, celui de Saint-Jean en tête, répondirent:
la coutume fait le droit, et nous le maintenons.

Mgr de Lambert voulut au moins supprimer les
abus les plus graves et pouvoir employer à des
œuvres utiles la valeur du blé qui ne servait qu'à
faire acheter des coiffes vertes au mois de mai et à
nourrir les chevaux et les mulets. Il recourut au
Sénat qui, le 25 janvier 1575, rendit un arrêt par
lequel défense est faite « à touts gentilshommes,
marchans, bourgeoys et roturiers ayant en biens
ou par art et industrie moien d'entretenir leur
famillie, de n'aller prendre eulx ny aulcungs de
leur famillie l'aulmosne sus peyne de cinq cents
livres. » Les communes dresseront un rôle des
pauvres mendiants qui ont besoin de recevoir l'aumône et ces rôles seront remis au juge commun
« afin de chastier ceux que se trouveront contrevenants aux dictes deffenses et les mulcter par
peynes pecuniayres applicables à la dicte aulmosne. » En même temps le Sénat exhorte l'évêque
« de continuer les aulmosnes aux pauvres necessiteulx de myeulx en myeulx et plustout par augmentation que diminution, publicquement selon l'ancienne costume. »

Mais Mgr de Lambert ne lâchait pas facilement
une idée quand elle lui paraissait juste et utile.
En 1580, il fit appeler les syndics de la ville et les
chargea de demander au conseil s'il ne serait pas
plus à propos d'envoyer à chaque paroisse sa part
de l'aumône que de la distribuer à la porte de son

palais. Le conseil, tout en *se remettant à sa bonne providence,* le pria de ne rien changer à l'ancienne coutume. Le 28 avril 1587, le Sénat rendit une ordonnance enjoignant « à tous prélats et aultres ecclésiastiques tenants benefices astreincts et obligés aux aulmosnes de les faire distribuer aux dits pauvres, chascung en son endroict et lieux et à la manière accoustumée..... à peine de reduction de leur temporel. »

Il paraît que cette année-là, et peut-être même les années précédentes, la distribution de l'aumône fut renvoyée au mois de mai. Le 28 février 1588, le Conseil général pria l'évêque de la remettre à l'époque accoutumée. La contagion, dit-il, a disparu dans toute la Maurienne. Mais dans les montagnes, les pauvres sont plus nombreux que précédemment, parce que les blés ont été gâtés par la grêle et que les greniers sont vides. Au mois de mai, il y a d'autres aumônes fondées par des ecclésiastiques, et aussi du travail. De plus, en Carême, le pauvre, venant à l'aumône, peut apporter quelques denrées, il peut aussi trouver du travail dans la ville, tandis qu'en mai, il n'a plus rien et il se jette dans les vignes dont il mange les jeunes pousses.

Cependant l'aumône n'eut pas lieu pendant le Carême, car, le 1ᵉʳ mai, Mᵍʳ de Lambert chargea les syndics de demander à leur conseil si son avis était que l'aumône fût distribuée à Saint-Jean ou envoyée dans les paroisses. Le conseil répondit que, pour l'année courante, il s'en rapportait à la prudence de l'évêque, mais que, pour l'avenir, il le priait de remettre l'aumône à l'époque accoutumée.

Nous ne trouvons plus aucun incident au sujet de l'aumône du Carême jusqu'à l'année 1620, sous l'épiscopat de Mgr Bobba.

Pierre de Lambert avait conçu un autre projet qui, de prime abord, ne laisse pas de causer quelque étonnement, et, ce qui étonne encore davantage, c'est que la Cour de Turin ait consenti à le discuter. Il ne s'agissait de rien moins que de résilier le traité du 2 février 1327 et de replacer la ville de Saint-Jean et les autres paroisses de la Terre commune sous la souveraineté unique de l'évêque.

Quand on a un peu étudié cette grande figure si loyale, si généreuse, si exclusivement préoccupée du bien public, il est impossible de voir dans ce projet une pensée d'ambition. Les raisons que l'évêque alléguait peuvent se réduire à trois :

1° La division de la souveraineté multiplie les fonctionnaires, engendre les conflits de juridiction, complique les procès et augmente les frais et les charges des sujets. Un pays soumis à deux co-souverains est nécessairement mal gouverné ; l'autorité y devient oppressive ou sans force, et les rivalités des administrateurs ont leur contre-coup parmi les administrés. La plupart des abus et des procès interminables qui existent dans la Terre commune, n'ont pas d'autre origine.

2° Le traité de Randens n'est avantageux ni au duc de Savoie, ni à l'évêque de Maurienne, maintenant que le Dauphiné est une province française. Si une guerre éclate, l'ennemi peut arriver à Saint-Jean par toutes les avenues du Dauphiné, le duc étant trop faible pour occuper efficacement tous ces points, et les habitants dans l'impossibilité d'y suffire eux-mêmes. Les droits de l'évêque sont donc sacrifiés, sans profit pour le duc de Savoie. Le rétablissement de la souveraineté intégrale de l'évêque assurerait à ce petit pays la neutralité, fermerait la frontière de Valloires à Saint-Sorlin d'Arves et donnerait au duc la liberté de ses mouvements. Quand à la route entre Villard-Clément et Hermillon, il serait facile d'en établir une sur la rive droite de l'Arc, qui est du domaine ducal.

Au point de vue financier, ce que le duc retire de la Terre commune, déduction faite des dépenses qu'il est obligé d'y faire, est amplement compensé par les embarras que l'association lui donne aussi bien qu'à l'évêque.

Avant de faire aucunes démarches à Turin, Mgr de Lambert avait tenu à s'assurer du consentement des communes et il avait exposé ses vues dans une assemblée du Conseil général de Saint-Jean, auquel plusieurs syndics des autres paroisses avaient assisté. Le tiers-état les avait adoptées sans contestation, mais la noblesse s'était partagée en deux camps et le corrier Rapin n'hésita pas à attribuer à cette affaire la cause des procès suscités à un certain nombre de nobles.

De son côté, Emmanuel-Philibert consulta ses représentants à Saint-Jean et c'est en grande partie la minute du rapport de Pierre Rapin, qui nous fait connaître ces faits (1). Cette minute n'est pas

(1) *Mémoyre pour le prouffit de S. A. sus le don que monsieur de Morienne recherche.* (*Travaux de la Société d'histoire et d'archéologie*, t. IV, p. 335.

datée, mais un mot de l'auteur indique qu'elle a été écrite en 1576. Naturellement ses conclusions sont défavorables aux propositions de l'évêque, moins pour l'intérêt du prince que pour celui de la noblesse et, en particulier, du seigneur corrier; Rapin ne s'en cache pas trop. La suppression de la co-souveraineté ducale privait la noblesse des avantages qu'elle trouvait à la Cour, au Sénat et à l'armée, et elle entraînait la suppression de la correrie.

Les raisons de son opposition sont : 1° que le prince renoncerait à la moitié de la ville de Saint-Jean et de dix paroisses, *esquelles y a plus grand nombre de nobles qu'en toutte la vallée de Morienne, lesqueux servent en l'arrière-ban et ont fait la fidélité à Son Altesse;* 2° que, par les avenues de ces paroisses, l'ennemi pourrait en quatre heures arriver à Saint-Jean et couper la route du Piémont, en rompant les ponts ; 3° que le comte Edouard a fait de grandes dépenses pour acquérir la co-souveraineté et aussi la maison de la correrie et ses dépendances, qui valent au moins 300 écus ; 4° que Son Altesse perdrait 500 florins de revenu, qu'il pourrait retirer si, selon l'acte d'association, la connaissance des causes criminelles était entièrement enlevée au juge de l'évêque et réservée au corrier ; 5° que le choix du juge est un avantage pour les plaideurs et que, si l'on veut en supprimer un, on peut statuer que celui qui restera sera nommé par le duc et par l'évêque, les deux juges pourraient encore exercer alternativement pendant une année. Dans le cas où Son Altesse se rendrait à la demande de l'évêque, il faudrait au moins convenir : 1° que les nobles resteront soumis à la seule juridiction ducale; 2° que les sujets de la Terre commune, qui voudront aller habiter sur les terres du duc, seront exempts de la juridiction temporelle de l'évêque; 3° que la défense de la Terre commune sera à la charge de l'évêque ; 4° que celui-ci remboursera les sommes dépensées par le comte Edouard; 5° que le corrier sera indemnisé par une pension convenable. Il ajoute que, si le prince retire peu de chose, cela vient de ce que, depuis quelques années, l'évêque, *pour mettre l'eau à son molin,* a fait prendre connaissance des causes criminelles et des amendes à son juge, lequel, en 1575, *a jugé pour 800 florins d'amendes et n'en a rien participé à Son Altesse.* On voit que ce dernier argument tient tout à fait au cœur du bon corrier.

Citons le passage final relatif à l'adhésion du tiers-état et d'une partie de la noblesse aux vues de l'évêque : « Quant à l'information prinse, qui chercheroit par le menu les choses que sont estés démenées tant par escript que de parolles, jointte la presence du dit seigneur evesque, la crainte de luy deplaire et les persuasions resultans de ses propres memoyres et du procès-verbal, semble *soubz correction* qu'il ne se fault guyères arrester au dire des gens du tiers estat qui, comme pecores, ne considèrent la conséquence et sont craintifs. Les chanoynes déposent pour eux et leur prouffit. Une partie des nobles à ce adhérants sont domestiques du dit seigneur. Ne reste qu'envyron neufs ou dix qui ont dict la vérité pour Son Altesse et pour l'interest public à l'advenir. Mais Dieu scait en quelles recommandations depuys ils ont estés tenus, les procès contre eulx suscités en sont la preuve. Mais Dieu par sa grace inspirera Son Altesse et son conseil à garder son patrimoyne et fere rechercher ce que luy est usurpé sellon les tiltres et escripts et à preserver de toutte oppression et moleste indeues ses bons et très affectionnés subjects. »

Nous ne savons quelle impression ce mémoire produisit sur la Cour de Turin, mais la demande de Mgr de Lambert n'eut pas de suites, en sorte que Pierre Rapin continua à rendre la justice aux craintives *pécores* du tiers-état. Le lecteur trouve sans doute que l'adjectif n'était pas bien choisi ; mais Pierre Rapin avait ses raisons de bouder le tiers-état.

Si Mgr de Lambert savait *mettre à son molin* l'eau que Pierre Rapin aurait préféré voir aller au moulin du duc de Savoie, parce qu'alors il en aurait eu quelques filets, il faut reconnaître qu'il ne l'y retenait guère. En ce moment même, il fondait à l'entrée de la ville un collège qui, pendant trois cent vingt ans, formera les jeunes gens de bon esprit *à honorer et servir la cité et tout le public soit en profession séculière ou ecclésiastique,* comme disait Mgr de Lambert. Nous imaginons que peu de personnes regrettèrent que les amendes s'arrêtassent là au lieu d'aller à Turin. Nous avons parlé de cette fondation.

Elle fut suivie d'une autre non moins importante, au point de vue religieux.

Dans les visites pastorales qu'il avait faites dès

les premières années de son épiscopat, Mgr de Lambert avait rencontré presque partout de graves désordres, auxquels le ministère des curés était impuissant à remédier, les maladies morales ayant souvent besoin d'un traitement énergique et extraordinaire, comme les maladies corporelles. Il songea donc à établir à Saint-Jean un couvent de Capucins, qui iraient donner des missions dans les paroisses où il serait possible de les appeler, principalement avant les visites pastorales. Il obtint, dès l'année 1575, l'approbation du duc Emmanuel-Philibert et arrêta les bases de la nouvelle institution avec le P. Jérôme Bellintani de Salo, commissaire général de la province des Capucins de France. Puis, en attendant que le couvent fût bâti, il installa quelques religieux dans la maison et la chapelle de Saint-Roch (1), précédemment unies au collége. Nous les y trouvons déjà en 1578.

Ceci amena des difficultés avec le Chapitre qui, malgré l'union de la chapelle au collège, approuvée par le Pape, prétendait posséder encore le droit de patronage et, en outre, avait quelques redevances sur le jardin et sur la grange dépendant de la maison. L'établissement même des Capucins ne lui était pas très sympathique. C'était une nouveauté. Or, le Chapitre avait encore plus que les autres corps de la cité l'aversion des nouveautés et le culte des vieilles coutumes. Il s'imagina que son consentement était indispensable et il y mit de nombreuses conditions

(1) La chapelle de Saint-Roch avait été fondée, en 1528, par messire Claude Morand, prêtre.

qui furent rédigées, le 1ᵉʳ juin 1582, en assemblée capitulaire tenue, selon la coutume, dans la salle du réfectoire.

Elles portaient en substance : 1° que les Capucins reconnaîtraient par acte le droit de patronage du Chapitre sur la chapelle de Saint-Roch ; 2° qu'ils reconnaîtraient pareillement les redevances dues au curé de Sainte-Marie, au recteur de la chapelle de la Magdeleine dans la cathédrale, et au Chapitre ; 3° qu'ils ne pourraient ensevelir dans leur église et leur cimetière que les religieux de leur ordre, nonobstant tous privilèges et toutes clauses testamentaires ; 4° qu'ils n'administreraient aucuns sacrements dans leur église, particulièrement pendant le temps du Carême et des Pâques, et qu'ils ne pourraient célébrer la messe hors des lieux consacrés, sauf en cas de nécessité et avec le consentement du Chapitre et de l'évêque ; 5° qu'ils se placeraient après le clergé de la ville dans les sépultures et les processions générales ; 6° qu'ils ne pourraient prêcher que dans la cathédrale et hors le temps des offices divins ; 7° qu'ils s'engageraient à reconnaître et à payer les censes et droits quelconques qui affecteraient les biens qu'ils viendraient à acquérir ou à recevoir en legs.

Ces conditions ou *capitulations* avaient déjà été communiquées à Mᵍʳ de Lambert. Quatre chanoines, accompagnés du notaire Jean Reymond, furent délégués pour aller les signifier aux Capucins. Les Pères (1) se promenaient dans leur jardin. Ils ré-

(1) Ces Pères étaient : Jérôme de Milan, provincial ; Thomas, de Turin, gardien du couvent de Lyon ; Théodose, de Bergame, gardien de celui de Saint-Jean ; Marcelin, de Bergame ; Philippe, de Verceil ; Léonard, de Cuines, et Second, de Bresse.

pondirent que, pour le spirituel, ils se soumettaient à la volonté de messieurs les chanoines ; mais que, quant au temporel, ils s'en remettaient à celui qui les avait appelés et installés, de quoi le notaire dressa acte.

Il résulta de là un échange de lettres entre l'évêque et le Chapitre. Celui-ci fut d'abord obligé de céder sur une partie de ses exigences, relativement à l'administration des sacrements et à la prédication. Les bulles des Papes accordaient aux Capucins des privilèges auxquels il fallait d'autant plus se résigner, que le duc Emmanuel-Philibert approuvait fort l'établissement de ce couvent. On finit aussi par s'entendre sur le reste, au moyen d'un échange entre la grange et le pré du Chapitre, dont l'évêque avait besoin pour la construction du chœur de l'église des Capucins, et quelques morceaux de prés, terres et vignes appartenant à la chapelle Saint-Roch, dont les Capucins étaient chargés (1). Comme il s'agissait, de part et d'autre, de biens ecclésiastiques, qui ne pouvaient être aliénés sans l'autorisation du Saint-Siège, Mgr de Lambert adressa une supplique au pape Grégoire XIII, qui approuva cet arrangement par un bref du 1er avril 1584 (2).

Nous n'avons plus à mentionner de Mgr de Lambert que la restauration du palais épiscopal (3), la construction des boiseries du chœur de la cathé-

---

(1) Les documents desquels nous extrayons ces faits appartiennent aux archives de la Société de Saint-Jean.
(2) Archives de l'évêché.
(3) ANGLEY, p. 311.

drale, le tombeau qu'il s'y fit élever en 1580 et les mesures qu'il prit pour la défense de la frontière de la Terre commune en 1589, dont nous parlons ailleurs. Nous avons aussi indiqué les principaux legs de son testament, qui est du 17 avril 1591. M. Angley (1) donne quelques détails sur les donations qu'il fit au Chapitre : nous y renvoyons le lecteur. Mais les prescriptions minutieuses dans lesquelles il entre relativement à sa sépulture, peignent bien son caractère et le calme parfait avec lequel, après avoir fidèlement servi Dieu et tant aimé le peuple qui lui était confié, ce grand prélat voyait approcher sa dernière heure : nous les résumons ici.

Aussitôt après sa mort, son neveu et coadjuteur, assisté de deux chanoines et d'un curé, bénira son corps avec la croix d'argent et le crucifix en broderie qui sont au pied de son lit, et avec le cierge bénit. La croix et le crucifix seront ensuite portés dans la sacristie de la cathédrale, à laquelle il les donne.

Les Pères Capucins voudront bien venir laver, habiller et mettre son corps dans la bière. « Requérant aussi, dit-il, les bons Pères d'avoir en recommandation mon âme par leurs prières et oraisons, et pour recompense je prieray aussi Dieu pour eulx, s'il luy plaira par sa misericorde mettre ma dicte ame en repos. » En outre, il leur donne, pour faire la clôture de leur couvent, les six cents écus d'or que le duc Charles-Emmanuel lui a alloués

---

(1) P. 321.

sur la succession de son frère, François de Lambert, évêque de Nice.

La bière sera en bois de melèse du Freney *pour ce qu'il est de plus de durée,* ou bien d'Albane ou de Montricher.

Le corps sera déposé dans une chapelle ardente dressée dans le chœur de la cathédrale par Nicolas Briguet, menuisier et serviteur de l'évêché. « Mais ne veulx pas qu'on la face de trop grande despence, car ce n'est pas pour la gloire de ma personne, mais pour l'honneur de la dignité qu'il a pleu à Dieu que je porte. » Au-dessus de la chapelle, on placera des chandelles de cire d'un sol l'une ; et autour, quatre cierges de deux livres l'un, aux angles, et vingt-quatre torches ornées des armoiries du défunt.

Les obsèques dureront trois jours. Le premier jour, on chantera les vêpres et vigiles des trépassés en plain-chant, avec la solennité qu'il plaira à ses héritiers et aux chanoines, « desirant plus tost les biens faicts à mon ame que toutes ces pompes temporelles. »

Le second jour on chantera trois grand'messes, une du Saint-Esprit, une de la Sainte Vierge et la troisième pour un évêque défunt, « laquelle sera respondue en musique. » Après quoi, on fera les absoutes « et sera mis le dict corps et inhumé avec la dicte caisse couverte du mesme bois et bien clouée dans le cueur de la dicte esglise au-devant la sepulture que avons faict faire et que la teste soit mise dernier la dicte sepulture et les pieds visans contre la porte de la chapelle de saincte

Tigre. » Ce jour-là, on habillera cinquante pauvres de bon drap noir de Maurienne, « robbes, chapperon et chausses et à chescung sera donné aussi une paire de gros solliers de vache à simple mais forte semelle, et à chescung une chandelle de cire d'ung sol, qui les tiendront allumées à la main dans le cueur pendant la célébration de la grande messe dernière *pro deffuncto episcopo,* ausquels paouvres sera donné à disner au palais des biens et vivres qui se trouveront, mais l'on advisera que les dicts soyent vrayement pauvres. »

Le troisième jour, on célébrera autant de messes basses qu'il y aura de prêtres présents. La rétribution des messes basses sera d'un florin ; celle des grand'messes, de deux florins. « Sera donné deux escus à ceulx qui chanteront la musique qui, oultre leurs droicts et livrés, les se departiront à chascung selon son mérite. »

Enfin, il veut que l'on fasse une aumône générale aux pauvres, le jour que ses héritiers choisiront. Elle sera publiée *à la poincte du bourg*. Chaque pauvre recevra « ung quartier de pain de la grosseur de ceulx qui se donnent la caresme, ung cruchon de vin et ung potage de fèves ou poix ; mais, se hâte de dire le testateur, « je n'entends qu'aux pauvres seullement et non aultres qui abusivement y pourroient accourir pour la prendre comme en caresme. »

On voit que l'abus n'avait pu être déraciné entièrement, malgré l'arrêt du Sénat, et que Mgr de Lambert l'avait tout-à-fait sur le cœur. En présence de ses œuvres, l'histoire n'a pas le droit de l'en blâmer.

« Dès qu'on apprit dans le diocèse le danger de son état, dit M. Angley d'après le chanoine Damé, la consternation fut générale. Chacun s'affligeait comme s'il allait perdre un père. Dans la ville, les églises se remplissaient à toute heure de fidèles qui allaient conjurer le Maître de nos destinées de prolonger encore les jours de leur vénérable pasteur ; et les habitants des paroisses de la ville épiscopale, comme s'ils avaient été menacés d'un de ces grands fléaux qui accablent les peuples, venaient en procession jusqu'à la cathédrale, afin d'intéresser plus sûrement le Ciel en leur faveur, par l'intercession du saint Précurseur, patron du diocèse. »

Il rendit son âme à Dieu le 6 mai, à l'aurore. « Aussitôt, ajoute Jacques Damé, que le premier coup de la cloche annonça sa mort, la consternation et le deuil se répandirent dans la ville et il n'y eut presque pas un seul de ses habitants à qui la perte du père du peuple, du clergé et de la patrie n'arrachât des larmes. »

Pierre de Lambert eut pour successeur son neveu, Philibert Millet, qui était déjà son coadjuteur depuis le mois d'avril 1590, avec le titre d'évêque d'Hiéraple *in partibus*. Dans son testament, son oncle lui avait fait ce beau legs : « Je laisse par ung prélégat au seigneur reverendissime eslu la sincère amytié de laquelle m'ont aymé tous ceulx de la province, car combien que par sa sagesse et débonnaireté il pourra s'acquerir envers eulx la mesme amytié si est ce que je m'asseure aussi qu'ils l'aymeront doublement pour l'amour de luy et pour l'amour de moy, et pour ce qu'il a toutes les nobles qualités requises à la prélature je ne dis aultre sinon que je luy feray la mesme assistance par mes prières envers Dieu que je m'asseure qu'il fera pour mon ame pendant qu'il vivra en ce monde où je luy souhette la vye aussi longue que je m'asseure ses louables dépourtements meriteront. »

Philibert Millet était digne de cet éloge; car, dit le chanoine Damé, sa science et ses grandes qualités lui méritèrent la considération des grands et l'affection de tous ses diocésains. Son premier soin fut de régler l'administration du collége et d'asseoir sur des bases durables cette œuvre capitale de son oncle. Il eut pour cela bien des luttes à soutenir, mais nous laissons ce récit à une autre plume qui s'en occupe spécialement et, comme nous n'avons, pour cet épiscopat, aucun autre document inédit, nous renvoyons le lecteur à l'histoire de M. Angley.

CHAPITRE XX

Les Ducs de Savoie et les Rois de France.

Pendant le XVIe siècle, six princes partagèrent avec les évêques la souveraineté de la Terre commune : Philibert II, duc de Savoie, mort en 1504 ; Charles III, son frère, jusqu'en 1536, date de la conquête par François Ier ; Henri II, de 1547 au traité de Câteau-Cambrésis, en 1559 ; Emmanuel-Philibert, mort en 1580 ; et Charles-Emmanuel, son fils, dit le Grand, non à cause de ses succès, car, en définitive, toutes ses guerres n'aboutirent qu'à l'échange de la Bresse et du Bugey contre le marquisat de Saluces, mais sans doute à cause de ses qualités remarquables et de son ambition plus remarquable encore.

Nous n'avons à relater ici que quelques faits locaux concernant ces princes.

Le 27 août 1489 (1), le duc Charles II revenait de Lyon où il s'était abouché avec le roi Charles VIII,

---

(1) Damé tire cette date de documents qui existaient de son temps dans les archives du Chapitre. Guichenon se trompe par conséquent en fixant la mort de ce prince au 13 mars 1489. Du reste, il se contredit manifestement lui-même.

au sujet de la question déjà pendante du marquisat de Saluces, et où il avait été reçu chanoine d'honneur de l'église primaciale. Il fut accueilli avec de grandes démonstrations de joie et, comme il avait sollicité du Chapitre de Maurienne la même distinction, il fut installé solennellement ce même jour, revêtit pour la circonstance l'habit de chanoine et prêta serment en cette qualité. De plus, voulant assurer cette dignité à ces successeurs, il promit de fonder une prébende de 3,000 florins de capital, dont ils seraient titulaires, mais dont, comme ils ne résideraient pas, le revenu de 150 florins serait employé à l'éducation des jeunes clercs. Cette fondation fut approuvée par une bulle du pape Innocent VIII, du 18 septembre de la même année 1489. Le prince étant mort l'année suivante et ses deux premiers successeurs, Charles-Jean-Amédée et Philippe, surnommé *Sans-Terre,* n'ayant pu réaliser cette promesse, le premier à cause de son jeune âge, le second parce qu'il ne fit que passer sur le trône, les 3,000 florins ne furent versés par le trésorier de Savoie qu'ensuite d'une ordonnance de Philibert II, datée du 20 janvier 1500 (1).

Charles II n'avait-il songé, comme le suppose M. Angley, qu'à donner à l'antique Église de Maurienne une marque de considération et de respect ? N'avait-il pas voulu en même temps attacher le Chapitre à ses intérêts et se ménager le moyen d'exercer une influence dans le choix des évêques ? Cette dernière supposition est bien naturelle, si l'on

(1) Damé, *Chronique et notes manuscrites.*

considère l'intérêt considérable que le duc de Savoie avait dans cette élection.

Philippe avait aussi pris possession du canonicat le 29 avril 1496, en revenant du Dauphiné, dont il avait été gouverneur, et en se rendant en Piémont pour recueillir la succession de Charles-Jean-Amédée, son petit-neveu. Voici comment Damé raconte ce fait dans ses notes.

Le duc Philippe arriva à Saint-Jean le jeudi 29 avril 1496 (1), dans la soirée. L'évêque Etienne de Morel, qui était son compère, alla au-devant de lui en procession jusqu'à la Croix de l'Orme, avec le clergé, la noblesse et le peuple. Là il fallut attendre deux heures. Quand enfin le prince fût arrivé, l'évêque lui donna à baiser les reliques de la sainte Croix, de la tête de saint Blaise et de la côte de saint Laurent; puis, pendant un quart d'heure, il lui adressa un discours plein de doctrine, que le prince écouta avec bonté. Alors le chœur entonna le *Te Deum,* et la procession reprit le chemin de la cathédrale. Le long des rues on fit diverses représentations et, quand on fut arrivé à la porte de l'église, le duc demanda qu'on lui donnât l'habit de chœur; mais comme il était tard, la cérémonie fut renvoyée au lendemain. Cependant, avant de se retirer au palais épiscopal, Philippe alla faire ses dévotions devant le maître-autel et il y répandit des larmes (2).

(1) Et non le *29 août,* comme dit M. Angley, p. 260.

(2) *Cum ille applicuit, ipse R. D. Episcopus dedit illi osculari primo reliquias Sancte Crucis, caput Sⁱ Blasii et costam Sⁱ Laurentii, et ibidem per spatium quarti hore audivit certam moralitatem quam benigne cum multa Episcopi doctrina excepit. Deinde chorus decantavit* Te Deum *usque*

Le vendredi, il se rendit à la porte de l'église, accompagné de l'évêque et de douze chanoines et renouvela sa demande. On le revêtit du surplis et de la chape de drap d'or, on lui mit l'aumusse sur le bras gauche, et l'évêque, ayant récité les oraisons ordinaires, le prit par la main droite et l'introduisit dans l'église, pendant que le chœur chantait le *Te Deum*. Quand il fut arrivé au maître-autel, il s'agenouilla dévotement et, posant les deux mains sur l'autel, il prêta le serment suivant que les chanoines ont l'habitude de prêter :

Moi Philippe, duc de Savoie, je déclare que moi et mes successeurs les ducs de Savoie devons être chanoines de cette sainte et insigne Église de Maurienne, que je lui serai fidèle désormais et que je défendrai et sauvegarderai de tout mon pouvoir le trésor et les choses, biens, droits, honneurs, libertés et propriétés que cette Église possède et pourra posséder à l'avenir. Je ne soustrairai ni n'usurperai rien de ces biens ou libertés, ni ne conseillerai ou permettrai à personne d'en rien soustraire ou usurper. Ainsi Dieu me soit en aide, et saint Jean-Baptiste dont je tiens des deux mains et embrasse l'autel.

Les témoins de l'acte de prise de possession furent Aimon de La Palud, seigneur de Varembon, maréchal de Savoie ; Jacques de Miolans, comte de Montmayeur ; Amédée de Viry ; et Jacques de Chaband, seigneur de Varey.

ad ecclesiam et veniendo fuerunt facte diverse historie per carrerias, et cum fuit ante ecclesiam petiit sibi dari et requisivit habitum ecclesie, et quia hora erat tarda fuit remissum ad diem crastinam, fecitque devotionem suam ante magnum altare flendo et inde reversus est ad palatium.

Philibert II fut installé avec le même cérémonial le 20 janvier 1500. Il revenait de Grenoble et de Lyon, où il avait accompagné le roi Louis XII de retour de son expédition d'Italie. Ce prince acquit un nouveau titre sur la Terre épiscopale. Par patentes du 15 octobre 1503, datées d'Anvers, l'empereur Maximilien lui céda l'hommage que l'évêque de Maurienne lui devait comme feudataire de l'empire (1). Ainsi le duc de Savoie devint suzerain de l'évêque de Maurienne.

L'installation de Charles III, dont le chanoine Damé n'indique pas la date, a dû avoir lieu au mois de mars 1506, lorsque ce prince, ayant succédé à son frère, alla faire son entrée solennelle à Turin.

Il eut, comme Mgr de Gorrevod, à réprimer les exactions de ses juges et métraux. Ce n'est pas que les chartes de franchises et libertés manquassent à ses sujets de la châtellenie de Maurienne; mais elles étaient conçues en termes assez élastiques pour laisser des interstices par lesquels les rongeurs se glissaient. Aux états-généraux tenus à Chambéry le 19 février 1528, les syndics et communautés de la châtellenie représentèrent que, malgré les doléances qui avaient été faites dans les états-généraux précédents et les chartes obtenues, ils étaient « molestés journellement et indûment par la multiplication des sergents, mestraulx et mestrallons qui se disent subalternes des dits mestraulx. »

Les communes demandaient que, conformément aux statuts de Savoie : 1° il n'y eut qu'un sergent

---

(1) GUICHENON, t. II, p. 185.

général au pays de Maurienne ; 2° que le sergent et le châtelain fussent changés tous les trois ans, les métraux et leurs mestrallons tous les ans ; 3° que les uns et les autres ne pussent « retourner aux dicts offices ny aultres de dix ans après estre passé et fini le dict temps. » Le duc accorda toutes ces demandes par lettres-patentes datées de Chambéry le 19 avril de la même année 1528 (1).

Nous devons entrer dans quelques détails sur ces états-généraux de 1528, dont nos historiens ne parlent presque pas. Mais auparavant rappelons au lecteur ce qu'étaient ces assemblées de la nation.

Convoqués par une proclamation solennelle du duc régnant, dit Grillet (2), les États étaient composés des prélats, pour le clergé ; des barons militaires, des gouverneurs, baillis, châtelains et bannerets, pour la noblesse ; et des syndics de toutes les communes de Savoie, de Bresse, du Bugey et de la Val-d'Aoste, pour le tiers-état. Après que l'assemblée avait accordé et réparti les subsides demandés par le souverain, elle dressait ses cahiers, dans lesquels elle demandait la réforme des abus criants (3), la confirmation des franchises et libertés des villes et bourgs du duché, et la rédaction de nouvelles lois sur ce que l'on croyait être le plus avantageux à la patrie. Ces demandes étaient soumises à l'examen du conseil ducal qui, au nom du prince, faisait une réponse particulière à chaque article ; on les convertissait ensuite en loi, par un édit publié au nom du duc, et alors l'assemblée était dissoute.

(1) *Chartes du diocèse de Maurienne*, p. 323.
(2) *Dictionnaire historique*, etc., t. I, p. 355.
(3) Voir doléances présentées par les communes de la Maurienne dans les États de 1496. — *Travaux de la Société d'histoire et d'archéologie*, t. I, p. 361.

Ajoutons que souvent les communes adjoignaient quelques conseillers à leurs syndics et que souvent aussi la réforme des abus signalés par les États dut précéder le vote des subsides réclamés par le prince.

Les assemblées des États-Généraux furent fréquentes sous le règne du duc Charles III ; les principales sont celles de 1513, à Annecy ; de 1522, à Moûtiers ; et de 1528, à Chambéry. François Ier les convoqua en 1536 et en 1546.

Emmanuel-Philibert, malgré son antipathie pour cette forme de représentation nationale, fut contraint d'assembler les États à Chambéry, peu de temps après sa rentrée dans ses États. Le trésor était vide, les populations appauvries par la guerre ; tout était à organiser : l'administration, l'armée, la défense du pays, et il n'y avait pas d'autre moyen légal de se procurer des ressources. Les lettres de convocation sont datées de Nice, le 14 juillet 1560. L'objet de l'assemblée est « tant pour donner ordre aux affaires du pays, selon l'exigence d'iceulx, que pour satisfaire à l'intention et volonté qu'ils ont de nous faire quelque don gratuit, comme aussi pour trouver moyen de pouvoir suppléer aux charges que pour nostre service et le bien public nous convient supporter journellement..... et de imposer sur l'universel des dicts pays somme de deniers qu'ils verront estre à faire, en soullageant tousjours nostre peuple le plus qu'il sera possible, et l'imposition faicte des dicts deniers, les pouvoir faire lever et cueillir à moindres frais que faire se pourra. »

Ce fut la dernière fois que les députés des trois ordres se réunirent en assemblée générale, Emmanuel-Philibert préféra soumettre les demandes de subsides au vote des Conseils généraux des communes, que leur isolement rendait moins redoutables au pouvoir ducal et qui, d'ailleurs, étaient trop flattés de cet accroissement d'importance pour résister aux volontés du souverain. En 1567, le duc fit don à Pierre Maillard, baron du Bochet et gouverneur de la Savoie, de la somme de deux mille écus de trois livres ducales, à prendre sur ce que les trésoriers de Savoie restaient à devoir au trésor pour les sommes perçues pendant l'occupation française, « à la charge qu'il prendroit consentement du dict don des villes de Chambéry, Annessi, Saint-Jean de Maurienne et Mostiers. » Le Conseil général de Saint-Jean donna son consentement par une délibération du 14 janvier 1568.

Revenons aux États-Généraux de 1528.

La requête qu'ils adressèrent au duc porte ce titre (1) : « Chappitres présentez a nostre très redoubté seigneur monseigneur le duc de Savoye par les troys estats de ses pays de deça les monts ses très humbles et très obéissants subjects et serviteurs assemblé en ceste ville de Chambery le XIX° de fevrier mil V°XXVIII très humblement luy suppliant comme ceulx qui désirent vivre et mourir en nostre saincte foy catholicque et densuyvre les commandements de saincte esglise ainsiquils ont accoustumé iceulx leur octroyer et conceder pour obvyer a toutes nouvelles sectes et heresies de

(1) Archives de la commune de Saint-Michel.

Luther et de ses suyvants, adherants et disciples dont lon veoit la crestienté si troublée, ce que mon dict seigneur leur accorde selon la responce faicte au bout dun chascung chappitre. » Ces réponses sont signées *Vulliet.*

Voici donc les ordonnances rendues par Charles III, à la requête des États :

1° Défense *à toutes gens tant gentilhommes que aultres masles et femelles quils naient a parler publicquement ny en privé en faveur de Leuther, de ses suyvants, disciples et adherants ny de leurs escripts, sectes, heresies et faulces opinions en tout ny en partie ny icelles maintenir et precher.* Pour la première fois, *trois jours de prison a pain et a l'eau et au bout de trois jours de trois bouts de corde;* pour la seconde fois, *s'ils retombent en perseverant comme obstinés en ce erreur qu'ils soyent apprès leurs procès faicts bruslés comme hereticques.*

2° Défenses sous les mêmes peines *de disputer publicquement ny en privé de nostre saincte foy catholicque ny de la puissance de nostre mère saincte Esglise pour maintenir la dicte secte de Leuther ny aultres sectes et heresies prohibées et reprouvées de la dicte saincte esglise,*

3° *Tous estrangiers qui en parleront* seront *gracieusement admonestés eulx en desporter et taire,* sous les mêmes peines.

4° Seront réputés hérétiques ceux qui, ayant des livres de Luther ou de ses adhérants, ne les auront pas brulés ou livrés au bailli ou au châtelain *pour estre bruslés et annihilés,* dans deux jours après la publication des ordonnances.

5° *Les hostes, taverniers et tous aultres* qui entendront des propos hérétiques, les révèleront à l'officier du lieu, sous peine de trois jours de prison et de *troys estrapades de corde.*

6° Les châtelains et officiers qui ne puniront pas les hérétiques seront privés de leurs charges et recevront *troys estrapades de corde.*

7° Tous les sujets se tiendront prêts à prendre les armes et à donner main-forte à la justice contre les hérétiques.

8° *Messieurs de l'esglise, nobles et aultres* se dévoueront entièrement *pour la defenssion de nostre foy sans espargner leurs personnes et biens. Et à ce ils se sont offert trèstous.*

9° *Pour entretenir et nourir le peuple en toute fermeté, ferveur et devotion,* le duc ordonne au clergé *commectre vicaires et aultres qui soient si gens de bien et qualiffiés, qui saichent precher nostre saincte foy catholicque et les commandements de la loy divine et de saincte esglise principalement toutes les dimenches.*

Ceux qui trouveront ces mesures par trop draconiennes et inquisitoriales, estiment-ils qu'il eût été préférable de voir en Savoie, pressée entre la Suisse et le Dauphiné, la guerre civile et les échafauds, les flots de sang et les monceaux de ruines qui couvrirent l'Allemagne, l'Angleterre, la Hollande et la France, pour le seul profit de donner les terres de l'Église aux barons et des femmes aux moines défroqués ?

Les douze articles qui suivent ordonnent la réforme de divers abus. On fera bonne et briève justice, *esgalle aussi bien pour les pouvres que pour les riches.*

On réprimera, selon les statuts, le luxe tant des laïcs que des prêtres. On surveillera les étrangers qui, ayant obtenu des abbayes, prieurés ou autres bénéfices, les laissent tomber en ruines et n'acquittent pas les fondations. Les ecclésiastiques et les laïcs ne pourront plus prêter qu'au cinq pour cent. *Aux constitutions d'offices, expeditions et accensements d'iceux seront préférés gens discrets et de conscience qui n'oppressent point le peuple, comment plusieurs qui prennent les accensements si hault qui ne se peuvent salver sans piller et mal trecter les pouvres subjects, de quoy ils se sentent grevés.* Nul ne pourra tenir deux offices, comme de commissaire des extentes et de châtelain dans le même mandement. On ne pourra acheter les actions et querelles d'autrui ; celui qui aura acheté un fief devra le louer dans le terme d'un an. On surveillera les *sommeillers, pollailliers, bouchers et pourvoyeurs.* Il n'y aura qu'un ou deux sergents généraux par mandement et on mettra ordre à *ung tas d'exacteurs et commissaires qui font des pilleries et extorsions. Les clavaires et recouvreurs* ne feront payer que les actes qui seront signés et scellés. Les censiers et recouvreurs de redevances en blé les percevront dans le terme d'un an, après lequel ils ne pourront plus les estimer qu'au prix de l'époque du paiement. Les ecclésiastiques incarcérés seront remis à l'évêque, à moins qu'ils n'aient été arrêtés *pour la secte luthérienne.* Le 22ᵉ article est une confirmation des *jurisdictions, prérogatives, prééminences, libertés, franchises et autres pacts, transactions et coustumes* du clergé, de la noblesse et des communes.

Le Parlement de Chambéry, institué par **François I**er, maintint énergiquement les ordonnances contre les hérétiques, prises dans les États-Généraux de 1528. « Mais, malgré sa vigilance, dit M. Burnier (1), l'hérésie se glissa à Chambéry, non seulement parmi les laïques, mais encore dans les rangs du clergé. La Maurienne surtout devint un foyer de propagande protestante. » Farel paraît y être venu après son expulsion de Genève en 1538; car, dit le même auteur, on montre encore à Montbérenger la maison qu'il habitait. Il paraît qu'il fit des prosélytes dans la commune du Châtel. Le Parlement s'en émut. Voici à ce sujet un passage de la *Pratique ecclésiastique du Sénat de Savoie* (2).

Nous trouvons un arrêt de la Cour du 13 décembre 1541, par lequel il fut enjoint à l'évêque de Maurienne, ou son vicaire, à peine de réduction de son temporel de faire prêcher par des bons et dignes prêcheurs en la paroisse de Notre-Dame de Châtel Montbérenger, par de bonnes et salutaires exhortations, instruire et confirmer le peuple en la foi catholique, extirper les erreurs et fausses doctrines déjà formées et imprimées dans l'esprit des enfants imbus d'une méchante et diabolique oraison qu'ils appelaient le *Pater des Italiens* et autres illusions pernicieuses et vaines crédulités de synagogue procédantes par fausse déportation et prédication du peuple, et d'en certifier la Cour dans deux mois.

Ici se place un épisode que M. Burnier raconte ainsi (3) :

(1) *Histoire du Sénat de Savoie*, t. I, p. 197.
(2) Chap. II, § 5, 4e page.
(3) Ibid., p. 198.

Quelques années après, ce fut bien pis encore : un homme revêtu du caractère sacerdotal osa prêcher la Réforme dans la cathédrale de Saint-Jean de Maurienne, en présence de tout le clergé. Voici dans quelles circonstances cet événement eut lieu.....

En 1549, le Chapitre avait choisi pour prêcher le Carême un orateur en renom, Raphaël Bourdeille. Ce prêtre, interdit à Turin en 1543, pour ses tendances hérétiques, avait, ce semble, donné depuis des gages sérieux de dévouement à l'Église, puisqu'on le chargeait de raffermir le peuple dans la foi en une province où la propagande protestante se montrait si active. Arrivé à Saint-Jean, Bourdeille sentit renaître toutes ses anciennes théories sur la grâce, sur la justification par la foi et sur les sacrements. Ce fut un grand scandale et un étonnement universel, quand on vit un simple prêtre, bravant la rigueur des édits, venir proclamer, du haut de la chaire et en présence du clergé catholique, la doctrine enseignée par Calvin. Bourdeille fut jeté dans les prisons épiscopales, où une instruction commença immédiatement contre lui. Le Chapitre voulait un exemple sévère ; aussi fit-il des instances pressantes auprès du Parlement de Chambéry pour obtenir la condamnation du prêtre infidèle. La Cour délégua maître Jean Poille, conseiller, pour procéder à des informations contre Bourdeille ; Jean Poille déposa son rapport le 3 mai 1549. Il s'agissait d'un prêtre accusé d'hérésie simple, non compliquée d'excitation à la révolte, et, par conséquent, le tribunal ecclésiastique pouvait seul connaître de ce crime. Aussi par son arrêt du *pénultième* juillet 1549, la Cour « renvoie le dit Bourdeille par-devant l'évêque de Maurienne ou son vicaire, pour lui être fait et parfait son procès, en l'assistance de l'inquisiteur de la foi et d'un des conseillers de céans, et enjoint au dit vicaire de certifier la Cour dans trois semaines de ce qui aura été fait. »

..... Le chanoine Angley se trompe quand il dit que le Parlement français condamna Bourdeille : il ne fit que proclamer son incompétence et renvoya le prévenu devant ses juges naturels. Peut-être ce malheureux y gagna-t-il de ne pas expier son audace sur le bûcher, car la sentence du tribunal ecclésiastique ne le condamna qu'à être dégradé et brûlé en effigie. Ce jugement fut exécuté à Saint-Jean de Maurienne, le jour du jeudi-saint (1550), sur la place de la cathédrale, et en présence d'une foule immense. Ce fut Pierre Meynard qui fit la cérémonie de la dégradation. Bourdeille fut ensuite reconduit en prison, et on brûla son effigie.

M. Burnier a raison de dire que Bourdeille gagna à être jugé par le tribunal ecclésiastique; car, à cette même époque, le Parlement de Chambéry condamnait des hérétiques à être brûlés vifs (1). On en compta neuf exécutés dans la capitale de la Savoie de 1550 à 1555; plusieurs furent étranglés avant d'être jetés au feu.

Au sujet de ces exécutions, conformes aux décrets des États-Généraux de 1528, nous nous bornons à faire observer trois choses : 1° que le Chapitre de Saint-Jean n'exécuta que sur une image de papier la condamnation portée par les États ; 2° que l'hérésie se compliquait ordinairement de complot contre l'autorité et la paix publiques ; 3° que les protestants de Genève et de Berne, qui mirent tout en œuvre pour sauver les condamnés de Chambéry et qui poussèrent ensuite de si hauts cris d'indignation, se réservaient le droit, non seulement d'étrangler et de brûler les catholiques, mais de

(1) Ibid., p. 201.

les pétrir dans la fameuse baratte de fer (1) et de se traiter entre eux comme de simples catholiques.

Quant à l'erreur commise par M. Angley relativement à l'arrêt du Parlement contre Bourdeille, il l'a puisée dans la *Chronique* de Jacques Damé, qui n'a pas toujours toute la précision et l'exactitude désirables. M. Angley ajoute que le Chapitre dépensa quatre cents florins pour obtenir cet arrêt.

Le jugement définitif doit donc avoir été rendu par le juge temporel de l'évêché. Malheureusement, de toutes les archives de ce tribunal, il ne reste pas une feuille.

François Ier, s'étant emparé de la Savoie, profita de son voyage en Italie en 1537, pour se faire recevoir chanoine de Saint-Jean, avec le cérémonial accoutumé pour les ducs de Savoie. Henri II fit de même le 7 août 1548. Il arriva à Saint-Jean à neuf heures du matin, accompagné des cardinaux de Guise, de Châtillon et de Ferrare, du légat du pape, du duc de Nemours et du duc d'Aumale, gouverneur de la Savoie. Le clergé et le peuple, ayant à leur tête l'évêque Pierre Meynard, le reçurent en grande pompe (2) et, à la requête du Chapitre, il promit de respecter les immunités, franchises et libertés de l'Église, et de la garantir de toute oppression, de toutes tailles et contributions. L'acte fut dressé par le notaire Choudin, secrétaire du Chapitre, en présence d'Hippolyte et de Pierre de Collo,

(1) Voir les *Mémoires* de l'Estoile, grand audiencier de France.
(2) Voir les détails de la réception dans M. Angley, p. 290.

de François Bonnivard, vicaire général et official du diocèse, et de Jean *de Piro*.

Emmanuel-Philibert fut installé au mois d'août 1564 (1) et Charles-Emmanuel Ier le 9 octobre 1581, lorsqu'il vint en Savoie pour surveiller les préparatifs de la guerre qu'il voulait faire à Genève et à laquelle l'opposition de la France le força de renoncer.

Emmanuel-Philibert s'arrêta encore à Saint-Jean en 1574, quand il accompagna de Venise à Lyon le roi Henri III, qui avait quitté la Pologne pour succéder à Charles IX, son frère ; et, au mois d'octobre 1576, lorsqu'il conduisit à Chambéry son fils, Charles-Emmanuel. Les registres de la ville contiennent diverses réclamations pour logements et fournitures de bois, de chandelles, de paille et de denrées faites aux gens de sa suite dans ces deux circonstances. Entre autres choses, on fit venir des truites et de la glace des Arves ; la ville paya, sauf à se faire rembourser par le trésor ducal. De plus, les communes avaient fait aux princes un don en argent. Nous l'apprenons par une lettre de Mgr de Lambert aux syndics de la Terre épiscopale, en date du 2 août 1576, ainsi conçue :

Mes amis,

Au sujet de la resolution qu'avez prinse de faire quelque present à monseigneur le prince et au seigneur Amedeo (2) jusques à la somme de trois-cent-cinquante

(1) Angley donne la date du 18 juin ; Damé, celle du mois d'août, au retour du prince de son voyage à Lyon, où il avait eu une entrevue avec Charles IX et Marie de Médicis.

(2) Amédée de Savoie, marquis de Saint-Rambert, fils naturel d'Emmanuel-Philibert.

escus, a esté advisé que trois cents escus pouront souffire, scavoir est deux cents escus au dict seigneur prince et cent au dict seigneur Amedeo, que revient à cinquante escus le lot du ressort des terres de l'evesché, pour ce que Saint-André et Argentine font ung lot oultre celluy de la cité et les aultres quatre contribuables. Par quoy ne ferez faulte au Xe de ce mois, actendue la venue si prochaine, estre icy avec vostre dicte quotte.

Emmanuel-Philibert était un grand chasseur, et il paraît qu'il préférait à l'arquebuse les oiseaux de proie dressés selon la manière antique. Voici ce que nous lisons dans une délibération du mercredi 17 avril 1560 :

Les scindics ont remonstré que, par raison des lettres patentes de monseigneur, seront mandé garder et faire garder les ayres des ouyseaulx de chasse comme faulcons, espreviers et aultres, et mandé à tous scindics et officiers icelles faire garder, pour la garde desquels convient frayer et garder. Et pour ce qu'ils seroient trouvé ayres en la paroisse d'Albiez-le-Jeune, sur quoy auroit esté faict commandement ès scindics du dict lieu icelles garder et entretenir, lesquels scindics remonstrent y voloir contribuer pour leur quotte partie, attendu qu'il s'agist du cas de Son Altesse, veu aussi qu'ils contribuent aux frais et charges que convient faire pour Son Altesse en la dicte cité à tant par teste, que où et quand la dicte cité ne contribuera en cest endroict avec eulx ils ne contribueront aux charges que surviendront à l'advenir en icelle cité. Sur quoy a esté resolu et accordé par et entre les susnommés conseillers que la presente cité contribuera en ce que dessus *pro quota*.

Charles-Emmanuel fut le dernier prince de Savoie inscrit dans le Chapitre de Saint-Jean. Ce que nous avons à dire de lui appartient au chapitre des guerres. Nos archives possèdent la lettre suivante qu'il écrivit peu de jours avant d'entreprendre sa fameuse expédition de Provence, résolue sur les pressantes sollicitations des Provençaux :

A nos chers bien amés et féaulx subjects et habitants de nostre cité de Saint-Jehan de Maurienne.

Le Duc de Savoye.

Chers bien amés et féaulx. Puisque l'une des principales choses que nous avons tousiour heu devant les yeux dès le commencement de nostre règne iusque à cest heure a esté le service de Dieu, l'extirpation de l'hérésie, l'aiant monstré en touttes les occasions qui se sont présentés, tachant de deraciner les mauvaises plantes qu'estoint en nos estats imbues d'un tel venin, gardant aussi que de tant de costés qui les bornent ne s'espandit une si mauvaise et dangereuse semence comme ceste cy, et outre ce avons de tout nostre pouvoir cherché tous les moyens à nous possibles pour tenir une secte si pernicieuse esloignée le plus qu'il se pouvoit de nos dicts estats, connaissant fort clairement que nous conduisant de ceste facon servant Dieu c'estoit vrayement regner, et que aultrement c'estoit avec nostre ame perdre nos dicts estats. Le marquisat de Saluces, la guerre contre les Bernois et ceux de Genève, et ceste cy contre les heretiques nos voisins de ce costé de deça monstrent assez le zèle qu'avons en si juste cause, ne regardant desplaire aux plus grands potentats. Aussi quand on pensoit d'englotir ces estats Dieu qui est juste a faict aparoir ces miracles, et parce qu'il faut remederi à la teste pour bien guerir ce mal là, Sa Sainteté nous feist entendre par son nonce residant près de nous comme aussi a faict la Majesté catolique du Roy nostre beau père par le retour du sieur de Leyn qu'ils appreuvoint et treuvoint bon que du cousté plus voisin du Daulfiné et de la Provence nous feissions ce qu'en plusieurs autres endroicts de la France se faict en faveur de la religion catolicque, nous aidant et assistant Sa dicte Majesté à ces fins de ses moyens, et nous estimons très heureus d'estre employés en une si saincte expedition qui ne tend qu'à l'augmentation de la foy Catolicque Romaine, repos du royaume de France et de nos dicts estats, et nous acheminant presentement du cousté de Provence là où nous sommes appellés de trois estats comme vous aurez desja sceu, en esperance aidant Dieu d'y reduire les affaires bientost en bon estre, nous n'avons pas voullu partir sans vous faire ceste pour vous prier qu'en ceste nostre absence vous nous gardiez et conserviez l'affection et fidelité que nous avez tousiours portée, et laquelle spécialement nous avez demonstrée l'année passée (1) et dont nous restons tant obligés que le temps n'effacera jamais la memoire que nous en voulons avoir pour le vous tesmoigner par les effects aux occasions qui se presenteront pour vostre bien et solagement. Nous laissons l'infante (2) qu'aura soing de tout ce qui peult concerner vostre conservation et repos, ayant sur ce aussi commandé nostre intention à Don Amedeo nostre lieutenant general delà les monts. Nous ne serons pas si loing que s'il vous arrivoit quelque trouble, que Dieu ne veuille, nous ne allions toultes choses laissés incontinent vers vous pour y exposer nostre propre vie comme avons faict ci-devant. A tant Dieu vous ait en sa saincte et digne garde.

De Nice le 12 octobre 1590.

 C. Emmanuel.   Buyset.

Saint-Jehan de Maurienne.

(1) Allusion aux mesures prises, en 1589, par Mgr de Lambert et Urbain du Pont pour la défense des passages des montagnes.

(2) Catherine d'Autriche, infante d'Espagne, duchesse de Savoie.

Le dernier chapitre de la *Diva Virgo Charmensis*, de Jacques Bertrand, recteur du collège de Lambert, raconte comment, le 26 août 1620, Charles-Emmanuel fit un pèlerinage à Notre-Dame-du-Charmaix ; comment, après la messe, il déjeuna dans un pré voisin de la chapelle, et comment, les gens de la cour ayant gâté le foin, le propriétaire accourut et le duc paya les dommages.

CHAPITRE XXI

Guerres et passages de troupes (de 1499 à 1588).

Le xvie siècle est souvent appelé le siècle de la *Renaissance*. Ce titre, mérité sous plusieurs rapports, est contesté et contestable sous d'autres ; ce qui ne l'est pas, c'est que ce siècle fut une époque d'effroyables calamités. La soi-disant Réforme couvrit d'échafauds le nord de l'Europe ; par elle la guerre civile déchira l'Allemagne, la France et les Pays-Bas ; les nations se jetèrent les unes sur les autres ; la peste ravagea l'Italie, la Savoie et une partie de la France, affamées par la disette et la guerre. Voilà en résumé l'histoire du xvie siècle. La transformation, plus ou moins heureuse (1), de l'architecture, les progrès réels de la littérature, de la peinture et de la sculpture, sont-ils une compensation suffisante ?

Quant à la liberté, dont on lui a attribué l'honneur d'avoir vu la naissance, il est plus exact de dire que le xvie siècle a vu naître la licence légale et l'absolutisme gouvernemental, mourir ou agoniser la liberté communale et plusieurs autres libertés, et disparaître l'unité religieuse de l'Europe, sous prétexte de liberté de conscience, qui n'est que le

(1) Voir VIOLLET-LE-DUC, *Entretiens sur l'architecture*, t. Ier.

droit — légal — pour chacun de se faire une conscience à sa guise, et même de ne point s'en faire du tout.

Nous n'avons guère que quelques menus faits de l'histoire de ce siècle à raconter, car, même en ce qui concerne la Savoie, nous ne toucherons aux événements politiques qu'autant qu'il le faudra pour l'intelligence des faits locaux, objet de cette étude, et, sur ce petit terrain, nos documents laissent plus d'une lacune, on verra pourquoi.

Mentionnons, entre autres passages de troupes à Saint-Jean de Maurienne avant l'année 1536, celui de l'armée de Louis XII, marchant, en 1499, à la conquête du duché de Milan, et, en 1502, à celle du royaume de Naples ; de l'armée de François Ier en 1524 ; de l'armée envoyée contre Genève par le duc Charles III en 1534.

En l'année 1535, François Ier déclara la guerre à son oncle, le bon, mais faible Charles III. Les motifs ou les prétextes de cette guerre, nous les avons déjà vus. Louise de Savoie, mère du roi de France, était sœur du duc, et le premier avait des prétentions sur le marquisat de Saluces, que le second avait occupé. Ce marquisat de Saluces amènera, au commencement du siècle suivant, le démembrement de la Savoie.

Au mois de février 1536, l'amiral Philippe Chabot envahit la Bresse et la Savoie (1). Comme il n'y

(1) GUICHENON, *Histoire généalogique*, t. II, p. 213, met à la marge la date de 1535. C'est une erreur évidente. A la page suivante, Guichenon lui-même dit que le 16 janvier 1536, le héraut des Bernois vint à Chambéry déclarer la guerre au duc de Savoie.

avait point de troupes pour lui résister, il put s'avancer jusqu'au Mont-Cenis, sans coup férir, et faire prêter partout serment de fidélité au roi de France. Seuls les habitants de la Tarentaise prirent les armes, chassèrent quelques compagnies françaises cantonnées à Conflans et surprirent Chambéry : c'était au commencement de l'année 1537. Mais le comte de Saint-Pol, ayant amené des troupes du Dauphiné, les repoussa, les défit au passage de Briançon et pour les punir de leur fidélité ou de leur témérité, ravagea toute la Tarentaise (1).

La Maurienne n'avait pris aucune part à cette levée de boucliers ; elle en subit néanmoins les conséquences et nous trouvons sur ce point quelques détails dans deux manuscrits.

Le notaire et vice-corrier Georges Truchet écrit, à la suite d'un acte du 10 février 1537, la note suivante, en latin : « En cette année, le lundi 12 mars, vers les neuf heures du matin, les soldats italiens venant de la Tarentaise (2), entrèrent dans la cité de Maurienne et la saccagèrent, ainsi que les paroisses des alentours ; ils brûlèrent les protocoles de la cour commune, à l'exception du présent livre et d'une partie du registre de 1535, déchirèrent un grand nombre d'actes judiciaires et de dossiers appartenant à diverses personnes, et firent dans la ville tout ce qu'ils voulurent. »

---

(1) GUICHENON, ibid. — GRILLET, *Dictionnaire historique*, art. Chambéry.

(2) GRILLET, t. III, p. 276, se trompe donc quand il dit que « ces troupes italiennes avaient traversé le Mont-Cenis pour attaquer les Français. »

Jacques Damé (1), parlant des miracles que Dieu opérait dans notre cathédrale par l'intercession de Saint Jean-Baptiste, et des nombreux pèlerins qu'y attiraient les vigiles de la Nativité de ce saint et de la fête des miracles (27 avril), dit: « Un grand nombre de ces faits n'ont pas été consignés par écrit; pour ceux qui l'ont été, la plupart des actes ont péri dans l'inondation de Bonrieu, en 1439, ou dans le pillage de la ville par les Italiens, en 1537. Ces Italiens emportèrent ou détruisirent le trésor et les archives du Chapitre, et principalement les titres relatifs aux antiquités de notre église. » Dans le chapitre suivant, il ajoute: « C'est contre le Chapitre surtout que s'exerça la fureur de ces Italiens; ils dévastèrent ses propriétés, incendièrent ses maisons et (ô douleur!) déchirèrent ou brûlèrent presque tous ses papiers....., en sorte que les chanoines furent réduits à une si grande détresse, que, pour vivre, ils durent vendre une grande partie de leurs propriétés et, ce qui est encore plus lamentables, les vases et les autres objets précieux de la cathédrale. »

On voit que les troupes du comte de Saint-Pol se composaient, au moins en grande partie, d'aventuriers italiens, probablement imbus des erreurs nouvelles et possédés de la haine du catholicisme, qui a toujours été le fond du protestantisme et qui est tout ce qui en reste aujourd'hui.

Pendant l'occupation française, la Maurienne ne cessa d'être foulée par les troupes allant en Italie ou en revenant. A Saint-Jean, elles faisaient souvent

---

(1) *Chronique*, chap. v.

une halte de quelques jours. On y établit aussi une petite garnison, qui fut logée chez les habitants, auxquels elle fit subir toute sorte de vexations. Chaque commune devait fournir une part proportionnelle de vivres. Au mois de mars 1543, une ordonnance du juge royal de Maurienne et un arrêt du Parlement de Grenoble décidèrent que les communes de la Terre épiscopale porteraient leurs parts à Modane et celles de la mestralie de Pontamafrey (1), à Saint-André. Un commissaire général du roi *(serviens regius generalis)* était chargé de leur transmettre les ordres de fournitures. Les communes de la haute Maurienne, intéressées à ce que les envois se fissent exactement, pour qu'elles ne fussent pas exposées aux fureurs d'une soldatesque sans discipline, élisaient deux procureurs pour y veiller en leur nom. Le 6 décembre 1543, le commissaire royal, Guillaume Filliol, fait dresser procès-verbal par le secrétaire des actes judiciaires de l'évêché, Mathieu Davrieux, d'une réquisition de vivres qu'à la requête de noble Jean Palluel et

(1) La mestralie de Pontamafrey était composée de dix-sept communes : Pontamafrey, Hermillon, Notre-Dame-du-Châtel, Montvernier, Montpascal, Montaimon, Saint-Alban et Saint-Colomban des Villards, Sainte-Marie et Saint-Étienne de Cuines, la Chapelle, Épierre, Saint-Martin-sur-la-Chambre, Saint-Avre, Montgelafrey, Saint-Rémy et Saint-Léger. Comme chacune de ces communes avait des sujets du duc de Savoie et des sujets du marquis de La Chambre, chacun avait un syndic des *ducaux* et un syndic des *chambriens*, qui s'accordaient plus ou moins. Si les sujets d'une juridiction n'étaient pas assez nombreux pour avoir un syndic, on réunissait ceux de deux ou trois communes.

de Jean Paraz, procureurs des paroisses de la haute Maurienne, il vient d'adresser aux syndics pour un prochain passage de troupes.

Le 2 août 1546, les archers de la *bende du comte de Tenden*, en garnison à Saint-Jean, protestent contre le retard que mettent les communes à payer les tailles qui leur ont été imposées pour leur subsistance et leur solde.

Le traité du 3 avril 1559 remit Emmanuel-Philibert en possession des États enlevés à son père, et, le 7 août, le comte René de Chalant prit, en son nom, possession de la Savoie, dont il était nommé gouverneur. Le duc ne put s'y rendre lui-même qu'en 1563.

Il entreprit aussitôt diverses réformes, dont une des plus importantes fut celle de l'armée. Jusqu'alors elle n'avait été composée que des nobles, soldats par leur naissance, des contingents qu'ils étaient obligés de fournir, et d'aventuriers, indigènes ou étrangers, raccolés à prix d'argent et fléau des pays qu'ils traversaient, sans distinction d'amis et d'ennemis. Emmanuel-Philibert forma des troupes exclusivement composées de ses sujets, « estimant, dit-il dans son édit du 28 janvier 1561 (1), qu'ils nous seroient plus fidèles et moins facheux à nos autres sujets, outre ce qu'ils ne serviront comme mercenaires, mais comme en leur cas propre pour la deffense et conservation de leur prince naturel et de leur propre patrie. »

(1) *Compilation des anciens édits...*, p 454. On trouve, à la suite, l'édit du 10 septembre 1585 sur les enrôlements, les règlements et les privilèges des soldats.

Une note sans date, mais certainement de cette époque, fait remonter à la même année la formation du régiment des milices de Maurienne : elle dit qu'il fut levé dans toute la province et que chaque commune fut obligé de fournir des hommes habillés et équipés, et imposée pour la solde des officiers. Hors le temps des exercices et des revues, les miliciens restaient dans leurs foyers.

L'alliance d'Emmanuel-Philibert avec l'Espagne, à laquelle il devait la restitution de ses États, fit de la Savoie la route ordinaire suivie par les troupes de cette puissance entre ses possessions d'Italie et celles de Franche-Comté et de Flandre. Or, cette armée, comme toutes les autres, n'avait pas plus de discipline que le gouvernement auquel elle appartenait n'avait de soin à lui fournir ce qui lui était nécessaire, malgré les conventions faites avec son allié. Nos communes, la ville de Saint-Jean surtout, où les troupes stationnaient, subirent de lourdes charges, dont elles ne furent indemnisées qu'en partie et avec beaucoup de peine.

Le premier passage que nous trouvons mentionné est celui de la compagnie du capitaine Francisco Borgno, au mois d'avril 1567.

Le 5 juin suivant, une armée espagnole devant passer pour aller en Flandre, les autorités ducales et épiscopales et le juge corrier ordonnent aux syndics de faire réparer les conduits d'eau et les fontaines, ramoner les cheminées, nettoyer les rues et les étables, et préparer les logements et les vivres. En outre, les habitants reçoivent ordre de ne pas sortir de la ville, et ceux qui sont absents d'y rentrer immédiatement. Le Conseil général nomme des commissaires. Voici les approvisionnements qu'ils sont contraints de faire pour cette armée étrangère : fromage, 60 quintaux ; beurre, 60 quintaux ; œufs, 16 mille ; avoine, 30 setiers ; foin, 400 quintaux ; *polailles,* 100 ; *polletons,* 200.

Les troupes arrivent le samedi 28 juin, plus nombreuses qu'on ne l'avait annoncé, ce qui oblige les syndics à faire en toute hâte de nouveaux approvisionnements : entre autres choses, ils achètent encore 400 quintaux de foin. La ville n'est pas moins traitée comme si elle avait été prise d'assaut. Une délibération du 20 juillet fait un tableau navrant des excès commis par les soldats : les arbres sont dépouillés de leurs fruits, des meubles ont été emportés ou brisés dans toutes les maisons, des granges et des greniers sont bouleversés, même renversés. Les passages continuent jusqu'au mois de mars 1568.

Ces dépenses et ces pertes ne pouvaient rester à la charge de la ville seule ; mais les autres communes refusèrent d'en prendre leur part. De là un procès, que nous raconterons.

Ces troupes avaient été levées par le duc d'Albe à Naples, en Sicile et en Sardaigne. Après avoir traversé la Savoie et le Bugey, elles se rendirent dans le comté de Bourgogne, qui appartenait à l'Espagne.

A la même époque, Emmanuel-Philibert envoie trois mille hommes de pied et dix-sept cents chevaux, au secours du roi de France contre les protestants révoltés (1). Ces troupes achèvent la ruine du pays.

Dans les mois d'avril et de mai 1569 arrivent la compagnie de Charles de Birago, de cent hommes et quatre-vingts chevaux ; puis, les troupes envoyées en France par le pape et par le duc de Toscane, composées de sept mille hommes de pied et de trois mille chevaux. Nouvelles dévastations et nouveau procès.

En 1571, 1573, 1574 et 1575, nouveaux passages de troupes espagnoles revenant de Flandre. Les aubergistes obligent la ville à leur rembourser les *foulles* et dépenses qu'ils ont subies.

En 1574, Henri III, revenant de Pologne, traverse la Savoie avec une escorte de six mille hommes et deux mille chevaux, que le duc lui a donnée, dans la crainte que les protestants du Dauphiné ne viennent lui tendre une embuscade dans les gorges de la Maurienne. Emmanuel-Philibert lui-même l'accompagne jusqu'à Lyon.

L'armée est divisée en trois corps. Le premier, composé de 2,121 hommes et 651 chevaux, loge à Saint-Jean le 30 août.

Le lendemain, arrive le deuxième, fort de 2,444 hommes et 870 chevaux et ayant à sa tête les deux souverains. Le roi loge à l'évêché ; le duc et les gentilshommes de sa suite, chez le procureur Etienne Excoffon, en la rue d'Arvan. Le secrétaire de la politique dit à ce sujet dans son *roolle* : « Et fut faicte la cuisine tant pour sa dicte altesse que pour le grand prieur en la grande cuisine du dict maistre

(1) GUICHENON, t. II, p. 260.

Excoffon, et a fourny tout le boys, pallie, herbes et aultres utencilles de mayson, et ne scait le nombre des personnes ny des chevaulx pour le grand nombre qui estoint, joinct aussy que luy fallut curer deux chambres de tout ce que estoyt dedans pour remettre les tapisseries, licts et aultres meubles de sa dicte altesse et du seigneur prieur. »

Le troisième corps, de 1,764 hommes et 466 chevaux, arrive le 1er septembre.

Le 15, mercredi, logement d'une compagnie que le duc de Savoie a mise à la disposition du roi de France pour la guerre contre les Huguenots. Elle est commandée par César de Birague et se compose de 390 hommes et 321 chevaux.

Le 22, Emmanuel-Philibert, de retour de Lyon, s'arrête de nouveau à Saint-Jean avec sa suite et les archers de sa garde : 117 personnes et 79 chevaux.

Le secrétaire note soigneusement les vols commis par les soldats dans les maisons. Disons, à leur honneur, qu'ils ne sont pas nombreux : quelques sacs, quelques *linceuls,* quelques serviettes, quelques assiettes d'étain, etc. A Viffrey Coste, tenant le logis du Griffon, dans la rue St-Antoine, ils ont emporté « un pot d'eyten de mesure, une casse pour tenir la seillie et un chandelier de lotton qui luy coustoit trente sols. » A Pétremand Ponce, ils ont dérobé un chapeau de taffetas et un flacon de verre. Les Espagnols volaient plus en grand.

En 1577, ceux-ci recommencent à traverser la Savoie. Dans le mois de janvier, passe don Juan d'Autriche. Le vendredi 19, sur l'ordre des syndics, dix-sept mulets partent pour Lanslebourg et Lanslevillard; ils reviennent le 27 et repartent le 30 pour cinq jours. N'étant pas payés, les muletiers font assigner les syndics, qui sont condamnés par le corrier, Boname Baptendier, à donner à chacun six sous par jour.

Il y a des pourvoyeurs; les syndics, tremblants de voir se renouveler les excès de la soldatesque, leur tiennent l'épée dans les reins. Mais la difficulté est de trouver des provisions en quantité suffisante. Le 10 juin, les syndics demandent à l'agent du pourvoyeur, pour le prochain passage de la gendarmerie espagnole venant de Flandre, combien d'hommes et de chevaux il attend. Il répond : quatorze mille hommes et quatre mille chevaux.

— En ce cas, disent les syndics, d'après les ordres du gouverneur et du conseil d'État, il vous faut : 400 quintaux de pain de froment; 30 mille livres de viande, la moitié de bœuf, un quart de mouton et un quart de veau; 20,000 *quartelets* de vin, soit 90 *charres*; 40 mille picotins d'avoine, soit 625 vessels; deux milles quintaux de foin. Si ces approvisionnements ne sont pas faits exactement, nous vous rendons personnellement responsables de toutes les conséquences.

Ce passage de troupes dure dix jours. L'embarras de la ville est tel, que, le 25 juin, Mgr de Lambert écrit aux syndics du lot d'Arves d'envoyer le jour même dix-neuf bêtes de voiture, sous peine de mille livres d'amende; « car, dit-il, on est contrainct en ceste ville prendre les bestes des fourniers et des mugniers pour la nécessité. »

C'est pire encore en 1580. A la fin de janvier,

doivent passer huit mille hommes et mille chevaux venant de Flandre. Urbain du Pont, seigneur de Myans, délégué du conseil d'État, harcelle les syndics, Mermet Ducrest et Pierre Delacombe, qui promettent de faire tout leur possible, avec l'aide des communes contribuables à l'étape, pour fournir le blé nécessaire, « quoique, disent-ils, la récolte ait été petite et que l'on exporte du blé en Piémont et en Dauphiné, où elle a été moindre encore, tellement que la quarte de froment s'est vendue deux florins et la quarte d'avoine six sols. »

Le 11 avril, on annonce la prochaine arrivée de la duchesse de Parme, accompagnée d'une suite nombreuse. Voici la proclamation du corrier, Georges de Jorcin, enregistrée par Mᵉ Magistri, secrétaire de la politique de la ville :

De la part de Son Altesse, de monseigneur le reverendissime Evesque de Maurienne, et du commandement du sieur corrier et juge commun, est faict esprès commandement et injonction à tous hostes, hostelliers, cabarestiers et aultres manans et habitans de la cité de Maurienne ils ayent à preparer logis tant pour personnes que bestes pour la prochayne venue de la duchesse de Palme et à se pourvoyr de pain, vin, foin, avoyne et aultres vivres necessayres pour yceulx, à peyne de cinq cens livres et aultre arbitraire, aussi aux bollongiers, bollongières tenir provision de pain bon, suyvant nostre ordonnance, aux bochiers de *cher* bonne et recepvable, à la mesme peyne et aultre arbitraire, et consecutivement à tous tenir les rues au-devant chesque maison nettes et purgées d'immondices, à peyne que dessus, declayrée sur le champ en cas de contravention, et ce dans le jour prochyen suyvant. Est en oultre expressement commandé à ung chescung tant de la ville que despendences ayent à nettoier bellement toutte venaison permise, à peyne de confiscation d'icelle et aultre arbitraire.

Le lendemain, les syndics et leurs conseillers décident que l'on fera présent à la duchesse « de vin, faisants, perdrix, pingeons, poulets, fruictage et aultre chose *que le comte de Montréal leur a commandé,* » et que les gentilshommes et les soldats de sa suite seront logés chez les nobles et les bourgeois sans aucune exception. On voit que le présent n'était pas tout-à-fait spontané.

Le duc de Parme suit la duchesse, à quelques jours d'intervalle, à la tête d'une véritable armée. Le 19 du même mois, les syndics vont prier Mgr de Lambert de s'employer auprès du conseil d'État pour que les commissaires, chargés de préparer les vivres et les logements pour l'armée du duc de Parme, qui passera à la fin du mois, reçoivent ordre de s'entendre directement avec les fournisseurs et les habitants, sans l'intermédiaire des syndics, afin de ne pas ajouter de nouvelles difficultés à celles que la ville a déjà avec les autres communes de l'étape. Mgr de Lambert écrit à Chambéry ; mais on lui répond que, les commissaires n'ayant aucune autorité sur les habitants, la régularité du service ne serait pas assurée, ce qui aurait pour la ville des conséquences encore plus fâcheuses. Il faut donc que les syndics se résignent à nommer eux-mêmes, le 25, des commissaires pour faire la visite des maisons et préparer les logements. Le même jour, le juge-corrier, considérant que la ville va être remplie de troupes, ordonne à tous les étrangers d'en sortir et défend aux habitants d'en garder ou d'en recevoir de nouveaux, sans la permission des syndics.

Tous ces passages avaient occasioné à la ville des frais et des dommages énormes, dont ni le gouvernement de Turin, ni celui de Madrid ne songeaient à l'indemniser. Le 22 mai 1581, le Conseil général chargea le syndic Pierre Delacombe d'aller à Turin, avec les syndics de Modane et de Lanslebourg, demander au duc à qui les communes devaient s'adresser pour être payées. Les syndics furent très bien accueillis à la cour ; ils reçurent beaucoup de bonnes paroles et de promesses, mais point d'argent. Emmanuel-Philibert était mort le 30 août de l'année précédente, et Charles-Emmanuel, son fils, déjà tout occupé de l'acquisition définitive du marquisat de Saluces, qui devait quelques années après le brouiller avec la France et attirer sur la Savoie le fléau de la guerre, se serait bien gardé de contrarier ses bons amis les Espagnols, pour les légitimes réclamations des communes de la Maurienne. Il fallut que celles-ci se tirassent d'affaire comme elles purent.

Nous avons vu qu'au mois de décembre 1580, les dettes contractées par la ville de Saint-Jean, pendant les quatre dernières années, par suite des passages des troupes espagnoles, de celui du duc de Savoie et du prince de Sainte-Marie en 1578, des procès à soutenir, des avances faites par les syndics, s'élevaient à 4,601 florins, et qu'il fallut, pour les payer, imposer une taille extraordinaire.

La ville ne respira pas longtemps. Le 9 juillet 1582, elle logea 2,000 Suisses catholiques, allant en Piémont pour le service de Son Altesse ; le 23 du même mois, des compagnies espagnoles, venant de Flandre. Pour le transport des bagages de ces compagnies, il fallut envoyer en quelques jours 120 bêtes de voiture à Aiguebelle, *et même plus outre,* dit une délibération, qui charge M° Jean Couvert d'accompagner les muletiers et de requérir paiement des Espagnols, *s'il le peut.*

Lé 4 septembre 1584, passent deux compagnies espagnoles. Déduction faite de ce que les soldats ont payé, les frais à la charge de l'étape s'élèvent à 170 florins neufs, plus quatre florins pour le goûté des syndics, le jour qu'ils ont dressé le compte.

En 1586, nous revoyons les Espagnols. Au mois de février, ce sont des troupes italiennes qui reviennent de Flandre. Les syndics de Saint-Jean sont forcés de saisir des mules appartenant à des gens de Fontcouverte et de Saint-Jean d'Arves ; d'où, naturellement, réclamations et procès. Au mois d'avril, d'autres Italiens arrivent du Milanais, sous le commandement de Don Juan Antonio Ferrero ; il y a 650 soldats, plus les valets, les femmes et les chevaux. Les *foulles* s'élèvent à 280 florins ; dans le détail figurent 10 florins pour vacations du secrétaire, Jean-Michel Gussoud, notaire, et 3 florins 6 sols pour deux distributeurs de pain, dont l'un étant notaire, a reçu deux florins.

Le 17 août de l'année suivante, nouvelles troupes espagnoles venant de Naples ; le passage dure huit jours et il faut fournir quatre-vingts mulets par jour. Le 15, le Conseil avait décidé de faire un présent au colonel ou capitaine, pour qu'il empêchât ses soldats de se débander et de piller la campagne : il avait défendu aux habitants de rien acheter d'eux ; car on savait que ces soldats vendaient même leurs habillements, même les chevaux et les mulets fournis le long de la route pour le transport des bagages. La patrouille, ou garde de nuit, ne se faisant plus, « pour deffault des dizainiers ou corporaulx qui ont charge la commander, qu'est Aimé Rey, Michel Rol et Pétremant Dutour, qui sont à Aiguebelle enrollés à la milice soubz la conduite de MM. Dupont (Urbain) et de Bavo (1), » on avait choisi d'autres caporaux et on leur avait ordonné de faire bonne garde, particulièrement pendant le passage des troupes.

Le 17, *de grand matin*, les syndics du tiers-état, Jean Collomb et Aimon Rostaing, assemblent le Conseil et lui remontrent « combien ils sont en grand doubte de loger la gendarmerie prochainne, attendu qu'elle vient en grandes trouppes et qu'il n'y a assez de logis ny maysons en la cité souffizantes pour les recepvoir, tant par le moyen de beaucoup de maysons occupées par gens malades et personnes en *gessine*, comme aussy pour avoir ung grand nombre de maysons vuydes et des principalles, ausquelles aultrefoys on logeoit beaucoup de soldats, ainsy que par verification de la visite faicte avanthier pourra apparoir, et ayant calculé le nombre des maysons pouvants loger et le nombre des soldats que faudra loger chescung jour, a esté treuvé

(1) Jean-François de Bavoz, de Saint-Julien.

que toutes les dictes maysons pouvants loger ne sont au plus, à raison de trois soldats pour lit, suivant la visite, que sept cents soldats. Par ce de mille et tant de soldats qu'il faut loger par jour, suyvant le roolle baillié par Francesco Rosemarino delegué en la présente étappe pour Sa Majesté Catholique, il restera à loger trois cents soldats. » Ils demandent, par conséquent, s'il faut en mettre chez les gens d'église et les nobles, malgré le le privilège d'exemption, dont ils ont produit les titres. Le registre ne donne pas la décision du Conseil.

Après le départ des dernières troupes, il s'agit d'évaluer les fournitures qui leur avaient été faites et les dégâts qu'elles avaient faits elles-mêmes. L'opération fut longue et difficile. Les paroisses voisines prouvaient que leurs mulets étaient malades ou avaient disparu. Les habitants de la ville avaient été forcés, l'épée sur la gorge, à donner des vivres qu'ils ne devaient pas et à vendre leurs meubles pour se les procurer. Leurs réclamations s'élevaient à près de 2,000 florins. Le Conseil admit parfaitement que chacun devait être remboursé de ce qu'il avait perdu ; mais la caisse était vide, et il ne trouva pas d'autre moyen de faire de l'argent, que d'obliger les anciens syndics à rendre leurs comptes, ce qui renvoyait un peu loin le paiement de la dette. Au mois de décembre, rien n'était encore fait. Mᵉ Jean Turrel fut envoyé de Chambéry pour constater les *foulles* faites par les Napolitains. Mais pressé d'aller en Tarentaise, il chargea le corrier de recevoir les dépositions. On envoya ensuite Jean Collomb à Turin, pour régler définitivement cette affaire avec le commissaire général espagnol.

CHAPITRE XXII

Guerres (de 1589 à 1596).

Au mois de septembre 1588, Charles-Emmanuel Ier s'empara du marquisat de Saluces. Il y avait des droits ; la France, qui le tenait, en avait aussi. Henri III, occupé avec la Ligue, ferma les yeux, pour le moment ; mais il excita sous main Genève et ses alliés, les cantons protestants de la Suisse, qui levèrent des troupes. D'ailleurs, le baron d'Hermance, gouverneur du Chablais, avait eu l'imprudence de faire un peu ostensiblement des préparatifs de guerre et de laisser percer des desseins sur Genève et sur Lausanne. Le duc, informé de l'orage qui le menaçait, partit de Turin le 2 mars 1589, avec le peu de soldats qu'il put rassembler, et se rendit à Chambéry. Quelques semaines après, les Genevois saccageaient le Faucigny et les Bernois occupaient le Chablais. Cette guerre se termina par le traité de Nyons du 1er octobre 1589.

Pendant ce temps, il avait fallu songer à la défense de la Maurienne, non seulement pour le cas où Henri III déclarerait la guerre au duc, mais parce que les protestants du Dauphiné, dirigés par Lesdiguières, qui était particulièrement blessé de la prise du marquisat, pouvaient y tenter une diversion.

Au mois d'avril 1589, Charles-Emmanuel écrivit à Urbain du Pont qu'il avait dessein d'établir à Saint-Jean une garnison de deux cents hommes. Urbain ayant lu cette lettre dans un Conseil général tenu à la Confrérie le 23 du même mois, on décida d'envoyer des députés au prince, pour lui exposer que la garde ou patrouille, que les citoyens avaient établie depuis quelque temps et qui était bien organisée et armée, suffisait pour la défense de la ville, en cas de besoin. Il paraît que ces raisons furent agréées, car la garnison ne vint pas et la ville resta chargée de se défendre elle-même.

Le dimanche 7 mai, Mgr de Lambert écrivit aux syndics :

Souvenez-vous de vous assembler au plus tost pour faire l'élection de laquelle fust parlé hier des six personnes pour avec les scindics pouvoir traicter et resouldre de tous afféres que vous scavez que la necessité du temps le requiert et demain faudra commencer à negotier et establyr quelque chose pour nostre conservation.

Le Conseil était précisément en séance ; il nomma six commissaires qui allèrent concerter avec l'évêque les mesures à prendre pour la défense du pays, pendant qu'un autre délégué était chargé de « faire redresser les portes des carrefours de la ville..... et visiter les contours pour cognoistre où sera requis fortiffier, pour en après faire son rapport au premier conseil et sera signiffié aux messieurs du Chappittre et de la noblesse..... pour d'yceulx entendre leur advis et delibération. »

Ce fut probablement à cette époque, et non après la mort d'Henri III (31 juillet 1589), comme le suppose M. Angley, que Mgr de Lambert et Urbain du Pont rendirent l'ordonnance relative à la garde de la ville et des montagnes de Modane, de Valloires, des Arves et des Villards, dont nous avons déjà eu occasion de parler (1). Mgr de Lambert avait voulu auparavant visiter lui-même toutes ces montagnes (2).

Quant à la composition de la garde de chaque commune et aux règlements qui lui furent prescrits, nous les trouvons dans la pièce suivante (3) :

De la part de Son Altesse et par commandement de Monseigneur le Reverendissime Evesque et Prince de Maurienne, et du seigneur Dupont, cappitayne esleu pour la garde de la cité de Maurienne et compaignie d'ycelle.

Est faict esprès commandement à tous bourgeois, manants et habitants de la dicte cité, sans nul excepter aultres que ceulx qui par authorité du dict seigneur Reverendissime seront exemps, faire garde quand ils en seront advertis par les capporaulx de l'escuadre desquels les dicts bourgeois et habitants se treuveront, lesquels soldats d'ycelles escuadres, advenant que l'on aura au son du tambour battu la garde aux jours que les dicts capporaulx entreront en garde, seront tenus les dicts habitants, bourgeois et soldats, la garde battue ou sonnée, soy presenter deubuement en armes au lieu accoustumé se presenter et assembler pour poser la garde,

(1) Voir le texte de cette ordonnance dans l'*Histoire du diocèse de Maurienne*, p. 314.
(2) *Travaux de la Société d'histoire et d'archéologie*, t. IV, p. 173.
(3) Archives de l'évêché.

laquelle ils accompagneront en bonne ordonnance jusques au corps de garde desdié pour ycelle, lequel corps de garde ne leur sera loysible absenter, moins s'en despartyr, sans le congé et license du dict seigneur cappitayne ou vrayement de l'enseigne, sergent ou capporal de la dicte compaignie de l'escuadre duquel ils seront tenus les dicts bourgeois; manants et habitants estants de garde obéir et faire les sentinelles, rondes et descouvertes requises en faict militaire, telles que par les dicts officiers leur seront ordonnées, et ce à peyne de cinq florins Savoie pour ung chescung se trouvant déshobéissant et contrevenant à ce que dessus, laquelle sera payée sans desport ainsy que les dicts officiers adviseront.

Et affin que les soldats ayent commodité d'aller boyre, desjeuner ou disner, le capporal estant de garde pourra donner congé au tiers de la dicte garde à la foys pour deux heures, affin qu'aysément les aultres deux tiers par mesme espace leur soyt loysible d'aller disner.

De laquelle garde ne seront exemptés par l'authorité susdicte que les personnes vieux ou malades, lesquels pourront au lieu d'yceulx commettre personnes ydoines et cappables à la dicte garde, et aultres aussy que par urgents leurs negoces pourront commettre au lieu d'yceulx personnes cappables à la dicte gardes avec armes et munitions suffizantes.

Est aussy pareillement deffendu ausdicts capporaulx de n'absenter le dict corps de garde lorsqu'ils seront en garde qu'au préalable icelluy capporal ne laysse en son lieu pour commander et ordonner deux soldats *lances pecadés* (1), de la souffizance desquels le dict capporal se pourra asseurer, à la mesme peynne que dessus.

Auquel corps de garde ne sera loysible à personne

---

(1) Armés de lances.

faire auculne molestie, rumeur ou sedition, moins en jouant ou passant le temps sans bruit, blasphémer auculnement le nom de Dieu ny de la Sacrée Vierge Marie, des saincts et sainctes de paradis, et d'yceulx n'en parler qu'à tout honneur et reverence, à la mesme peynne que dessus et plus grande si elle échoit pour la continuation et énormité des blasphèmes, telle que par les dicts seigneurs reverendissime et cappitayne sera arbitré.

Est faict aussy commandement à tous les dicts habitants soy pourvoir incontinent et sans délay d'armes offensives et deffensives necessaires pour le faict militaire, desquelles ils se pourront servir, sans auculnement emprompter les armes que leur seront requises.

Deffendu aussy ausdicts soldats entrants en garde et venants à faire salve tirer ny lascher leurs arquebouses avec la balle, et pour faire les dictes salves ne mettront dans leurs arquebouses que seulement de pouldre.

Est pareillement deffendu à tous soldats de ne donner auculne facherie ne molestie en façon que ce soyt à ceulx du Daulphiné avec lesquels nous avons la neutralité, sur peyne à ceulx qui contreviendront de deux cents livres d'amende et trois coups de corde à qui n'auront moyen de satisfaire à la susdicte peynne pecuniayre.

Ce dernier article est remarquable. La neutralité de la Terre épiscopale de Maurienne avait autrefois été solennellement reconnue par les ducs de Savoie et par les dauphins de Viennois, et toujours respectée dans leurs fréquentes querelles. Le traité de Randens l'avait rendue contestable et les arguments pour et contre étaient égaux, comme les droits des deux co-souverains. Aussi avons-nous vu François Ier et verrons-nous bientôt Lesdiguières, au nom d'Henri IV, n'en tenir aucun compte. Mais, au printemps de l'année 1589, la guerre n'était pas déclarée entre Henri III et Charles-Emmanuel Ier. Vis-à-vis des Dauphinois, Pierre de Lambert pouvait encore affirmer l'ancienne neutralité et c'est pourquoi il importait fort de ne leur fournir aucun prétexte de la violer. Comme, cependant, l'argument pouvait être de mince valeur auprès des bandes protestantes qui parcouraient le Dauphiné et voulaient tenter de reprendre Saluces, il convenait de ne pas y avoir une confiance absolue. C'est la raison des armements faits par Mgr de Lambert, de concert avec Charles-Emmanuel, le long de la frontière de la Terre épiscopale.

Bien que cette terre, étant chargée de sa propre défense, eût besoin de toutes ses ressources, Charles-Emmanuel fit saisir par le juge-mage de Maurienne une certaine quantité de blé, de vin, de beurre et de fromage, que les syndics durent faire conduire à Conflans pour le service des troupes. Il promit de payer toutes ces fournitures, mais plus tard, quand le prix en aurait été fixé par le Conseil d'Etat (1). Et cependant, aux frais de la garde de la frontière, s'ajoutaient ceux des passages continuels de troupes. Voici quelques dates :

10 décembre 1588. Ordre de préparer les logements, les vivres et les bêtes de voiture pour cinq cents hommes par jour, pendant trois jours.

31 décembre. Avis du passage de deux mille Italiens. Les fournitures faites par la ville et mises ensuite au compte de l'étape, s'élèvent à 389 florins.

4 mai 1589. Des troupes, dont le chiffre n'est pas indiqué, séjournent à Saint-Jean.

(1) *Travaux de la Société...*, t. IV, p. 171.

Les passages deviennent de plus en plus fréquents. Ainsi, le 16 juillet, on annonce trois mille hommes ; le 29, deux mille, et cela continue pendant toute l'année, même au plus fort de l'hiver.

Le prix des denrées, à Saint-Jean, dépasse tout ce que l'on a vu jusqu'alors. Le 4 juin, les syndics, Claude Verdon et Nicolas Crinel, exposent au Conseil général qu'il n'y a plus un sol dans la caisse, qu'ils ont eux-mêmes avancé tout leur argent, que les deux quartiers accordés par le Conseil sont tout-à-fait insuffisants, que, du reste, ils sont si occupés par les passages de troupes qu'ils n'ont pas eu le temps de les faire payer. Il est urgent qu'on leur donne des aides et de l'argent. On leur accorde quatre quartiers, y compris les deux déjà votés. Pour les aides, c'est leur affaire de s'en procurer, s'ils en ont besoin.

Ecrasée sous ces charges, moitié légales, moitié arbitraires, la ville ne cesse d'adresser des plaintes, humbles, mais fermes, et sans grand résultat, tantôt au duc de Savoie, tantôt au sénateur conservateur de la gabelle. En voici une qui n'est pas datée et qui est probablement antérieure de quelques années à l'époque où nous sommes arrivés.

Les syndics se plaignent au conservateur « comme aux dernier passage des gens de guerre pour le service de Sa Majesté Catholique en Flandre, les munitionnaires n'auroient faict aulcune fourniture du bois et chandelles pour les corps de garde, sy que à l'arrivée des troupes les suppliants, estants en ce faict surprins, auroient souffert grandes foulles et despenses. » Comme des troupes doivent arriver prochainement, ils prient que l'on enjoigne aux munitionnaires d'approvisionner les corps de garde. Ils ajoutent : « Et par mesme occasion, affin que les paouvres suppliants puissent recepvoir icelles nouvelles trouppes, soit le bon plaisir de Son Excellence et voulloir ordonner et commander que les compaignies Ispaignolles estants à present logées en garnison au dict lieu, deslogeront et se retireront au lieu qu'il plaira à Son Excellence commander huict jours avant l'arrivée des dictes trouppes et qu'elles y feront séjour après le dict passage pour le temps qu'il playra à Son Excellence, à ce que les paouvres suppliants qui dès si longtemps les ont sur les bras, puissent respirer et nettoyer leurs maisons. »

Les Espagnols étaient donc tout-à-fait chez eux en Savoie. Charles-Emmanuel comptait s'en servir pour rentrer en possession de Genève et du pays de Vaud. On peut voir dans Guichenon comment il y fut cruellement trompé. Philippe II voulait bien donner à son gendre quelques secours pour défendre ses États actuels, mais rien de plus ; car là s'arrêtait l'intérêt de la monarchie espagnole, qui était de conserver cette bonne route du comté de Bourgogne et des Flandres, où, entre autres avantages, ses troupes étaient logées et nourries d'une manière fort économique... pour le trésor royal.

Charles-Emmanuel entendit enfin les doléances des communes, et le 27 janvier 1590, étant à Chambéry, il rendit un édit qui commence ainsi (1) :

(1) *Compilation des anciens édits...*, p. 465.

Chacun a assez pu connoître de quel zèle et affection nous avons toujours désiré de soulager notre peuple, et le préserver tant qu'il nous est possible de foules et oppressions ; et comme nous avons été advertis de la surcharge, pertes et foules qu'il a souffert, et souffre encore ordinairement par aucuns des gens de guerre, étant à notre service, et pour plusieurs abus ausquels la nécessité du temps a fait par cy devant ouverture, chose du tout contraire à notre intention et volonté. Scavoir faisons que nous, désirant y remédier et pourvoir, comme nous estimons être très requis et necessaire ; d'autant que de cela depend grande partie du repos et tranquilité de nos sujets..... avons statué et ordonné, statuons et ordonnons ce que s'en suit :

Premièrement, ayant bien reconnu que les fournitures et contributions qui leur ont été imposées, et dont l'on fait plusieurs départemens, leur estoient de très grande charge, sans les frais et vacation des commissaires ordonnés pour la réception, et les abus qui s'y commettoient chacun jour ; nous avons icelles fournitures et contributions levées, et desquelles nous voulons nostre dict peuple demeurer du tout déchargé, et pourra disposer du sien à sa volonté, sans être contraint à rien bailler, sinon en payant de gré à gré, si ce n'est pour les logis et utenciles ; et quand il adviendra que, selon l'occurence et necessité de nos affaires, nous faisions transmarcher quelques compagnies de lieu à autre, seront donnés commissaires pour les conduire, et pour les faire conduire par estappes et munition, sans qu'il soit rien pris sur le bonhomme, sinon en payant comme dessus ; lesquels commissaires seront tenus consigner aux sergens des compagnies les bêtes de voiture et à bast qui leur seront necessaires pour leurs voyages ; et d'avoir le soin de les retirer et remettre aux maîtres, sans permettre qu'elles soient prises ou retenues, ny qu'elles outrepassent les étappes et lieux ordonnés ; et après le partement des dictes compagnies, seront tenus d'ouyr les plaintes des sujets et en faire bonnes informations pour les remettre à nostre sénat, affin d'en faire prompte et briefve justice....

C'était très bien et nul doute que Charles-Emmanuel voulût sincèrement décharger son peuple des *foulles et oppressions*. Seulement, il y avait juste six mois (15 juillet 1589) que la duchesse Catherine, recevant, en l'absence du prince, une supplique *des citadins de Saint-Jean et des manans et habitans de la ville d'Aiguebelle et d'Amodane*, relativement aux compagnies de gens guerre qui refusaient de payer les fournitures qu'on leur faisait et, à plus forte raison, celles qu'elles arrachaient de force, avait répondu par une injonction, *sous peine de sa disgrâce*, aux capitaines, officiers et soldats de se contenter de ce qui leur était alloué par les règlements et de le payer conformément au tarif. Les soldats ne tinrent pas plus compte de l'ordonnance du duc que de celle de la duchesse. D'ailleurs, pour payer, il faut avoir de l'argent. Or, souvent la bourse des soldats et le trésor ducal étaient également vides. Quant aux Espagnols, ils étaient en pays conquis.

Du 26 février à la fin d'avril 1590, on rencontre à tout instant des troupes espagnoles. On lit dans le compte du syndic de Saint-Jean : « Chapons, poules et autres choses acheptées de mon argent pour bailler aux officiers, 49 florins..... Vin, chapons, œufs, harengs, etc., pour bailler aux chefs, 18 florins 3 sols. » Le 5 avril, ces offrandes coûtent 37 florins; le 24 avril, mardi de Pâques, on donne au capitaine Castellano Olmero un faisan et divers autres objets estimés 10 florins.

Dans les mois d'août, septembre et octobre, plusieurs compagnies espagnoles traversent encore la Maurienne. Comme les magasins ne contiennent que du foin et de l'avoine, les habitants sont chargés de fait du soin, non seulement de loger, mais de nourrir les soldats et les officiers. L'étape paiera et se fera rembourser.... quand elle pourra.

Il y a ensuite un peu de relâche. Charles-Emmanuel, qui aspire à la couronne de France, du chef de sa mère, est en état de guerre avec Henri IV. Il se multiplie; il est tantôt en Provence, tantôt en Savoie, tantôt en Piémont, trouvant partout en face de lui Lesdiguières, qui s'attache à ses pas.

Du 8 mars à la fin de septembre 1591, les réclamations pour logements et *foulles* pleuvent à l'Ecu de France. Le gouvernement fait de louables efforts pour que l'édit de 1590 soit observé. Joachim de Rye, marquis de Treffort, envoyant, le 29 décembre 1592, aux syndics, officiers et habitants des villes et villages, situés entre la Novalaise, près de Suse, et Chambéry, l'ordre de loger et nourrir Jean-Baptiste de Menthon, détaché avec quarante soldats pour tenir garnison aux Échelles, dit qu'ils devront faire le voyage en six jours et ne séjourner nulle part plus de vingt-quatre heures, « à charge qu'ils se comporteront en tout devoir de modestie, sans commettre aulcung désordre ny insolence sur le peuple ny aultrement, à peynne de la vie. »

C'est que, au mois de septembre précédent, le capitaine Logra s'était conduit à Saint-Jean comme un véritable espagnol et les syndics s'en étaient plaints au gouverneur. Logra était logé dans une auberge avec deux soldats. Il s'y était trouvé bien et y était resté cinq jours. Comme il aimait la société, il avait à chaque repas amené avec lui cinq autres soldats, plus son beau-frère; et comme il aimait aussi ses chevaux et que le vin était bon, il leur en avait fait donner. Inutile de dire qu'il avait estimé l'aubergiste assez payé par l'honneur qu'il lui avait fait. Mais celui-ci n'avait pas été du même avis et il avait adressé la carte aux syndics.

Nous ne savons si Logra était Espagnol de naissance; mais don Gracia Olivero, colonel-commandant quatre compagnies de cavalerie, trois de lanciers et une d'arquebusiers, l'était certainement. Il arriva à Saint-Jean de Maurienne le 10 septembre 1594 et daigna y passer deux jours avec ses compagnies. Quand il fut parti, les notes tombèrent comme grêle chez les syndics. Citons-en quelques-unes.

Jacques Arthoud a logé et nourri un *alfier* (porte-enseigne), trois maîtres, trois laquais et cinq chevaux. A l'alfier et aux maîtres il a fallu donner des *poules, poulatons et plusieurs autres vivres de grand coustange,* total 51 florins; foin pour les chevaux, 3 florins; avoine *au dict alfier,* 4 sols; vin pour laver les pieds des chevaux, 2 pots, 8 sols; pain et vin emportés par les soldats, 14 sols : addition, 56 florins 10 sols.

Les frères Borjon ont logé quatre maîtres, trois

laquais et quatre chevaux. La dépense est de 53 florins 8 sols.

Laurent Fay a eu douze soldats et cinq chevaux, *lesquels soldats ont faict une despence infinie et incroyable soubz pretexte qu'il n'y avoit munition, aussi disoint qu'ils estoint logez pour vivre à discretion.* Fay réclame 3 florins par jour pour chaque homme. Les chevaux ont eu de l'avoine, du foin, du seigle et 6 pots de vin.

Martin Long a logé trois maîtres et trois laquais, qui, en deux jours, ont fait sept repas et consommé quatre quartiers de mouton, une poule et quarante pots de vin, soit pour eux, soit pour leurs chevaux.

Les Prussiens de 1870 ne faisaient pas mieux que les Espagnols de 1594 en Maurienne.

Les frais et *foulles* de ces compagnies furent réglés à la fin du même mois devant Philibert de Chabert, gentilhomme de la maison de Son Altesse, nommé commissaire par Mgr Millet, au nom du duc de Savoie. On régla en même temps ce qui était dû à soixante-douze pionniers qui, envoyés à Suse, par ordre de Charles-Emmanuel, sous la conduite de Claude de Châteaumartin, avaient été contraints d'aller à Carignan et de là au camp de Briqueras. Le total s'éleva à 8,405 florins 4 sols 2 quarts, ce qui fit pour chacun des cinq lots de l'étape, entre lesquels la dépense avait été partagée, 1,681 florins 3 quarts 1 fort.

Charles-Emmanuel était bien obligé de fermer les yeux sur les excès de ses bons amis les Espagnols. Qu'eût-il fait sans l'Espagne, pour défendre à la fois la Savoie et le Piémont, menacés constamment et sur tous les points par Lesdiguières ? Plus tard, la politique de ses successeurs, dans leurs guerres avec la France, sera d'évacuer la Savoie et de borner la défense aux avenues mieux fermées du Piémont. Mais Charles-Emmanuel Ier était encore savoyard, et il défendit énergiquement le berceau de sa famille. Le 6 août 1593, il écrivit de Turin la lettre suivante à l'évêque de Maurienne. C'était Philibert Millet, neveu et successeur de Pierre de Lambert, qui possédait, comme son oncle, toute la confiance de ce prince (1) :

Très Reverend, très cher, bien amé et féal conseiller d'Estat. — Voians les pernitieux desseins de l'ennemy sur nos Estats de delà les monts, Nous avons resolu de n'espargner chose qui despende de nostre pouvoir pour apporter tout le soulagement et repos qu'il nous sera possible à nos bons et fidelles subjects, et par ce nous depechons presentement le comte de Montmaieur, douze cents hommes qui le suivront et quatre cents chevaux. De quoy Nous avons bien voulu vous donner advis à l'advantage, afin que vous faictes tout incontinant dresser et preparer les estappes de la Maurienne et donner ordre que les munitions ne manquent tant pour le nombre susdict que aultre quatre mille qui les suivront de près, estans très resoulus d'y emploier toutes nos forces voire nostre propre personne ainsy que ja Nous avons faict par le passé pour les deslivrer de la captivité de nos ennemis, conforme à l'obligation que nous debvons à leur fidélité, et Nous asseurant que vous n'y oblierez auculne chose qui soit de nostre service, vous disons à Dieu, qui vous ayt en sa saincte garde.

(1) L'original de cette lettre se trouve dans les archives de l'hôtel-de-ville de Saint-Jean de Maurienne.

Mgr Millet veillait avec beaucoup de soin à ce que les mesures prises, en 1589, par son prédécesseur et par Urbain du Pont, pour la défense des défilés de nos montagnes, fussent rigoureusement maintenues.

Parmi les postes établis alors, le plus important était celui de Saint-Jean d'Arves, parce qu'il se trouve au point de jonction des passages qui conduisent au Bourg-d'Oisans, à Besse et à la Grave, et que de là il était facile d'envoyer des espions surveiller les démarches de l'ennemi.

Ce poste était commandé par Pierre Salière d'Arves, qui dirigeait d'une manière très intelligente ce service d'espionnage. Les espions recevaient 30 sous par jour.

Le 17 juillet 1594, Pierre Salière écrit aux syndics de Saint-Jean de payer 7 florins et demi au porteur de sa lettre, qui, par les ordres de l'évêque, *commandant pour Son Altesse en ceste vallée*, a été envoyé au Bourg-d'Oisans, où il est resté trois jours. Le 25, même solde payée à un autre espion.

Le 2 août, quittance de 7 florins payés par les syndics de Saint-Jean d'Arves à un homme envoyé à la Grave, « pour sentir la vérité de certaines trouppes qui debvoyent estre passés pour aller contre Briançon. »

Le 9 août, 10 florins donnés à un homme envoyé au Bourg-d'Oisans.

Le 15, les syndics de Saint-Jean paieront 7 florins au porteur pour aller *où il est envoyé*.

Le 25, le consyndic de Saint-Jean d'Arves a payé 10 florins à un individu qui était allé au Bourg-d'Oisans « pour entendre quelque chose des affaires de la guerre. »

Le 3 septembre, un autre reçoit, à Saint-Jean, 15 florins pour aller à Grenoble s'informer s'il est vrai que l'on ait fait une levée générale et dans quel but. Il revient le 10 et reçoit encore 5 florins.

Le 11, un espion est dépêché à la Grave pour surveiller les troupes cantonnées au Monestier et au Cassey.

Le comte de Montmayeur, annoncé par Charles-Emmanuel, était à Saint-Jean de Maurienne le 13 août ; il avait été précédé le 9 par des troupes venant de la Val-d'Aoste par les montagnes de la Tarentaise, et il fut rejoint le 16 par un corps de soldats espagnols venant de Naples. Il en fut de même pendant tout le reste de cette année et l'année suivante. Les doléances des habitants prouvent que l'édit de 1590 continuait à n'être guère observé.

La compagnie du capitaine Cipion, surtout, ne fut vraiment pas commode. Dans une note du 14 septembre 1593, Etienne Mégent, réclamant le paiement des *foulles et despences* que ces soldats lui ont faites, dit piteusement : « Ils m'ont faict trouver chapons, pollailles et poullets.... n'ont point vollu manger de mon pain blanc, ni les serviteurs mesmes, ni manger de *cher* de beuf, sinon de mouton... et y avait une *donne* (femme) qui m'a plus despendu que quattre soldats. » La note s'élève à 54 florins.

Du 9 août 1594 au 4 janvier 1595, les dépenses faites par les communes de l'étape pour les troupes de passage formèrent la somme de 3,557 ducatons.

Sauf une compagnie provençale qui s'était donnée à Charles-Emmanuel et qui, le 13 octobre, arriva à Saint-Jean, venant du Piémont pour rejoindre le marquis de Treffort, c'étaient des troupes espagnoles; du 9 au 12 août, les compagnies des capitaines Manganella et Gracia Olivero; du 24 au 27 novembre, celles de Rodrigo Vibero, comte d'Haro, Francisco Sottomayor et Hercule de Gonzague; d'autres les suivirent les 5, 6 et 7 décembre. Ces soldats traînaient à leur suite des bandes de valets et de femmes.

Du 15 au 22 décembre, Saint-Jean eut à loger et à nourrir 3,181 soldats espagnols, 403 *tant serviteurs que femmes* et 244 *courtauds,* plus un maréchal de camp et toute une armée d'officiers. Le 3 janvier 1595, elle reçut la compagnie de don Juan de Mendosa; le 4, celle de don Antoine de Tolède; et, le 2 février, sept compagnies napolitaines venant en Savoie pour le service, non de Charles-Emmanuel, mais de Sa Majesté Catholique, sous le commandement de don Elisio Caraffa.

A toutes ces troupes, il fallait fournir des bêtes de voiture pour porter leurs armes et leurs bagages. Réglementairement, les bêtes ne devaient aller qu'à Aiguebelle; mais, souvent, si les muletiers ne parvenaient pas à s'échapper, les Espagnols les contraignaient d'aller jusqu'à Rumilly et Annecy, et même jusqu'à Nantua. Plusieurs fois des mulets, chargés outre mesure, tombèrent morts sur la route.

Le 3 avril 1595, la Chambre des Comptes de Savoie donna ordre aux syndics de la Maurienne de faire payer immédiatement les quartiers extraordinaires accordés au prince pour la guerre. La ville de Saint-Jean devait 6 quartiers, chacun de 622 florins 4 sols 4 deniers.

Voici, du reste, un échantillon des charges que cette guerre imposa à la ville. En 1593, les tailles communales extraordinaires furent de 40 quartiers, c'est-à-dire de dix fois le montant de la gabelle ordinaire ; en 1594, de 15 quartiers ; en 1596, de 80 quartiers (1), pour le paiement des *souffrances et despences* subies par les particuliers. Le règlement des comptes entre les communes ne put être terminé que le 9 novembre 1596.

La paix fut signée à Bourgoin le 6 novembre 1595. Mais Henri IV ayant ensuite exigé que Charles-Emmanuel reconnût tenir le marquisat en fief de la couronne de France, à quoi celui-ci ne voulut se résoudre, ce traité n'eut pas de suite, et l'on se contenta de conclure une trêve jusqu'au mois de mars 1597.

Le comte Martinengo, lieutenant-général en Savoie, rendit alors une ordonnance pour prescrire l'observation sévère de l'édit sur la conduite et l'entretien des troupes. Le 28 juin 1596, les syndics de Saint-Jean la firent signifier au baron de la Val-d'Isère, lieutenant du comte de Montmayeur, qui commandait en Maurienne.

En prévision de la reprise des hostilités, Charles-Emmanuel demanda et, naturellement, obtint des étapes de la Maurienne un subside pour l'entretien de la cavalerie. La part de la ville de Saint-Jean, en cette année 1596, fut de 662 florins 4 sols 4 deniers.

(1) Archives de l'hôpital.

CHAPITRE XXIII

La Guerre de Maurienne (1597-1601).

Les hostilités recommencèrent dès les premiers jours du mois d'avril. Martinengo, qui était allé prendre les ordres du prince, revint en Savoie à la tête de neuf mille hommes : Italiens, Suisses, Savoyards et Piémontais. Charles-Emmanuel se disposait à s'y rendre lui-même et, le 23 juin, son avant-garde, composée de six cents chevaux et de mille hommes de pied, sous les ordres de l'Espagnol Sanche de Salinas, arrivait à Saint-Julien.

Mais, le même jour, Lesdiguières franchissait les montagnes au-dessus de Fontcouverte et tombait sur Saint-Jean, sans rencontrer aucune résistance. Un détachement était allé occuper le fort d'Arves, communément appelé la tour *de la Genevoise* et appartenant à Pierre Salière d'Arves.

Salinas reprit en toute hâte le chemin du Mont-Cenis, poursuivi par Lesdiguières qui enleva, en passant, le château de Saint-Michel et ne s'arrêta qu'à Lanslebourg, d'où il descendit à Aiguebelle pour prendre le fort de Charbonnières.

Mgr Millet avait eu le temps de fuir. Son château de la Garde, qui n'avait pour défenseurs que les habitants de Villargondran, se rendit sans tirer un coup d'arquebuse et reçut une compagnie française. Mais, quelques semaines après, Lesdiguières donna ordre de le démolir, ce qui fut exécuté aux frais des communes de l'étape.

A Saint-Jean, Lesdiguières avait reçu un renfort de deux régiments d'infanterie et de trois compagnies de cavalerie, construit des barricades autour de la ville et aux ponts d'Hermillon et de Villard-Clément, et rendu compte de ses succès au comte de Montmorency, connétable de France, par la lettre suivante datée du 3 juillet (1) :

Monseigneur, si vous avez reçu ma lettre du 23ᵉ du passé, vous avez aprins ce qui s'estoit passé de deça jusqu'à ce jour là à l'avantage du service du Roy. Depuis je tournay la teste de l'armée du Roy devers dom Salines qui estoit logé fort près de moy. Je luy ay faict quicter troys divers lieux où il s'estoit barriqué et enfin contrainct de passer le Mont Senys après avoir laissé sèze caques de pouldre et quattre balles de mèches. Il avoit baillé en garde à un cappitaine piémontois le chasteau de Saint-Michel qui est en ceste vallée, mais je l'ai assiégé et prins par composition. Je le fais mettre en estat de faire plus grande resistance qu'il n'a faict, et fais aussy accommoder cette place le myeulx qu'il est possible. Je pars demain pour voir les troupes dont le comte Martinengue a charge.....

Lesdiguières.

Cependant l'espagnol Louis Ferrero descendit le Mont-Cenis et poussa jusqu'à Saint-André, d'où il chassa d'abord les Français ; mais presque aussitôt

(1) Videl, *Histoire de Lesdiguières*, 2 volumes ; Paris, 1666.

il fut attaqué et battu par Créquy. Il avait mis ses munitions dans l'église ; le feu prit aux poudres au moment où les Français entraient. L'église fut détruite et un grand nombre de soldats tués.

On pense bien que Lesdiguières n'oublia pas les contributions de guerre. Elles furent lourdes, si l'on en juge par celles des mois d'août et de septembre 1597, dont nous avons l'ordonnance, datée du camp de Chamoux le 6 août, et signée : *Calignon, trésorier du Roy*. Elles se montent, pour chacun des deux mois, à 3,587 écus, *à soixante sols de roy pour escu, comprins en ce les ustensiles, bois et chandelles, le florin de Savoye feysant ung florin de roy*, et se répartissent ainsi :

Etape d'Aiguebelle, du mont d'Épierre à Montmélian : 1,424 écus 11 sols ;

Etape de Modane : 952 écus 57 sols 8 deniers ;

Etape de Lanslebourg : 471 écus 11 sols 4 deniers ;

Etape de la cité : 738 écus 30 sols.

La contribution dut être payée *en deniers comptans*, entre les mains de Me Bonard, commis à Saint-Jean de Maurienne, *avec un sol pour livre pour droict de recepte*.

Chaque mois, un ou deux capitaines étaient envoyés à Saint-Jean. Si l'argent n'était pas prêt, ils attendaient ; mais on les nourrissait et on leur payait 50 sous par jour à chacun.

Il y eut, en outre, des contributions en nature : avoine, beurre, fromage, œufs ; la quantité est énorme. Chaque capitaine, voyageant avec sa compagnie, s'adjugeait quelques petites réquisitions pour son service personnel. Un sieur de Morges se fit envoyer de Saint-Jean à la Chambre des chapons et des poules.

Pendant tout le mois de septembre 1597, les syndics de Saint-Jean furent obligés de donner chaque jour à un officier français, qui ne pouvait rejoindre l'armée, six livres de pain blanc, trois pots de vin, trois livres de viande de mouton, six picotins, soit une quarte et demie d'avoine, et un demi quintal de foin. Il est à présumer que, pour manger ces provisions, il n'y avait pas que ce vainqueur et son cheval.

Créquy établit ses quartiers d'hiver en Maurienne. Pour maintenir la discipline dans ses troupes et protéger, autant qu'il était possible, les habitants contre leurs excès, il fit publier l'ordre suivant :

De par le Roy et monseigneur de Créquy son lieutenant général en Savoye.

Nous ayant esté informés des ravages que font quelques soldats à leurs hostes, y prenant meubles, vaizelles, vin et autres choses, et le portent vendre, à cette cause, et pour obvier à tous ces abuz : deffences sont faittes à à tous soldats de quelle compagnie et regiment qu'il soit, de n'avoir à prendre ny fère prendre aulcune chose cheuz son hoste, à peyne d'estre passé par les armes; ensemble deffences sont faittes à tous marchands de quelque marchandise que ce soit, hostes, vivandiers et tous autres n'avoir à prendre en payement des soldats aulcun meuble, vaizelle et bestail, à peyne de cinquante escus d'amende ; et afin que nul n'en prétende cause d'ignorance, sera cette nostre ordonnance publiée par tous les quartiers de cette ville.

Fait à Saint-Jehan de Maurienne ce 20ᵉ janvier 1598.

Créquy.

Charles-Emmanuel occupait Chambéry et il employa tout l'hiver à y rassembler des hommes et des munitions.

Le 7 mars 1598, il reprit Charbonnières. Quelques jours après, il battit Créquy à Epierre, le fit prisonnier dans les Cuines, au moment où le général français tentait de gagner les Villards, et entra à Saint-Jean. Cette ville était alors occupée par le général Pépé, napolitain, au service de la France, qui s'enfuit à Valloires et de là à Briançon. Le long de la route, Don Amédée de Savoie, marquis de Saint-Rambert, enleva en passant les châteaux de Pont-Renard, de la Balme, du Villaret et la tour du Châtel (1).

Pour empêcher l'ennemi de recevoir des renforts du Dauphiné, Charles-Emmanuel envoya immédiatement occuper les passages des Arves. Le fort de la Genevoise fut prit le 13 mars, après un siège de quelques jours, et le capitaine Jules des Costes y fut laissé comme commandant.

Nous avons une supplique adressée à l'évêque par un nommé Sorlin Grange, de Saint-Jean d'Arves. Il y expose « Comme le 13ᵉ du présent mois de mars, estant au-devant le fort d'Arves, faysant les approches pour en chasser l'ennemi, il fut blessé en quatre divers lieux d'un coup de mousquet et en danger de demeurer estropié ou bien de mort, au rapport d'un chirurgien. Estant si pauvre et misérable qu'il n'a moyen de faire aucune subvention, recourant à Sa Seigneurie Reverendissime, la sup-

---

(1) GUICHENON, *Histoire généalog...*, t. II, p. 335.

plie très humblement ordonner aux syndics lui donner subvention d'aliments et médicaments necessaires jusqu'à ce qu'il plaise à Dieu ou de l'appeler de ceste vie à l'autre, ou en convalescence par le moyen de laquelle il puisse aller chercher sa vie ailleurs. »

Le syndic Michel Grange reçut ordre de fournir au blessé tout ce qui lui était nécessaire. La dépense s'éleva à 15 florins, qui furent remboursés par les syndics de la mestralie d'Arves (1).

Les syndics de Saint-Jean eurent à cette époque une grosse affaire.

Lesdiguières avait fait abattre les toits des tours et des autres bâtiments du fort de Saint-Jean. Charles-Emmanuel envoya de Chambéry l'ordre à la ville de les rétablir. C'était une dépense trop considérable pour qu'on la lui imposàt tout entière. Les syndics résolurent de s'adresser directement au prince et de le prier de la répartir sur les trois étapes de la province. Ils chargèrent de cette négociation Humbert Rolaz, bourgeois de la cité, et lui donnèrent pour l'accompagner honnête Jacques de Gilly, soldat du régiment de M. d'Albigny.

Rolaz partit de Saint-Jean le jeudi 16 avril au matin, et revint le vendredi 24 au soir, « rapportant, dit-il, bonne provision et yssue au prouffit et solagement du public. »

Il plaira peut-être au lecteur de connaître par le menu les frais du voyage. Les voici : il en déduira les services et économies que procure l'invention des chemins de fer.

(1) Archives de la commune de Saint-Jean d'Arves.

A la Chambre, dudit 16 avril, gouster..	1 florin	6 sols.
Soupper et coucher au logis du sire Francesco Valet à Argentine, comprins le déjeuner du lendemain.	6	»
Du 17, pour passer la rivière au port de *Fétarmoz,* 2 sols; disner à Saint-Pierre d'Arbigny, 32 sols, comprins 2 sols pour la bullette de santé sans laquelle on ne pouvoit entrer à Chambéry.	2	10
Gouster à *Barbara le grand* d'un pot de vin, de pain et fromage apporté de Saint-Jean de Maurienne	1	2
Paié au sire Claude Fontanel, hoste de Chambéry, pour le soupper du dit jour 17 jusques au jeudi 23 après disner que sommes despartis, à raison de 6 florins par jour.	36	»
Payé, hors le logis, pour quelques boyres, comprins 2 sols pour la bullette de santé, pain, fromage et demi quartellet de vin prins à Chambéry pour gouster à Saint-Jean-la-Porte.	6	4
Du dit 23 apvril, soupper, coucher et desjeuner du lendemain à Saint-Pierre d'Arbigny, comprins le port de *Fétarmoz*.	4	2
Du 24, disner à Argentine chez Chambon.	2	4
Boyre soit gouster chez l'abbé Morand à la Chambre	1	1
Donné au secrétayre du comte Chamfron, grand juge mage de S. A. sur ses forteresses, qui avoit charge de ma negociation, pour avoir d'icelluy plus briefve expedition, un demi ducaton.	3	4
Payé au soldat pour ses peines et vacations, suivant ce qu'avec luy fut convenu et promis	9	»
Plus, demande ledict Rolaz pour ses peynes, labeurs et vacations, savoir quattre ducattons et demi ou soit ce qu'il plaira aux scindics et messieurs de la cité, à la discrétion et volonté desquels il se remet, et par ce.	30	»
Total.	103 florins	9 sols.

C'était cher et aujourd'hui cela paraît incroyable. Mais en ce temps de mauvaises récoltes, de guerre et de peste, toutes les denrées étaient montées à un prix exorbitant. Et puis, Rolaz avait réussi dans sa négociation. Les syndics Excoffon et Bertrand lui payèrent sans difficulté, « sauf poursuitte contre les contribuables en estappe pour le remboursement pour leur quotte. »

Le 2 mai 1598, la paix fut signée à Vervins et nos communes crurent qu'elles allaient enfin pouvoir se relever un peu. Leur ruine était complète.

Voici ce qu'écrivaient, le 7 janvier 1599, au Conseil d'Etat les communes de Fontcouverte, Villarembert et Saint-Pancrace, demandant à être exemptées de la taille :

Lorsque l'ennemi envahit et entra en la province, son armée seroit passée par dessus les dites paroisses et continué tout l'été dès la veille de la feste St Jehan Baptiste jusques aux neiges à passer et repasser, si que les soldards et quantités de vagabonds suivant la dite armée les auroient tellement surprins, pillés et ravagés, qu'ils n'auroient rien pu sauver, auroient perdu tout leur bestail, fruicts et meubles, tellement qu'ils n'auroient comme rien pu recueillr, ni après cultiver et semer. Les plus aisés n'ont plus rien, on trouve dans les maisons des parents et des enfants pleurant pour n'avoir de quoi se lever la faim.

Mais le traité de Vervins n'avait rien statué sur le marquisat de Saluces, qui était la grande affaire de Charles-Emmanuel. La guerre allait recommencer au mois d'août de l'année suivante. Ce n'était pas le moment de supprimer les contributions de guerre ni les passages de troupes.

Le 10 juillet 1600, noble Pierre La Planche, au nom de Pierre Balthazard de Duin, seigneur de Saint-Michel et *gouverneur au fort et château du dit Saint-Michel,* fit quittance aux syndics de Saint-Jean de la somme de 28 florins 9 sous de Savoie, due pour les *utensilles* (mobilier et munitions) de ce fort depuis le 31 décembre 1599 jusqu'au 30 juin suivant.

Au commencement du mois d'août, on annonça pour le 8 le passage du régiment du colonel Dacomo, et pour le 10 celui du régiment du colonel Bindi, chargés d'occuper Charbonnières et Chambéry. Il fallut ordonner aux communes de remplir les magasins de Saint-Jean. Pour le vin, elles fournirent 2,178 pots, « desquels, dit le commissaire, M° Boisson, il en restait 646 pots dans le magasin sur l'arrivée de l'armée du Roi de France, et furent prins et emportés par les soldats et daventaige s'il y en heust heu. »

Les frais occasionnés par le passage de ces deux régiments et demeurés à la charge des habitants de Saint-Jean, déduction faite par conséquent des provisions données par les commissaires de l'étape, sont évalués dans le compte à la somme de 1,422 florins 2 sous. Le pot de vin est estimé 5 sous ; la ration de deux livres de pain, 4 sous ; la livre de viande, de beurre et de fromage, 2 sous ; la quarte d'avoine, 1 florin.

En outre, pendant tout ce mois d'août, les communes furent mises en réquisition pour l'approvisionnement du fort de Charbonnières, dont

Humbert du Saix, seigneur d'Arnan et de Saint-Denis en Bresse, était gouverneur.

La femme d'Humbert du Saix était de Saint-Jean. C'était Clauda, fille du dernier noble du Pont, Urbain, seigneur de Montarlot, du Villaret et de Myans.

Son beau-frère, François de Tignac et de Bron, veuf de Jeanne du Saix, était gouverneur du fort de Saint-Jean et de la province de Maurienne. Le 25 août, il imposa un subside aux communes de l'étape pour « l'entretien et nourriture des soldards estants dans le fort Saint-Jean, au fort Saint-Jean d'Arve et au clocher de la presente cité. » Mais il exempta de ce subside les habitants de la ville, « attendu les surcharges qu'ils soffrent journellement et que, estants plus proche des dits forts, en cas d'allarme et nécessité urgente pour le service de S. A., ne pouvons recourir aultre part soyt pour la nécessité des hommes que aultre chose necessayre pour ledit fort. »

Le lendemain, il chargea noble Ennemond Martin, de Saint-Colomban des Villards, de lever des soldats et de les lui amener au fort de Saint-Jean.

Si les communes environnantes furent jalouses de l'exemption accordée aux habitants de la ville, elles eurent tort. En ce moment là même, la ville était mise au pillage. Il y a dans les archives communales un cahier de dix-huit feuillets, intitulé « Roolle ou description des denrées, armes, meubles et aultres manières de munitions saisies et retirées par commandement du sieur de Bron, gouverneur du fort de la cité de Maurienne, par les soldats de sa compagnie tant au dit fort que au clochier..... dès le dixième d'aoust jusques à ce jourd'huy treisième de septembre mil six cents. »

Ce rôle fut vérifié par les communes de l'étape le 14 décembre 1602 et le montant des réclamations allouées, fixé à la somme de 2,901 florins 7 sous 2 quarts, qui fut inscrite au compte de toute l'étape. Les réclamants sont au nombre de 87, parmi lesquels deux nobles, Bernard de La Balme et les héritiers d'Urbain du Pont; mais, pour ceux-ci, les communes s'opposèrent à ce que leurs réclamations fussent mises à la charge de l'étape, parce que, disaient-elles, ne participant pas aux charges des communes, ils n'avaient pas le droit de leur imposer leurs propres pertes.

Le pillage avait été déguisé sous le nom de *contribution de guerre urgente*. Munis de l'ordre du gouverneur, les soldats s'étaient répandus dans les maisons et avaient enlevé ce qui avait été à leur convenance. Dans le butin décrit par le *roole*, on trouve principalement de grandes quantités de vin, de pain de froment et de seigle, de farine, de viande, de fromage et de foin. Il y a aussi des peaux de tambour, des plats et des pots d'étain, des draps de lits, des chandelles, des cuirasses, des épées, des *pruneaux de fillière*, du sucre, de l'huile, de la poudre et des arquebuses, des échelles, du beurre, etc. Une partie de ces provisions avait été déposée dans le clocher pour le service du poste qui y était cantonné.

Notons, pour être justes, que, dans un grand nombre de maisons, le gouverneur et ses officiers, nobles Jacques de La Balme et Jean-François de Bavoz, avait laissé des reconnaissances des objets qu'ils avaient enlevés ou fait enlever par les soldats.

Le 15 septembre, arrivèrent à Saint-Jean deux compagnies françaises d'arquebusiers à cheval *et autres, pour s'emparer du fort.* Elles se logèrent chez les habitants ce jour-là et le lendemain, et consommèrent les vivres que la garnison y avait laissés. Les frais de logement et de nourriture des soldats et des chevaux, pendant ces deux jours, furent évalués à 4,463 florins 7 sous, et mis également au compte de toute l'étape, d'après un règlement qui allouait 4 florins par jour pour un *maître à cheval* ; 15 sous pour un soldat à pied ; 1 florin pour un serviteur, une femme, un mulet ; 14 sous pour un cheval surnuméraire.

Ce corps se composait de 332 *maîtres à cheval*, 339 serviteurs et laquais, 10 soldats à pied, et 110 chevaux et mulets *sans maîtres*, avec quelques pièces de canon.

Le poste du clocher fut évacué dès l'approche des Français, et, deux jours après, le fort se rendit avant d'avoir été assiégé en forme. En quelques jours, Lesdignières fut maître de toute la Maurienne, et il en nomma gouverneur le vicomte de Pasquier.

Les habitants de Saint-Jean d'Arves profitèrent de l'occasion pour piller et démolir la tour de la Genevoise, dont, en temps de guerre, la garnison les vexait et pillait autant qu'elle pouvait, sans jamais arrêter l'ennemi.

Le gouverneur s'empressa de requérir des **vivres**, des journées d'ouvriers et des bêtes de transport.

Le 20 septembre, on porte des vivres à l'armée du roi, qui est à la Chambre. Créquy saisit des chevaux et les envoie porter du vin en Tarentaise.

Les jours suivants, il faut renouveler l'approvisionnement du fort de Saint-Jean, en pain, vin, fromage, viande, lits, draps et couvertures.

Au mois d'octobre, Lesdiguières fait réparer le fort de Charbonnières. L'étape de Saint-Jean doit fournir des vivres, des mulets, cinquante maçons, cent cinquante charpentiers, six sents nonante-deux pionniers, tous munis des outils nécessaires.

Un homme, payé par l'étape, se tient constamment prêt à partir pour porter les ordres et les lettres.

Le 1ᵉʳ novembre, le commandant de Charbonnières, Lemal, envoie un trompette et un sergent signifier aux syndics de Saint-Jean que, s'ils n'apportent pas immédiatement les 110 ducatons (1) et les deux mules qu'ils doivent au capitaine de Morges, ils recevront cent arquebusiers.

Le 29 du même mois, le capitaine Luthon, qui dirige les travaux de fortification de Charbonnières, veut bien prêter quatre écus de roi à Laurent Bertrand, de Saint-Jean, *pour achepter des vivres aus pionniers*.

Le 9 janvier, les syndics de Saint-Jean versent entre les mains du vicomte de Pasquier la somme de 25 écus de roi, à 60 sous pièce, soit de 187 florins

---

(1) Le ducaton valait 6 florins et demi.

6 sous, à compte du quartier du 1ᵉʳ septembre au 31 décembre pour l'entretien de ses soldats.

Enfin la paix fut signée à Lyon le 17 janvier. Charles-Emmanuel garda le marquisat de Saluces et Henri IV, la Bresse et le Bugey.

Au mois de mars, les troupes françaises n'avaient pas encore entièrement évacué la vallée de Maurienne et leur entretien était toujours à la charge des étapes. Quand elles furent parties, les communes nommèrent des commissaires pour recevoir les réclamations des particuliers et régler les comptes respectifs. Ce fut une rude besogne, qui ne se put faire sans plaintes, chicanes et procès, et qui ne fut terminée qu'en 1604.

Une petite histoire pour terminer ce chapitre. En 1598, après la reprise de Saint-Jean par Charles-Emmanuel, les soldats du fort voulurent faire une expédition, une *picorée*, en Dauphiné. Il s'adjoignirent un certain nombre d'habitants de Valloires, de Montrond, des Albiez, des Arves et de Fontcouverte, et allèrent piller la Grave.

Après la conclusion de la paix, cette commune adressa une supplique à Lesdiguières, pour qu'il obtint réparation du dommage. L'avoué était bien choisi ; il gagna vite le procès à Saint-Jean et les communes payèrent, nous ne savons quelle somme. Mais ensuite il y eut procès entre elles.

— Nous avons été tous ensemble à la picorée, disaient les gens de Valloires et de Fontcouverte.

— C'est faux ! répondaient ceux des Arves et de Montrond ; si quelques-uns de nous y sont allés, ils ont été entraînés par les soldats et ils n'ont eu

aucune part du butin. Ce qui le prouve, c'est :
1° que le partage s'est fait à Saint-Jean ; 2° que, si nous avions voulu *picorer,* nous nous serions joints à la garnison du fort d'Arves, qui est allée d'un autre côté. Donc, remboursez-nous ce que nous avons été contraints de payer.

Quant aux soldats, il n'en était pas question dans le procès : c'était leur droit de *picorer* sur les terres de l'ennemi.

Comment se termina le procès entre les communes, nos papiers ne le disent pas.

CHAP. XXIV

Étape.

...tendait par étape, non seule-
...angée en marche s'arrêtaient
... ribution des vivres et autres
...ore la commune, on le groupa
...relle, ces fournitures étrien-
...res enjoignaient les dégâts
...faits par les soldats, et les
...ges qu'ils avaient faits aux
... ... portait le nom de ?ودk. En
...payer, puis les coutumes
...muniser les publicistes, sauf
...rembourser par l'État..., si elles

... modifications légales que l'édit
...atrophiait dans cet état de
...le mettre ces réformes pas-
...que. Il y est cependant un
...à la defense Catherin, le
...compagnent les gens de guerre
...ris de guerre qui leur seront

..., éditt..., p. cxvi.

CHAPITRE XXIV

L'Étape.

Au XVIe siècle, on entendait par *étape*, non seulement le lieu où les troupes en marche s'arrêtaient et où avait lieu la distribution des vivres et autres fournitures, mais encore la commune, ou le groupe de communes, auxquelles ces fournitures étaient imposées. Aux fournitures se joignaient les dégâts causés dans les propriétés par les soldats, et les extorsions et dommages qu'ils avaient faits aux particuliers : le tout portait le nom de *foulles*. En droit, l'État devait les payer ; mais les communes devaient d'abord indemniser les particuliers, sauf à se faire ensuite rembourser par l'État...., si elles pouvaient.

Nous avons vu les modifications légales que l'édit du 27 janvier 1590 introduisit dans cet état de choses, et dans quelle mesure ces réformes passèrent dans la pratique. Il y eut cependant un second édit émané de la duchesse Catherine, le 7 juillet 1594 (1), et ordonnant que les gens de guerre « payent les munitions de guerre qui leur seront

(1) *Compilation des anciens édits...*, p. CLXI.

remises, soit pour faire leur faction en garde ou autrement, sauf quand ils seront en campagne pour combattre ou attaquer l'ennemi. » Par munitions de guerre, on entendait souvent tout ce qui était donné au soldat en temps de guerre, même les vivres, et l'on comprend que l'exception posée par la duchesse était susceptible d'une très large interprétation. C'était un des vices des lois de cette époque d'admettre des exceptions vaguement exprimées, qui rendaient les lois à peu près nulles dans la pratique.

L'étape était divisée en *lots :* le lot se composait d'une ou de plusieurs paroisses, selon la population. Les *foulles*, à la charge de l'étape, étaient réparties par égales parts entre les lots ; une seconde répartition avait ensuite lieu dans chaque lot, proportionnellement à l'importance de chaque commune.

La Terre épiscopale de Maurienne formait une étape composée de six lots, dont cinq dans la Terre commune : 1° Saint-Jean et Villargondran ; 2° Valloires, Albane, Montricher et les *épiscopaux* (sujets de l'évèque), de Saint-Martin d'Arc et de Valmeinier ; 3° Saint-Jean d'Arves, Saint-Sorlin et Montrond ; 4° Albiez-le-Vieux et Fontcouverte ; 5° Jarrier, Saint-Pancrace, Villarembert et Albiez-le-Jeune.

Villargondran payait un sixième de la part du lot de Saint-Jean.

Le sixième lot était formé des paroisés de Saint-André et d'Argentine, non comprises dans le traité d'association du 2 février 1327.

En réalité, le lot de Valloires n'avait pas non plus été compris dans ce traité et n'appartenait pas à la Terre commune. Valloires prétendait même à l'exemption de toutes contributions à cause de la garde du passage du Galibier, et produisait des patentes de 1450, de 1513, de 1516, de 1536, confirmées en 1570. Mais les autres lots faisaient opposition à ces privilèges, principalement en ce qui concernait les charges de l'étape et les frais d'entretien du pont d'Hermillon. On plaidait encore en 1668, et provisoirement Valloires payait sa part, *avec dues protestations*.

Il faut remarquer que, dans la répartition des *foulles*, l'on ne tenait pas compte, entre les lots, de l'inégalité des tailles ordinaires. Ainsi le lot de Saint-Jean et le lot d'Arves devaient une part égale, quoique, eu égard à l'étendue de leurs territoires respectifs, le premier fût le moins chargé, et le second le plus chargé, des cinq lots de la Terre commune, en fait de tailles ordinaires.

Après le départ des troupes, les syndics de l'étape, assistés des conseillers ou des procureurs élus par les conseils, s'assemblaient à Saint-Jean, nommaient des *auditeurs des comptes*, pour examiner l'état des *foulles*, et ensuite, sur leur rapport, faisaient les répartitions. Ces opérations, si elles se terminaient à l'amiable, duraient quelquefois plusieurs jours.

Telle était la coutume antique. Les gouverneurs français, de 1536 à 1539, la confirmèrent purement et simplement. Antoine de Clermont, lieutenant du duc de Guise, dans une ordonnance du 28 août

1555, adressée au corrier et aux syndics de Saint-Jean, dit : « Nous vous mandons en vertu du povoir à nous donné que vous ayez doresnavant, advenant passaige de gens de guerre en nombre notable et marchans soubs enseigne soit à pied ou à cheval, à leur faire dresser l'estappe en icelle vostre ville, en ensuyvant le reglement que en a esté faict cy devant par le feu seigneur de Maugiron nostre predecesseur, voulans à ce faire estre contraincts ceulx qui ont accoustumé vous servir d'aydes pour les ventes en tel cas requises et accoustumées. »

Ainsi, légalement, la fourniture militaire n'était qu'une vente obligatoire. En fait, elle revêtait presque toujours un tout autre caractère.

Comme c'était à Saint-Jean, lieu de l'étape, que se faisaient presque toutes les fournitures et autres *foulles*, les syndics du tiers-état de la cité dressaient et présentaient les comptes. Mais les autres communes étaient défiantes et toujours en suspicion que la ville les volait. De là des réclamations et des procès, dont la principale source était l'évaluation des pertes éprouvées par les particuliers. Il y en avait une autre : les *communes contribuables* exigeaient qu'on les avertît d'avance de l'arrivée des troupes, afin de pouvoir faire surveiller les *foulles*; elles alléguaient même, depuis l'occupation française, un arrêt du Parlement de Chambéry. Les syndics de Saint-Jean répondaient que cet arrêt était inexécutable, parce que souvent l'avis de l'arrivée des soldats ne parvenait qu'au moment où ceux-ci entraient dans la ville.

Le 29 septembre 1558, les syndics de l'étape s'assemblèrent dans le *poile* de Jacques Brun-Bonnefoy, pour terminer les difficultés que de nombreux passages de troupes avaient accumulées. On fit un arrangement, qui n'arrangea rien du tout, du moins pour l'avenir; car, dans un Conseil général tenu dans l'église Sainte-Marie, le dimanche 9 janvier 1564, après les vêpres, le syndic Jacques Chaix ayant réclamé à Jean Charrier, son prédécesseur, les sommes qu'il avait reçues des autres syndics de l'étape, pour les frais de séjour d'un corps de cavalerie, celui-ci répondit qu'il s'était engagé à restituer ces sommes, si le jugement du procès pendant était favorable aux communes. Chaix fut obligé de contracter le même engagement.

Pierre Maillard, seigneur du Bochet, gouverneur de la Savoie, crut mettre fin à ces contestations, en publiant un règlement qui porte la date du 4 mai 1565. A cause de son importance, nous le donnons tout entier, y mettant seulement un peu de ponctuation pour la commodité du lecteur :

Pierre Maillard, chevallier, seigneur du Bochet, baron de Chivron, etc., gouverneur et lieutenant en Savoye. A tous qu'il appertiendra savoir feysons que, sus la requeste à nous prescntée par les scindicques, manans et habitans des parroesses de Valloire, Albane, Montrichiel, Sainct Jehan et Sainct Sorlin d'Arve, Montrond, Albié le Vieulx et Albié le Jeune, Fontcouverte, Jarrier, Sainct Pancrace, Villarembert, et aultres terres et parroesses de l'evesché de Mourianne, contenant que, quand il advient quelque passaige de gens de guerre et aultres tant de pied que de cheval, ils souffrent et souportent plusieurs grandes et inutilles despences pour la fourniture qu'il leur convient fère en l'estape que se dresse en la cité de

Sainct Jehan de Mourianne, en laquelle ils sont contribuables, lesquels frais superflus procèdent principalement de ce que les scindicques de la dicte cité contraignent les dicts contribuables à leur appourter vivres de chescune parroesse et villaige, ou bien leur vendent les dicts vivres à beaucoup plus hault pris qu'ils ne coustent au marché, et pour ce qu'ils sont grand nombre de villaiges des dicts contribuables contribuans contraincts d'envoyer pour le faict d'icelle fourniture de chesque villaige une ou deux personnes pour fère les provisions, cuire le pain, vendre et distribuer aux soldats, leur fault aussy bestes pour porter les dicts vivres et les hardes des gens de guerre et gens qui les suyvent. Ce feisant font les dicts contribuables grands secours, despens et vacations, oultre ce que les dicts de Sainct Jehan leur mettent en compte plusieurs aultres vacations, les logis, utencilles, sel, vinaigre, chandelles et aultres menus frais, pour raison desquels frais et choses susdictes surviennent aultres frais entre les dicts contribuables pour égaller, compter et quotiser entre eulx, à la grande foulle et surcharge du pauvre peuple, qui d'ailleur en supportent journellement plusieurs aultres, tant pour le service de Son Altesse que aultres affères publics. Nous requerants voulloir sur ce pourvoir par manière que cy après le dict pauvre peuple soit soulagé, et aultrement disoient et demonstroient comme en la dicte requeste est contenu à nous presentée le 29e de mars 1563.

Sur laquelle aurions ordonné que les scindicques du dict lieu de Sainct Jehan de Mourianne seroient appellés pour sur le tout ouyr et entendre ce que par nous seroit ordonné, le procureur general de S. A. à ce appelé. Suyvant laquelle ordonnance, iceulx scindicques par diverses fois auroient estés adjournés; mais, obstant la calamité du temps et pestilence, n'auroient comparu jusques à ce jour et datte des presentes que de la part des dicts suppliants contribuables auroient comparu M° Pierre Retourna de Valloires et Jehan de Villarembert, et de la part des dicts de Sainct Jehan de Mourianne M° Jacques de Comba et Mathieu Davrieulx, lesquels après que par nous, en presence du dict procureur general, ont estés amplement ouys sur leurs diferents et faicts des dictes fournitures, nous ont requis de rechefs pour le service de S. A., bien, soulagement et repos de ses subjects, et pour obvier aux frais et despens susdicts donner sur ce règlement et provision telle que au dict affère appertient.

Nous, à ceste cause desirant que le service de S. A., quand il advient et est necessayre, se face le plus diligemment et à moindre folle du peuple que fère se pourra, avons, du consentement des dictes parties, dict, declayré et ordonné par provision et forme de reiglement, lequel s'observera cy après en la dicte estappe de Sainct Jehan de Mourianne, tant par ceulx de la dicte cité que les susnommés contribuants, comme s'en suyt.

Premièrement que, quand il adviendra cy apprès passaige de gens de guerre à pied ou à cheval ou aultres troupes de gens, ausquels sera necessaire fère et dresser estappe de vivres, soit par commandement et ordonnance de S. A., de nous ou aultrement, les dicts scindicqs, bourgeois, manans et habitans de Sainct Jehan de Mourianne seront tenus donner les logis ausdictes compagnies et dresser en la dicte cité icelle estappe et vivres, le nombre et quantité necessaires, et iceulx vivres vendre par commissaires qu'à ce seront deputés.

Item que les dicts vivres qui seront remis et delivrés ausdicts commissaires, pour la vente et distribution d'iceulx, seront bien et deuement contrerollés et mis par registres, chescun par son espèce et qualité, ensemble le pris commun du marché courant, sans fraude, et le nombre et quantité des hommes et chevaulx, et hostes qui les auront logés. Semblablement seront contrerollés et registrés tous et chescuns les deniers qui proviendront de la vente de chescune espèce des dicts vivres, lesquels deniers seront remis et reduicts ès mains d'ung des dicts scindicques de Sainct Jehan de Mourianne, ou aultre marchand et solvable, pour d'iceulx payer et satisfère cieulx qui auront fourny et avancé iceulx vivres et supporté aultres charges, foulles et dommaiges des dictes compagnies, et où les dictes denrées provenants de la vente susdicte ne pourront satisfère à l'achept des dicts vivres et aultres foulles et despans justes et raisonnables, les dicts contribuants de Valloires et consorts seront tenus satisfère le surplus ausdicts de Sainct Jehan, saufs à eulx de repeter le dict surplus sur le general du païs, si ainsi est ordonné cy après.

Item avons dict et ordonnons que, pour obvier à tous les differents que pourroient naistre cy après à cause du dict contrerolle de vivres et aultres frais entre les dictes parties, et affin que les dicts de Valloire et consorts ne tombent en difficulté de plus ou moins, que iceulx de Valloire et consorts seront tenus deputer, choisir et nommer un personnaige souffisant et cappable d'entre eulx qui assistera au dict lieu de Sainct Jehan de Mourianne avecque les scindicques et commissayres qui seront deputés, pour dresser, achepter et reduyre en la dicte estappe les dicts vivres et iceulx vendre et distribuer ausdictes compaignies quand elles seront petites, et quand elles seront grandes en esliront plusieurs, lequel ou lesquels ainsy esleus et nommés par les dicts de Valloire et consorts seront tenus assister comme dessus, bien et deuement contreroller, comme dict est, les dicts vivres, distributions d'iceulx, recepte des deniers, nombre d'hommes et chevaulx, foulles, coustes et surcharges, que feront les dictes compaignies en la dicte estappe, tant ès maisons des particuliers que aultrement, et en appourter par escripts et de bouche la vérité, pour estre faict d'icelles restaure et recompense ausdicts de Sainct Jehan, sellon la qualité de la despence, et celle qui sera faicte au par dessus les deniers qui seront receus et de la vente incontinent après le passaige d'icelles compaignies.

Ne pourront touteffois les dicts de Sainct Jehan de Mourianne prendre aulcune recompense pour raison de leurs utenciles, bois, chandelles, vinaigre et aultres choses semblables, attendu qu'ils ne sont tenus pour aulcune chose du reste de la dicte folle, saufs si se trouvoit et prouvoit legitimement que leurs dicts meubles leur fussent estés desrobés par les dictes compagnies, auquel cas leur sera faicte taxe d'iceulx meubles desrobés sellon leur qualité et valleur.

Item et où les dictes compagnies seroient si grandes et telles qu'on ne peult recouvrer au dict lieu de Sainct Jehan vivres à souffisance pour la fourniture d'icelle estappe, sera prins et nommé ung commissaire qui se transportera aux villaiges de Valloyre et aultres contribuables pour en achepter et apporter à la dicte estappe, et lesquels vivres les dicts contribuables seront tenus vendre ausdicts commissayres pour le juste pris du marché commun, sans aulcunement les encherir.

En tesmoin de quoy nous avons signés les presentes de nostre main, faict apposer notre scel accoustumé et contresigner par nostre secretayre.

Le gouverneur s'était flatté de maintenir la concorde; il ne fit que multiplier et envenimer les divisions. Tout le monde se plaignit, la ville de Saint-Jean surtout, nous verrons tout-à-l'heure pourquoi, lorsque l'on voulut appliquer ce règlement si bien dressé par le gouverneur, les parties entendues et après avis du procureur général.

Les troupes espagnoles défilaient dans la vallée. La ville de Saint-Jean, à peu près mise au pillage, présenta de grosses notes ; les autres communes de l'étape, toutes situées hors de la route, dans la montagne, poussèrent les hauts cris, prétendant que le mal n'était pas si grand et que la cité les volait. Un procès éclata. Le gouverneur sembla donner raison aux communes. Là-dessus arrivèrent les dix mille hommes de l'armée du Pape et du duc de Toscane, et la compagnie de Charles de Birague. Les habitants de Saint-Jean fournirent le bois et la paille, et furent de nouveau pillés. Nouvelles et grosses notes, que les quatre autres lots refusèrent de recevoir.

Pierre Rapin, nommé commissaire par le gouverneur, rendit un jugement. Le bois fourni fut évalué à une charge, valant 6 sous, pour dix hommes, en tout sept cents *sommées* estimées 350 florins. Quant à la paille, tant pour les *palliades* des hommes que pour les chevaux, il calcula que chaque cheval en avait consommé au moins six livres par jour et, tenant compte qu'une partie était restée sur place, il évalua la quantité dépensée à 185 quintaux, valant 77 florins. C'était donc en tout, pour ces deux objets, 427 florins, dont chaque lot de l'étape devait payer un cinquième, et il donna dix jours pour l'exécution du jugement, sous peine de cent livres d'amende et de prise de corps contre les syndics. Mais ceux-ci prétendirent que les lettres de commission du corrier violaient le règlement fait par le gouverneur. Un procès inextricable allait donc commencer.

On était au mois d'avril 1571, et il ne s'agissait de rien moins que de régler les comptes de tous les passages qui avaient eu lieu depuis la fin de l'année 1566. Le total excédait 30,000 hommes et 9,000 chevaux.

Mgr de Lambert offrit son arbitrage qui fut immédiatement accepté. Les parties, dit le prélat dans le jugement qu'il rendit le 25 avril 1571, s'obligèrent par acte, « sur tous leurs différens procédants des dicts comptes, fournitures, pertes et dépences, d'en demeurer et acquiescer à ce que sera par nous sommayrement ordonné, appellé et assistant avec nous nostre cher et bien amé Pierre Rapin, juge commun et corrier en nos terres communes du dict évesché. »

A la première inspection des mémoires fournis de part et d'autres, Mgr de Lambert se convainquit qu'un examen par le menu et un jugement de détail des prétentions de chacun étaient absolument impossibles, « tant par le désordre et confusion en quoy sont les dictes pièces... que pour la difficulté et grand travail resultant de la veriffication et preuve, laquelle ne porroit estre sans despence excédant la somme du différent. »

C'est pourquoi, après avoir écouté patiemment les parties, examiné leurs titres et pesé les circonstances si diverses des faits et les termes du règlement, il rendit, de concert avec Pierre Rapin, un jugement sommaire, par lequel « toutes les fournitures, dépences, foulles et pertes supportées par les contribuables à l'estappe de Saint-Jean, dès la fin de l'année 1566 jusqu'à ce jour, sont compensées, rabattues et liquidées, » et les quatre lots contribuables condamnés à verser entre les mains des syndics de Saint-Jean la somme de 2,000 florins, proportionnellement à laquelle les habitants de la ville seront indemnisés de leurs fournitures et pertes.

Ce jugement, prononcé par l'évêque en présence des syndics de l'étape assemblés dans la grande salle de l'évêché, eut la bonne fortune de contenter tout le monde.

Le 1er mai de l'année précédente, Pierre Maillard avait cru devoir publier un nouveau règlement qui, bien que ne visant que l'avenir, avait eu pour effet d'envenimer les dissensions de l'étape de St-Jean.

Après avoir rappelé les motifs qui l'avait déterminé à dresser le règlement du 4 mai 1565, le gouverneur disait : « Par requeste du 6 juillet 1570, ceux de Saint-Jehan auroient faict entendre et verbalement par le moyen de leurs procureurs et délégués exposé comme ils se sentent grandement chargés et intéressés de supporter sans récompense le bois et la paille, faire l'entière provisions des vivres et la distribution d'iceulx, lorsqu'ils ont leurs maisons remplies de gens d'armes, et encore outre ce ils demeurent chargés de fournir sans paiement les utenciles, comme vinaigre et huille pour sallades, sel, verjus, herbages, jardinage, fruictage, linge, meubles et serviteurs qui sont au service du soldat, boutiques et autres lieux pour accommoder la munition sans récompense, oultre les injures et insolences qu'ils souffrent, avecque plusieurs pertes qu'ils ne peuvent vériffier ny en avoir récompense, tellement qu'ils désireroient retourner au premier estat et ordre qu'ils estoient d'ancienneté, et comme encoures de present sont rangées les aultres estappes dudict pays, à sçavoir de contribuer et fournir leur cinquième partie accoustumée de tous vivres avecque leurs aydes, et aussi supporter leur cinquième partie de toutes foulles et despences, tous abus et insolences ou aultres rudesses par partie prétendues abolies et cessantes, si aucune de leur part par cy devant ont esté faictes.... »

La demande du lot de Saint-Jean de revenir à l'ancienne coutume a été soumise à l'acceptation du peuple dans toutes les communes des quatre autres lots : ceux de Fontcouverte et de Jarrier y ont adhéré, ceux de Valloires et des Arves l'ont rejetée. Les pièces ont été communiquées à Mgr de Lambert et à Pierre Rapin, devant lesquels les parties ont comparu. Enfin, sur leur avis et celui du procureur général, le gouverneur, voulant couper court à tout procès ultérieur, a fait le règlement suivant.

Les syndics de Saint-Jean ne pourront donner aucun ordre aux autres communes ; mais la cité et les communes contribuables à l'étape éliront deux procureurs, auxquels le commissaire de l'étape remettra ses ordres, pour qu'ils les transmettent aux communes, *à moindres frais qu'ils pourront.*

La fourniture des provisions sera faite pour chaque jour, sur les bases suivantes :

Gents de cheval. Par compagnie de 40 hommes d'armes, ce qui, avec les valets, fait environ 300 personnes et 250 chevaux, on fournira : pain blanc, 750 livres, soit 5 setiers de froment, mesure de Saint-Jean ; vin, 3 pots par personne, *attendu que, s'il en reste, ne se peult perdre,* 900 pots, soit 16 setiers ; viande, 600 livres ; bois, en été, 30 charges, en hiver, 60 charges ; fromage, aux jours maigres, 3 quintaux ; beurre, 60 livres ; foin, 25 livres par cheval, soit 65 quintaux; paille, 20 quintaux ; avoine, 1 quarte par cheval, soit 32 setiers; chandelles, 30 livres.

Gents de pied. Par compagnie de 300 personnes, y compris l'enseigne, les serviteurs et les goujats, on donnera : pain, vin, viande, fromage, beurre, chandelles, comme pour la cavalerie ; bois, en été, 25 charges, en hiver, 50 ; avoine, pour environ 50 *courtaux*, 5 setiers ; foin, 12 quintaux ; paille, 3 quintaux.

Le commissaire augmentera ou diminuera, selon le nombre des hommes et des chevaux.

En cas de séjour non prévu, si l'on n'a pas le temps de recourir aux communes voisines, la ville fournira et, aussitôt après le passage, le compte sera présenté à toute l'étape et remboursé.

Les habitants de la ville fourniront gratuitement les boutiques et les granges pour retirer les approvisionnements ; mais elles devront être vidées deux jours après le départ des soldats.

Les cinq lots livreront les fournitures ensemble et le même jour entre les mains des estappiers.

La ville sera chargée de faire distribuer et vendre les vivres aux soldats, à moins que les autres lots ne préfèrent mettre des distributeurs en leur nom. Les distributeurs seront responsables des pertes et *foulles* qui arriveraient par suite de leur négligence.

Le lendemain de chaque passage de troupes, les distributeurs remettront aux contrôleurs l'argent provenant des ventes faites aux soldats et les provisions restées en magasin, qui seront ensuite vendues par les distributeurs. Ceux-ci ont droit à leurs *despens et vacations modestement*.

Les commissaires élus par la cité et par les communes rendront compte de tout ce qui se sera passé au commissaire ducal de l'étape, ou à celui qui sera nommé par le gouverneur. Si des difficultés se sont élevées, le gouverneur les tranchera sans aucun retard.

Pour éviter les frais de transports, les habitants de la ville seront tenus, et au besoin contraints, de céder, au prix du dernier marché, les denrées et provisions qui, notoirement, ne leur sont pas nécessaires. Ils seront payés, au plus tard, quinze jours après le passage. Sont exceptés *les hostes ayant enseigne, sinon en extrême et urgente nécessité*.

Les bêtes, pour le transport des armes et des bagages, seront fournies par les cinq lots, conformément à l'ordre du commissaire de l'étape, et remises, avec leurs conducteurs, aux syndics de la ville, la veille du départ de la troupe.

Les pertes et dépenses, vacations, ports, prix du bois fourni par la ville, frais, *foulles,* etc., seront réparties par égales parts entre les cinq lots. Restent à la charge des habitants du lieu de l'étape : le vinaigre, l'huile, le *verjus,* les herbes, les fruits, le sel, le linge, les ustensiles de maison et le salaire de ceux qui servent les gens de guerre pendant leur passage ; sauf leur recours à *l'universalité du païs à raison des dictes pertes et autres choses desrobées,* pourvu que la déclaration en soit faite au commissaire le jour même du départ de la troupe, que le plaignant ait bonne réputation et que la vérité de sa déclaration ait été constatée par les contrôleurs.

Pourvoyant au surplus, dit Pierre Maillard au sujet des mauvais traitements que les habitants des communes prétendaient avoir reçus à Saint-Jean, que cy après les contribuables à la dicte estappe, leur commis et négociateurs ne soient indeuement travaillés en superflues despences ni autrement maltraités, ains désirant et entendant qu'ils soient fraternellement receus et recueillis en la dicte cité comme voysins, leurs aydes et contribuables, et que cy après ne leur soient faictes les rudesses que, par leur requeste à nous presentée, lorsque nostre ordonnance provisionnelle leur fust accordée, ils affirmoient leur avoir esté faictes par ceux de Saint-Jean, nous ordonnons que inhibitions et defences seront faictes à tous les manans et habitans de la dicte cité Saint Jehan de Maurienne et autres qu'il appertiendra de ne les injurier, irriter ny offencer de parolles ny de faict, mander ou aller prendre munitions en leurs estappes pour plus grand nombre qu'ils n'ont de gens logés.... ny aussi entre ceulx de la ville fère ou consentir à aucuns bulletins faux, mener ou adresser leurs soudarts chez leurs voysins, *susorter* les soudarts à querelle, vengeance ou à dommager autruy...... absenter le lieu à l'arrivée des dicts soudarts, leur desrober aucune chose, à peine de punition corporelle arbitraire et de cinq cents livres.....

Le commissaire ducal de l'étape a plein pouvoir

pour faire exécuter le règlement et punir les contrevenants.

Le même jour, le gouverneur fit un règlement semblable pour l'étape de Modane, qui se composait des trois mestralies de Modane, de Saint-Michel et de Pontamafrey. Chaque mestralie élira un commis ou *estappier*; on leur fournira l'argent nécessaire pour envoyer les approvisionnements à Modane trois jours avant l'arrivée de la troupe, proportionnellement au chiffre de la population. Les prescriptions faites pour Saint-Jean sont appliquées à Modane. Défense aux communautés de Saint-Jean et de Lanslebourg de laisser passer plus loin les bêtes de transport de l'étape de Modane. Celle-ci achètera, pour la fourniture du vin, des tonneaux qui resteront déposés au chef-lieu. Le règlement se termine par une défense sévère aux troupes de violer l'ordre des étapes qui sont : Chambéry, Aiguebelle, Saint-Jean, Modane et Lanslebourg, sauf le cas d'absolue nécessité.

Tout cela était parfait.... sur le papier. Mais le lecteur a certainement aperçu dans un grand nombre d'articles des fissures, par lesquelles les procès pouvaient facilement se glisser. Ils s'y glissèrent, en effet, dès l'année 1573, à l'occasion des Espagnols allant en Flandre. Les vivres n'avaient pas été payés, des meubles avaient été volés. Les syndics de Saint-Jean invitèrent les communes contribuables à l'étape à subir leur part de ces pertes Elles répondirent que, pour les vivres, il fallait s'adresser aux commissaires envoyés par le gouverneur; et que, quant aux meubles, elles ne pouvait admettre que les réclamations faites immédiatement après le départ des troupes, conformément au règlement.

— Mais, répliquaient les syndics de Saint-Jean, il y avait eu plusieurs passages coup sur coup ; les maisons étaient constamment remplies de soldats ; les commissaires n'avaient pas même le temps de prendre note des plaintes qu'on leur portait, *pour la confusion qui estoit*.

— Ce n'est pas notre affaire, disaient les communes. Nous ne connaissons que le règlement.

Le corrier décida que les réclamations faites en conformité du règlement seraient mises au compte de l'étape et que, pour les autres, la ville s'adresserait au gouverneur.

Ce jugement ne termina rien et, des passages de troupes ayant toujours lieu, la question se compliqua de plus en plus. Nous la trouvons pendante en 1577 et en 1578.

Le 8 juin de cette dernière année, les syndics des communes contribuables s'assemblent devant la porte Marenche. Ceux de Saint-Jean les somment de régler le compte des frais de passage de la cavalerie espagnole. Mille difficultés se présentent ; on se sépare sans rien conclure ; on se réunit de nouveau après midi, tout aussi infructueusement. Les uns n'ont pas de procuration régulière de leurs communes ; d'autres n'ont pas suffisamment pris connaissance des pièces produites par la ville ; plusieurs ne se sont pas rendus ; il y en qui récusent le secrétaire de la ville, maitre Jean Marquet.

Le 9, Jean Dumbert, juge-mage et commissaire ducal, assigne les syndics à comparaître le jour même devant l'évêque. Là, ils prétendent que les fournitures n'étaient pas dues, qu'elles ont été extorquées ou faites sans réquisition aucune, que, par conséquent, ils ne doivent rien. Le juge les met aux arrêts dans la ville, jusqu'à ce qu'ils aient fait des réponses plus pertinentes aux arguments de la cité, sous peine de 500 livres d'amende. De plus, des passages de troupes devant avoir lieu prochainement, l'évêque et le juge leur enjoignent de fournir leur part d'approvisionnement, à quoi ils consentent.

Le 10, les syndics de Saint-Jean prouvent que ce qu'ils demandent a été fait sans difficulté aucune dans l'étape de Lanslebourg. Les autres syndics produisent une consultation d'avocat, ce qui, en ce temps-là, débrouillait rarement une affaire.

Le 17, les communes demandent que les syndics de Saint-Jean en réfèrent à leur Conseil général.

Après un grand nombre d'audiences, le juge-mage condamne les communes le 7 août. Les audiences continuent sur divers incidents. Le 2 janvier 1579, les syndics des contribuables font appel au Conseil d'État. Mais le juge-mage est son délégué dans l'espèce ; il retient la cause. On plaide le 9 janvier, le 6 et le 7 février. Le 8, le juge-mage condamne une seconde fois les communes et, considérant que leurs syndics, en multipliant les frais, chargent le peuple plus que ne font les *foulles* qu'on leur réclame, il les défère au procureur fiscal. Ils protestent et renouvellent leur appel.

Le 9, le procureur fiscal les condamne à 500 livres d'amende. Le même jour, devant le juge-mage, leur procureur résume leurs moyens de défense ; c'est que les communes ne sont tenues que pour les troupes de Son Altesse et quand il y a eu réquisition. Pour les Espagnols, aucune réquisition n'a été faite, et, d'ailleurs, l'intention du duc de Savoie ne peut pas être que ces étrangers foulent son peuple. Si donc les gens de Saint-Jean ont souffert de la part des Espagnols, qu'ils s'adressent au roi d'Espagne.

Le 12 février, le juge ordonne que son arrêt soit exécuté provisoirement et nomme des experts pour estimer les fournitures et les dommages. Le 13, contestation sur l'estime ; par exemple, les uns mettent le vin à 3 sols le pot, les autres le portent à 5 et 6 sols. Enfin la nourriture de chaque homme, accessoires compris, est évaluée à 20 sols par jour.

Vous croyez que c'est fini ? Il s'en faut ! Les communes exigent que chaque dépense soit justifiée en détail, c'est le règlement. Saint-Jean répond qu'une justification sommaire suffit et que le règlement ne peut prescrire l'impossible.

On replaide le 14, le 15, le 16, le 17 et le 18 février. Le 19, nouvelle difficulté relative à Villargondran, promptement résolue. Ce jour-là, le juge-mage, les experts et les syndics discutent tout bonnement dans l'auberge de la Tête-Noire.

Le 1er mars, le Conseil d'État appelle les parties devant lui à Chambéry, et tout est à recommencer. Nous les trouvons encore en 1580 devant cette haute juridiction, où nous n'avons pas le moyen de les suivre, n'ayant pas pu savoir ce que sont devenues les archives du Conseil d'État de Savoie.

Si ce procès était terminé le 7 juillet 1582, nous l'ignorons ; ce qui est certain, c'est qu'un autre du même genre fut plaidé ce jour-là devant le juge-mage de Maurienne. Cette fois, du moins, il ne s'agit pas d'Espagnols, mais de deux mille Suisses marchant pour le service du duc de Savoie. Ils vont arriver dans quelques jours et il faut faire provision de vivres. Pierre Lacombe et Mermet Ducrest, syndics de Saint-Jean, assistés de cinq conseillers et de trois notables, et les syndics de Saint-Jean d'Arves, Fontcouverte, Jarrier, Saint-Pancrace, Valloires, Albiez-le-Vieux, Saint-Sorlin et Montrond, chacun assisté d'un ou de deux conseillers, ont été convoqués par le juge-mage, qui a reçu le matin même, par la poste, l'avis du Conseil d'État. Selon la coutume et le réglement en vigueur, Saint-Jean exige que chaque lot fasse un cinquième des fournitures. Mais il y a un autre réglement plus ancien. Les autres syndics prétendent avoir le droit de choisir et ils demandent du temps. Cependant ils obéiront.

— Très bien, dit le juge. Obéisssez d'abord, vous réfléchirez ensuite tout à votre aise. Chaque lot fournira donc sa part, sous peine de 1,000 livres d'amende. Pour le pain, les quatre lots apporteront à Saint-Jean quinze setiers de froment.

Un boucher s'engage à abattre trois bœufs et dix-huit moutons, plus vingt-cinq autres moutons, s'il est nécesssaire.

Le 9, les syndics veulent s'esquiver. Ceux de

Saint-Jean courent chez le juge-mage, qui en retient un de chaque lot, pour veiller, sous sa responsabilité, à l'exécution des engagements contractés.

Des difficultés surgirent de nouveau au mois de juillet 1594. La compagnie du capitaine Guerre tenait garnison à Saint-Jean depuis le 23 juin. Immédiatement les syndics avaient fait inviter les quatre lots de l'étape à envoyer chacun, conformément aux règlements, « deux personnages capables, sachant escripre, pour resider en la presente cité et estre responsables pour eulx. » Personne ne vint. Alors les syndics obtinrent de l'évêque un ordre aux lots d'envoyer ces députés et « de garnir la main des suppliants ou d'autres qu'il appertiendra de la somme de cent cinquante escus chescung des dits lots pour l'entretenement des dits soldats. » L'ordonnance est daté du 12 juillet et adressée au métral de la cité et aux autres officiers de la province: Mgr Philibert Millet y prend les titres de conseiller d'État et de commandant pour Son Altesse en la province de Maurienne.

S'il y avait tant de chicanes avant le passage des troupes, on a vu que c'était bien autre chose après, quand il s'agissait de liquider les comptes. Pour cela il fallait établir : 1° la quantité et la valeur de chaque fourniture faite par chaque lot et par chaque commune ; 2° les pertes produites par la différence entre le prix d'achat et le prix de vente, soit aux soldats pendant leur séjour, soit ensuite aux enchères pour ce qui était resté ; les frais accessoires : transports, salaire des distributeurs, etc. ; 4° les dommages soufferts par les particuliers ; 5° l'indemnité due par les communes qui avaient moins fourni à celles qui avaient fourni davantage, car on comprend qu'il était rare que chacune d'elles apportât juste ce qu'elle devait.

Pour donner une idée des difficultés de cette liquidation, voici le compte qui fut réglé au mois de juillet 1592 devant noble Pierre Rembaud, nommé *auditeur* par Mgr Philibert Millet, pour les fournitures faites, dans le courant du mois d'avril précédent, aux deux compagnies de cavalerie commandées par Christophe d'Urfé, seigneur de Bussi.

On voit déjà ce qu'il en était dans la pratique de l'article du règlement, qui statuait que les comptes seraient réglés le *lendemain* du départ de la troupe.

Le compte ne parle que de fournitures de foin et d'avoine. Le foin est estimé 3 florins le quintal ; l'avoine, 16 sous la quarte.

	florins	sols	
Pour le foin, Saint-Jean avait fourni 267 quintaux 3 quarterons (1) 8 livres	803	6	
Villargondran, 34 quintaux 3 quarterons 5 livres	104	5	1 quart (2)
Fontcouverte, 54 quintaux 11 livres	162	4	»
Albiez-le-Vieux, 39 quintaux 2 quarterons 2 livres	118	6	3
Villarembert, 12 quintaux 3 quarterons 23 livres	38	11	»
Saint-Pancrace, 28 quintaux 5 quarterons 5 livres	87	10	3

(1) *Quarteron*, quart du quintal ou 25 livres.
(2) *Quart* du sou, 3 deniers.

	florins.	sous.	quart.
Albiez-le-Jeune, 22 quintaux 18 livres.	66	6	»
Jarrier, 47 quintaux 3 quarterons 9 livres.	140	6	»
Valloires, 70 quintaux 3 quarterons 10 livres.	212	7	»
Montrond, 19 quintaux 1 quarteron 15 livres.	58	2	»
Saint-Jean d'Arves, 57 quintaux 22 livres.	171	8	»
Saint-Sorlin, 48 quintaux 1 quarteron 18 livres.	145	4	»
Saint-Julien, 23 quintaux 2 quarterons 6 livres.	70	8	»
Montdenis, 12 quintaux 3 quarterons 3 livres.	38	4	»
Modane, 20 quintaux.	60	»	»
Freney, 4 quintaux 2 quarterons 5 livres.	13	7	»
Saint-André, 34 quintaux 2 quarterons 15 livres.	103	10	»
Orelle, 11 quintaux 3 quarterons 6 livres.	35	5	»
Saint-Martin d'Arc, 1 quintal 2 quarterons 1 livre.	4	6	1
Valmeinier, 7 quintaux 3 quarterons 17 livres.	23	9	»
Thyl, 11 quintaux 3 quarterons 16 livres.	35	10	1
Beaune, 11 quintaux 2 quarterons 24 livres.	35	2	2
Saint-Michel, 20 quintaux 1 livre.	60	»	1
Saint-Martin-la-Porte, 15 quintaux 2 quarterons 20 livres	47	1	2

Le total est de 890 quintaux 2 quarterons 10 livres, et de 2,670 florins.

Suivent des fournitures de foin et d'avoine, s'élevant à la somme de 1,340 florins 8 sols ; et un troisième compte d'avoine seule, formant un total de 381 setiers 6 quartes et demi et de 4,072 florins 8 sols. Sur ce dernier compte, le lot de Saint-Jean a fourni 588 florins ; celui de Saint-Jean d'Arves, 722 florins ; celui de Fontcouverte, 808 florins ; celui de Jarrier, 596 florins ; celui de Valloires, 1,249 florins 4 sols, et l'étape de Modane 92 florins 4 sols.

La valeur totale des fournitures est de 8,111 florins 8 sols, et, comme une note fait connaître que la dépense a été de 176 florins 6 sols par jour, on voit que le capitaine d'Urfé avait séjourné quarante-six jours à Saint-Jean. C'est à cause de ce long séjour que l'on avait joint aux cinq lots de l'étape de Saint-Jean le lot de Saint-André et deux des trois mestralies de l'étape de Modane, Saint-Michel et Modane.

A ces chiffres respectables, le compte ajoute, pour Saint-Jean : 1° la dépense pour quarante-six maitres, à 3 florins 6 sols par jour, et quatre-vingt-neuf laquais, à 2 florins par jour ; 2° les frais divers ; 3° le salaire de Pierre Rembaud, à 2 écus d'or et demi par jour, l'écu d'or valant 9 florins et demi. L'auditeur avait dû employer des secrétaires pour compulser l'énorme dossier présenté par les communes et rédiger ce compte qui remplit un gros cahier.

En somme, les dépenses ont été de 24,354 florins 9 sols 1 quart, et l'auditeur reconnaît encore qu'il y a eu des oublis qui seront réparés.

Le gouvernement remboursa-t-il cette somme en totalité ou en partie, et quelle fut en définitive la charge des communes ? Le compte ne le dit pas. Il ne parle pas non plus des vivres, ce qui fait supposer qu'ils avaient été payés exactement par les soldats et que ce compte particulier avait pu être réglé aussitôt après leur départ.

Quelles complications ne devaient pas offrir les comptes de l'étape, lorsqu'il s'agissait de plusieurs milliers d'hommes arrivant à l'improviste et ne permettant pas d'observer les minutieuses prescriptions du règlement ! Les *rudesses* d'un côté, et les chicanes de l'autre, s'expliquent tout naturellement. Ajoutons-y un peu d'esprit processif.

Une note d'un registre dit que les contestations et procès, relativement aux frais et *foulles* des passages de troupes, ne furent terminées qu'en 1600... pour recommencer bientôt après. Le règlement définitif des *foulles* et fournitures pendant cette guerre n'eut lieu qu'en 1604.

CHAPITRE XXV

La Peste (1564 et 1565).

———

La seconde moitié du xvi⁰ siècle fut, pour la ville de Saint-Jean, une époque vraiment désastreuse. Aux passages des troupes étrangères, aux lourdes charges de la guerre et de l'invasion se joignent les mauvaises récoltes presque continuelles et les ravages fréquents de la peste. Cependant, parmi toutes ces épreuves, la population, il faut le dire à son honneur, fait preuve, généralement, d'un calme et d'un courage admirables, dont il faut chercher la raison dans le double esprit qui l'anime, l'esprit profondément religieux et l'esprit non moins profondément communal ; elle reste soumise à l'autorité, attachée à ses usages, jalouse de ses droits et privilèges, toujours prête, disons-le aussi, à reprendre ses luttes de classes, qui n'empêchent pas l'union en face de l'ennemi commun et qui sont comme le cachet du temps. De leur côté, le vicaire général Jacques Rapin, son frère Pierre, corrier, les syndics et plusieurs conseillers montrent une prudence, une fermeté, un dévouement dont les registres fournissent des témoignages éclatants.

Diverses causes contribuèrent à engendrer le fléau

auquel nos documents donnent le nom de *contagion*. Les principales furent : le passage de troupes venant de pays où régnait la contagion et laissant leurs logements dans un état d'effroyable saleté ; le grand nombre de pauvres qu'attiraient, non seulement de tout le diocèse, mais encore du Dauphiné et de la Tarentaise, les aumônes générales que l'évêque était obligé de distribuer et dont la ville, attachée aux antiques coutumes, ne voulut jamais lui permettre de changer le mode de distribution ; le peu de largeur des rues tortueuses, où le soleil ne pénétrait pas, où l'air ne se renouvelait que difficilement, et où les boues et les immondices s'accumulaient dans les angles, les fondrières des pavés et les replis, malgré la vigilance et les ordres sévères des autorités judiciaires et communales.

Quant au nombre des victimes emportées dans chacune des invasions du fléau, il est inconnu, les registres de décès n'existant pas à cette époque ou n'ayant pas été conservés.

Nous allons suivre pas à pas les registres des délibérations des conseils.

Les premières mesures de précaution dont ils fassent mention sont du 15 avril 1545. On a appris que la peste fait des ravages dans les contrées qui avoisinent la Maurienne. C'est pourquoi les syndics du tiers-état, André Perret et Guillaume Moulin, et quinze bourgeois s'assemblent dans le palais épiscopal, en présence du vicaire général, de spectable Jacques de Passier, juge-corrier, de Jean des Costes, procureur fiscal, et de spectable Claude de Morel. On décide que les syndics prendront les mesures nécessaires contre l'invasion de la peste, *selon la coutume et les facultés de chacun, le fort aidant le faible;* et que la garde du pont d'Arvan sera confiée à Vincent Barbier, celle de la Réclusière à François Grept, si ces choix sont agréés par la noblesse.

Dans une séance du 24 août, aussi tenue à l'évêché sous la présidence de François Bonnivard, vicaire général, et où figurent, entre autres, Louis du Pont, syndic de la noblesse, Pierre Testut, syndic récemment élu pour le tiers-état, et les nobles dont les noms suivent : Barjact d'Arves, Amédée du Pont, Georges Truchet, Antoine Chaudet et Pierre d'Arves; le conseil décide que la foire de la Décollation de saint Jean-Baptiste aura lieu comme à l'ordinaire, avec les restrictions suivantes : l'entrée de la ville est interdite aux marchandises venant de lieux suspects, aux petits marchands qui portent leurs marchandises sur le dos, aux gens de Genève, de Talloires, de Faverges, de Thône, de Manigod, de Moûtiers et de tout autre lieu suspect ; les toiles, de quelque espèce qu'elles soient, ne seront pas non plus admises; ceux qui ont en dépôt chez eux, dans la ville, des marchandises quelconques depuis la foire de la Nativité de saint Jean-Baptiste, devront les emporter hors de la ville, sous peine de bannissement pendant six semaines et de 50 livres fortes d'amende. Claude Manipod, de Saint-Jean, et Pierre Dunoir (*de Nigro*), de Saint-Michel, qui sont allés à Genève, sont bannis de la ville pendant quarante jours. Pour plus grande sûreté, on mettra quatre gardes au pont d'Hermillon, et autant à celui de Villard-Clément.

La ville fut épargnée, et, pendant dix-neuf ans, aucune mesure de précaution n'est relatée dans les délibérations des conseils, que nous avons pu trouver.

La peste éclata en 1564, très probablement au mois de septembre, puisqu'au mois d'août le duc Emmanuel-Philibert s'arrêta à Saint-Jean pour prendre possession du canonicat qui appartenait aux princes de Savoie.

Le 30 novembre, le conseil étant réuni au logis des Trois-Rois, on donne lecture de l'état des dépenses faites pour les pestiférés.

Pierre Duverney, fermier des moulins des héritiers de demoiselle Philiberte Truchet, est autorisé à moudre pour toutes les personnes *non suspectes de la peste* et à venir prendre du blé en ville, à condition qu'il n'entrera pas au moulin des Prés et qu'il ne conduira *aucune bête infecte*.

Jacques Chaix demande *l'élargissement* de sa famille et de son bétail, qui ont été *serrés* à cause du décès de sa femme, de sa fille et de son domestique. On lui fera réponse dans quinze jours.

2 décembre. La ville s'engage à payer 100 florins à François Mollard pour les services qu'il a rendus aux pestiférés pendant la durée du fléau, et à lui rembourser les dépenses qu'il a faites; mais il sera séquestré pendant quarante jours et il se tiendra dans le lieu qui lui sera désigné.

Toutes maisons ayants esté infectes et suspectes de malladie contagieuse seront *approvées* par ceulx à qui appertiennent ou bien par aultres personnes à leurs despens, par le temps de 40 jours comptables dès le jour qu'ils y entreront, et dès le dict jour demeureront dans icelles maisons serrés durant les dicts 40 jours, comme l'on a faict aux aultres qui desja sont entrés en leurs maisons, à cette fin que faulte d'estre les dictes maisons bien et deuement nettoyées et approvées n'advienne aucun dangier et scandalle aux manants et habitants de dicte cité et aultres. — *Approbo* (j'approuve) comme bien nécessaire et raisonnable le dernier article et sera publié à peyne de 100 livres contre ceux qui contrabviendront aplicables moytié aux seigneurs et moytié aux povres de la cité. Faict ce 4 décembre 1564. Pierre Rapin corrier.

Lundi, 11 décembre. « Est permis à Bonne fillie de Pierre Mollaret et à Cécillie fille de Jean Dedux d'aller faire leur cabanne sur la vigne et *hermoz* d'Anthoine Bissière sus Nostre Dame de Bonnes Nouvelles. »

17 décembre. Jeannette Reymond, Eynarde Pomar, Pierre de Beaumont, chirurgien, Jacques Chaix (*Chessi*), Jean-Jacques Cornuti, Claude Bernard et Antoine Cartier, ayant achevé leur quarantaine, sont autorisés à sortir de leurs maisons, dans lesquelles ils avaient été enfermés, à la condition qu'ils changeront de vêtements. Onze personnes sont mortes de la peste dans ces sept maisons.

28 décembre. Le conseil alloue 10 gros par jour, payables par les héritiers de ceux qui sont morts de la peste, à Jean Dedin qui a été chargé de la garde et du nettoiement de leurs maisons et de leurs meubles. Pierre Blars fera le recouvrement de ces

sommes, dont le total s'élève à 37 écus de 5 florins. La garde et le nettoyage avaient donc occupé deux cent vingt-deux journées.

La maladie avait alors, sinon complètement disparu, du moins subi une diminution pleine d'espérances. Les chaleurs du printemps la développèrent de nouveau avec une intensité effrayante.

27 avril 1565. Le conseil, assemblé auprès de la chapelle Sainte-Catherine, entre la cathédrale et Sainte-Marie, décide que l'on paiera 50 florins de Savoie à Jean Borrel pour le dommage qui lui a été causé, l'année précédente, par la construction des cabanes dans sa propriété du Clapey. Pour l'avenir, s'il est nécessaire d'en construire de nouveau, les malades solvables paieront leur part des dommages. Cette décision sera publiée dans le Conseil général qui aura lieu le dimanche 29 du même mois dans l'église Sainte-Marie, « auquel assistera chesque chief d'*ostel* (maison), à peine de 5 sous contre chescung deffaillant, applicables aux povres des ospitaulx de la presente cité. »

Jean Pierre Séchal, Pierre Dufour, sa femme et le fils de Bard, qu'avoient esté serrés par soupçon de contagion seront eslargis. Pierre Strach et sa famille, resserrés en la maison de feu Aymé Gussould, pourront aller, si bon leur semble, avec sa belle-mère à son grangeage estant près le grand pré du seigneur évesque, accompagnés et conduicts par gents deputés par les scindicqs.

Le Conseil général se réunit au jour et au lieu indiqués. Il statue que l'on choisira un lieu séparé pour la sépulture des pestiférés, qu'on le fera bénir et clore, et que les règlements, faits l'année précédente et approuvés par le Sénat, seront remis en vigueur.

Jacques Canal, apothicaire, enfermé avec François Ducrest, à cause du décès de sa femme, pourra, après trois semaines de séquestration, « rentrer dans sa maison et bothique sans qu'il luy soit permis manier aucungs ungents ny aultres medicaments, ains les fera delivrer aux requerants par aultre que luy et ne sortira de ses dictes maison et bothique jusques à ce que luy soit permis. »

Il est, en outre, ordonné : 1° que les nettoyeurs des maisons porteront hors de la ville et brûleront les meubles des maisons des pestiférés; 2° que l'on fera tuer ou que l'on tiendra enfermés tous les chiens et les chats.

Enfin, comme le Conseil général ne peut prévoir toutes les mesures que les circonstances rendraient nécessaires, ni se réunir souvent en ce temps de contagion, il nomme, dans chaque rue, des commissaires, auxquels il donne plein pouvoir de faire toutes les ordonnances qu'ils jugeront convenables; deux sont élus par la noblesse, et neuf par la bourgeoisie.

La peste éclate dans tous les quartiers de la ville à la fois. Le vicaire général, le corrier, les syndics, les commissaires redoublent de zèle et de dévouement. Ils sont seuls ; car il n'y a presque plus personne qui puisse ou qui ose se rendre aux assemblées du Conseil général, d'ailleurs rarement convoquées, d'abord à Notre-Dame, puis sur la place publique de l'Officialité, plus tard dans les champs. Les mesures de précautions et de police les plus sévères, les plus draconiennes, deviennent nécessaires, non seulement à cause de la gravité de la situation, mais aussi à cause des préjugés du temps ; et, si les administrateurs hésitent à les prendre, les cris de la population affolée les y contraignent. Sauf de très rares et inévitables exceptions, ils peuvent compter sur l'obéissance de tous ; on ne leur demande que des ordres. On verra la circulation dans les rues interdite pendant la nuit, les suspects de peste enfermés chez eux ou emportés au Clapey, les portes des maisons clouées ou scellées des armes de la ville, les vêtements et le linge brûlés. On verra les nettoyeurs, les fameux *monati* d'Italie, et aussi les empoisonneurs, les *untori* qui, pendant la nuit, engraissent les portes des habitations. Il semble, quand on lit ces délibérations effrayantes dans leur laconisme, ces procès-verbaux dans lesquels, après la date et trois ou quatre noms, le secrétaire n'a rien pu écrire, faute de délibérants, qu'on est à Milan pendant cette terrible année 1630, si merveilleusement décrite par Manzoni.

Le 1er mai, messire Jacques Rapin et neuf conseillers, assemblés dans l'église paroissiale, rendent les ordonnances suivantes : 1° défense aux nettoyeurs des maisons suspectes de circuler dans la ville, chargés de bagages ou autrement, sans être accompagnés de Jean Dedin, leur surveillant ; 2° injonction aux femmes des deux nettoyeurs de rester avec leurs maris ou de s'enfermer pendant quarante jours ; 3° toute personne *contaminée de peste,* ou d'autre maladie contagieuse, recevra l'ordre de sortir immédiatement de sa maison et de se retirer à l'écart ;

4° chaque soir, cinq hommes feront la patrouille dans toute la ville; les clefs des cinq portes leur seront remises; ils empêcheront les gens suspects et enfermés de parcourir les rues pour prendre de l'eau aux fontaines et vaquer à leurs affaires. Justice sera faite sur-le-champ des vagabonds et des contrevenants aux règlements édictés. Quelle justice? Le conseil ne détermine rien; le corrier prononcera, sur le rapport de la patrouille qui, en cas de résistance, est autorisée à faire usage de ses armes.

On ne prévoit pas qu'il puisse y avoir d'autres maladies que la peste, et la moindre délation suffit pour qu'une famille soit suspecte, enfermée ou envoyée dans les cabanes du Clapey, ou dans quelque réduit hors de la ville, si elle le préfère.

Du 3 mai au 22 juin, les registres sont muets : la terreur est à son comble. Ce jour-là le vicaire général, le corrier, le procureur fiscal de l'évêché, les syndics et les commissaires se rendent à la maison de ville, il y a d'importantes mesures à prendre : le secrétaire, Jean Marquet, toujours à son poste, écrit les noms; mais il s'arrête là, tout le monde est parti. Le lendemain, nouvelle assemblée sur la place de l'Officialité; on convoque tous les chefs de maison *non suspects* pour le 24, à midi, dans le verger de Pierre Rapin. Il s'agit d'élire un syndic du tiers-état et de traiter des affaires de la ville. Ceux qui ne se rendront pas seront passibles d'une amende de 25 sous, au profit des pauvres. L'assemblée n'a pas lieu.

Cependant les syndics ont été obligés de chercher des nettoyeurs à l'étranger et, le 30 juin, ils font avec eux la convention suivante :

Comme il auroit pleu à Dieu nous visiter et affliger de maladie contagieuse de peste advenue et non esteinte en la presente cité Sainct Jean de Maurienne en l'an present soubescript, de laquelle plusieurs personnes seroint décédées et à cause de la dicte contagion leurs maisons rendues inhabitables, ayants sur ce messieurs les scindics de la dicte cité participé conseil avec messieurs de justice et magistrats et les trois estats de la cité sus dicte et délibéré que l'on feroit faire le nettoyement des dictes maisons le plus briefvement que seroit possible, à cette fin que la dicte maladie ne pollue davantage par faulte du dict nettoyement et des meubles que d'icelles maisons pourroint estre prins et desrobbés. Pour à quoy obvier et à l'aide de Dieu la dicte cité et habitants d'icelle à l'advenir preserver, auroint prié et requis noble Gabriel Ambrois, seigneur du chastel de la ville Sainct Michel, luy pleust s'enquerir s'il treuveroit gents ydoines et cappables pour le faict du dict nettoyement, de ceulx qui ont nettoyé, tant au lieu de Bardonenche que aultre part du Dauphiné où la dicte contagion auroit esté en l'an dernier passé.

Ayant accepté la charge de ce faire, ce jourd'huy soubescript, par devant noble Pierre Rapin courrier et juge commun de la cité et ressort d'icelle, assistants et pour cest effect assemblés reverends seigneurs messire Henry Boleri (Bollier), Guillaume Mareschal, chanoines commis et faisants pour messieurs d'esglise et premier estat dicte cité, maistre Anthoine Baptendier, docteur ès droits, maistre Anthoine Bibal, docteur en médecine, noble Jacques Portier, faisant en cest endroict pour et au nom de noble Loys des Costes, scindic des gentilhommes et second estat icy absent, noble Jacques des Costes et Pierre de la Balme faisants pour les aultres absents du dict second estat, maistre Jean Bruend et honneste François Ducrest, scindics des bourgeois et tiers estat dicte cité, avec maistres Mathieu Dapvrieulx, Pierre Falcoz, Jean Mestrallet praticiens, honnestes Joffrey Crinel, François de la Croix, Hiéronime Giroult, Urbain Boson, Nicolas Julliar, Martin Ulliel, Jean Dedin, Claude Perret, Amed Vallet, Jean Pierre Séchal, Jean fils de feu Pierre Rossat et Viffrey Coste des conseillers et bourgeois dicte cité, le susnommé noble Gabriel Ambrois auroit faict venir et presenté à la dicte assemblée Françoy Roux de Bardonenche qui auroit servy et nettoyé au lieu de Mylaures (1) et Jean Roux natif d'Aours (2) habitant à Chomont qui pareillement auroit nettoyé à la paroisse de Jallion près Suze, et après avoir ouy le rapport du dict noble Gabriel des Ambrois, ensemble d'honneste Françoys Gelasse conseiller du dict Chomont sur la preudhommie et expérience des dicts Jean et François Roux et bonne dilligence par eulx respectivement faicte ausdictes paroisses où la dicte contagion seroit advenue et grace à Dieu cessée, ont iceulx Jean et François Roux icy presents retenu et accepté pour le faict du dict nettoyement des maisons infectes de contagion a la dicte cité et de ce faire en ont prins charge aux pactes, conditions, astrictions, pris et salaires cy après déclairées et respectivement accordées.

Premier. Les dicts maistres Jean et Françoys Roux et chescung d'eux pour son esgard seront tenus, ainsi qu'ils ont promis et juré par leur foy et serment soubescripts et soubs obligation et soubmission de leurs personnes et de tous et d'un chescung d'iceulx leurs biens presents et advenir à toutes cours, bien, fidelement et en toute dilligence curer et nettoyer les dictes maisons membre par membre et y faire les parfuns et lavements requis et necessaires, tellement que l'on y puisse demeurer et con-

(1) Millaures, commune au-dessus de Bardonnêche.
(2) Oulx.

verser en seureté et sans danger, et les meubles d'icelles maisons laver et nettoyer de sorte que l'on s'en puisse servir et aider. Item les dicts maistres nettoyeurs seront pareillement tenus et abstreings, suyvant leur savoir et industrie, percer les playes de ceulx qui seront atteings et détenus de la dicte contagion, et aussi mettre en sepulture les morants d'icelle maladie et faire et accomplir le tout ce que dessus et déclairé tant dans que dehors la dicte cité là où leur sera dict et commandé par les dicts estats et scindics à quel temps et heure que ce soit dès incontinent que leur sera signiffié sans aucungs reffus ou delay, et ce pendant et jusques à ce que la dicte contagion soit (aydant Dieu) esteinte et du tout cessée à la dicte cité, le tout sans en abuser ny commettre aucung malefice.

Et pour ce faire et accomplir, les susnommés reverends seigneurs Henry Boleri et Guillaume Mareschal, commis et faisants pour le clergé et messieurs d'esglise et premier estat dicte cité, noble Jacques Portier pour le dict noble Loys des Costes, en presence et par consentement des susdicts de la noblesse et second estat, maistre Jean Bruend et François Ducrest scindics, du consentement aussi des susnommés par les conseillers du dict tiers-estat, et chescung d'iceulx commis et scindics faisants pour les dicts trois estats comme le peult toucher et appartenir, ont semblablement promis et juré soubs obligation et soubmission des biens communs ausdicts estats, payer et delivrer en paix et sans procès, toutes exceptions cessantes, ausdicts Jean et François Roux, maistres nettoyeurs, pour leurs services, salaire et vacations que leur conviendra faire et supporter pour raison et à cause du dict nettoyement des maisons, lavement des meubles, cure des playes, sepulture des decedants de la dicte maladie et de tout ce qu'en depend, scavoir au dict maistre Jean Roux la somme de cent escus à la value de cinq florins de Savoye pièce, et au dict maistre François Roux quarante-six escus à la mesme value que dessus, pris apprécié et convenu respectivement avec eulx, payables à chacung d'iceulx à la forme sus declairée, scavoir au dict Jean Roux la tierce partie d'iceulx cent escus à luy promis avant qu'entrer à la dicte cité et mettre main à l'œuvre, et le résidu d'iceulx cent escus à luy appartenants, ensemble les dicts quarante six escus pour la quotte appartenant au dict Françoys Roux ensemble et en une foys dès incontinent après que le dict nettoyement sera bien et deuement faict et parachevé, à peine de tous despens et interests.

Et oultre les dictes sommes sus respectivement promises et convenues, iceulx des trois estats seront tenus, ainsique les susnommés ont promis et convenu ausdicts maistres nettoyeurs presents et acceptants comme dessus, tant pendant le dict nettoyement que durant leur quarantaine, laquelle ils feront en lieu séparé après le dict nettoyement, tel que sera advisé par les dicts estats, leur ministrer ou faire ministrer vivres, mirre, encens, savon et aultres choses requises et necessaires au dict nettoyement, et au surplus leur fournir et changer d'accoustrements et solliers neufs, tellement qu'apprès avoir deuement parachevé leur dicte quarantaine, ils et chacung d'eulx puisse aller et venir, commercer et traffiquer où bon leur semblera, comme ceulx qui sont en liberté peulvent faire, sans que les dicts nettoyeurs ny aulcung d'iceulx soit tenu frayer ny fournir aucune chose du leur quelle'qu'elle soit, sinon et tant seulement le service de leurs personnes.

Et pour mieulx attendre et observer les choses cy dessus par les dicts maistres nettoyeurs promises et convenues et à leur requeste, se sont présentés et constitués cautions envers les dicts estats, scavoir pour le dict Jean Roux le susnommé Françoys Gelasse, conseiller du dict lieu de Chomout, et pour le dict Françoys Roux honneste Jean Layman de la paroisse Sainct Jullien près de la dicte cité, icy présents, lesquels et chacung d'eulx ont promis, juré et obligé tous leurs biens faire observer et accomplir tout ce qu'a esté cy dessus par iceulx nettoyeurs promis et convenu ausdicts estats, et qu'ils n'absenteront la ville que préalablement le tout soit et deuement faict, parachevé et accomply.

Et ainsi qu'est cy dessus convenu les susdictes parties et chacune d'elles comme le concerne l'ont promis et convenu par foy et serment respectivement presté sur les sainctes escriptures de Dieu ès mains du dict seigneur courrier soubs mesmes obligations que dessus....

De quoy le dict seigneur courrier a commandé estre faict et octroyé par le notaire ducal et secrétaire de la polithicque icy soubsigné contract public au prouffict de qui appertiendra à l'advenir. Faict et passé à la dicte cité de Sainct Jean de Maurienne au pied du petit pré du reverendissime seigneur évesque de Maurienne, presents Pierre Delesglise, parroisse de Villarembert, et Sorlin Bonet d'Albiez le Vieux, tesmoins à ce requis, ce dernier jour du mois de juin an mil cinq cents soixante cinq. Et moy Jean Marquet, secrétaire de la cité susdicte et notaire ducal, recepvant requis soubsigné.

Cette convention donne une indication de la nature de la maladie. C'était une plaie qu'il fallait percer ou *couper*, comme il est dit ailleurs ; probablement quelque chose comme les bubons dont parle Manzoni. Il parait que la ville manquait de médecins, puisque les nettoyeurs sont chargés de faire cette opération.

Le 5 juillet, le Conseil prit une délibération bien touchante. La peste avait augmenté au-delà de toute mesure le nombre des pauvres. Qui pouvait songer à faire travailler, au milieu de l'affolement de la terreur, quand chacun se disait continuellement que, tout-à-l'heure peut-être, frappé par la maladie terrible, il allait expirer après quelques heures de tortures, ou être emporté, loin de sa famille épouvantée, dans les cabanes du Clapey? De ces pauvres, les uns étaient en cabanes; les autres rôdaient désœuvrés, affamés et désespérés dans les rues silencieuses de la ville. Il fallait procurer des vivres à cette foule, où les bien portants étaient presque aussi malheureux que ceux qui attendaient, sur leur grabat isolé, la mort ou une longue convalescence.

Pierre Rol, des Plans, avait ordonné à sa fille unique, encore mineure, de distribuer, en aumône générale, 10 setiers de seigle et 10 setiers de vin. On invita le tuteur à verser cette aumône pour les pauvres, sauf à la restituer, aux frais de la ville, s'il venait à être contraint de suivre à la lettre les volontés du défunt, et l'on chargea deux commissaires de faire la distribution, tant aux pauvres valides qu'aux pestiférés. Mais c'était une ressource bien insuffisante pour tant de misères. Les députés du clergé offrirent aussitôt 11 florins; d'autres personnes les imitèrent. De plus, comme plusieurs familles aisées avaient déjà pris des pauvres chez elles, on dressa un rôle des indigents qui restaient encore et on les distribua entre tous ceux qui pouvaient les recevoir, sans distinction de prêtres, de nobles et de bourgeois, à commencer par les membres des trois états, présents au Conseil.

Dans cette assemblée du 5 juillet, une contestation s'éleva entre le clergé et les deux autres ordres. Le tour du premier de monter la garde aux portes de la ville était venu : il s'y refusa à cause des devoirs de son ministère. Des protestations éclatèrent de toutes parts. Enfin le vicaire général apaisa le tumulte, en faisant comprendre aux nobles et aux bourgeois que, si la garde des portes était nécessaire, la visite et l'administration spirituelle des malades l'étaient bien davantage et qu'il était de l'intérêt de tous de laisser les prêtres, plus chargés et plus exposés que les autres, y vaquer uniquement. Nous ne demandons, dit-il, aucun autre privilège que celui de rester au poste le plus dangereux et auquel vous ne pouvez pas nous remplacer.

L'aumône générale dont il a été question, était une distribution faite à toutes familles de la communauté, en signe de bonne amitié. Il paraît que le détournement fait par le Conseil général ne plut pas à tout le monde; c'était toucher à une coutume! Dans une séance du 12 août, les procureurs fiscaux, les syndics et le procureur des pauvres présentèrent une requête contre Balthazarde, fille de Pierre Rol. L'objet n'en est pas indiqué, et l'on ne sait pas positivement si la distribution ordonnée était considérée comme ne satisfaisant pas aux intentions du défunt, ou si même elle n'avait pas été faite.

Il faut dire un mot de ce bon Pierre Rol. Il était membre du Conseil des syndics et très exact à se rendre aux assemblées. Emporté par la peste, il fut enterré près de sa maison, à côté d'un oratoire qu'il avait fait bâtir, et l'on mit sur sa tombe une pierre avec cette inscription :

ICY GIT RENVERSÉ EN TERRE
PIERRE ROL BOURGEOYS DE SAINT JEAN
LEQUEL FONDA CE ORATOYRE
SA MORT DE PESTE PRÉVOYANT.
VOUS QUI PAR CY ESTES PASSANT
SOUVENEZ-VOUS DU TRÈS PASSÉ
DISANT POUR LUY DEVOTEMENT
UN REQUIESCAT IN PACE.
1565.

Cette pierre appartient maintenant à la *Société d'histoire et d'archéologie*. L'oratoire n'existe plus, mais il y a une petite niche avec une statue dans le mur de la maison qui appartint à Pierre Rol, à gauche du chemin qui conduit à Villargondran.

Le 8 juillet 1565, les syndics du tiers-état, Jean Bruend et François Delacroix, donnent quittance au chanoine Henry Bollier de la somme de 10 florins qu'il a payée aux *nettoyeurs de maisons* et de celle de 30 florins qu'il avait versée précédemment *pour le faict de contagion*. L'acte est passé dans le cimetière, devant la maison des héritiers de M. de Passier (1).

Le 17 du même mois, réunion du Conseil général sur le pré de damoiselle Yolande d'Avrieux : sont présents le corrier, le procureur fiscal, les trois syndics et quarante-six chefs de famille. La séance dut être longue, si l'on en juge par le nombre des affaires que le Conseil eut à régler.

Pierre Rapin, obligé par sa charge de corrier de faire de fréquentes absences, déclare qu'il a choisi Mathieu d'Avrieux, praticien, pour son lieutenant.

---

(1) Maison Sambuis, à côté de l'évêché.

Celui-ci raconte que l'avant-veille *fut ointe et engressée* la grande porte de sa maison, et qu'il l'a vu en y entrant avec Mᵉ Pierre Lambert et Mᵉ Antoine Brunet. On voit que les préjugés populaires sur les engraisseurs avaient passés le Mont-Cenis et trouvé place même dans les meilleures têtes. Du reste, ces préjugés n'existaient pas seulement à Saint-Jean. Il y eut en d'autres parties de la Savoie de prétendus empoisonneurs exécutés par *cruel supplice,* et, le 30 août 1577, le Sénat rendit un arrêt qui condamnait les *engraisseurs de peste* à la torture et au bûcher, et permettait aux gardes des villes *d'arquebuser et tuer*, après trois sommations, les individus suspects qui fuiraient à leur appel (1).

Les syndics font un rapport, duquel il résulte que les ordonnances relatives à la séquestration des personnes soupçonnées d'être atteintes de la peste, rencontraient parfois de vives résistances. Ils racontent que, se trouvant *à la pointe du bourg,* ils ont chargé Jean-Pierre Fornier de transmettre à Claude Sestier, son beau-frère, l'ordre de quitter sa maison et d'aller en cabane, à cause du *soupçon* de sa fille; que Fornier s'est mis en colère et a répondu que Sestier et sa femme sont chez lui, qu'ils y resteront et qu'au besoin il a des armes pour les défendre. Fornier est immédiatement arrêté et incarcéré à la correrie.

Un étranger, nommé Michel Gardet, contrarié par le guet, a injurié et battu Jean-Pierre Séchal, un des commissaires nommés par le corrier et par les syndics. Pierre Rapin prononce contre lui la

---

(1) *Histoire du Sénat de Savoie*, t. I, p. 437.

sentence suivante, qui est exécutée séance tenante :
« ayant esgard au temps où nous sommes constitués et que la cité est en dangier de tomber en ruyne, nous l'avons condamné et condamnons presentement, le Conseil de la ville assemblé, se mettre à genoux et teste nue crier marcy à Dieu, à justice et aux habitants de la ville de l'excès par luy commis, et outre ce envers les pauvres pestifférés, attendu sa pauvreté, à l'amende de cinquante souls, frais et despens de justice, sauf au dict Séchal ses dommages et intérests civils et aussi au dict Gardet et procureurs fiscaulx leurs actions contre le dict Séchal, et tiendra prison le dict Gardet jusques à payement. — A faict amende honorable jouxte et suyvant la forme contenue à la dicte sentence au chemin public à l'endroit du pré des heretiers de noble Jacques Sauvage et de damoiselle Yolland Dapvrieulx ce 17 juillet 1565. » Ce chemin public est celui de la Réclusière.

Deux individus qui ont menacé de chasser les nettoyeurs à coups de pierres, s'ils s'avisent de vouloir occuper la maison que les syndics leur ont désignée pour logement, sont aussi condamnés à une amende de 50 sous et à la prison jusqu'à ce qu'ils l'aient payée.

Le Conseil rend plusieurs ordonnances : défense de laisser sortir les enfants dans les rues ; défense de sortir et même de remuer le fumier des maisons dans lesquelles il y a des cas de peste; ordre aux personnes séquestrées de se retirer hors de la ville, où elles voudront, et de se tenir enfermées dans des cabanes ; ordre à plusieurs malades de se confiner au Clapey dans un endroit qui leur sera indiqu.

Enfin, on fait souscrire à plusieurs personnes des billets en faveur des trois états, pour le nettoiement des maisons infectées. Michel Brun, muletier, paiera trois écus et demi pour la maison de Jean-François Cornu ; il nourrira les nettoyeurs et fournira la myrrhe et l'encens. François Chatelain, pour la maison des enfants de Simon Pichoud, paiera aussi trois écus et demi. Mermet Arnaud, mercier, pour celle de son frère Roland, paiera cinq écus ; François Charpin, barbier, pour celles de François Savoud et de Colette Augerte, six écus ; noble Pierre de La Balme, pour la maison de sa sœur Pernette, veuve de Me Laurent Boudrey et décédée, ainsi que sa petite-fille, seize écus.

Le secrétaire a soin de marquer qu'il écrit dans le chemin public.

Une délibération du 20 juillet dit que la contagion a presque disparu. Néanmoins, on prend encore quelques mesures de précaution.

Le grand vicaire Jacques Rapin déclare que le clergé est prêt à fournir des hommes ou de l'argent pour la garde de la ville. En conséquence, le Conseil décide que cette garde sera faite par les trois états sans distinction, en épargnant les pauvres autant que possible.

Ceux qui ont soigné les malades dans les cabanes seront amenés en ville pour faire leur quarantaine.

François Mollard, qui seul visitait et *couppait* les malades, étant en ce moment séquestré, on proposera à Pierre de Beaumont, chirurgien, de se charger de ce service, moyennant un salaire convenable.

Les habitants de la ville, qui s'en sont éloignés, peuvent y rentrer, pourvu qu'ils produisent un certificat constatant qu'ils n'ont été dans aucun lieu infecté. L'entrée est interdite aux gens des paroisses suspectes.

Personne ne donnant rien aux quatre nettoyeurs, on fera payer aux propriétaires des maisons nettoyées la somme nécessaire pour leur fournir des vivres.

Le dimanche 29 juillet, le Conseil général tient une séance dans l'église Notre-Dame.

Ceux qui, devant être séquestrés, ne veulent pas que leurs meubles soient plus tard purifiés par les nettoyeurs, ont la faculté de les retirer dans quelques chambres et l'on apposera sur les serrures le sceau de la justice ou celui de la ville, pour qu'ils ne puissent entrer dans ces chambres pendant leur séquestration.

L'entrée de la ville est interdite aux habitants des paroisses de Fontcouverte, Jarrier et Saint-Pancrace, où la contagion s'est déclarée, quand même ils seraient pourvus d'un bulletin de santé.

La femme et la fille de Martin Ulliel, apothicaire, sont élargies, à la condition de ne pas aller à leur maison des Rossières, sous peine de faire une seconde quarantaine.

M° Jean-Jacques Cornuti *fera l'épreuve* de sa maison récemment nettoyée et y restera enfermé pendant quarante jours. Sa belle-mère pourra faire sa quarantaine dans sa maison en ville, ou dans une cabane près de son verger, et elle ne se mêlera pas au peuple avant d'avoir changé de vêtements : sa maison du Paradis restera fermée jusqu'à ce qu'elle ait été nettoyée.

Le 31 juillet, Jean Dedux, serviteur de la ville, fait défense au même Cornuti, dont la domestique vient d'être conduite en cabane, de sortir de sa maison pendant six semaines et même d'en ouvrir les portes et les fenêtres donnant sur la rue, sous peine de 25 livres d'amende pour chaque fois.

Le 1ᵉʳ août, noble François de La Balme, de Saint-Michel, reçoit ordre de payer 20 florins pour faire nettoyer la maison de sa femme, Claudine d'Arves, infectée par le décès de Vincent Gravier et de sa femme.

Le sceau de la ville est apposé sur la porte d'une boutique et d'une chambre, et sur un certain nombre d'armoires. Plusieurs personnes sont séquestrées, d'autres sont mises en liberté.

Les habitants de Saint-Pancrace et de Jarrier sont autorisés à faire moudre leur blé dans le moulin des héritiers de M. le collatéral de Collo, interdit aux habitants de la ville. Ceux de Saint-Pancrace obtiennent, le 5 août, la permission de le porter au moulin du milieu, « ayant bonne bollette de la main de noble Hippolyte Varnier, sellé de ses armoiries et sera loisible aux mesmes entrer à la ville, apportant la dicte bollette cachettée. »

Des séquestrations et des mises en liberté ont encore lieu ce jour-là et les jours suivants. On séquestre, entre autres, pour quarante jours ceux qui ont bu et mangé avec les nettoyeurs.

Pierre Bargin, qui s'est établi au pied de la rue Saint-Antoine, se retirera ailleurs, « à peine d'estre arquebusé et l'arquebuse de laquelle il s'est trouvé saisi demeurera séquestrée. »

Le 10 août, *en la loge et gallerie de maison de monsieur le corrier*, le Conseil convient avec Jacques Canal, apothicaire, qu'il vendra la myrrhe 5 gros l'once, et l'encens 2 gros et demi. Il charge noble Pierre Ambroise de La Balme de faire vider les canaux de la rue des Fours, où il habite, et ordonne que « seront baillés serviteurs ydoines et gents de bien pour ayder aux maistres nettoyeurs pour diligenter à curer et nettoyer les maisons infectes. » Le nombre de ces maisons devait être bien considérable, car les deux nettoyeurs chefs avaient déjà deux aides depuis le mois de juin.

Le 12, le Conseil, assemblé dans la maison du vicaire général Rapin, décide qu'on ne laissera plus fermées que les maisons suspectes de la rue de l'Orme et que « la procession générale voué par la cité le jour de feste Saint-Roch sera faicte en dévotion jeudi prochain, jour de feste du dict sainct, et sera publiée par la dicte cité, affin que chescung chef d'hostel aye y assister et observer la dicte feste suyvant le veu. »

Le corrier donne lecture d'une lettre de l'archevêque de Tarentaise, recommandant un médecin qu'il envoie pour soigner les pestiférés. François Delacroix offre une chambre meublée. Pierre Ambroise de La Balme offre, de son côté, de recevoir ce médecin chez lui et de lui fournir, ainsi qu'à son domestique, la nourriture, le bois et tout ce qui sera nécessaire. Pour les honoraires, le Conseil décide, quelques jours après, qu'ils seront payés par les malades, la ville ayant trop de charges pour pouvoir prendre cette dépense à son compte.

Le 29 août, séance du Conseil général dans l'église paroissiale. On annonce la mort de Louis des Costes, syndic de la noblesse; sa maladie avait été longue et il ne paraît pas que ce fût la peste. On apprend en même temps que la contagion a éclaté à Albiez-le-Vieux, dans les hameaux du Collet et du Plan-d'Albiez.

Le Conseil prend encore plusieurs mesures relatives à la police et à la santé publique. On fera la visite des maisons de ceux qui tiennent du bétail, sans avoir de quoi le nourrir, et l'on s'informera où ils ont pris le foin, la paille, le bois, etc., que l'on trouvera; c'est que, depuis quatre mois, les propriétés ont été mises au pillage. Défense est faite de laisser entrer dans la ville aucune personne venant des lieux infectés ou suspects de contagion, quand même elle aurait un bulletin de santé; de recevoir chez soi aucun étranger, sans la permission du Conseil; de s'éloigner de la ville, sans être muni d'un bulletin de santé et de la permission écrite des syndics.

Au mois d'octobre, la peste avait disparu de Saint-Jean; mais elle sévissait encore dans quelques villages des environs. A la requête des syndics, le Sénat ordonna de mettre de nouveau des gardes aux portes de la ville, aux frais des trois états, sans distinction ni privilèges; et de ne laisser entrer personne venant des lieux infectés. De plus, il prescrivit de défendre aux habitants de la ville, pendant trois semaines, « aulcunes assemblées en jeux, tavernes, dances, mariages, pain bénits, baptisailles et sepultures, pour éviter aux inconvénients que pourroient survenir à cause de la dicte contagion. » L'ordonnance est du 24 de ce mois (1). Quoique la mort eût apporté le deuil dans presque toutes les familles, la population avait hâte de reprendre ses anciennes et joyeuses habitudes, et les syndics avaient craint que leurs arrêtés, même pris en Conseil général, ne fussent impuissants à la retenir.

(1) Archives du Chapitre.

CHAPITRE XXVI

La Peste (1570 à 1600).

Il n'y avait pas encore cinq ans que la cité se reposait des désastres de la contagion, — repos fréquemment interrompu par le passage ruineux des Espagnols, — lorsque, au mois de juin 1570, la nouvelle se répandit que la peste ravageait Thonon et Annecy.

La foire de la Saint-Jean approchait. C'était une des plus importantes de la Savoie. De grandes foules y accouraient à pied, à cheval, de toutes les parties du duché, du Piémont, du Dauphiné, du Lyonnais et de Genève. Pendant trois jours, des flots pressés remplissaient, bêtes et gens, le Pré de l'Évêque, les rues étroites de Saint-Antoine, de l'Orme, de Bonrieu, du Mollard-d'Arvan, et les places du Pointet et de l'Officialité, qui n'étaient que des rues un peu plus larges.

Aujourd'hui, les foires sont plus nombreuses; le commerce de détail s'est éparpillé un peu partout; le chemin de fer remplace les caravanes de chevaux et de mulets; le commis-voyageur et la poste vont servir le client à domicile. Nos foires peuvent à peine, sauf en ce qui concerne le bétail, être comparées aux marchés hebdomadaires de ce temps-là.

On conçoit quel milieu favorable il y avait là pour le développement des ferments de peste, et de quelle suprême importance il était de les empêcher, s'il était possible, de s'introduire dans la ville par des voyageurs non munis de bulletins de santé.

Le 18 juin 1570, le Conseil général prit un arrêté ainsi conçu : « Resolu que l'on mettra gardes au pont d'Hermillon, à cause de la contagion que l'on dict estre tant au lieu d'Annessi qu'en Thonon, pour la préservation et santé de la ville, considéré aussi le nombre de peuple que pourra venir de tous costés à la presente foyre de Nativité sainct Jehan Baptiste accoustumée tenir en ceste dicte cité, et seront en nombre quatre gents ydoines pour faire la dicte garde, l'ung pour *cscupre* (faire le guet), l'aultre pour aller et venir en ceste cité comme le cas le requerra, et les deux demeurants sur le dict pont, aux despens des trois estats de la dicte cité.... Sera mis le portal accoustumé au milieu du dict pont. »

Au commencement du mois de juin 1575, des cas de peste se déclarèrent de nouveau en Savoie et en France. Sur un ordre d'Emmanuel-Philibert, on ferma les portes de la ville de Saint-Jean et on ne laissa entrer que les personnes munies d'un bulletin de santé. Le secrétaire de la politique inscrivit, à cette occasion, dans un registre qui nous a été conservé, les noms des personnes qui, du 10 juin au 20 août, sortirent de Saint-Jean pour aller hors de la Maurienne : nous en tirerons plus tard des notes intéressantes sur le mouvement à des voyageurs travers notre vallée. Marquet déclare, au commencement de son registre, que Saint-Jean est « lieu non suspect, grace à Dieu, d'aulcune maladie contagieuse. »

De nouvelles précautions furent prises le 15 août 1577. Le bruit s'étant répandu que la peste régnait à Chambéry et dans les environs (1), les syndics : Michel Truchet, pour la noblesse; Claude Fornier, marchand de la rue d'Arvan, et Pierre Delacombe, pour le tiers-état, firent prendre au Conseil général l'arrêté suivant, en exécution d'une ordonnance de la *Magistrature de santé* établie par le Sénat. On mettra trois gardes au pont de Villard-Clément et quatre au pont d'Hermillon, « lesquels feront bonne garde jour et nuict et ne permettront l'entrée à ceulx qui viendront du cousté de Chambéry, soit avec bollettes ou sans bollettes. Touteffois les dictes gardes les conduiront et passeront par dehors la cité jusques ils ayent passés iceulx deux ponts. Et cecy jusques à ce qu'aultrement soit advisé. »

Dans une délibération du 14 juillet 1581, on lit, au sujet des étrangers qui remplissaient la ville : « Causant la notice de la contagion tant en Dauphiné que ailleurs, laquelle se pourroyt approcher de la presente cité et icelle endommaiger, auquel lieu pour ce qu'il y a plusieurs estrangiers pauvres et ne possédant en icelle ny ailleurs aulcungs biens, lesquels, quand la dicte cité seroyt atteinte de pestilence, pourroyent causer aux vrays habitants d'icelle grande despence, oultre le malheur qu'ils estrangiers pourroyent causer pour soy vouloir par

(1) Voir *Histoire du Sénat de Savoie*, t. I, p. 437.

trop hazarder netoyer ou curer ou vrayement desrober, se pourvoiront les scindics par devant les magistrats pour d'yceulx obtenir provision à ce requise. Neantmoings seront les dicts scindics assistés de quatre conseilliers ausquels sera permys licensier quelques ungs des estrangiers pour demeurer en la dicte cité, estant par les dicts scindics cogneus solvables et discrets et de bonne renommée, et que tous autres qui n'auront moyen soy entretenir, n'estants des vrays habitants dicte cité, seront deschassés. » Le Conseil nomme deux commissaires dans chaque rue, chargés de recueillir des informations sur les étrangers qui y habitent.

Le 28 mars 1583, on trouva dans la chapelle de la Réclusière deux individus qui avaient nettoyé des maisons infectées de la peste à Arvillard et qui, d'après les papiers dont ils étaient porteurs, n'avaient fait que vingt-huit jours de quarantaine. De l'avis de l'évêque et du seigneur Lathoud, lieutenant du juge-corrier, le syndic, Mᵉ Antoine Filliol, leur fit défense d'entrer dans la ville et d'avoir des relations avec qui que ce fût, « à peine corporelle arbitraire au dict seigneur juge. »

Le 16 juin de la même année, les syndics firent mettre des gardes et placer les portes au pont d'Hermillon, jusqu'à la foire de la Saint-Jean.

Cependant, vingt-un ans s'écoulèrent depuis la contagion de 1565, pendant lesquels, grâce aux mesures énergiques prises par les autorités, la ville échappa au fléau qui, à des intervalles rapprochés, désolait le reste de la Savoie et du Dauphiné.

Le 13 avril 1586, on dresse de nouveau la liste

des étrangers pauvres et l'on expulse ceux dont la présence peut être un danger pour la santé publique.

Le 24 août, le corrier enjoint aux syndics, sous peine de 500 livres d'amende, de poser, dans le terme de trois jours, des gardes pour la santé au pont d'Hermillon et à l'avenue de Bonrieu. Les syndics de Saint-Jean d'Arves en ont déjà placé au village d'Entraigues et au pont des Chambons. Le Dauphiné est en pleine contagion et, sans passer par Saint-Jean d'Arves, les *suspects* peuvent arriver à Saint-Jean par Villarembert et les Villards. En vertu d'une décision du Conseil d'État, les frais de ces gardes sont à la charge de toutes les communes de l'étape.

Le 4 octobre, ont fait défense de tenir des porcs dans la ville, sous peine de confiscation; de laisser des immondices dans les rues, de garder des peaux fraîches, etc.

Il aurait fallu aussi pouvoir interdire le passage aux troupes espagnoles.

La peste éclate et avec elle la frayeur qui trouble les têtes et fait voir partout des empoisonneurs. Il ne paraît cependant pas que le fléau ait fait, cette année-là, de bien nombreuses victimes. Du moins, nous ne trouvons, dans nos registres, que ces quelques faits.

Le 19 octobre, défense est faite d'entrer dans les cabanes des malades, sans être munis d'une autorisation et accompagné des gardiens; de sortir de chez soi la nuit, à moins d'une nécessité urgente; de loger des pauvres étrangers. Le chanoine Guillaume Mareschal paie 30 florins pour la part à laquelle il pourrait être tenu des dépenses occasionnées par la contagion.

Le 1er novembre, Jean Amé du Mollard, subrogé du commissaire général de la santé en Savoie, ordonne aux commissaires nommés dans chaque rue de lui remettre, sans retard, la liste des malades.

Le 5, ordre d'enfermer les personnes atteintes, ou soupçonnées atteintes de la peste, de nettoyer les maisons, de brûler les couvertures et les vêtements d'une fille qui vient de mourir. La défense de sortir la nuit est tellement rigoureuse, que Catherin Viallet, pour être sorti secrètement de sa maison vers les quatre heures du matin, est condamné à demeurer enfermé pendant plusieurs jours.

Le 17, les syndics et leurs conseillers, assemblés à l'Ecu de France, ordonnent que « Guillaume Accier et François Constantin, *cureurs de maysons*, seront remis en la mayson de Michel Francoz, au-dessus de la rue Bonrieu, pour y faire la quarantaine dernière, estans au préallable deubuement lavés, tondus et rasés, et ayant changé d'accoustrement, pour illec estre gardés tant jour que nuict par deux gardes et personnes souffizantes et ydoines, le tout suyvant l'advys de monseigneur le révérendissime. »

Deux femmes qui ont nettoyé des maisons sont mises en quarantaine près du Lion d'Or, pour faire *l'essai* de cette maison, « estans au préallable lavées et changées d'accoustrements. »

Ordre de parfumer une chambre avec du genièvre et de l'encens, en présence des syndics, avant que le locataire y entre.

Avec le froid, la contagion disparut comme en 1564; mais, comme à cette époque, ne reviendrait-elle pas l'année suivante? On passa l'hiver dans cette crainte. Mgr de Lambert, le corrier Baptendier, le subrogé commissaire de la santé, du Mollard, les syndics multiplièrent les mesures de précaution et veillèrent avec une sévérité minutieuse à ce que leurs ordonnances fussent littéralement observées: propreté des rues et des maisons, visite des voyageurs se présentant aux portes de la ville et refus d'entrée à ceux qui ne pouvaient pas prouver qu'ils ne venaient d'aucun lieu atteint de quelque épidémie, interdiction absolue de séjour aux pauvres étrangers, séquestration immédiate des personnes dont la maladie pouvait affecter un caractère contagieux, etc.

Au printemps, recommencèrent les passages de nombreuses troupes espagnoles venant de contrées où la peste semblait avoir élu domicile. On défendit aux habitants, sous les peines les plus sévères, d'acheter quoi que ce fût des soldats.

Le 4 septembre 1587, le corrier Baptendier, nommé commissaire pour la santé, adressa un mémoire aux syndics et à leur Conseil. « La contagion de peste, disait-il, faysoit progrès en divers lieux de la Savoye ès aproches de la Maurienne et pour obvier, avec la grace de Dieu, premièrement qu'elle ne s'avance et print cours de par deça, par faulte de tenir main que ceulx venants des lieux contagieux et soupçonnés ne conversent ny pratiquent avec les aultres et spécialement de ce quartier, il seroit donc très expedient et requis qu'au lieu de mettre les gardes à tour de roolle des maysons de la cité pour assister aux gardes ordinaires establyes au pont d'Hermillon, que par le moyen de ce qu'il y en a beaucoup et la pluspart de ceulx de la ville qui vont faire la garde au dict pont, pour ne savoir cognoistre les bollettes falcifiés et venants des lieux infects et soupçonnés et iceulx passants interroger de leurs passages, pour ne savoir en grande partie lire, aultres pour estre mal exercés et experts en tel fait, peuvent par ce moyen permettre l'entrée en la presente cité ausdicts soupçonnés passagers, sans les scavoir decouvrir, dont pourroit survenir grand danger, perte et dommaige ; pour à quoy obvier seroyt requis et nécessayre establyr et constituer le nombre de trois vingts personnes des plus notables et capables de la cité, indifferemment bien entendu, et expérimentés pour faire la dicte garde au pont d'Hermillon avec les gardes ordinayres, lesquels par le moyen de leur intelligence et expérience pourront obvier et destourner le passage des passagiers venants des lieux soupçonnés et infectés. »

Cette garde extraordinaire, adjointe à la garde ordinaire, se composerait de deux notables, remplacés toutes les vingt-quatre heures, d'après un rôle dressé par le Conseil et sur l'ordre transmis par le valet de la ville. Quiconque ne se rendrait pas à son poste serait passible d'une amende de 50 livres, dont le produit servirait à payer la garde ordinaire. Les notables enrôlés pour ce service seraient dispensés de celui de la patrouille, qui se faisait dans l'intérieur de la ville, pour veiller à l'observation des règlements concernant la salubrité publique.

Le Conseil adopta les propositions du seigneur-corrier et dressa sur-le-champ le rôle des notables appelés à faire ce service.

Nous avons ce rôle. Il comprend soixante-dix-sept noms, dont douze ecclésiastiques, douze nobles, quarante-deux avocats, médecins, procureurs, notaires, apothicaires, praticiens, tous désignés par la qualification de *maistres*, et onze simples citoyens, peut-être les principaux marchands. Mes lecteurs de Saint-Jean sont peut-être curieux de connaître ces noms aujourd'hui disparus. Ceux que ce détail n'intéresse pas n'ont qu'à tourner le feuillet.

Rue Beauregard : noble Jean-Amé du Mollard, noble Balthazard Baptendier, M° Jacques d'Avrieux, docteur en droit, M° Pierre Lambert, noble Michel Truchet, M° Jean-Louis Collombet, M° Laurent Fay, le seigneur corrier Baptendier.

Rue de l'Orme : noble Urbain du Pont, noble Georges Sauvage, M° Catherin Gallice, François Sébastien, M° François Boisson.

Grande Rue, comprenant les rues de la Granaterie et des Bourses, la place de l'Officialité et la rue d'Arvan : noble Boname Cueur, juge du marquisat de La Chambre et lieutenant du corrier, M° François Fay, docteur en droit, M° Pierre de Beaumont, chirurgien, M° François Martin, M° Antoine Filliol, noble Claude de Châteaumartin, M° Pétremand Mact, M° Jean Potel, Amé Rey, Pollemard Heustache, André Chapel, M° Amblard Chex, Pétremand Ponce, Jean Borjon, Jean Mollard, Thibaud de Capella, M⁰ Baptiste Bertrand, M⁰ Jacques Arthod, M⁰ André Rol, M⁰ Etienne Excoffon, M⁰ Barthélemy Cornuti, M⁰ Claude Gallice, M⁰ Michel Martin, M⁰ Jean Vachet.

Rue Bonrieu, y compris la rue des Fours et le Pointet-du-Bourg : M⁰ Jean Faure, M⁰ Baptiste Savoie, M⁰ Humbert Rolaz, M⁰ François Gaurre, M⁰ Pétremand Bertrand, Jean Jenner, M⁰ Claude Guitardent, M⁰ Louis Fontaine, M⁰ André Rossat, M⁰ Claude Verdon, M⁰ Henry Rolaz, M. le juge Lathod, M⁰ Claude Bertrand, noble Pierre des Costes, M⁰ François-Gaspard Canal, M⁰ Jean Reymond, M⁰ Antoine Boudrey, M⁰ Humbert Collombet, M⁰ Jacques Sibué, M⁰ Jacques Boudrey, procureur fiscal, M⁰ Jean Bertrand, noble Amé des Costes, noble Gasbamel de La Balme, noble Jacques Ducol.

Rue Saint-Antoine : Jacques Costaz *larbroz*, M⁰ Jean Bruend, M⁰ Claude Bruend.

Ecclésiastiques : R^{ds} Guillaume Mareschal, Sibelloz, Pierre Trabichet, Jean-Antoine Lathoud, Jean Brunet, Claude Bérard, Antoine Magnin, l'Ale, Dufour, Louis Varcin, Humbert de Jorcin et Pierre Robert.

Le dimanche 13 du même mois, le Conseil décide qu'en conformité du règlement pour la santé, envoyé par le comte Martinengo, gouverneur de la Savoie, les syndics Pierre Rambaud, Jean Collomb et Aimon Rostaing visiteront la grange du Paradis, pour voir si elle est assez vaste pour que l'on puisse, si cela devient nécessaire, y établir des logements pour les pestiférés.

Le fléau paraît avoir épargné la ville cette année-là ; et cependant il décima la commune limitrophe de Fontcouverte depuis le mois de septembre jusque dans le courant du mois de janvier. Les cabanes furent dressées aux *Rafforts,* soit pour les malades, soit pour ceux qui étaient en quarantaine, et les syndics leur envoyaient les vivres nécessaires. Le 8 octobre, la dépense était déjà de 120 florins ; de ce jour au 13 décembre elle s'éleva à 272 florins 16 gros. L'ensevelisseur, qui était d'Albiez-le-Vieux, reçut 2 florins par jour, plus sa nourriture, évaluée à 1 florin par jour, et un habillement neuf : *chapel, robe, haut et bas de chausses, solliers.* Il devait aller faire les sépultures en quelque lieu que ce fût de la commune.

Le Conseil de Saint-Jean avait décidé que, pendant la durée de la maladie, le marché du samedi se tiendrait le long du torrent de Bonrieu (1). Le 2 décembre de cette même année 1587, ayant reçu un nouveau règlement fait par le Conseil d'État *à cause de la contagion,* il ordonna : que le pont de l'Échaillon fût abattu ; que les syndics chargeassent deux commissaires, dans chaque rue, d'expulser les étrangers ; que toutes les nuits une patrouille de quatre hommes, commandés par un caporal, parcourût les rues ; que l'on construisît immédiatement, aux entrées de la ville, des cabanes où les gardes pussent se mettre à l'abri.

Le 28 février 1588, le Conseil, priant Mgr de Lambert de distribuer l'aumône au temps et de la ma-

(1) Archives de l'église de Fontcouverte.

nière accoutumée, dit que la contagion a disparu dans toute la Maurienne.

Dans les derniers mois de cette année, on eut de nouveau des inquiétudes, à cause des mouvements de troupes qu'allait amener la guerre pour le marquisat de Saluces ; le tiers-état, de concert avec l'évêque et la noblesse, rétablit la garde ou patrouille de nuit, et nomma capitaine de la ville Pierre de La Balme, lieutenant du défunt capitaine Louis du Pont, et lieutenant Pierre Delacombe.

Il y eut alors un répit de dix ans. En 1598, la peste se joignit à la guerre pour désoler notre malheureux pays. Mais les procès-verbaux des délibérations des Conseils, pour les dernières années du XVIe siècle, n'existent pas dans les archives de la ville, et celles de l'évêché et de la cure ne possèdent pas de registres de décès antérieurs à 1629. Nous n'avons donc que quelques notes éparses, dont les principales sont la mention de Jean Lazard et de Michel Fécémaz, de Beaune, *nettoyeurs de la cité en la contagion de 1598;* et le vote d'une taille pour payer les frais de cette contagion, dont le compte a été arrêté le 20 juin 1599. Les deux plus fortes dettes, de ce chef, sont 83 florins dus à Jacques de La Balme, et 40 florins dus à Laurent Brun-Bonnefoy pour dégâts en sa propriété du Clapey, faits pour les pestiférés, sans doute pour la construction des cabanes.

Ces cabanes existaient encore le 17 novembre 1599. Elles étaient au nombre de trente : 11 étaient occupées par 23 malades ; 16, par 34 *soupçonnés de peste;* et 3 par *les hospitaliers et les buyandières* (lessiveuses).

Autour de ce triste village, de petits monticules rappelaient les victimes des pestes de 1564, 1565, 1586 et de l'invasion actuelle; et, tout à côté, des fosses toujours béantes semblaient inviter les malades des cabanes à se hâter de les rejoindre.

Le 10 avril 1600, Vincent Bizel, sergent épiscopal, signifia à Claude Chappelle, apothicaire, qu'il eût à se rendre aux arrêts dans les *carces* du palais, puisqu'il ne pouvait payer la somme de 45 florins 6 sols, qu'il devait *pour le faict de la contagion de l'année 1599*.

Pendant cette peste, la ville fit vœu d'aller en procession à Notre-Dame du Charmaix. Le vœu fut accompli l'année suivante, et les frais, à la charge de la communauté, furent de 34 florins 6 sols pour le porte-bannière, le porte-croix, les deux enfants portant les clochettes devant la procession, et trois mulets chargés des bagages. Le clergé, composé de trois chanoines et de sept autres ecclésiastiques, et les deux enfants furent nourris par les syndics, Antoine Borjon et Jean Viffray-Virot. Le registre fait remarquer que ce fut le curé de Sainte-Marie, Jean Jobert, qui présida la procession.

La peste de 1598-99 sévit dans toute la Maurienne. Un fait donnera une idée des ravages qu'elle exerça. Le 1er décembre 1598, la commune de Saint-Alban d'Hurtières souscrivit une obligation de 65 écus d'or sol, l'écu valant 7 florins 10 sols, en faveur d'un *maitre nettoyeur de contagion,* qui était du Monétier de Briançon. Cette somme vaudrait, aujourd'hui, environ 2,000 francs.

Nous avons vu que les règlements sur la salubrité ou la santé publique furent faits, les uns par le Conseil d'État de Savoie, les autres par un *Magistrat* du tribunal *de la santé,* siégeant à Chambéry. Ce Magistrat avait d'abord été institué par le duc Emmanuel-Philibert. Supprimé par l'édit du 7 août 1583, qui en confia les attributions au Conseil d'État, il fut rétabli le 26 avril 1588, et composé de Charles de Rochette, président au Sénat, président; d'André de Bienvenu, conseiller d'État; de Nicolas Davise, conseiller et sénateur ; de l'avocat ou procureur général, du juge-mage de Savoie, de l'un des syndics et du capitaine de la ville de Chambéry (1). Il était chargé de faire les règlements qu'il jugerait nécessaires dans l'intérêt de la santé publique et de trancher les difficultés que ces règlements pourraient faire naître. Il avait un lieutenant ou délégué dans chaque province, pour veiller à l'exécution des règlements et prendre les mesures de détail qu'elle comportait. A Saint-Jean, ce fut Bon-Amé Baptendier, corrier et juge commun.

(1) *Compilation des anciens édits...*, p. 90.

CHAPITRE XXVII

Le Mystère de la Passion.

M. Florimond Truchet a fort intéressé les membres du Congrès des Société savantes de la Savoie, tenu à Saint-Jean de Maurienne en 1878, par sa communication sur le *Mystère de la Passion*, qui fut représenté dans cette ville en l'année 1573. Mais un certain nombre de documents importants ont échappé à ses recherches. Nous avons eu la bonne fortune de les trouver dans les archives de l'Hôtel-de-Ville et nous pouvons compléter son récit, qu'il voudra bien nous permettre d'intercaler dans le nôtre.

C'était le 1ᵉʳ mars 1565. La peste venait d'éclater dans la ville, qu'elle n'avait quittée que depuis quelques mois. Le vicaire général, Jacques Rapin, et les conseillers des syndics, ceux-ci étant occupés ailleurs, s'assemblèrent dans l'église Sainte-Marie et arrêtèrent à la hâte les mesures les plus urgentes pour essayer de combattre le fléau. Puis les portes de l'église s'ouvrirent et le Conseil général de la cité alla se ranger près du maître-hôtel, devant Celui qui, bien que caché dans l'humilité de l'Eucharistie, ne tient pas moins dans sa main la vie et la mort. C'est un des plus nombreux Conseils généraux dont il soit fait mention dans les registres : il se composait des trois syndics, de deux chanoines, délégués par le clergé, de quatre gentilshommes, aussi délégués par leur ordre, et de cent-quarante-huit bourgeois. Voici le procès-verbal en sa naïve et touchante simplicité.

Messieurs les scindics de la noblesse et du tiers-état et assistants, après l'oraison *Veni. Creator,* chantée au cueur de l'esglise paroissiale Nostre Dame, assemblés devant le grand autel d'icelle, ont voué, promis et juré à mains levées, présents et assistants les seigneurs de justice, representer par personnaiges le dict mistère de passion, faire et accomplir ce que sera requis pour cest effect suyvant leur povoir au temps et lieu que seront advisés par les esleus et commis et deputés pour cest effect, priants et requerants humblement et devotement à Dieu qu'ils puissent faire et accomplir le dict mistère en sa louange, santé et prosperité de toute la ville, et luy playse par le merite de sa dicte passion, laquelle ils ont voué par mistère, divertir le fléau et contagion estant et regnant à present à la dicte cité et faire grace et misericorde à son paovre peuple. En foy de quoy ont promis eriger les trois croix jeudi prochain feste de Saincte-Croix de matin en procession generale, laquelle à ces fins sera faicte en devotion. Et de ce ont commandé à moy notaire ducal et secretaire de la politique de dicte cité faire et passer le present acte, qu'a esté faict et octroyé par commandement de mes dicts seigneurs vicaire, corrier et juge commun de la dicte cité, au dict cueur esglise paroissiale Nostre Dame l'an et jour que dessus. Et jusques à ce que le dict mistère soit esté par personnaiges representé, ont promis faire chanter une messe haulte à dyacre et sous dyacre tous les vendredis de l'office de la dicte mort et passion incontinent après que la procession de Jésus sera faicte.

On convint que les frais de la représentation seraient répartis entre tous les habitants de la ville sans distinction, les pauvres seuls exceptés. Jacques Portier, syndic de la noblesse, offrit le bois nécessaire pour les croix et il fut élu, ainsi que Pierre de La Balme, commissaire de son ordre pour la préparation du mystère. La bourgeoisie fit choix de Jean Mestrallet, de M⁰ Canal, de Nicolas Juillard et de Martin Ulliel. Le clergé fut invité à élire pareillement ses commissaires dans sa première assemblée. Enfin l'on arrêta que le tout serait soumis à l'approbation du duc de Savoie, du gouverneur et du Souverain Sénat. L'évêque, — c'était le cardinal d'Este qui résidait à Rome, — était représenté par son vicaire général.

Dans une délibération du 1ᵉʳ août de la même année, on lit :

De la benoiste passion a esté dict que les esleus parleront et communiqueront avec maistre Nycolas Martin pour entendre de luy comme l'on fera les roolles du mistère d'icelle voué à jouer par personnaiges à la dicte presente cité, aux fins y estre en après procedé moyennant l'aide et grace de Dieu, jouxte et suyvant le vœu de la dicte cité faict.

Le poète Nicolas Martin était donc encore à Saint-Jean au mois d'août 1565, mais on ne trouve plus son nom dans les nombreuses délibérations prises lorsque la représentation eut lieu.

Cette représentation fut différée d'une année à l'autre, soit à cause de la détresse où la peste avait réduit la ville et ses habitants, soit à cause de la difficulté de l'entreprise et peut-être aussi du départ de Nicolas Martin, dont on peut lire les adieux à Saint-Jean dans le compte-rendu du Congrès des Sociétés savantes de la Savoie en 1878.

Cependant, messire Jean Baudissard, curé de Notre-Dame, acquittait religieusement tous les vendredis la messe dite *du vœu*. Le 6 juillet 1567, il réclama ses honoraires. Le Conseil général, assemblé dans la maison de la confrérie, répondit qu'on le paierait sur la première taille qui se ferait pour les charges générales de la ville et qu'il continuât à dire cette messe.

La question de la représentation du mystère ne fut reprise dans le Conseil général que le 25 juin 1571, fête de sainte Thècle, dit le procès-verbal que nous copions :

M⁰ Anthoine Baptendier, docteur ès droicts, remonstre comme en l'an 1565, causant la contagion et maladie de peste advenue en ceste cité et grace à Dieu cessée, fut faict veu general par les trois estats assemblés en conseil public general de representer par personnaiges le mistère de la passion, mort et resurrection de Nostre Seigneur Jesus Christ en temps opportun et comme seroit advisé par les commis à ce faict, et que l'on feroit celebrer tous les vendredis une messe de l'office d'icelle mort et passion jusques à ce que le dict mistère soit representé, laquelle auroit esté célébrée par quelque temps et dampuis delaissée jusques icy, encore que par aultre conseil fust resolu que le dict mistère seroit acomply à la forme du contract du dict veu receu par le secretaire de la presente cité, par teste de chesque chief d'hostel et non par facultés. Par ce l'on auroit faict assembler le present conseil aux fins de resouldre et deliberer entièrement si l'on pretend accomplir ce qu'a esté voué ou bien trover expedient pour en estre dechargé.

Après que les assistants au dict conseil auroint esté sommés et interpellés par quatre et cinq foys de dire leur opinion touchant ce que leur a esté proposé à cause du dict veu, avec declaration que leur a esté faicte que ceulx qui ne veulent à ce consentir ne le declarant presentement seront tenus pour exprès consentants et obligés au dict veu et accomplissement d'icelluy suyvant le dict contract, duquel a esté faict presentement lecture, attendu qu'ils sont expressement appelés pour cela. Est resolu que le dict mistère sera representé par personnaiges en temps opportun et comme sera advisé par les commis à ce, suyvant et à la forme du dict contract de veu, au contenu duquel les assistants par commun consentement ont acquiescé. Et à ces fins sont commis de la part de la noblesse superintendants au faict susdict M. l'advocat Michaelis et M. Bibal, le dict Michaelis present et acceptant la charge. De la part de la bourgeoisie, Mes Deaprili, Canalis, Mestrallet, Nycollas Julliar. Et presteront les commis par devant les seigneurs de justice serment en tel cas requis. Messieurs d'esglise assistants à ce conseil ont requis communication du dict contract de veu.

L'assistance se composait de cent soixante-treize personnes : François de La Crose, vicaire général de Mgr de Lambert; Jean Baptendier, syndic de la noblesse; Claude Rostaing et Claude Perret, syndics du tiers-état; Claude Michaëlis, lieutenant du juge-corrier; Cornuti, procureur fiscal du duc de Savoie; Modéré, procureur fiscal de l'évêque; les chanoines Guillaume Mareschal et Guillaume Dubois; Antoine Baptendier, Pierre des Costes, de Collo et

Portier; les deux fils de M. de Saint-Marcellin, et cent cinquante-huit bourgeois.

Nous laissons maintenant la parole à M. Florimond Truchet :

Le Mystère de la Passion avait déjà été représenté à Saint-Jean de Maurienne à une époque que je n'ai pu établir. Messire Guillaume Mareschal, chanoine, paraît avoir été l'organisateur de la représentation de 1573. Je possède le manuscrit de la première journée, sur la couverture duquel on lit le nom de ce chanoine : *Guillaume Mareschal, chanoyne de l'esglise de Maurienne,* et un peu au-dessous ces deux vers :

> A bien servir et loyal estre
> De serviteur l'on devient maistre.

Ce volume a été percé de part en part de deux coups de poignard.

J'ai encore trouvé un autre manuscrit de l'époque intitulé : *Registre des affaires et négoces concernant le faict du divin mystère de la Passion, mort et resurrection de nostre Seigneur Jésuschrist devant estre representé en la presente cité Sainct Jean de Maurienne.* C'est de cet intéressant document que j'ai tiré le récit de la *fabrique* du Mystère qui va suivre.

Le mercredi, 5 novembre 1572, dans la maison capitulaire du chanoine Mareschal, s'assemblaient sous sa présidence : messire du Boys, aussi chanoine et comme lui député du clergé; messeigneurs Jean Amed du Mollard et Claude Michaëlis, députés de la noblesse; messieurs Mathieu Dapvrieulx, Catherin Bertrand et Jean Antoine Canal, représentants de la bourgeoisie et tiers-état, pour établir la liste des cotisations destinées à couvrir les frais de la représentation du Mystère, qui fut ainsi arrêtée :

1° Les chanoines, au nombre de quatorze;

2° Les *prebstres,* au nombre de dix-neuf;

3° Les nobles, au nombre de vingt-huit;

4° Enfin les bourgeois et le tiers-état, dont la nomenclature occupe plus de vingt-cinq pages, où ils sont classés par ordre de rues, et arrivent au chiffre de quatre cent trente-trois personnes.

Le vendredi suivant, les mêmes députés ou commissaires s'étant de nouveau réunis dans la maison d'honnête François de La Croix, *afin de procéder à la détraction des personnes misérables, ont advisé détraire tant seulement les personnes qui vont mendiant*. Les commissaires du clergé promettent de déposer le rôle de leurs collègues dans la journée même, et les nobles déposent le leur incontinent, puis, *par naturel consentement des assistants,* l'assemblée s'ajourne au dimanche suivant. Dans cette réunion, on ajoute au rôle du tiers-état les trois greffiers des cours spirituelle et temporelle de l'évêché et l'on arrête à la somme de *deux écus à cinq florins pièce* la quote part de chaque personne du tiers-état.

Mᵉ Claude Michaëlis accepte la charge de trésorier de la noblesse, et les représentants des autres corps d'état choisissent aussi chacun leur exateur particulier pour la perception de cette cotisation.

On décide que les livres et roolles du dict Mystère seront retirés des mains de demoiselle Jeanne, veuve de Mᵉ Antoine Baptendier, docteur en droit, *qui les auroit corrigé et traduit,* c'est-à-dire copiés, *à moindre frais que faire se pourra.*

Le mercredi suivant, malgré l'absence de deux commissaires, les autres s'en vont prier M. Pierre Rapin, corrier et juge commun de la présente cité, de les accompagner chez madame de Baptendier, où ils se rendent, en effet, pour conclure le marché des livres et des rôles du Mystère en question, que feu l'avocat de

Baptendier avait copiés sur des originaux venus de loin et à grands frais. Mais voilà que tout-à-coup on apprend à M. Rapin le décès de M. Jean-Louis de Collo (du Col) son beau-frère, *le corps duquel on auroit treuvé neyé entre deux grosses pierres près le Pontamafrey en la rivière d'Arch,* ce qui n'empêcha pas les autres commissaires du tiers-état de requérir madame de Baptendier de leur communiquer les livres du Mystère, ce à quoi elle se refusa, si on ne payait les dépenses faites par son mari. Enfin, après des pourparlers, il fut convenu que madame de Baptendier les prêterait jusqu'à la fête de Saint-André, ou bien qu'ils lui seraient payés *dix écus de cinq florins pièce, oultre ce en quoy elle pourroit estre quottisée pour les frais du dict mystère,* et les commissaires signèrent cette convention.

Mais, douze jours après, les commissaires se réunirent de nouveau pour constater que les copies du sieur Baptendier « estoient manqués et défaillants en plusieurs endroicts, tellement qu'il auroit esté advisé et resollu par les dicts commis de retirer de madame la jugesse de Baptendier les livres de Sainct-Michel qui sont devers elle, aux fins de les remettre avec ceux faicts par le dict sieur Baptendier entre les mains de noble Jean Loys de La Balme pour les corriger et mettre le tout en bon ordre; » de sorte qu'ils se rendirent chez madame Baptendier, qui leur remit non seulement les manuscrits du Mystère appartenant à la ville de Saint-Michel, au nombre de huit, mais encore ceux de la ville de Grenoble, reliés en peau rouge, *pour le tout pariffier,* à titre de prêt ou communication.

Le 3 novembre, nous voyons la même commission convenir de faire dresser une autre copie de la première journée du Mystère, par Mᵉ Jean Chabert, moyennant salaire. Il semble, toutefois, que les commissaires ne purent s'entendre avec Jean Chabert ce jour-là; car le secrétaire de la cité, maître Jean Marquet, en fut chargé après en avoir débattu et convenu le prix, le jour de la fête de la Conception (8 décembre).

Le samedi suivant, on délibère de demander à Mᵍʳ le révérendissime évêque de Maurienne et prince, son approbation et l'autorisation de représenter le dit Mystère, au temps qui sera choisi par la commission.

Mais il restait encore à demander licence de monseiseigneur le gouverneur et du Souverain Sénat de Savoie, pour permettre la dite représentation, les assemblées nécessaires à cet effet, l'organisation et l'étude des rôles, l'exaction des cotisations; il fallait obtenir encore des lettres *contre les recusants à payer la somme à laquelle ils auront estés taxés, nonobstant toutes oppositions,* etc.; délibération qui fut prise le même jour. Il fut encore délibéré que l'on ferait appel à la générosité publique pour subvenir à ces dépenses et que les dons volontaires seraient reçus par le secrétaire Marquet.

Le dimanche suivant, 1ᵉʳ février 1573, la commission s'assembla encore pour distribuer les rôles de la première journée à chacun des acteurs de cette pièce, qui en avaient été requis. Le zèle des commissaires était loin de se refroidir; aussi convinrent-ils de se réunir deux fois par semaine, le dimanche et le mercredi, sous peine de 6 gros d'amende.

Ils se réunirent en effet au jour désigné et résolurent d'aller, assistés de M. le juge-corrier Pierre Rapin demander à l'évêque son autorisation de faire les répétitions dans l'église Notre-Dame. Dans cette séance, ils arrêtèrent encore que le premier versement de la cotisation serait de *ung escu par chesque chief d'hostel,* sauf l'avis de l'évêque et des juges mage et corrier.

Le 15 février, M⁰ʳ Pierre de Lambert recevait en son palais les députés des trois états, pour la représentation du Mystère, accompagnés de M. Pierre Rapin. Après avoir pris connaissance des préparatifs que ces messieurs avaient déjà faits, l'évêque leur accorda gracieusement la permission de faire leurs répétitions dans l'église Notre-Dame, et les engagea à obtenir des personnages riches de la ville, qui n'auraient point voulu accepter de jouer un rôle, un équivalent en argent.

La première répétition du Mystère eut lieu le vendredi 18, dans l'église Notre-Dame, à une heure de l'après-midi, en présence de toute la commission d'organisation, représentant le clergé, la noblesse et le peuple. Le matin même, elle avait fait célébrer une grand'messe à six diacres, *avec aultres prebstres, clercs et enfants de chœur,* qui coûta 37 gros ¹/₄.

On reconnut la nécessité de faire un règlement et d'édicter des mesures fiscales, pour obtenir le bon ordre de ces acteurs improvisés, et il fut arrêté que les répétitions auraient lieu tous les mercredis jusqu'à Pâques et que ceux qui ne s'y seraient pas rendu à *une heure sonnant,* seraient frappés d'une amende de 1 florin, sauf motifs légitimes. Il fut interdit aux acteurs de sortir pendant les répétitions.

Cette même peine de 1 florin d'amende était la punition de celui qui aurait blasphêmé en ce lieu, ou insulté, querellé ou outragé quelqu'un de l'assistance.

L'entrée de l'église Notre-Dame fut interdite à toutes les personnes étrangères à la représentation, à l'exception toutefois des magistrats, des commissaires et des syndics, à moins de payer en entrant 4 gros de Savoie. Les personnes étrangères à la ville devaient préalablement obtenir des commissaires la permission d'entrer.

L'acteur qui avait récité son rôle dans une taverne ou

appelé un de ses collègues par son nom de **théâtre**, était condamné à payer 1 teston (1).

Le produit de ces amendes devait être réparti entre les pauvres et les frais du Mystère.

Ce règlement fut lu et publié dans l'église, devant l'autel des saints Crépin et Crépinien, en **présence de** M. Rapin, qui en prit acte; puis l'on fit l'appel de tous les acteurs, qui déclarèrent y adhérer.

La deuxième répétition eut lieu le mercredi 24 février; à la suite de laquelle les commissaires, réunis en séance, arrêtèrent *qu'aulcung des hystoriens* (acteurs) *ne départira sans leur licence.*

Le jour du mardi-saint, 10 mars, les personnages les plus distingués de la bonne ville de Saint-Jean s'étaient réunis pour choisir l'emplacement où l'on devait élever les échafaudages pour la représentation du Mystère. Parmi eux l'on remarquait messire Jean d'Humbert, docteur en droit, juge-mage pour Son Altesse Monseigneur le duc de Savoie au baillage et principauté de Maurienne ; messire Pierre Rapin, corrier et juge commun de la cité et ressort de Maurienne; M⁰ Jacques Cornuti, procureur fiscal pour Son Altesse; révérends messires Guillaume Mareschal de Luciane et Guillaume du Boys, chanoines de la cathédrale et commissaires de la part des seigneurs d'église; M⁰ Claude Michaëlis, docteur en droit, et Jean Amed du Mollard, représentants de la noblesse ; Mes Mathieu Dapvrieulx et Catherin Bertrand, représentants de la bourgeoisie et tiers-état, et encore honnêtes Georges Boissonis et Pierre Richard, modernes syndics et bourgeois de la cité.

(1) La valeur du teston de Savoie à cette date précise ne nous est pas connue; mais un arrêt de la Chambre des comptes, du 18 janvier 1578, la fixe à 18 sols 1 fort. (*Compilation des anciens édits...*, p. 763.)

Après avoir visité dans les environs les prés et les champs les plus propices pour l'établissement de l'échafaudage, et entre autres le pré de feu Pierre Giroult, au lieu du Clapey, *où l'on ha aultrefoys représenté le mistère de la Passion, le pré d'Amed Valet, où l'on soloit tenir l'escolle,* etc., la commission vint au pré de l'évêque, au pied duquel il fut décidé qu'on établirait *l'échafaud et plancheiement* nécessaire, sauf toutefois le bon plaisir de Mgr Pierre de Lambert, qui, le lendemain, accorda toute espèce de facilité à cet égard.

Le 24 mars, le règlement fut appliqué à Georges Rapin qui avait manqué à la répétition et dut payer 1 florin et, en outre, *fut contraing retenir son roolle.*

Depuis lors jusqu'au milieu du mois de juillet, les répétitions se succèdent presque tous les jours, pour les quatre journées du Mystère; l'évêque y assiste quelquefois.

Il est à noter que le comité se départit un peu de sa sévérité règlementaire; car le jour de l'Ascension, jeudi 30 mai 1573, on lut dans l'église cathédrale le factum suivant :

« Messieurs. — Afin que de myeulx en myeulx l'on puisse amyablement et de bon cueur poursuivre à la représentation du mistère de la Passion Nostre Seigneur, les commis ont advisé entr'eulx que ceulx qui ont incouru les poynes portées par les articles jusqu'à présent seront exempts de les payer, et à ceulx qui les ont payé l'argent leur sera rendu pour ce qu'il pourroit estre qu'ils ont eu jusqu'à présent quelque excuse. Et affinque pour l'advenir personne ne puisse fauldre à aussi digne cause, l'on vous dict et declare que tous ceulx qui fauldront à l'advenir aux resors (répétitions) et s'en sortiront avant que le resors soit à therme sans grande necessité et ayent au prealable obtenu licence seront contraings de payer irremissiblement ce que poyne pour chesque foys. »

Le vendredi 17 juillet, les commissaires représentants des trois états, sous la présidence de M. Pierre Rapin, se réunissaient en la place de l'Officialité et décidaient que *se feront monstres,* c'est-à-dire exhibitions ou promenades de tous les personnages du Mystère « par la ville, le premier dimanche d'aoust à pied trestous commencant dès l'esglise de Sainct Jean, à sortir par la maison de la *Donne Matta* sortant du portal d'Arvan, et iront droict par la grande rue jusqu'au portal de l'Horme et de là retourneront dans l'esglise par la petite porte de Mgr le Reverendissime par la porte dessous. »

Au 23 juillet, Michaëlis, le trésorier de la noblesse, avait dépensé, pour les frais de copie et de représentation du mystère, la somme de 205 florins 7 gros et demi. Me Marquet, secrétaire de la cité, qui avait assisté à toutes les séances du comité, et qui a pris notes de ses délibérations dans un registre où j'ai puisé les indications qui m'ont servi à rédiger cette étude, posa aussi son compte particulier. Ce compte mentionne le payement que huit citoyens avaient fait par anticipation, à valoir sur la taxe qui leur serait appliquée, pour subvenir aux premières dépenses. D'autre part, Me Marquet présente une note de fournitures, où figurent : *la façon du livre de la seconde journée du dict mystère, accordé à huit florins sans y comprendre le papier, et une pièce de boys que l'on a faict le pilon de Pilate quatre florins.*

J'ai encore trouvé la liste de quelques acteurs qui ont accepté des rôles et se sont engagés, sous leur signature, *à s'accoustrer* à leurs dépens. Voici textuellement un de ces engagements, au nombre de vingt-deux dont les autres varient peu :

« *Maistre Jacques Boudrey a accepté le roolle de Sathan et a promys se fournir vestements necessaires pour troys jours, en changeant chesque jour vestement nouveau, à charge que luy en sera faict un aultant beau que l'un des siens à communs despens pour le quattriesme jour et à communs frays.* »

Parmi les vingt-deux acteurs, dont M. F. Truchet donne les noms, se trouvent : Jean Dedux, teinturier ; Mᵉ Pierre Brunet ; Mᵉ Jean du Noyer, notaire ducal ; Claude Bruend ; Nicolas Jugliard, marchand ; noble Pierre de La Balme ; noble Boniface des Costes ; Ambroise Mollin ; Jean Béraud et Jean Fabert, prêtres ; Pierre Mestrallet ; noble Jacques Portier, qui souscrit au nom de demoiselle Georges de Martin de Serraval ; Claude Picollet, apothicaire.

De notre côté, nous avons trouvé les engagements de vingt-cinq autres acteurs, dont nous ne nommerons que les principaux : nobles Jacques Portier et Pierre d'Arves rempliront les rôles de deux diables, *Dragon* et *Griffon ;* noble François Luciane de Mareschal, celui de *Malchus,* serviteur du grand-prêtre ; Mᵉ Georges de Jorcin, clerc au greffe de la judicature de Maurienne, celui de *muet ;* Etienne Rossat, cordonnier, celui du diable *Cerberus ;* demoiselle Jeanne, fille de Mathieu d'Avrieux, celui de *demoiselle de compagnie* de sainte Magdeleine ; Louis Bonier, prêtre, celui de *saint Pierre ;* Antoine Picollet, marchand, celui de *Jéroboam,* prince des prêtres ; Pierre Brunet, couturier, celui de *Laquedem,* le juif-errant. Mathieu d'Avrieux, qui avait le rôle de *saint Jean-Baptiste,* étant tombé malade, est remplacé par le chanoine Dubois.

Il est certain que ces deux listes sont loin de donner les noms de tous les acteurs.

Dès le mois d'avril et aussitôt après le choix du

local, la commission s'était préoccupée de la construction des échafaudages. Le 16 et le 18 de ce mois, elle fit publier, dans les carrefours de la ville et sur la place du Pointet-du-Bourg, la mise aux enchères de cette entreprise, qui fut adjugée à Jean Dedin, serviteur de la ville, le dimanche 19, pour le prix de 420 écus de 5 florins pièce. Voici les principales conditions :

1° L'échafaudage sera en forme de *croissant de lune*; il aura vingt-quatre pieds de largeur et cinquante-deux toises de longueur sur le devant, sans y comprendre les escaliers, qui seront placés des deux côtés.

2° Il sera fait en bon bois, *de sorte que les pos* (planches) *qui seront mises et serrées dessus ne branleront aucunement....., tellement que les historiens que par dessus passeront à cheval, puissent aller et venir en asseurance.*

L'entrepreneur *fournira toutes les cercles pour la tapisserie, clous mataillés, taches et generalement toute espèce de ferrement necessaire tant pour le plan chauffaulx, soustenement d'icelluy, que pour les stations et membres que conviendra faire, comme paradis, enfert, montaignes, pilliers, croix, sepulchres, rouffies* (sic) *requis de faire à bois et juste* (boiserie). La façon de ces stations reste au compte de la ville, le bois et les cordages étant seuls à la charge de l'entrepreneur.

4° Tous les bois seront plantés et posés huit jours avant la fête de Saint Jean-Baptiste. L'échafaud sera terminé douze jours avant la représentation. Si celle-ci ne peut commencer le jour de la fête de Sainte Magdeleine (22 juillet), comme il a été décidé, l'échafaud restera en place jusqu'à la Saint Michel (29 septembre), sous la garde de la ville.

Une entreprise plus artistique fut confiée le 29 mai à M° Jacques Roche, peintre de Sollières. Il s'engage, moyennant la somme de 300 florins de Savoie, « à fournir pour le dict mistère toutes peintures, coleurs, pouldre, or en feuille et aultres peintures necessaires, et le tout mettre en œuvre, *fournir et faire toutes diadèmes, perruques, ailes des anges, testières, gorges des diables, peintures de leurs accoustrements, faintises et aultres choses à feu, aussi peindre des tourbans, tous téatres, prisons, monuments, temples* et aultres stations et choses necessaires. »

Tout doit être achevé le 19 juillet. En outre des 300 florins, la ville fournira le logement et la nourriture à Jacques Roche et aux ouvriers qu'il amènera ; elle fournira aussi tous les matériaux : bois, cordages, clous et autres ferrures, *toiles pour la gorge d'enfert, habits de diables, poits* (poix) des perruques et barbes, etc. Tous les objets que Roche confectionnera ou peindra demeureront la propriété de la ville.

La représentation ne put pas commencer le jour de la fête de Sainte Magdeleine ; mais tout porte à croire qu'elle eut lieu peu après la *monstre* du premier dimanche du mois d'août.

Le lecteur est peut-être désireux de connaître ce Mystère qui, pendant six mois, fut l'unique préoccupation des trois ordres de la communauté de Saint-Jean et qui, pendant les quatre jours que dura la représentation, les *esmut* si fort *à liesse et dévotion*. Grâce à l'obligeance de M. F. Truchet, nous pouvons le satisfaire sur la première journée ; quant aux trois autres, malgré toutes nos recherches, il nous a été impossible de les trouver.

C'est un grand et gros volume de cent quatre-vingt-sept feuillets ; les six premiers et les deux derniers ont été arrachés. Si, comme il est probable, les trois autres volumes étaient aussi considérables, les acteurs, surtout dans les rôles principaux, ont eu un prodigieux travail de mémoire. Dans la première journée, ils sont au nombre de quatre-vingt-sept, et la plupart ont dû figurer dans les trois autres journées.

Le drame est calqué sur l'Évangile, dont il suit le récit pas à pas, y prenant tout le thème des dialogues et l'entremêlant de monologues, de prières, de chants, des scènes de tavernes, de conciliabules des Juifs, de complots dans les enfers, d'entretiens pleins d'amour pour les hommes et de pitié pour Jésus souffrant, entre Dieu et les anges, etc. Inutile de dire qu'il y a des longueurs qui ne supportent pas la lecture, des naïvetés qui font sourire, des grossièretés qui révoltent.

Le XVIᵉ siècle n'était pas le XIXᵉ. Notre art compassé et nos délicatesses exciteront peut-être les mêmes sentiments dans trois siècles, s'il y a encore alors une langue et des langues françaises. Mais sous cette forme, qui ne ressemble en rien à celle de notre temps, il y a un fond immuablement vrai et touchant.

La scène s'ouvre à Jérusalem dans le cabaret de

la mère Heldroit. Quatre voleurs discutent les moyens de se procurer des habits et de l'argent. Ils feront partie de la bande qui ira prendre Jésus au Jardin des Oliviers, et la mère Heldroit portera la lanterne.

Jésus est à table chez Simon, le lépreux qu'il a guéri. Marie-Magdeleine, la pécheresse convertie, entre et répand des parfums sur sa tête. Murmures secrets des apôtres. Voici le commencement du long monologue de Judas :

> A quoy sert la perdicion
> De ceste liqueur précieuse ?
> A quoy sert mynistration
> Quant la chose est infructueuse ?
> C'est trop folle presomption
> A ceste femme vicieuse
> Et me deplaist l'oblation
> Qui m'est à perte dommageuse.
> ....
> N'eusse pas beaucoup mieux esté
> D'avoir cest oignement vendu
> Que sans prouffit l'avoir perdu
> Sans qu'il fust aux pouvres gecté ?
> Folye est l'avoir respandu,
> Car je croy qu'il eust bien rendu
> La somme de troys cens deniers,
> Desquels pour le moins j'en eusse eu
> Trente pour ma part des premiers.

C'est le premier pas vers la trahison et les trente deniers seront le prix du Juste. Cependant Pierre et Jean vont à Jérusalem prendre l'ânesse et l'ânon de Zachée. De Béthanie à Jérusalem, les apôtres se communiquent leurs réflexions.

Saint André :

.... Chemynons
Après Jésus et le suivons
Sans jamais s'eslongner de luy,
Car qui veult estre recuelly
Devant Dieu pour à jamais vivre
Doibt bien le doulx Jésus ensuyvre
Et souvent en avoir mémoire,
Si qu'après la vie transitoire
Ayons tellement milité
Qu'aller puissions en la cité
De la haulte Jérusalem
Avecques Jesus-Christ. Amen.

Pendant ce temps, à Jérusalem, diverses assemblées ont lieu, animées de sentiments bien opposés. Puis la foule sort de la ville, portant des rameaux, et, quand le Sauveur approche, chacun fait éclater sa joie.

Zaché :

Voici nostre benoist Saulveur
Qui nous vient icy visiter.
Si devons pour nous acquiter
Luy faire triomphant honneur.
C'est le Roy bennin sans rigueur.
Voicy nostre benoist Saulveur
Qui nous vient icy visiter.
C'est le Roy bennin sans rigueur
Qui dessus nous doibt dominer.

Véronique :

O doulce consolation !
Liesse et jubilation
Soit à la fille de Syon
Qui presentement le reçoit.

Benoist soit l'œil qui l'apperçoit.
Benoist soit le cueur qui conçoit
Ton amour par dévotion,
Ta saincte visitation,
Ta clère illumination
Nous doint telle inspiration
Que par ce moyen mieulx nous soit.

Simon le lépreux :

O benoist Saulveur,
O vray Redempteur
D'humaine nature !
A toy soit honneur,
Puissance et valleur,
Plus qu'à créature !

Célius :

O Roy fleurissant
Des haulx cieux yssant !
Vray Emanuel
Tout dueil guerissant
Et nous congnoissant,
Peuple d'Israel !

Manassès :

Voici le Roy bennig et doulx
Par lequel nous esperons tous
Estre mys hors de servitude.
Gloire, honneur et beatitude,
Sire, soit à Dieu et à vous !

Il y a aussi les chœurs des enfants.

Benjamin :

Chantons par modulation
Chant de liesse.

ELIUD :

Faisons par exultation
Feste à largesse.

JAPHET :

Exaltons la Rédemption
De nostre humblesse.

ABEL :

Disons tous l'exaltation
De telle haultesse.

Jésus se rend au temple et, arrivé sur le parvis, il annonce avec des larmes la ruine prochaine de la ville. Puis il retourne à Béthanie chez Lazare, où il a laissé sa Mère, qu'il prépare doucement aux douleurs qui approchent. Chaque jour, il va au temple pour prêcher : les discours que le poète met dans sa bouche, sont tous tirés de l'Évangile.

Le poète descend dans les enfers, qui sont fort troublés. Des disputes y éclatent et les diables finissent par battre Satan, qui remonte sur la terre avec Bérith. Satan va tenter plus vivement Judas, pendant que Bérith s'occupe des princes des prêtres et des pharisiens. Ceux-ci ont déjà tenu de nombreuses assemblées, sans pouvoir s'entendre sur les moyens de perdre le Sauveur. Judas se présente et les tire d'embarras, en le leur vendant trente deniers, la somme qu'il aurait pu voler sur la vente des parfums de Magdeleine.

Ici reparaissent les voleurs. Comme ils ont fait une bonne capture, ils boivent et dansent chez la mère Heldroit. C'est là qu'un serviteur du grand-prêtre va les chercher pour qu'ils se joignent à la bande de valets et de soldats, qui attend l'heure d'aller, sous la conduite de Judas, se saisir de Jésus.

Le récit de la dernière Cène, de l'institution de l'Eucharistie, des dernières recommandations du Sauveur à ses apôtres et de la trahison de Judas, est presque une traduction dialoguée des Évangiles. Une scène particulièrement touchante, c'est celle du Jardin des Oliviers. Pendant que Jésus sue sang et eau, les cieux s'ouvrent et l'on entend les anges supplier Dieu le Père d'atténuer les rigueurs de sa justice sur les hommes, pour que l'humanité de son Fils ait moins à souffrir. Ils obtiennent seulement la permission d'aller le consoler. Michel, Raphaël et Uriel descendent aussitôt et, s'agenouillant autour du divin Patient, lui adressent chacun un petit discours.

Cette première partie du Mystère finit au moment où les soldats, ayant pris et lié Jésus, l'emmènent chez Anne, en continuant de l'injurier et de le frapper le long de la route.

Comme nous l'avons dit, tout le reste du Mystère représenté en 1573 nous manque.

M. F. Truchet nous a communiqué un autre manuscrit complet du Mystère de la Passion, en deux volumes et en deux journées. Au commencement du second volume on lit ce dystique :

Prius huic operit sit gratia Pneumatis Almi.
Me juvet et faciat quod utile fiat (1).

---

(1) *Que la grâce du Saint-Esprit préside à cet ouvrage. Qu'elle m'assiste et qu'elle fasse qu'il soit utile.*

Au bas de la page, on lit : *L'an depuis l'enfantement de la Vierge 1541* (1). C'est probablement la date de la représentation et, bien que le manuscrit ne le dise pas, diverses circonstances nous font croire qu'elle eut lieu à Modane.

Il y a entre ces deux Mystères des différences considérables. Dans le second, la première journée a soixante-douze acteurs. La seconde en a soixante-sept, dont trente-trois ne figurent pas dans la première. Le drame n'est également qu'une succession de dialogues, suivant pas à pas le récit évangélique et y mêlant toutes sortes d'incidents plus ou moins fantaisistes. Il se termine à la Résurrection du Sauveur et à sa Descente aux Enfers.

Ce qu'il faut surtout remarquer, dit M. Truchet en terminant son étude, c'est la possibilité, au xvie siècle, de trouver, dans la petite ville de Saint-Jean de Maurienne, une centaine de personnes suffisamment lettrées pour apprendre un rôle, assez intelligentes pour le jouer passablement, et dont plusieurs assez riches pour se charger des frais des costumes. Or ce fait ne s'est pas présenté en Maurienne, seulement dans la ville de Saint-Jean...; mais encore dans d'autres communes, à Saint-Michel par exemple, qui prête les livres du Mystère pour les copier ; à Modane, où plusieurs pièces de même nature furent aussi jouées ; à Bessans, où j'ai retrouvé une partie des manuscrits du même Mystère, et surtout à Lanslevillard, où fut écrit et représenté un autre drame, *la Dioclétiane,* composé par Jacques Sybille qui se qualifie lui-même de *maurianoys*.

A ces communes, ajoutons celle de Saint-Martin

---

(1) L'année commençait à Noël.

de la Porte, qui, en 1565, représentait le Mystère de son patron, saint Martin de Tours (1); celles de Saint-Michel, de Beaune, etc., où la Passion fut représentée vers la même époque.

Ce fait est très remarquable, en effet, et la conclusion qui en ressort immédiatement, c'est que l'instruction était en ces temps beaucoup plus grande, beaucoup plus répandue que ne le disent leurs détracteurs modernes.

Mais, pour bien apprécier ces représentations, il faut se placer à un point de vue plus élevé. Ce ne sont pas des représentations théâtrales proprement dites : ce sont des actes religieux; une profession publique et commune de foi chrétienne, faite par des populations tout entières; un moyen qu'elles croient propre à apaiser la justice de Dieu dans les calamités publiques; l'accomplissement d'un vœu fait au pied des autels par leurs délégués et en leur nom. La foi religieuse est le principe de la vie sociale; le foyer où se fondent les passions, les jalousies et les luttes de classes; et l'on a pu voir que les questions d'amour-propre n'entrent pour rien dans la distribution et l'acceptation des rôles. Dans cet acte public de Christianisme, il n'y a plus ni prêtres, ni nobles, ni bourgeois; il n'y a que des chrétiens, prêts à payer également de leur bourse et de leur personne.

Cela n'est plus dans nos idées ni dans nos mœurs; cela nous paraît quelquefois grotesque; cela même n'est pas absolument à regretter. Peu

(1) Publié par M. F. TRUCHET. (*Travaux de la Société d'histoire...*, t. V).

importe : il n'est pas moins vrai que ces marchands, ces prêtres, ces cultivateurs, ces nobles, ces ouvriers, réunis sur le Pré de l'Évêque, au mois d'août 1573, pour la représentation, à laquelle ils se sont obligés par vœu, du plus grand fait religieux, du grand fait de tous les siècles, du fait suprême du ciel et de la terre, ont, au moins sur ce terrain, un même esprit et un même cœur; ils sont une *communauté,* et le lien qui la forme est le seul lien vrai, solide, noble et immuable des âmes; les liens humains se relâchent parfois, et même se rompent en partie. Il y a des tiraillements douloureux, il ne faut pas le nier, mais le lien essentiel reste et le mal est guérissable.

Voilà surtout ce qu'il faut voir dans les vieux Mystères, comme dans les vieilles associations; et alors on n'est plus choqué du style, de la naïveté, de la grossièreté même de certains détails. Notre habit nous paraît plus beau, et, sous plusieurs rapports, il l'est réellement; mais avons-nous plus de vie et de santé? Là est toute la question.

CHAPITRE XXVIII

Les Confréries.

Lorsque l'on examine les institutions du moyen-âge, de cet âge tant ridiculisé, tant décrié par ceux qui ne l'ont pas étudié ou qui, pour l'étudier, ont mis les lunettes modernes, on remarque au fond de toutes, même de celles que souillèrent le plus les abus, une chose qui nous manque tristement, l'esprit d'association, l'esprit de fraternité.

Ne vous récriez pas : c'est ainsi. Sans doute le mot se lit sur nos monnaies, sur beaucoup de papiers officiels, sur plusieurs murailles, et c'est un tam-tam qui retentit souvent. Mais comment voir de la fraternité dans une société, où ceux qui posent ces affiches retentissantes ne reconnaissent pour frères que ceux qui leur servent de piédestal; où chacun vit chez soi et pour soi; où nulle association ne peut exister, excepté sous terre, à moins que la police ne soit au milieu, et surtout que le Christ n'y soit pas, Lui qui, le premier, a dit : *Vous êtes tous frères;* où, en dehors des individus, il n'y a qu'une personnalité réelle, puisque seule elle possède la liberté, l'indépendance, le droit complet, l'État, ou plutôt le gouvernement, souvent gouvernement d'aventure, qui le personnifie?

Autrefois, l'on raisonnait ainsi. L'État, c'est l'ensemble des citoyens vivants sur le sol de la patrie, et considérés dans leurs intérêts communs ; voilà le ressort et le domaine du prince, dans la mesure fixée par les lois générales et les coutumes. Mais chaque commune a des biens à elle, des intérêts et des besoins particuliers ; c'est comme un petit État dans le grand, et, dans ses limites, il a la même indépendance, la même liberté, les mêmes droits que l'État général dans les siennes, toujours selon les coutumes, et sauf le respect des lois générales et de l'unité de la patrie. De plus, la commune est encore un corps trop vaste et composé de membres trop variés, pour pouvoir satisfaire à tous les besoins, à tous les intérêts, à toutes les aspirations légitimes. Les citoyens ont donc le droit de former, sans rompre l'unité, sans violer les lois de l'État ni celles de la communauté, des associations civiles, industrielles, religieuses, libres, indépendantes, souveraines sur leur terrain, comme l'État, comme l'Église qui est l'État religieux, comme la communauté, sur le leur, comme chacun des citoyens qui les composent, dans sa famille et sur le terrain de ses intérêts privés.

De là, les corporations et les confréries. Si ces associations étaient formées principalement par le lien des intérêts matériels du même état, du même métier, elles portaient le nom de corporations; si, sans exclure certains avantages matériels, elles revêtaient en premier lieu un caractère religieux, elles prenaient de préférence celui de confréries ou de confraternités.

A Saint-Jean de Maurienne, il n'y avait pas de corporations proprement dites. Du moins, nous n'en avons trouvé aucun indice pendant le xvie siècle. Mais il y avait plusieurs confréries.

Les confréries étaient comme de grandes familles, librement formées, avec l'approbation de l'Évêque ou du Saint-Siège, sous la protection d'un saint, dont la fête était célébrée en grande pompe et, chez nous, ordinairement accompagnée d'un repas commun. Les autres liens consistaient en certaines pratiques de piété et en secours mutuels. Chaque membre versait annuellement à la caisse commune une cotisation généralement minime.

La confrérie avait ses rentes, ses champs et ses vignes, provenant de donations ou d'acquisitions. Le droit de propriété appartenait aux corps moraux comme aux individus, par le seul fait de leur existence constatée et sans qu'ils eussent besoin de passer par aucun tourniquet administratif ou législatif, quel que fut l'habit qui leur servait de marque de distinction, quels que fussent leurs règlements et leurs fins, religieuses ou civiles, charitables ou industrielles, pourvu qu'ils ne tendissent pas à la subversion de la religion, de la société, de l'État ou des mœurs. Il n'y avait guère d'exception, en Savoie, que pour les couvents, qui ne pouvaient être établis qu'avec le consentement des communes et l'autorisation du prince.

On tenait à grand honneur d'appartenir à une confrérie, d'en porter l'habit et d'assister à ses assemblées. Le titre de prieur était fort ambitionné et, pour l'obtenir, bien des intrigues se nouaient. Le prieur convoquait et présidait les assemblées, dirigeait les offices religieux, avait un rang et un insigne particuliers dans les assemblées, veillait à l'observation des règlements, donnait aux confrères les avis et les réprimandes dont ils avaient besoin, et recevait les revenus de la confrérie, dont il rendait compte, chaque année, dans une assemblée générale. C'était un personnage fort important.

Les confréries avaient des privilèges, dont elles étaient excessivement jalouses, d'innombrables coutumes, auxquelles elles ne tenaient pas moins, et l'un des principaux devoirs du prieur était de veiller, avec un soin minutieux, au maintien des uns et des autres. Chaque confrérie constituait une puissance avec laquelle l'autorité civile et l'autorité ecclésiastique étaient obligés de compter. Malheur au curé qui, dans une procession, ne plaçait pas une confrérie au rang qui lui appartenait en vertu de la coutume, ou qui s'avisait de dire sa messe à un autel et à une heure que la coutume réservait au recteur d'une confrérie ! Il pouvait être assuré d'une plainte immédiate à l'évêque et, si cela ne suffisait pas, d'un bon procès devant le Sénat de Savoie. Les archives de Saint-Sorlin possèdent le très curieux dossier d'un procès intenté par la confrérie du Saint-Sacrement au curé, qui avait osé fixer la messe paroissiale à l'heure et à l'autel où un chapelain prétendait la dire pour la confrérie.

L'esprit de corps était parfois poussé bien au-delà des limites raisonnables. Mais de quelle bonne chose ne peut-on pas abuser?

Chaque confrérie, à Saint-Jean, avait son aumônier ou recteur. Elle avait aussi sa chapelle, ou au moins son autel dans l'église paroissiale, construit, entretenu et décoré à ses frais, et l'on peut croire qu'elle n'épargnait rien afin de soutenir avantageusement la comparaison avec les autels des autres confréries.

Quant aux revenus, ils servaient à l'entretien de l'autel, aux frais de la grand'messe de la fête du patron, des services religieux fondés pour les confrères défunts et du repas annuel; le reste formait un fonds de secours pour les confrères pauvres ou victimes de quelque infortune, et la répartition en était faite par le conseil de la confrérie présidé par le prieur. Des assemblées générales avaient lieu dans les cas prévus par les règlements, et toutes les fois que le prieur le jugeait nécessaire; tous les membres étaient obligés de s'y rendre sous peine d'amende. L'absence, sans motif raisonnable, à un office de la confrérie, était également punie d'une amende.

Dans les papiers du XVI° siècle, nous trouvons mentionnées six confréries. Les moins importantes, ou les moins connues, sont:

1° Celle de saint Éloi, pour les orfèvres, horlogers, serruriers, etc.;

2° Celle des saints Crépin et Crépinien, pour la corporation des cordonniers; son autel existe encore dans la cathédrale;

3° Celle de sainte Luce, pour les **marchands**

drapiers, les merciers, les tailleurs et les couturières. Nous la trouvons encore dans les premières années de notre siècle. Vers 1814, elle paraît s'être mise sous le patronage de saint Hommebon, et elle disparut peu d'années après (1).

La confrérie du Saint-Sacrement ne fut instituée qu'entre les années 1592 et 1594, par le P. Esprit de La Baume, ou plutôt de La Balme (2). Elle obtint la cession de l'antique chapelle de la Réclusière, au Pré de l'Évêque, qui fut alors rebâtie, comme le témoigne le style de ses voûtes et de ses anciennes fenêtres encore visibles sur la face extérieure des murs. On y ajouta un corps de logis pour le recteur. Le premier qui remplit cette charge fut le chanoine Antoine Cornu ou Cornuti. Les premières familles de la ville s'étaient empressées d'entrer dans la nouvelle confrérie et de contribuer aux frais de la reconstruction de la chapelle. Pierre Salière d'Arves, un des principaux confrères, capitaine d'infanterie et commandant du fort d'Arves, légua, pour cet effet, 50 florins, dont le prieur Cornuti fit quittance le 13 janvier 1597. Cornuti eut pour successeur messire Jean Bellet, qui figure dans un acte de l'année 1605 (3). Pendant la révolution, la chapelle fut transformée en magasin militaire, ce qui lui fit donner le nom de manutention; plus tard, elle servit de caserne jusqu'après 1860.

La plus nombreuse, la plus riche, la plus puis-

---

(1) Archives du presbytère de Saint-Jean de Maurienne.
(2) *Les Merveilles de Notre-Dame du Charmaix*, par le P. François D'ORLY. — Besançon, 1643, p. 322.
(3) Archives d'Arves.

sante et peut-être la plus ancienne des confréries de Saint-Jean était celle du Saint-Esprit. En 1326, à la demande du prieur Thomas-André Favre et des confrères Boson Aymar, damoiseau, Jean des Colonnes, Guillaume Favre, Antoine Bonson, Guillelmet Jordan, Aimon Mugnier et Guigues de La Botière, le Chapitre lui accorda l'autorisation de se servir d'une cloche pour annoncer ses assemblées : l'acte fut rédigé dans la cathédrale par le notaire Bertet, damoiseau (1).

Cette confrérie existait dans presque toutes les paroisses de la Maurienne et il y a peu de testaments où ne se lise quelques legs ou donation en sa faveur, ne fût-ce que d'une mesure de blé ou de vin. A Saint-Jean, ses principales propriétés consistaient en la maison de la rue du Mollard d'Arvan et en vignes situées au-delà de Bonrieu.

La première condition pour être admis dans la confrérie, c'était d'être *manant,* c'est-à-dire habitant et citoyen de la commune, et c'était tout naturel. Cette confrérie était, sous certains rapports, une des formes de la communauté ; il était donc logique que l'on ne pût jouir de ses biens et privilèges qu'après être devenu citoyen ou membre de la communauté. Sans doute, dans cette institution comme dans plusieurs autres, plus même que dans plusieurs autres à cause de son caractère spécial, il se glissa des abus, même graves. Cela n'empêche pas que, malgré les plaisanteries plus ou moins spirituelles dont elle a été particulièrement l'objet, elle fût l'expression d'un sentiment

(1) *Chartes du diocèse de Maurienne,* p. 179.

éminemment chrétien, éminemment fraternel, disons même patriotique.

Le but spécial de la confrérie était de resserrer les liens de charité et de fraternité entre les membres de la communauté, et, comme le Saint-Esprit est l'Esprit de charité, l'auteur de la grâce qui, nous unissant à Dieu, le Père commun, nous fait membres du même corps mystique de Jésus-Christ, elle s'était mise sous sa protection et avait pris de Lui son nom. Sa fête était tout naturellement celle de la Pentecôte. Elle la célébrait d'abord en grande pompe à l'église ; puis, comme l'homme n'est pas seulement esprit, par un repas commun, auquel tous les membres, nobles et bourgeois, riches et pauvres, se rendaient en procession et qui avait lieu au Pré de l'Évêque.

Ce repas était l'un des actes essentiels de la confrérie. C'est pourquoi on l'appelait par excellence *la Confrérie ; faire la confrérie*, signifiait être chargé de la préparation du repas ; on disait aussi *prendre son confrère*, pour prendre sa part du repas, ni plus ni moins que les autres confrères (1). Le repas était suivi de danses au son du violon à deux cordes, le *rubec*, et l'on rentrait en ville en procession et en chantant des hymnes et des prières.

Voilà des pratiques qui nous semblent étranges. Alors on les trouvait toutes naturelles et innocen-

(1) Dans le règlement de la confrérie du Saint-Esprit, à Modane, réformé en 1538, on lit : « Item a esté ordonné que le vicaire ou curé du dict lieu ne prendra aulcung jambon de porceau comme par cy devant estoyt accostumé, ayns prendra son confrère comme les aultres consorts de la dicte confrérie. » (Archives du presbytère de Modane).

tes, la danse comme le repas. En soi, c'était vrai Pourquoi ce qui pouvait être un amusement innocent est-il devenu un danger, souvent un danger certain, pour la vertu, même une immoralité ' Parce que la danse a changé de caractère ; parce que les mœurs d'aujourd'hui ne sont pas les mœurs du xvi⁰ siècle, parce qu'elles se sont corrompues e qu'elles ont frelaté et empoisonné ce qui alors pouvait être pur et innoffensif.

Voulons-nous dire, encore une fois, qu'à cette époque le repas et les danses de la confrérie du Saint-Esprit n'amenassent jamais de désordres ' Non pas, et nous allons montrer le contraire. Nous voulons dire seulement que nos pères n'étaient pas nous ; que, sous plusieurs rapports, ils valaien mieux que nous, et qu'il ne faut pas juger leurs coutumes comme si elles existaient de notre temps.

Les testaments des bienfaiteurs de la confrérie prescrivaient tous des services religieux ; puis, les uns des distributions de secours aux confrères indigents, les autres des distributions d'*aumône générales*, ici en sel, là en pain, en vin, en huile pour la salade du carême, et tous, les riches auss bien que les pauvres, les recevaient avec empresse ment, en signe d'union et d'affection fraternelle.

L'insigne de la confrérie consistait en une écharpe rouge. Les prieurs y ajoutaient un grand chapelet qui s'appelait *le chapelet de la confrérie,* et qui leu était remis solennellement le jour de leur élection

A Saint-Jean, la confrérie était régie par deux prieurs élus, chaque année, l'un par la noblesse l'autre par la bourgeoisie.

Chaque année, dans le mois de février ou de mars en assemblée du Conseil général de la ville, les prieurs, de concert avec les syndics, le vicaire général et le corrier, désignaient le confrère qui était chargé de faire travailler les vignes de la confrérie, à ses frais; les pauvres étaient exempts. Cet élu et les deux prieurs fournissaient ce qui était nécessaire pour le repas de la confrérie de l'année suivante. Quelque temps avant la Pentecôte, les prieurs et les syndics passaient des conventions avec des boulangers et des bouchers; quelquefois les prieurs achetaient eux-mêmes les bœufs qui devaient être abattus. Pour le pain, comme la confrérie possédait un four dans sa maison de la rue d'Arvan, le fournier, qui le tenait à bail, cuisait ce pain à un prix convenu; chaque pain devait avoir un poids déterminé, le bois était fourni par les syndics. C'était aussi à ce four qu'on faisait *la cuisine* du repas.

La désignation de celui qui, avec les prieurs, devait *faire la confrérie,* rencontrait parfois de sérieuses difficultés. Ainsi, dans un conseil tenu le 8 mars 1545, le vicaire général François Bonnivard rappela aux prieurs noble Jean Rembaud et spectable Jacques Delacombe, et à Michel Boson, qu'ils devaient, sous peine de 100 livres d'amende, se préparer à faire la confrérie l'année suivante, 1546, et, par conséquent, faire travailler les vignes. Boson répondit que, étant obéré de dettes, il lui était impossible de prendre cette charge. Le 15, le Conseil général désigna Claude Brun, qui prétexta de même sa pauvreté. Le Conseil ordonna que l'un et l'autre fourniraient, avant Pâques, la preuve de leurs allégations; sans quoi, ils seraient condamnés à faire la confrérie.

On voit que la confrérie du Saint-Esprit était véritablement une institution communale et que les questions qui la concernaient, notamment celle du repas solennel de la Pentecôte, se traitaient en Conseil général comme les affaires les plus importantes de la ville. Du reste, les approvisionnements énormes que ce repas exigeait, et que nous dirons dans le chapitre suivant, prouvent qu'il comprenait tous ou presque tous les citoyens. On voit les embarras et les frais que ces préparatifs imposaient. Les revenus de la confrérie pouvaient être insuffisants ou d'une perception difficile; en outre, la culture des vignes exigeait de la part de l'*élu* des avances, dans lesquelles il n'était pas assuré de rentrer.

Un détail qui montre de quelle solennité était entouré tout ce qui concernait le repas de la confrérie. Le 1ᵉʳ mai 1560, au sortir d'une séance du Conseil, les syndics : du Pont de Montarlot, Jean Mestrallet et Martin Ulliel, assistés de huit conseillers, se transportent à la maison de la confrérie, et demandent à Pierre Barbier, « fornier et tenencier dicte confrérie, parlants à sa personne, s'il veult acquiescer à ce qu'auroit esté dict et resolu en conseil dernierement tenu en la presente cité touchant la fourniture de boys necessaire à cuyre les pains et pour faire la cuysine pour les festes proches de Penthecoustes, suyvant la requisition faicte par noble Françoys des Costes, maistres Mathieu Davrieulx et Jacques Truchet, prieurs modernes. » Barbier exhibe son bail, et prouve qu'il n'est pas tenu de fournir le bois pour la cuisine de la confrérie. Sur ce, on décide que le bois sera fourni par les prieurs et payé par les syndics, *à la conscience des dicts prieurs*. Pour la cuisson du pain, on paiera 3 deniers forts de Savoie par quarte de blé ; chaque pain sera du poids d'une livre et les prieurs en donneront un au fournier *avec les despens accoustumés*. Acte est dressé de cette convention dans la rue et devant la maison.

Une délibération du 6 août 1581 révèle une attribution des prieurs de la confrérie du St-Esprit, que nous avons déjà signalée. Le Conseil est assemblé à l'Ecu de France, sous la présidence des syndics Jean Davrieux, docteur en droit, Pierre Delacombe et Mermet Ducrest. Jean-François de Chabert, élu prieur de la confrérie pour l'année suivante, et le co-prieur, après avoir pris l'avis du vicaire général François de La Crose, nomment les gardes-vignes, qui sont agréés par les syndics et leurs conseillers. Il est dit que cette nomination est toujours faite le 6 août, fête de Saint Sixte.

Nous n'avons pu savoir si, à Saint-Jean, comme en d'autres paroisses, à Modane par exemple (1), il y avait des demi-confrères, qui ne payaient que la moitié de la cotisation annuelle, et, naturellement, ne recevaient au repas que la moitié de la portion d'un confrère. Mais il y avait les *confrères morts*, c'est-à-dire maintenus dans la confrérie après leur mort. On trouve un grand nombre de testaments

(1) Livre de la confrérie cité ci-devant.

portant l'obligation pour les héritiers de payer, pendant un certain nombre d'années, la cotisation d'usage en argent, en blé ou en vin, pour que le testateur reste, pendant ce temps, membre de la confrérie, *comme confrère défunt.*

Avant de mettre nos lecteurs à même d'apprécier le menu du dîner de la confrérie, racontons un incident grave, dont un piémontais, nommé Pierre Subiecta, fut à la fois cause et première victime, et qui entraîna de désagréables conséquences pour les syndics de Saint-Jean, Louis Girollet et Jean Gros, et, pendant quelques années, une modification au programme de la fête de la confrérie du Saint-Esprit.

C'était en l'année 1550. Selon la coutume, le repas avait eu lieu dans le Pré de l'Évêque. Il était terminé et la confrérie se livrait à divers amusements, entre autres à des danses, au son du *rubec,* sous la direction des prieurs et des syndics. Le *rubec* remplissait un grand rôle dans les fêtes de cette époque. Qui savait jouer du *rubec* pouvait compter sur de fréquentes invitations à dîner et d'honnêtes rétributions. Le prix de cet instrument le mettait à la portée de quiconque avait le goût de la musique et l'estomac complaisant; il coûtait 2 florins, ce qui n'empêchait pas que son achat fut l'objet d'un acte devant notaire, aussi bien que l'achat d'un fief ou la cuisine du repas de la confrérie (1). Malheureusement, dans la circonstance, le vin de Saint-Jean produisait alors les mêmes effets qu'aujourd'hui, de sorte que les têtes s'échauffaient, au grand détri-

(1) Acte du 17 mai 1533.

ment de la dignité de la confrérie et de la sécurité des passants trop curieux.

Voici donc ce que maître Dasnières, procureur de Subiecta, raconta au Parlement de Chambéry, dans le mois de juin 1550.

Venant de della les monts pour le service du Roy, Subiecta arriva la veille de la Pentecoste dernière à Sainct Jehan de Maurienne. Le mardy suivant, troysiesme jour de la dicte feste, les gentilshommes et aultres plebeyains estans ensemble au pré hors la ville appellé le pré de l'évesque, vestu de rouge (comme touteffoys le dict Subiecta luy faict dire), les ungs pourtant escharpes rouges avec enseignes desployées, et les aultres aussi pourtant divers accoustrements, et faisants grandes pompes et triomphes, survint illec le dict Subiecta pensant que fussent gens pour faire quelque passe temps, pour scavoir et entendre que s'estoit, et en parlant à aulcungs de la dicte compaignie faisoit demander ung rubec illec près qu'il esguettoit... Le dict Subiecta s'en alla avec le dict rubec, surviendrent sur luy plusieurs de la dicte troppe plebeyens ruants à grands coups les uns d'espées les aultres de feuillants qu'ils pourtoient, les aultres leurs cappes, tellement qu'il fust fort blessé et oultragé, jacoit *(quoique)* que très bien il se deffendoit, et fust pourté au logis du Bœuf en la dicte ville là où il fust devalisé jusques à luy oster sa chemise et fust si humblement tretté par les dicts à luy incogneus qu'il n'esperoit aulcune chose de sa vie.

Du depuis venu en convallaisance auroit requis aux officiers du dict lieu de Maurienne justice luy estre faicte sur les dicts crimes et exès perpetrés en sa personne. De quoy ils n'auroient tenu grande estime, ains auroit ordonné le dict corrier que auparavant que adjuger aulcune provision requise par le dict Subiecta pour ses alimens et medicamens les scindiques de la dicte ville seroient appellés, qui est un vray delay de justice au moien de quoy et de la denegation d'icelle, joinct qu'ils ne cherchoient que de faire tirer long traict au dict procès, se seroit pourté pour appellant céans..... et faict bailler assignation ausdicts scindicques, lesquels se sont presentés.....

M⁰ Baptendier, de Saint-Jean, avocat des syndics, répondit que, selon le droit : « *Communitas non tenetur ad delictum nisi sono campane ipsum deliberatum fuerit* (1). Par quoy par plus forte rayson les dicts scindicques ne sachans qui a commis et perpetré le délit dont il est question, ne sont aulcunement tenus à ce que le dict Subiecta demande contre eulx, lequel peult estre abbusant de son oysiveté arriva avec ung grand courroux..... et de son auctorité propre auroit osté ung rubec au maistre jouant d'icelluy aux dances au dict lieu là où de tout temps l'on a accoustumé s'assembler pour la reverance des festes de Pentecostes, illec faire la confrairie, se recréer les ungs avec les aultres par amitié fraternelle, et non comptant de ce le dict Subiecta faisant force pour avoir le dit rubec mist la main à l'espée et à la daguette, que fust cause que luy mesme se blessa de sa dicte daguette. » Il ajouta que le juge-corrier avait fait une enquête et qu'il était sur le point de rendre un jugement, lorsque Subiecta, trop impatient, avait porté la cause devant la Cour.

(1) Une communauté n'est responsable d'un délit que lorsque sa perpétration a été délibérée en conseil convoqué au son de la cloche.

Les syndics et leur avocat croyaient n'avoir affaire qu'au piémontais Subiecta. Ils avaient compté sans Mᵉ Thierres, substitut du procureur général, qui, laissant de côté la question du rubec et de la bagarre, prit la chose à un point de vue plus grave. Après avoir de nouveau raconté le fait dans les mêmes termes que l'avocat Dasnières et ajouté que le corrier de Saint-Jean avait bien fait arrêter trois ou quatre individus des plus compromis, parce qu'ils avaient des épées, mais qu'il les avait ensuite relâchés, il rappela au Parlement que ces assemblées de confréries, autorisées par les syndics étaient interdites par une ordonnance du roi, « laquelle de soy n'est aulcunement entretenue et et observée en ce païs. Ains en enfreignant icelle sont, soubs umbre des dictes confrairies, plusieurs illicites assemblées par l'amour desquelles adviennent beaucoup d'inconveniens et mesme celluy dont est question. » C'est pourquoi, ayant autorisé une assemblée illégale et y ayant assisté eux-mêmes, les syndics étaient responsables de ce qui était advenu. Il conclut à ce qu'ils fussent condamnés à des dommages envers Subiecta, et à ce que les assemblées de confréries fussent de nouveau interdites *tant aux nobles que aultres*.

Le jugement rendu le 28 juin condamna les syndics à payer à Subiecta la somme de 50 livres tournois, sauf leur recours contre les coupables des excès commis, et interdit pour l'avenir toutes les assemblées de ce genre.

En attendant le paiement des 50 livres, les syndics et les deux principaux accusés, Claude

Bernard et Innocent Nore, furent retenus en prison. Le 15 juillet, le Parlement ordonna la mise en liberté des syndics et renvoya Bernard et Nore devant le juge-mage et royal de Maurienne.

Mais neuf ans après, la Savoie rentra sous l'autorité d'Emmanuel-Philibert ; les ordonnances de police rendues par le Parlement français furent abolies, ou tombèrent en désuétude, et la confrérie du Saint-Esprit put reprendre ses assemblées annuelles dans le Pré de l'Évêque. Elles furent cependant supprimées plusieurs fois, soit à cause des malheurs publics, soit parce que le Conseil général, du consentement de la confrérie, trouva bon de donner une autre destination à l'argent qui était employé pour le repas.

CHAPITRE XXIX

La Fête de la Confrérie du Saint-Esprit.
Un Écolier au XVIe siècle.

C'est un véritable voyage de découvertes que l'étude des institutions et des mœurs de nos ancêtres. On se demande si l'on ne pénètre pas dans un autre monde ; s'il est possible que ces hommes, ces lois, ces usages aient existé là où nous sommes, et que trois siècles seulement nous en séparent, même beaucoup moins, car ce ne fut guère que vers le milieu du xviiie siècle que se produisirent, chez nous, les premiers craquements de l'ancienne société.

Le lecteur désire peut-être avoir des détails plus circonstanciés sur cette curieuse fête de la confrérie du Saint-Esprit, qui est, à notre avis, l'un des faits où se montre le plus la différence totale de ce que nous pouvons appeler l'ancien monde et le monde moderne. Nous allons le satisfaire, au moins en partie.

Le 27 novembre 1536, les prieurs, Antoine Truchet et Claude Ruffi, dit Marquet, devant fournir chacun un bœuf pour le repas du mardi de la Pentecôte de l'année suivante, font une convention devant le juge-corrier. Marquet fournira le bœuf dû par son collègue. Ce bœuf sera « beau, bon, recevable, au jugement de gens probes de la ville choisis de part et d'autre, pour la confrérie que le dit noble Antoine doit faire avec le même Ruffi et avec Richard Séchal ; il le nourrira et engraissera comme le sien jusqu'à la veille de la Pentecôte, et ce jour-là il les mènera tous deux à l'abattoir où Truchet choisira celui qui lui conviendra. » Truchet paiera 80 florins. Il y a des accords particuliers pour les cas où le bœuf viendrait à périr par accident ou par la faute de celui qui le soignera *(gubernatoris ejusdem)*, ou Marquet ne remplirait pas son engagement, ou la confrérie n'aurait pas lieu.

Un autre acte du 27 avril 1537 dégage Marquet des obligations stipulées dans le précédent. Truchet lui paiera 30 florins petit poids ; il lui abandonne tout ce qui a déjà été retiré et tout ce qui le sera encore, au nom des deux prieurs, pour la confrérie : blé, vin, argent ; si le blé que Marquet a envoyé aux syndics vient à périr, *ce qu'à Dieu ne plaise,* Truchet devra de nouveau fournir sa part et l'acheter de Marquet. A ces conditions, Marquet se charge de tous les frais et de tous les embarras du repas, auquel Truchet aura droit d'assister et d'inviter neuf de ses parents à son choix (1).

Nous avons déjà deux bœufs, le pain et le vin de la confrérie. Mais qu'est-ce que Marquet doit y ajouter ? Il y avait sans doute un règlement écrit

(1) *In cena dicto nobili Anthonio Truchet compriore et novem aliis parte ipsius nobilis Truchet de ejus parente et affinitate eligendis.*

dans un acte ou fixé par la coutume, la grande loi de l'époque.

A Modane, le règlement de 1538 contient les articles suivants :

A esté ordonné que les prieurs de la dicte confrarie soint tenus libvrer ainsi qu'est accostumé les dictes festes de Penthecostes, scavoir une seillie de potaige de chastaignes pour chescung confrère.

Item seront tenus libvrer chescune des dictes festes vingt six onces de lard de porceau cuyct pour chescung confrère.

La confrérie ne fournissait rien de plus, sauf le pain et le vin, et le règlement déclare que « Doresnavant ne se doibvent mectre aulcunes pollailles ny pollatons aux despens des dictes confraries. »

A Saint-Jean, le règlement nous manque. Mais nous allons voir que le prieur des nobles fournissait beaucoup de choses à ses frais, et il y avait trop de rivalité entre les deux ordres, pour que son collègue laissàt les bourgeois se contenter de bœuf et de pain.

Le manuscrit, où nous puisons les détails qui suivent, est un peu au-delà des limites où s'arrête cette histoire; mais l'auteur a soin de déclarer, à chaque instant, que tout s'est fait conformément à la coutume, de sorte que nous pouvons nous permettre d'offrir à nos lecteurs quelques tranches de son livre.

En l'année 1605, Balthazard Baptendier était curateur de Pierre Sauvage, fils unique de Georges et frère de défunte Anne Gasparde, première femme du dit Baptendier, à qui elle avait laissé son héritage. Pierre vivait chez son beau-frère et suivait les cours du collège de Lambert. En curateur prudent, Baptendier inscrivait, avec force détails, dans un livre, toutes les dépenses qu'il faisait pour son pupille. C'est ce livre que M. le comte d'Arves a eu la bonne fortune de retrouver dans ses archives et l'obligeance de nous communiquer.

A la date du 28 mai, veille de la Pentecôte, Baptendier écrit : « Estant le dict noble Sauvage menassé de quelques gentilshommes de la cité luy donner le chappellet de prieur pour la noblesse pour l'année suyvante et desirant pour ceste occasion se trouver en équipage honneste, en cas qu'il ne le peult reffuser, oultre que la quallité et moyens d'icelluy le peuvent permettre, auroyt pryé le dict Baptendier son curateur le fournir au moings de ce dont le dict noble Sauvage havoit le plus de besoingt. »

En conséquence, Baptendier achète au futur prieur *un chapeau noir doublé d'armoysin mesme coulleur garny de son cordon,* du prix de 7 florins; *une paire de bas d'estame verd;* de belles *jarretières verdes et troys quarts d'aulne de rybans mesme coulleur pour faire d'attaches de solliers,* coûtant *treize souls et demy;* et une paire de *solliers à troys semelles neufs,* coûtant *quarante six souls.*

Le lundi de la Pentecôte, au matin, la noblesse s'assemble dans le cloître de la cathédrale et Pierre Sauvage est nommé prieur pour l'année suivante, avec M⁰ Bernardi et Jean Soudan élus par le tiers-état. Comme le soir de ce même jour il devra se rendre, *en honneur et rang de prieur élu,* au Pré de l'Évêque, Baptendier achète *deux torches blanches l'une aux hommes et l'aultre aux femmes, qui fussent bastantes pour allumer au retour du grand pré... et là entretenues jusques à la fin du bal et de là à la mayson de chesque prieur*.

Sauvage revient du bal, accompagné des autres prieurs, des *prioresses*, des violons et des tambours, et d'une suite nombreuse. Selon l'usage, on sert une collation : douze onces de dragées, deux tasses de griottes confites, deux tasses de noix confites, deux tasses de gelées de raisins *marins*, douze pots de vin clairet de Princens et neuf pots de vin blanc. On casse quelques verres et quelques tasses.

Au mois de juillet, on songe déjà aux préparatifs du repas de l'année suivante. On achète cinq livres de sucre, une partie au prix de *trois florins* la livre, l'autre à *trente-quatre sous* la livre. On fait des confitures de raisins marins donnés par dame Antoinette Mareschal, veuve de Jean-Amé du Mollard. On achète aussi de la *cassinade* à vingt-huit sous la livre. On fait des confitures de griottes et de noix au miel : le miel coûte six sous la livre.

Les dépenses que la coutume indiquait aux prieurs pour la fête de la confrérie étaient de deux sortes : les unes étaient considérées comme obligatoires, c'était de distribuer une aumône aux pauvres et d'inviter à dîner le jour de la Pentecôte les prêtres de la ville et les proches parents ; les autres, facultatives bien que de coutume, consistaient à assister au repas public et à y faire des invitations plus ou moins nombreuses, à leurs frais. Sauvage, étant mineur, aurait pu se dispenser des secondes et son curateur le lui conseillait. Mais le 28 avril il déclara que « Puys que ceux qui l'ont precedé en ce rang de prieur pour la noblesse avoint tous faict quelques frais, marque de leur bonne vollonté, et qu'il n'estoit pas assuré la faire une aulre foys en sa vye, il voulloyt, entendoit et prioit faire provision bastante et necessaire pour le disner et soupper de tel nombre de gents qu'il remettoit au dict sieur Baptendier par roolle lequel il feroit dresser par son precepteur. »

Le 5 mai, Baptendier envoie, au nom de son pupille, sept setiers d'orge et trois setiers de seigle, pour l'aumône. La réception en est faite par Claude de Châteaumartin, syndic, Henri Rolaz, consyndic, Claude Sibué, Dalpettaz, procureur général des pauvres, et M° Jacques Valliend, secrétaire de la politique de la ville. Comme le blé envoyé par les prieurs de la bourgeoisie pesait davantage, il fallut envoyer encore cinq quartes d'orge et une quarte de seigle. Puis, toujours conformément à l'usage, le prieur invita à déjeuner les six receveurs du blé.

Pour l'honneur du prieur, Baptendier lui achète *un chapeau noir fin doublé de taffetas renforcé, ayant coiffette de mesme, avec un cordon double de taffetas,* et une douzaine d'aiguillettes, et lui fait faire un manteau à la française, *couleur de rose sèche,* de deux aunes de drap de Languedoc, avec galons et broderies de soie de même couleur. Ce manteau revient, façon comprise, à 31 florins et demi. On lui achète encore des souliers de maroquins à trois semelles et à talon haut.

Le 20 mai, veille de la Pentecôte, Pierre Sauvage part pour Modane avec damoiselle Gasparde Rembaud, femme de son curateur, pour assister à la représentation du *Jugement dernier,* qui aura lieu le lendemain. Baptendier, se trouvant seul, prie damoiselle Antoine Mareschal, femme de noble Pierre-Marie Bourdin, « tant pour pourvoir à ce qui estoit requis pour le pain bénit, que pour tenir le rang et place de la prioresse pour la noblesse, » et il lui fait présent *d'une paire de gants d'occagne de senteur,* qu'il avait achetée pour sa femme, si elle eût été présente et eût rempli le même office.

Cependant les pains bénits sont apportés à la maison Sauvage : il y en a deux : un pour l'église paroissiale Notre-Dame, un autre plus petit pour Saint-Christophe. On y a employé trois quartes de froment, dont deux ont été fournies par les deux prieurs du tiers-état. Ils sont déposés dans une salle ornée de feuillages, et entourés de douze douzaine de *micons,* que les prieurs enverront à leurs parents et amis. Les alentours de la maison ont été soigneusement nettoyés. La façade, l'escalier, le corridor conduisant à la salle du pain bénit sont également ornés de feuillage. La noblesse et les principaux bourgeois arrivent. Les cloches annoncent la messe paroissiale. Aussitôt les deux cortèges se mettent en marche.

Laissons celui, plus modeste, qui va à Saint-Christophe. C'est à Notre-Dame qu'a lieu principalement la fête de la confrérie. Le cortège est précédé du tambour et du fifre de la garnison du fort, qui déjà de grand matin ont donné une aubade au prieur de la noblesse: le lundi et le mardi, ce sera le tour des prieurs de la bourgeoisie. Ils sont suivis d'une femme portant le pain bénit sur la tête, autour d'elle des valets partent les *micons* dans des corbeilles. La prioresse, représentant le prieur absent, a le chapelet de la confrérie ; elle est précédée d'un valet portant le flambeau qui sera offert avec le pain bénit, et suivie des invités en grande toilette.

Après le dîner, « les prieurs et prioresses, ne voulant omettre aulcune des cérémonies et coustumes anciennement observées en la presente cité ausdictes festes de Pentecostes, après les actions de graces à Dieu accoustumées, » vont danser au Pré de l'Évêque, où le prieur de la noblesse a fait porter une collation composée de dragées et d'une douzaine de pots de vin tant rouge que blanc. Les prieurs et prioresses du tiers-état ont dîné chez lui. Ils lui feront les mêmes politesses le lundi et le mardi. Remarquons que, depuis l'époque où le tiers-état a acquis le droit d'avoir deux syndics, il a aussi élu chaque année deux prieurs. La prioresse est la femme du prieur ou, s'il n'en a pas, une parente à son choix.

Le souper a lieu au Pré de l'Évêque ou, comme en 1606, chez les prieurs, après les danses au son du tambour, si l'on n'a pas trouvé de violons. Chaque prieur rentre chez lui, précédé de flambeaux et suivi de ses invités. Il porte toujours le chapelet de la confrérie. En 1606, Baptendier se contenta de distribuer des confitures et une quinzaine de pots de vin, réservant le reste pour le jour du festin, où le prieur serait présent.

Le repas était fixé au dimanche suivant, fête de la Trinité. Noble Claude de Châteaumartin monta à cheval et alla porter les invitations du premier prieur, premièrement à la famille Mareschal de Saint-Martin la Porte. Des ouvriers transportèrent et dressèrent les tables au Pré de l'Évêque. Une armée de cuisiniers et d'aides envahit les maisons des trois prieurs, surtout celle de Baptendier, au sommet de Beauregard, où demeurait Pierre Sauvage. Déjà, depuis huit jours, d'autres ouvriers avaient été occupés à cribler le blé, à le porter aux divers moulins, à *plastrir* le pain, à le porter au four et à l'en rapporter : pain d'orge pour l'aumône à tous les pauvres qui se présenteraient, pain *gruas* pour les servants, pain blanc pour les invités. Pour les confrères, le pain se faisait au four de la confrérie, comme nous avons dit.

Les servants de la noblesse au repas étaient, selon la coutume, les *procureurs des âmes*, c'est-à-dire des pies causes, les *bénytiers* (clercs) et les *marigliers* (marguilliers) des trois églises.

Tout ce monde travaillait jour et nuit et, pour le désaltérer, les tonneaux recevaient de larges saignées.

Vous voudriez savoir, chers lecteurs, ce qui cuisaient dans les casserolles et les tourne-broches des trois prieurs de la confrérie. N'oubliez pas qu'il ne s'agit que de l'accessoire libre, fait en l'honneur des invités étrangers à la confrérie, mais dont les confrères prendront aussi leur part ; le fond du dîner, les deux bœufs, et ce que le règlement et la coutume prescrivent, se prépare dans le four de la confrérie. N'oubliez pas non plus que chaque famille a des invités et tient à honneur d'augmenter pour elle-même le menu règlementaire.

Or, ni Bernard ni Soudan ne nous ont laissé leurs livres de raison. Mais voici les pièces qui s'amoncelaient dans la cuisine de Balthazard Baptendier, en l'honneur et aux frais du noble prieur Pierre Sauvage :

Deux faisans *gentils* apportés d'Albane, au prix de 6 florins ;

Cinq faisans de Saint-Alban des Villards, à 32 sous pièce ;

Une grosse faisande de mer, coûtant 4 florins ;

Quatre perdrix, 10 florins ; deux perdrix *gringes* et une *beccasse,* 5 florins ;

Un mouton, 8 florins ; Baptendier, le trouvant *un peu maigre et non souffisant pour le disner et le souper,* y ajouta un *demi-mouton bon et gras,* 1 ducaton, soit 6 florins 8 sous.

Deux veaux de Jarrier, *pour le verny necessaire au dict convy,* 23 florins 4 sous ;

Vingt-cinq livres de bœuf, 43 sous ³/₄ ;

Deux marmottes salées, 5 florins ;

Trois langues de bœuf salées, 5 florins ;

Six chappons *de graisse,* 15 florins ;

Six chapponneaux médiocres, 13 florins ;

Un gros chappon, *d'haute graisse,* 44 sous ;

Douze poules, 12 florins ;

Quarante-quatre paires de poulets, 14 florins ;

Douze paire de *pingeons,* à 10 sous la paire ; plus, huit paires prises à la *pingeonnière de la maison ;*

Deux coqs d'Inde, 14 florins;

Cinq levreaux, 3 florins 11 sous;

Trois jambons, à 6 sous la livre;

Quatre pâtés de venaison, 5 florins et un pot de vin;

Trente-six douzaines d'œufs; quarante-six pièces de saucisses;

Deux petits cochons de lait *(porcellons),* 11 florins; etc., etc.

Pour le dessert, Philibert de Chabert étant allé à Turin voir le Saint-Suaire, en avait rapporté des dattes, des olives et plusieurs autres choses parmi lesquelles des artichauts. On acheta un vacherin pour les potages, un gros fromage de la Maurienne, six fromages *à gratter*, des oranges, des citrons, des monceaux de poires, de pommes, de châtaignes et de pruneaux.

Quant au vin bu le jour du festin, Baptendier le porte à au moins six *barreaulx,* ce qui ferait près de quatre hectolitres.

La dépense totale faite par Pierre Sauvage s'élève à environ 472 florins petit poids.

Baptendier termine le compte de la dépense des fêtes par ces mots : « Le tout faict à bonne fin et pour le mieulx et suivant la vollonté du dict noble Sauvage.

« *Laus Deo Virginique Matri.* »

Il y a des frais dont Baptendier réserve l'évaluation au conseil de famille, lors de la majorité de Pierre Sauvage : c'est la valeur de diverses fournitures qu'il a faites lui-même et celle des nappes et serviettes perdues, des plats, assiettes, verres et écuelles cassées ou disparues. Plusieurs de ces objets avaient été empruntés, ce qui embarassait assez le prudent curateur.

La dépense du tambour et du fifre, le jour de la Pentecôte et le jour du festin, est évaluée à 1 florin par jour pour chacun, et Baptendier donna aussi à chacun 2 florins, comme les prieurs de la bourgeoisie ; mais il note que le fifre avait été amené par le tambour, sans qu'on l'eût demandé.

Les dépenses inscrites par Baptendier comprennent aussi le souper qui eut lieu au Pré de l'Évêque après les danses. La confrérie revint en ville avec la même solennité que le jour de la Pentecôte.

Prenons encore quelques notes dans le livre de tutelle de Pierre Sauvage.

Son tour d'offrir le pain bénit arriva le 20 juillet 1606, deux mois après qu'il l'eût fait, en partie, comme prieur de la confrérie du Saint-Esprit. Le pain bénit est un signe de fraternité chrétienne. Naturellement, chacun le faisait selon ses moyens. Baptendier « ne voullant manquer au debvoir de sy bon œuvre pour l'honneur de Dieu premièrement et de la mayson des hoirs Sauvage, » y employa 14 quartes de froment tant pour le pain bénit, que pour les *micons*. Les frais accessoires s'élevèrent à 28 florins $^1/_2$, sans compter deux pots de vin et le dîner qui furent donnés ce jour-là aux deux fourniers.

L'usage d'ajouter un pot de vin au prix d'un travail était général dans les familles riches. Le tailleur apportait un habit ; le cordonnier, des souliers; le maçon remettait la note d'une réparation; ils recevaient, en sus de l'argent, leur pot de vin de *bonne amitié*. Dans certaines circonstances, l'usage voulait que l'ouvrier fût invité à dîner avec la famille. Baptendier inscrit soigneusement ces pots de vin et ces dîners dans les comptes de son pupille.

Le 20 juillet 1605, Sauvage pria son curateur de lui permettre d'aller au Charmaix accomplir un vœu qu'il avait fait lorsque la peste ravageait la ville. Baptendier y consentit, et lui remit 7 florins 1/2, tant pour la dépense du voyage, que pour la rétribution d'une messe qu'il devait faire acquitter. Mais il y eut d'autres frais. Le voyage dura deux jours. Il fallut louer un cheval et un homme pour le conduire. De plus, Sauvage perdit une partie des harnais. Bref, la dépense s'éleva à 22 florins, ce qui vaudrait, aujourd'hui, plus de 70 francs.

Nous avons dit que Pierre Sauvage suivait les cours du collège. Les professeurs ne prenaient pas pension dans l'établissement et ils acceptaient volontiers les petits cadeaux de leurs élèves. L'usage s'était introduit, presque depuis la fondation du collège de Lambert, que, chaque année au mois de décembre, les élèves de chaque classe offrissent un chapeau à leur professeur. En 1605, la part de Pierre Sauvage, qui était dans la seconde classe, fut de quatre sous, ce qui, le prix du chapeau étant de 7 florins, suppose vingt-un élèves. Son professeur était maître Rembaud. Au mois de janvier suivant, il lui offrit encore *un flacon de vin du meilleur de la maison contenant trois pichelettes et un truchon.* La femme d'un autre professeur, nommé Jean Mottard, avait une boutique d'épicerie et de droguerie ; lui-même tenait les livres, papiers, plumes, etc., dont les élèves avaient besoin. Cependant Baptendier acheta pour son pupille, à Chambéry, *au cloistre devant l'église Saint-Dominique,* une superbe écritoire du prix de deux florins, « en cuyr bouilly avec ouvrage doré, tant le canon que la pierre ayant ses attaches de rybants avec houppes de soye blue celeste accompagné d'un ganivet (canif), ou tranche plume de Parys ayant le manche d'os blu de la coulleur des attaches et deux plumes dedans. »

Les jeunes gens riches avaient un précepteur qui les accompagnait au collège et leur donnait des leçons à la maison. Il recevait pour tout salaire la pension. Pierre Sauvage eut pendant deux ans pour précepteur un nommé Antoine Luyset, auquel il fit cadeau d'un chapeau de 7 florins, mais qui le quitta au mois d'octobre 1606, « pour aller à Chambéry ou aultre part chercher fortune ou commodité pour faire les études hors de sa patrye ; » ce qui contraria fort Baptendier, car son pupille était un peu étourdi et vaniteux, comme ses comptes en font foi.

Pour revenir du collège au manoir de la rue Saint-Christophe, il passait par Romassot, perdait ses belles jarretières vertes, les aiguillettes de couleur de ses souliers, et faisait à son haut-de-chausses *certaines déchirures,* qu'il fallait *rabiller,* ce qui coûtait 2 sous. Il lui fallait des bas-dechausse (*bas*) en cadis vert, piqués de soye verte, avec semelles en drap du pays pour l'hiver, en drap fin pour l'été ; des habits, comprenant le haut-de-chausses et la casaque à basques *(bastines)*, en drap vert obscur, orné de galons de soie, et la casaque doublée de cordillat rouge, ce qui coûtait près de 44 florins. En hiver, il avait des *mytaines* de peau avec deux aunes de rubans pour attaches. Il se faisait *tondre* à la maison, où maître **Ogier** se rendait tout exprès, moyennant 3 sous.

Il était paresseux aussi. Quand Baptendier le pressait d'étudier ou refusait d'acheter ce qu'il voulait, il menaçait de quitter la maison et de temps en temps il s'esquivait à Saint-Martin-la-Porte chez son oncle, noble François Mareschal, en sorte que son curateur était obligé, pour ne pas le laisser perdre son temps, de lui envoyer un valet et un cheval loué de quelque hôtelier de la ville. Comme de juste, la dépense était portée à son compte : location du cheval, 2 florins ; location de la selle chez le sellier, 8 sous ; un fer à remettre, 7 sous. Néanmoins, comme l'écolier avait des sentiments chrétiens, entretenus par la pratique des devoirs de la religion et par les bons exemples de la famille Baptendier, il rentrait vite dans l'ordre, sauf à s'échapper de nouveau quelques jours après.

Voilà ce que le livre de maison tenu par Balthazard Baptendier nous apprend sur Pierre Sauvage et sur le système d'éducation en usage dans ces temps arriérés.

Quant à la raison pour laquelle la noblesse choisit ce jeune homme pour prieur de la confrérie du Saint-Esprit, elle peut se tirer tout entière des dépenses qu'imposait l'honneur de porter le chapelet de la confrérie.

Et si l'on veut savoir notre avis sur la confrérie elle-même, nous avouerons naïvement que, toutes réserves faites sur les désordres et abus, nous la regrettons un peu, parce qu'il n'est pas à notre connaissance que l'on ait remplacé par quoi que ce soit ce lien *de bonne amitié et fraternité entre toutes les classes de citoyens,* comme dit quelque part noble Balthazard Baptendier.

CHAPITRE XXX

Commerce, Costumes et Coutumes.

Le revenant du xvie siècle, avec lequel nous avons commencé notre excursion dans la cité de Maurienne, trouverait probablement que les magasins se sont bien embellis depuis ce temps-là, mais à coup sûr il constaterait que leur nombre a bien diminué. C'est que, de son temps, le rez-de-chaussée de la plupart des maisons, surtout dans les rues Mercière, Bonrieu et Saint-Antoine, était occupé par des boutiques petites, basses, sombres, à la gueule de four toujours ouverte, quand le temps le permettait, où le client était servi sur la *banche,* si la nature de son emplette n'exigeait pas qu'il entrât. Il y a encore dans ces vieilles rues quelques-unes de ces boutiques.

L'apothicaire ne logeait pas mieux ses bocaux; ni l'orfèvre, ses bijoux et ses colliers de perle; ni le drapier, ses draps, ses soieries et ses velours; que l'épicier, son sucre et son gingembre; le marchand d'aromates, son encens et ses parfums; le marchand de fer, ses clous et ses *oulles;* mais les uns et les autres étaient nombreux, balançant des deux côtés des rues leurs grandes enseignes criardes, emplissant leurs boutiques de tout ce qui pouvait tenter l'acheteur, et se faisant, sans se brouiller, une concurrence acharnée. Chacun avait bien une marchandise qui faisait le fond principal de son commerce et lui donnait son titre officiel, mais il y joignait d'ordinaire les choses les plus disparates. Il en était de même des barbiers, des serruriers, des menuisiers, même des aubergistes ou *hostes*.

Maître Ogier du Tour, barbier sur son enseigne, en 1558, vendait des médicaments, des parfums et de l'encens ; il allait à domicile veiller et soigner les malades, et, dans les actes notariés, il se qualifiait modestement de *chirurgien*, parce qu'il faisait les saignées et reboutait très proprement, à son avis, les côtes, les bras et les jambes, de quoi les *physiciens* et chirurgiens diplômés, qui avaient bon caractère, ne portèrent jamais plainte au juge-corrier.

Antoine Picollet, en 1577, vendait tout à la fois bien des choses, pour lesquelles il faudrait aujourd'hui parcourir toute la ville, et dont plusieurs ne s'y trouveraient pas. C'était un gros négociant du Pointet-du-Bourg, principalement chapelier, accessoirement mercier, sellier, quincallier, arquebusier, drapier, marchand de fer, voire un peu antiquaire. Consacrons-lui quelques lignes.

Il fit son testament le 8 novembre 1577, *estant detenu de maladie corporelle dans son lict en sa cuysine*. Pour sa sépulture, il se conforme à l'usage. Seulement, en homme qui aime la précision en toutes choses, il désigne par leurs noms les treize pauvres qui y assisteront, tous *vestus de drap de païs avec leurs chaperons en teste, chausses et solliers, portants treze torches de cire allumées.* De ses deux filles, non mariées, l'une aura 1,000 florins de dot, l'autre 1,200, *avec deux robbes nuptiales, une de drap noir fin orlée de velours, et l'autre de drap roge bandée de velours noir pour chacune des dictes filles.* Il explique qu'il a dans sa bourse *six cents florins de Savoie et cinquante escus d'or en or, de quoy il y a deux pièces de nobles à la rose, deux doubles ducats à deux testes et deux petits ducats, et le reste en escus d'or en or.* Son fils étant mineur, il veut que sa femme fasse faire inventaire.

Celle-ci goûta peu cette clause; car, trois jours après, le malade fait un codicile, dans lequel il prie *monseigneur le reverendissime permettre n'estre faict aucun inventaire.* La permission ne fut pas accordée et, Picollet étant mort, l'inventaire fut dressé par le notaire Jean Marquet, le 19 du même mois et les jours suivants.

Il remplit cinquante-cinq feuillets, dont trente-trois sont occupés par les billets et obligations. On y voit figurer le seigneur de Montarlot, Boname Baptendier, les des Costes, les de La Balme, presque tous les gentilshommes et les praticiens de Saint-Jean. Antoine Picollet ne tourmentait pas ses clients, mais il tenait bien ses livres et ne négligeait point les *obliges* et *polices* devant notaire.

Laissons de côté le mobilier minutieusement décrit et mentionnons seulement : un monceau de peaux de moutons, d'agneaux et de chèvres, destinées, soit à tenir chaud, soit à remplacer les parapluies qui n'étaient pas encore inventés (1) ; une

---

(1) Au mois de février 1574, il vend à un négociant de Lyon, pour la somme de 389 livres tournois, quarante-trois douzaines et demi de peaux de chèvres, vingt-trois peaux de chamois, deux peaux de cerfs et une peau de chien.

quantité de chapeaux, suffisante pour couvrir les trois ordres de la cité de Maurienne, chapeaux vernis, chapeaux à *tupin*, à la polonaise, à ailes de velours, etc. ; des boucles de bottines ; des *cadennes* de mulets ; des mors ; des *escriptoires*, du papier et du parchemin ; des ceintures de cuir et de velours ; des bonnets et des barrettes de toutes les couleurs ; des escarcelles de velours ; des corsets *barrés d'or* ; des cordons de soie et d'or ; des écharpes de taffetas ; des rubans ; un baril de poudre ; des arquebuses et des flasques ; des clous de toutes espèces ; des draps de Paris noirs, rouges, gris ; et, pour en finir, un sachet tout rempli de pièces de monnaie de Saint Louis, d'Allemagne, du Pape, d'Espagne et de Savoie.

Outre sa maison du Pointet-du-Bourg, Antoine Picollet possédait, dans la rue Saint-Antoine, le logis du Bœuf, loué à Laurent Guignard, avec tout son mobilier (1). Il y a seize lits, et le bon notaire Marquet se complaît visiblement à décrire leurs ciels, *forrures, cussins, coultres et catellognes*, de même que les tables et les bancs de noyer et de sapin, les étables avec leurs rateliers, mangeoires et chandeliers à coupes de fer, les *settours* avec leurs tonneaux contenant 55 setiers de vin, les

---

(1) L'auberge du Bœuf était située rue Saint-Antoine, *jouxte la tour du palais épiscopal*, entre les portiques actuels. Elle avait un mur mitoyen avec l'auberge de la Croix-Blanche, dont l'entrée était rue Mercière ou Borsière et qui fut vendue, en 1568, par Anne Agnan, de Bardonnèche, veuve de Jacques Sauvage et tutrice de leur fils Georges.

plats, écuelles et pichelettes d'étain, dont il donne exactement le nombre et le poids.

Jean Jovet, aubergiste à l'enseigne du Lion, pour profiter des bonnes dispositions de ses clients, tenait un assortiment complet d'habillements, et, le 5 décembre 1554, noble Jean des Colonnes, écuyer, ayant bien dîné, put, sans troubler sa digestion, approvisionner sa garde-robe. Il acheta: un manteau ou une *saye* de drap noir, bordé de velours; des chausses d'estamet violet, bordées de taffetas de même couleur; d'autres chausses blanches, bordées de même; trois chemises; un bonnet noir; une épée et une *mandosse* (1). Le tout, plus le dîner, s'éleva à la somme de *six vingts* florins de Savoie; et comme sa bourse était vide, il alla chez le notaire voisin, Mᵉ Jean Marquet, passer un acte de reconnaissance en faveur de l'hôtelier-marchand.

Le cas n'était pas rare. Beaucoup de ventes se faisaient à crédit; mais on ne manquait jamais de faire rédiger un petit acte notarié, qui ne coûtait pas cher, le timbre et l'enregistrement n'étant pas inventés et le notaire se contentant de quelques sous. Celui-ci se rattrappait sur la quantité, comme le démontrent les minutes de Jean Marquet. Les actes pleuvaient chez lui: pour une aune de drap bleu ou rouge, de 4 florins et demi; pour un bonnet rouge, de poil de Milan, de 3 florins; pour une peau de mouton *accoustrée de maroquins*, de

---

(1) *Mandosse* est probablement employé pour *mandille*, manteau à trois pièces, dont deux couvraient les épaules; c'était le manteau distinctif des laquais.

1 florin et demi ; pour un collet de même peau blanc et noir, de 3 florins ; pour quelques aunes de futaine, de servelette jaune, de camelot incarnat, de taffetas bleu, jaune ou violet, de velours noir, rouge ou jaune, de drap de Paris, de serge de Tours, de satin noir ; pour une ceinture d'épée ou une paire de chausses. Les marchands expédiaient aussi dans toutes les communes de la Maurienne et l'acheteur se rendait de même chez le notaire de l'endroit. Puis, quand la dette était payée, le marchand en informait le notaire, qui notait le paiement à la marge de sa minute et barrait l'acte ; c'était la quittance. Il y a dans les minutes du notaire Marquet un grand nombre de ces obligations signées par des gens de Turin, de Lyon, de Genève, de Thonon, etc.

On fabriquait à Saint-Jean et dans les communes environnantes beaucoup de drap blanc et noir, dit *du pays de Maurienne*, et l'on en expédiait de grandes quantités à Chambéry et dans le Briançonnais. Une pièce de soixante-dix-neuf aunes valait 80 florins. On faisait des pièces spéciales pour couvertures de lit, au prix de 24 florins la pièce de vingt-neuf aunes. Il y avait des entrepôts des draps du Dauphiné. Les marchands de Chambéry, d'Annecy, de Genève, venaient s'approvisionner des uns et des autres à Saint-Jean et convenaient avec des muletiers ou des voituriers pour le transport, s'ils n'avaient pas leurs bêtes, en s'entendant entre eux pour que le muletier eût un certain nombre de charges à conduire dans le même voyage. En 1554, le transport d'une charge de Saint-Jean à Chambéry coûtait 33 sous de Savoie.

Si nous voulons avoir une idée de ce que l'on trouvait dans la boutique d'un mercier, entrons, le 11 octobre 1540, chez Nicolas Juglar, au Pointet-du-Bourg, à la suite de Georges Truchet, substitut de Bon-Amédée Baptendier, corrier et juge commun de la cité et ressort, qui va faire l'inventaire des marchandises appartenant à la succession d'Amédée Truchet, sa cousine, en son vivant mercière. Négligeant le menu fretin : épingles, boucles, aiguilles et aiguillettes, fil d'archal, taille-plumes, couteaux, fil, peignes, chapelets de buffle et de jayet, etc.; nous trouvons sur les rayons: des toiles, de *Parcy* et de *Belleville*; du bougrant *(bocquerant)*; des plumes de diverses longueurs, à chaînettes, à *parpillons*, pour les bonnets des hommes; des *cues* (queues) de renard; des ceintures de cuir et de laine, des ceintures à l'espagnole; des rubans *(rybans)*; des coiffes de Genève, des coiffes d'or *faictes au cussin*, des coiffes de soie; des *gorgières* de Genève et de Cambrais; des collets de femmes; des bonnets de Carmagnole, du Puy et de Nantua; des ceintures et des cordons de soie et de drap d'or; des tresses et des passementeries d'or et d'argent; des pièces de taffetas ; et tout à côté, du poivre, du gingembre, des muscades, des clous de girofle, des épices de Genève et du safran.

On voit que nos marchands s'approvisionnaient beaucoup à Genève; ils allaient aussi à Milan, à Lyon et à Paris, avec leurs mulets, et faisaient des échanges avec les marchands français, suisses et italiens, qui venaient à Saint-Jean pour les foires des Rameaux *(Rempeaulx)*, de la Nativité et de la décollation de Saint Jean-Baptiste et de la Toussaint.

Quant à l'argent, s'ils en manquaient, ils n'avaient pas besoin de sortir de la ville pour en emprunter à d'honnêtes conditions. Le jeune homme rangé, instruit, laborieux, qui désirait monter boutique, trouvait facilement une bourse désireuse de s'associer à son travail. C'est ainsi que, par acte du 19 septembre 1574, Pierre Rapin, juge-corrier, remit à Amed Bordon, bourgeois de la cité, la somme de 500 florins, « pour les employer et traffiquer licitement en honneste et permise marchandise et traffique, » aux conditions suivantes : 1° le prêteur aura la moitié du profit à la fin de l'année ; 2° il subira la moitié des pertes, si Bordon vient à en faire sans qu'il y ait de sa faute ; 3° il a le droit de se faire rendre son argent, quand il voudra, moyennant avis six semaines d'avance ; 4° Bordon pourra aussi résilier le contrat à son gré, en restituant le capital de 500 florins et en rendant compte des profits ; *le tout en conscience et bonne foi,* disent les parties.

Nous avons indiqué les quatre foires qui, déjà à cette époque, se tenaient à Saint-Jean. On a vu aussi qu'en 1575, des cas de peste s'étant déclarés en Savoie, Emmanuel-Philibert, à l'occasion de la foire de la Saint-Jean, ordonna de fermer les portes de la ville et de ne laisser entrer que les personnes munies d'un bulletin de santé. Le secrétaire de la politique, Marquet, a consigné dans un registre tous les voyageurs qui, du 10 juin au 20 août, sont sortis de Saint-Jean pour aller hors de la Maurienne. Nous en tirons le tableau suivant fort instructif sur le commerce de cette époque et sur le mouvement des voyageurs à travers notre vallée. Nous ferons remarquer cependant que, bien que Marquet déclare que Saint-Jean est « lieu non suspect grace à Dieu d'aulcune maladie contagieuse, » le nombre des voyageurs a dû être moindre pendant cette période que dans les temps ordinaires.

Voyageurs allant en Italie.	Du 10 au 30 juin.	Voyageurs quelconques....	52
		Marchands..............	12
		Pèlerins allant à Rome.....	5
		Habitants de Saint-Jean...	4
	Du 1er au 31 juillet.	Voyageurs quelconques....	70
		Marchands..............	6
		Pèlerins allant à Rome.....	10
		Habitants de Saint-Jean...	2
	Du 1er au 20 août.	Voyageurs quelconques....	34
		Marchands..............	48
		Pèlerins allant à Rome.....	6
		Habitants de Saint-Jean...	1
Voyageurs allant en Savoie, en France, en Espagne, etc., etc.	Du 10 au 30 juin.	Voyageurs quelconques....	79
		Marchands..............	81
		Pèlerins venant de Rome...	9
		Habitants de Saint-Jean...	8
	Du 1er au 31 juillet.	Voyageurs quelconques....	34
		Marchands..............	23
		Pèlerins venant de Rome...	26
		Habitants de Saint-Jean....	17
	Du 1er au 20 août.	Voyageurs quelconques....	47
		Marchands..............	57
		Pèlerins venant de Rome....	8
		Habitants de Saint-Jean....	16

C'est un total de 405 voyageurs en 71 jours; sur ce nombre, 41 seulement sont des habitants de

Saint-Jean. Les marchands viennent de Turin, de Genève, de Thonon, de Flumet, d'Annecy, de Chambéry, de Lyon et du Dauphiné. Ce sont des merciers, des drapiers, des marchands de bestiaux et de mulets, des chaudronniers et des vitriers. Presque tous conduisent des mulets chargés de marchandises; il y a des caravanes de douze, de quinze mulets, conduits par deux ou trois marchands et par leurs domestiques. Parmi les habitants de la ville, il y a des marchands ambulants qui vont avec des mulets en Tarentaise, en Faucigny, etc.; d'autres vont acheter des toiles, du drap, de la mercerie, à Lyon et à Genève.

Parmi les pèlerins allant à Rome et à Lorette, ou en revenant, une huitaine sont des pauvres qui mendient le long de la route ; Marquet les note soigneusement. Tous, avant de continuer leur voyage, font une station dans notre cathédrale, pour vénérer les reliques de Saint Jean-Baptiste.

Les pèlerins sont au nombre de soixante-quatre. Un grand nombre d'habitants de la Maurienne faisaient le pèlerinage de Rome. Nous citerons seulement : en 1574, Pierre Comte, de Saint-Jean, qui resta plusieurs années à Rome; Thomas Roch, de Saint-Michel, Philibert des Oules, de Villargondran, et Philippe Testu, de Saint-Pancrace; quelques années plus tard, Pierre Salière d'Arves ; en 1588, le chanoine Humbert de Jorcin, frère du juge-corrier, qui y fit un long séjour, car il envoya une procuration au chanoine Trabichet pour gérer ses affaires.

Pour revenir au registre de Jean Marquet, les

départs les plus nombreux ont lieu le 25 et le 26 juin ; le secrétaire indique le nombre de jours que chaque marchand a passé dans la ville, c'est de trois à six jours. Quelques-uns font des excursions dans les communes environnantes. Marquet indique encore quelquefois les auberges où les voyageurs ont logé ; c'est lorsque, n'ayant pas de bulletin de santé, ils ont produit des témoins attestant qu'ils ne viennent pas de lieux suspects.

A la date du 21 juin, entre quatre et cinq heures du soir, le secrétaire a écrit à la marge : *Icy la terre a tremblé.*

Le lecteur a peut-être déjà soupçonné que les femmes du XVIe siècle, à Saint-Jean de Maurienne, aimaient quelque peu le luxe et la toilette. Voici qui va l'en convaincre.

Le 11 janvier 1554, Marie Franquin fit son testament devant le notaire Jean Marquet. Elle était née à Termignon, mais elle habitait Saint-Jean depuis longtemps et y possédait une maison dans la rue Saint-Antoine. Nous parlerons de ce testament tout-à-l'heure, mais il paraît que la testatrice craignit que son héritière ne fût tentée de se considérer trop tôt comme propriétaire de son bien ; car, ayant fait faire un inventaire, elle déclara remettre son mobilier en garde à sa sœur et à son beau-frère, et elle leur fit jurer, sous obligation de tous leurs biens, *rendre et restituer icculx biens à la dicte Marie ou bien à son procureur, messagier et cause ayant touteffois et quantes qu'ils en seront requis.* L'inventaire remplit six pages et chaque objet est minutieusement décrit. En voici quelques extraits :

Dix anneaux d'or, desqueulx il y a troys qui ont pierres turquesses et les aultres aultres pierres.

Ung collarin de perles où il y a dix paters ou boctons d'or et entre les paters il y a cinq perles.

Ung aultre collier de perles.

Ung chapellet de coreaulx et d'ambres, où il y a neuf perles et une croys.

Ung aultre chapellet de jayes et six perles, où il y a une teste de mort et une croys d'argent.

Une coeffe d'or. Une aultre noyre et une violette avecques leurs barres d'or. Une petite coeffe appellée escuiffioct avec ses barres d'or.

Une cuiller d'argent. Une porchine d'argent. Un cure dents et oreilles d'argent. Ung petit oullier d'argent.

Une paire de braselles (bracelets) d'argent.

Une ceinture en cordon d'argent. Une ceinture de soye verde. Une grande ceinture de soye à la tacqueste de plusieurs coleurs.

Une pièce de drapt d'or barré de vellu roge et argent.

Deux arnachons de vellu noyr forés de camelot.

Une aune de taffetas noyr pour ung devantier *(tablier)*.

Une paire de forures d'oreilles ornées de soye noire.

Deux foudards ou bien devantiers de lin ornés à l'entour et au milieu de soye noire.

Une paire de manchons ornés d'or et de soye.

Quatre gorgières ornées de soye.

Une paire de manches de satin viollet bandées de cordons d'or tout au long et au devant. Une aultre paire de manches de satin jaune bandées de passements d'or de la largeur de trois doigts. Aultre de satin roge... Aultre de satin viollet...

Une belle robe à la francoyse, les manches forées de taffetas bleu et les bords de velu noyr tout à l'entour, et le devant de la dite robe est foré de blanchet et de bocqueran.

Il y a d'autres robes et des *cottes de bon drap* rouge, noir, violet, avec garnitures de velours et de satin de toutes les couleurs.

N'oublions pas de mentionner une *coverte de poil de chien* et ajoutons que Marie Franquin était bien pourvue de linge, de matelas et de coussins de plumes, de chaises garnies de franges de fil, de vaisselle d'étain, d'ustensiles de cuivre et de fer, et de meubles de bois blanc *tout reluisants*.

Puisque cette fille prudente nous a fourni l'occasion de décrire le mobilier d'une maison bourgeoise de Saint-Jean au xvi° siècle, le lecteur nous permettra de couper encore quelques tranches dans deux autres inventaires.

Noble Jean Varnier (16 mai 1532) laissa à ses enfants, entre autres meubles : six écuelles plates *(scutellas platas)*, six écuelles à cornes *(scutellas cornutas)*, six grands plats ou *grales (gralas)*, trois pots *(potos)*, deux pichelettes, un truchon, une aiguière, le tout d'aitain ; douze assiettes de bois, trois tables de noyer *(nemoris nucis)*, un matelas de plumes *(culcitram plume)*.....; pour sièges, il n'avait que des bancs et des escabeaux de sapin.

Le bourgeois Léon Clément, dit *Bardonnenche*, était mieux fourni. L'inventaire (30 septembre 1535) ne mentionne pas des assiettes de bois ; mais des écuelles, des tasses et des plats de terre travaillés (1). Son linge et ses vêtements remplissent quatre coffres cerclés de tôle (2). On y trouve : un

(1) *Scutellas terreas ouvragiatas... Estos terreos ouvragiatos... Grelletos terreos ouvragiatos.*
(2) *Quatuor coffros ferratos ad tolam.*

bonnet de velours jaune orné d'une plume blanche, valant 2 testons de Savoie; un bonnet gris à dix raies, avec une plume jaune (1); un manteau brodé de deux bandes de velours noir; deux hauts-de-chausses gris, à deux bordures, dont une de serge *(cadys)* rouge et l'autre de taffettas jaune (2); une *mandosse* avec sa houppe bleue et viollette; un collet de maroquin noir; des manches d'habits de taffetas jaune, de futaine grise, ornées de passementeries; des chemises brodées de soie noire (3); toute une collection d'habits, de casaques, de manteaux, de chausses; un tapis rond peint aux armes de Savoie, etc. Parmi les papiers renfermés dans un de ces coffres, se trouve l'inventaire détaillé des oreillers de plumes, des matelas, couvertures, draps, serviettes, etc.

Le lecteur n'a qu'à revêtir Marie Franquin, Jean Varnier et Léon Clément, des pièces de leurs garde-robes, pour s'offrir la vue du costume des habitants de Saint-Jean, de la classe aisée, au XVIe siècle. Pour la classe inférieure, il n'y avait guère de différence que dans le drap, qui était celui que l'on fabriquait en Maurienne, blanc ou noir.

Le costume, dit Jacques Bertrand (4), est le même pour tous; les deux sexes conservent soigneusement la

---

(1) *Unum bonetum grisum ad decem rebras cum una pluma crocea.*

(2) *Duo paria calligarum grisarum foderatarum seu duo alta chapplatarum foderata ad duas foderaturas, quarum una est de cadys rubro et media de taffetas croceo seu crocei coloris.*

(3) *Ouvragiatas ad cericeam nigram.*

(4) *Diva Virgo Charmensis,* cap. I.

forme antique particulière au pays et personne n'essaye d'y introduire aucun changement ni d'adopter les modes des autres nations. La seule différence entre les riches et les pauvres, c'est que les premiers portent un manteau et que leurs chausses sont faites de drap étranger. La robe des femmes les couvre depuis les épaules jusqu'aux talons ; la taille est ornée sur les reins de bandes nombreuses ; la jupe est large et plissée par derrière ; un collet de peau de mouton, teinte et large d'une palme, couvre les épaules. Les manches sont faites de drap étranger et attachées sur le sein. La coiffure ne se compose que d'une bande de toile posée sur un réseau de couleur tout autour de la tête et couvrant les cheveux et les oreilles.

Bertrand parle de Modane, à la vérité ; mais le costume était à peu près le même dans toute la Maurienne, comme on le voit dans les tableaux d'églises, où les donateurs se sont fait peindre. Celui des femmes se retrouve presque tel quel dans les Villards et dans les montagnes au-dessus de Saint-Jean ; seulement elles ont mis des dentelles à leurs coiffes.

Dans les inventaires du mobilier délaissé par des femmes, il est toujours fait mention de leurs robes nuptiales, qu'elles conservaient soigneusement. C'était le père de l'épouse qui les achetait et il avait le choix de la couleur. S'il possédait quelque fortune, l'usage était qu'il en achetât trois : une noire, une rouge et une violette, toutes en drap. Noble Thibaut Fournier, achetant, le 21 janvier 1557, chez Geoffroy Crinel, marchand et hôtelier à l'enseigne des Trois-Rois, les robes de damoiselle Louise, sa fille, qui allait épouser M⁰ Jean Bertrand, notaire, en prit une quatrième de blanchet. Dans le contrat de mariage d'Etienne Suchet, dit *Sarrallion*, bourgeois de Saint-Jean, et de Claudine Bernard, de Saint-Michel, du 24 juillet 1558, le père et le grand-père de l'épouse promettent de livrer à l'époux et à son père, *à leur première et simple requête, quatre robes de bon drap, desquelles y en aura deux nuptiales de la colleur qu'il plaira ès dits père et fils Suchet, et les deux aultres de bon drap recepvable.*

Les contrats de mariage portent toujours constitution d'augment par l'époux en faveur de l'épouse. Il est du quart de la dot de celle-ci et la coutume du pays de Maurienne est que : si les époux ont des enfants, l'augment leur appartient, avec réserve de l'usufruit pour l'épouse après la mort de son mari ; s'ils n'ont pas d'enfants et que l'épouse survive au mari, l'augment lui appartient ; si elle meurt la première, l'augment revient au mari, c'est-à-dire est nul de plein droit.

Le contrat de mariage ne se faisait jamais qu'après les fiançailles à l'église, dont il faisait mention expresse ; quelquefois même il n'avait lieu qu'après le mariage.

CHAPITRE XXXI

Testaments et Sépultures.

C'est surtout dans les testaments que se révèlent les mœurs, les croyances et ce que nous appellerons le fond d'une époque. Cet acte final de la vie présente, dans son côté naturel, écrit près du seuil de la vie future, constituait autrefois comme le trait d'union des deux vies. Le droit de propriété étant absolu, pour le père de famille comme pour le célibataire, au moment de la mort comme pendant la vie, la loi civile et la coutume laissaient l'homme, quant à la disposition de ses biens, presque entièrement libre et placé seulement en face de ses obligations naturelles et de sa conscience, dans la perspective de sa comparution prochaine devant le grand Juge qu'on ne trompe point.

De là le caractère essentiellement religieux que revêtaient les testaments et ces formules solennelles, résumé de la foi de toute la vie, qui n'étaient pas seulement un préambule d'usage, mais la base et la raison des dispositions dernières. Le testateur se souvenait que, propriétaire vis-à-vis de la société humaine et de sa famille, il était fermier vis-à-vis de Dieu, et, averti par l'âge ou la maladie que l'heure approchait peut-être de rendre compte de la gestion de ses biens et aussi de la manière dont il les aurait abandonnés, il craignait, soit de mal en disposer, soit d'*estre surprins d'icelle mort intesté et inconfus.*

Comme dernière affirmation de son droit, avant de s'occuper de ses héritiers, il songeait aux deux parties de lui-même et réservait à chacune une part de son bien. Rien n'est beau, à notre avis, comme le calme avec lequel, sur le point de franchir la dernière marche de la vie, il réglait les secours que l'on enverrait à son âme et les honneurs que l'on ferait à son corps dans sa translation à son nouveau domicile provisoire.

Ne rions point de ces vieilles formules et de ces prescriptions minutieuses. Parce que l'État s'est fait, pour une large part, le testateur universel, et, pour une part aussi, l'héritier encore plus universel, le testament et le testateur ont vu diminuer, l'un son importance, l'autre sa responsabilité, et, dans le champ restreint où son droit est conservé, celui-ci, trop généralement, s'oublie lui-même. Nous avouons ne pas apercevoir du tout en quoi cela nous élève au-dessus de nos ancêtres.

Nous avons lu un grand nombre de testaments faits à Saint-Jean de Maurienne pendant le XVI° siècle. Ils se ressemblent tous, quant au fond.

Premièrement, le testateur fait le signe de la croix et se recommande à Dieu, « à la benoite Vierge Marie sa mère, au benoit Saint Jean-Baptiste son patron, et à toute la cour célestielle de paradis, pour que icelle son ame, quand du corps la conviendra partir, veuillent requérir et garder que l'ennemi de nature humaine ne luy puisse nuyre. » Dans plusieurs actes, le testateur, se recommandant au saint dont il porte le nom, l'appelle son *parrain*.

Il ordonne que son corps soit déposé dans le *ras* ou *tumule de ses prédécesseurs*. En ce temps-là, les morts se groupaient par familles, comme les vivants ; et c'était la même famille, qui possédait sa part de l'habitation des morts, comme vivante elle avait possédé sa maison et son champ à elle dans la commune. Il n'y avait nul privilège, car ce droit de sépulture en famille appartenait aux pauvres aussi bien qu'aux riches, sans bourse délier, et l'on ne pensait pas que le pêle-mêle et l'alignement dussent être plus imposés aux morts qu'aux vivants.

Les testaments entrent dans les moindres détails relativement à la sépulture et aux services religieux. Voici ce que nous trouvons à peu près dans tous.

Avant que le corps sorte de la maison mortuaire, les prêtres iront réciter auprès de lui le psautier de David. Tous les prêtres attachés à l'église paroissiale et *disant messe* sont invités à la sépulture. La bière, portée par les amis et les voisins, sera entourée, selon la fortune du défunt, de quatre, six, huit ou treize pauvres, *portant torches ou chandoelles* et habillés de neuf en drap du pays, *robes* ou *chausses et sayes avec soliers et couvre-chefs*, aux frais des héritiers. On leur donnera le dîner et quelques sous le jour de la fin de la neuvaine, à laquelle ils doivent assister.

A l'église, on célébrait toujours au moins trois

messes en présence du cadavre: une du St-Esprit, une de la Sainte Vierge et une des défunts, celle-ci chantée, précédée et suivie de ces prières, si belles de paroles et de chant, qui sont encore en usage dans une partie du diocèse : *Languentibus in purgatorio...*, aussitôt que le corps était déposé dans l'église, et les *Exaudi...*, après la messe. Tous les testaments en font mention; plusieurs ordonnent qu'après ces oraisons, les prêtres aillent saluer la Sainte Vierge, au nom du défunt, en chantant ou récitant le *Salve, Regina...*, au pied de son autel.

La neuvaine commençait le lendemain de la sépulture. Il y avait chaque jour au moins une messe; le dernier jour, après le service chanté et autant de messes que le jour de la sépulture, les héritiers donnaient à dîner, *modestement*, aux parents et aux amis qui avaient fait au défunt l'honneur de l'accompagner à la demeure de ses ancêtres *avec chandelle en la main ou portant icelluy corps.*

Dans l'année du décès, on distribuait aux familles pauvres de la paroisse et même, si le défunt était riche, à toutes les familles sans distinction, une aumône d'un pain et d'un pot de vin, *en signe de bonne amitié et fraternité, et affinque iceux pauvres, frères, amis et concitoyens prient pour le réfrichère du dict défunt.*

Lorsque le testateur a une fortune un peu considérable, les legs sont toujours nombreux, alors même qu'il a des enfants; mais souvent ce sont de simples souvenirs d'amitié. Il y en a pour les frères, les sœurs, les amis : une des chausses, un des bonnets du défunt, une robe, un chapelet ou un livre de prières, etc.; il y en a pour les domestiques et les fermiers : une petite somme d'argent, une pièce d'habillement, quelques quartes de blé, un baril de vin, etc. Il y en a aussi pour l'église paroissiale et pour la chapelle de Bonne-Nouvelle : une livre d'huile pour la lampe, une torche à faire brûler devant l'autel, des chandelles, quelquefois une robe ou un manteau pour faire une chasuble ou une couverture d'autel. Les prêtres font à l'évêque un legs de quelques sous.

Un grand nombre de testaments prescrivent aux héritiers de faire célébrer *les trente messes ordonnées par le pape Saint Grégoire, trente jours de suite ; cinq messes en l'honneur des cinq playes de Nostre Seigneur, cinq vendredys continuels ; sept messes en la révérence des sept doleurs de Nostre Dame, sept samedys ensuyvant.* De 1560 à 1565, ces messes doivent ordinairement être acquittées par Antoine Losset, religieux de la chapelle de Bonne-Nouvelle, ou par Louis Pellissier, ermite de Sainte Thècle.

Le mari donne à sa femme l'usufruit de ses biens, *tant qu'elle ménera vie chaste et viduelle*, à la condition qu'elle fera dresser un inventaire et qu'elle nourrira et entretiendra les enfants, *selon la faculté et condition* du mari. La femme fait de même pour son mari. Un testament donne la raison de cette disposition ; c'est afin que les enfants, *despendant de leur mère, ne perdent point la révérence et obéissance qu'ils doyvent à ycelle*. D'ordinaire, le père de famille fait suivre cette clause de touchantes recommandations à sa femme de se souvenir de la double responsabilité qui va peser sur elle, et aux enfants de reporter sur leur mère et de lui garder inviolablement le respect et la soumission qu'ils partageaient entre les deux auteurs de leurs jours. *Ils prendront son avis en toutes choses*, dit le juge-corrier Pierre Rapin, *et le suyvront en révérence, pour l'amour d'elle, et de moi, et de Dieu, et leur propre bonheur et prospérité*.

Si le testateur n'a que des filles, elles sont ordinairement héritières par égales parts. S'il a des garçons, la coutume n'a rien de précis : quelquefois, l'aîné seul est héritier universel ; plus généralement l'héritage est partagé entre les garçons, toujours avec des substitutions à l'infini, de mâle en mâle et d'aîné en aîné. Ces substitutions donnaient lieu à d'interminables et ruineux procès, parce que souvent les revendications se produisaient de longues années après l'ouverture de la succession, quand les biens qui en dépendaient avaient déjà passé en plusieurs mains ou étaient possédés par des étrangers, ensuite de ventes dont il s'agissait alors de faire déclarer la nullité. Pour parer à cet inconvénient, les testateurs défendent souvent à chacun de leurs héritiers et à leurs descendants de vendre leur part d'héritage à des étrangers à la famille, sans l'avoir offerte aux cohéritiers et sans faire constater leur refus par écrit.

Les autres enfants recevaient des legs payables, aux garçons, un an, quelquefois deux ans, après le décès du testateur ou après leur majorité ; aux filles, au moment de leur mariage. Jusqu'à cette époque, ils devaient être nourris et entretenus dans la maison paternelle comme du vivant de leurs parents.

Quelques extraits de testaments achèveront de peindre l'esprit et les mœurs de cette époque dans la petite cité de Maurienne.

Le 8 janvier 1547, Nicolas Polliac, chanoine de la cathédrale, et probablement frère ou neveu du fondateur de la chapelle de Bonne-Nouvelle, fait son testament devant le notaire Laurent Boudrey (1). Il veut être enseveli dans la chapelle de l'Annonciation érigée tout contre l'église cathédrale (2), et ordonne que l'on mette sur son tombeau un bloc de marbre *aussi gros qu'on pourra le trouver* et qu'on y grave son nom, son prénom, la date de son décès, et rien de plus. Pour sa sépulture, on suivra la coutume des chanoines, et l'on fera, dans le chœur, les distributions ordinaires aux chanoines et aux bénéficiers. Le jour de la sépulture et le jour de la fin de la neuvaine, on dira la messe pour lui à tous les autels de la cathédrale et de l'église Notre-Dame : le jour de la neuvaine on fera une procession à son tombeau.

Il lègue au Chapitre 420 florins, soit une rente de 21 florins et 12 deniers gros, pour trois autres processions : le jour de la fête de saint Nicolas; le jour de celle de la translation du même saint, qui se célébrait le 9 mai ; et le jour anniversaire de sa mort. Chacun de ces trois jours on dira une messe au maître-autel de la cathédrale et, les deux premiers, on fera l'exposition des reliques de saint Jean-Baptiste, au son de la grosse cloche, selon la coutume. Il distribue ses habillements à ses

(1) Archives de l'évêché.
(2) Cette chapelle n'existe plus.

parents, en réservant pour le Chapitre un habit de drap et un autre de camelot de soie, pour faire deux chasubles, plus un *sayon,* ou petit manteau de velours, pour les border. Son héritier universel est un de ses neveux; mais il lui fait défense expresse d'aliéner aucune partie de son héritage, parce que sa volonté est que, s'il vient à mourir sans enfants, cet héritage revienne, une moitié à l'hôpital de Bourg-en-Bresse, sa patrie, et l'autre à celui de Saint-Antoine à Saint-Jean de Maurienne.

La procession au tombeau et la messe qui la précédait s'appelaient *obit.* Le chanoine Antoine Chabord, qui fonde quatre obits par son testament du 29 novembre 1584, veut qu'avant chaque obit sept pauvres aillent, une petite chandelle à la main, réciter un *Pater* et un *Ave* sur son tombeau, et que, pour cela, on donne un sou à chacun d'eux.

Le testament de Pierre, fils de Gabriel des Costes, du 30 juin 1517 (1), contient les clauses suivantes : 1° Selon l'usage que l'on trouve dans tous les testaments, surtout avant l'année 1540, il veut que ses dettes et ses legs soient payés, les réclamations qui s'élèveraient contre lui apaisées et les injustices qu'il pourrait avoir commises réparées, sommairement et sans figure de procès, au jugement de la Sainte Mère l'Église (2). 2° Il y aura treize pauvres à sa sépulture, et ils seront habillés de drap du

---

(1) Communiqué par M. F. Truchet.

(2) *Clamores suos, debita et legata sua ac male ablata, si que sint, emendari, sedari, solvi, restitui et actendi per heredes suos universales summarie, simpliciter et de plano, ad cognitionem sancte matris Ecclesie, sine strepitu et figura judicii.*

pays : tunique, habit, capuchon *(capucio)*, chausses et souliers *(caligis et sotularibus)*. Le chaperon dont il est parlé en d'autres testaments était donc un capuchon en drap du pays. 3° Les *altaristes*, c'est-à-dire les prêtres attachés au service des divers autels de l'église, célébreront la messe pour son âme le jour de sa sépulture. 4° Après la neuvaine, on fera, le jour qui conviendra le mieux, une procession dans l'église et l'on offrira devant chaque autel la moitié d'un gros pain, un pichelet de vin et une chandelle de cire, *selon la coutume*. 5° On fera deux aumônes aux pauvres de Jésus-Christ, l'une le jour de la sépulture, l'autre le jour de la procession ; chaque aumône se composera de trois setiers de seigle, de deux setiers de vin et de deux quintaux de viande de bœuf, si la sépulture a lieu un jour gras ; si c'est un jour maigre, la viande sera remplacée par du fromage et, si c'est en carême, par du poisson, pour une somme égale. 6° Entre autres legs à Marie, sa femme, il lui donne l'usage des meubles de sa maison de Babylone, *à la réserve des couleuvrines, des arbalètes, des plastrons et des autres armes de toute espèce* (1).

On a remarqué que les pauvres appelés à assister aux sépultures étaient souvent au nombre de treize, ce chiffre malheureux qui, aujourd'hui encore, cause de si étranges frayeurs à beaucoup de têtes qui se prétendent très fortes. Au XVI° siècle, on était moins superstitieux, parce que l'on était plus

---

(1) *Exceptis tamen et remotis colovrinis, albalistis, plastronibus, vogiis et aliis quibuscumque ad arma concernentibus.*

croyant, et on le choisissait de préférence, le testament d'Antoine d'Albiez, qui est du 20 mars 1511, en donne la raison (1).

Disons d'abord qu'il veut être enseveli dans la cathédrale, au tombeau de ses ancêtres, situé à côté de la chapelle de Sainte-Marguerite. En l'honneur des treize apôtres, sa bière sera précédée de treize pauvres de Jésus-Christ, portant des torches et vêtus d'un habillement complet en drap blanc du pays, avec chausses et capuchon. De plus, en mémoire des cinq plaies de Notre-Seigneur, elle sera suivie de cinq autres pauvres, âgés de trente ans, semblablement vêtus et portant aussi des torches. Pour le jour de la fin de la neuvaine, on fera la procession et l'aumône d'usage et, en l'honneur des quinze allégresses de la Sainte Vierge, on habillera quinze pauvres filles de Jésus-Christ, âgées de douze ou treize ans. Chacune aura, pendant la messe et l'office, un chapelet à la main et le récitera dévotement, pour le soulagement de l'âme du testateur et de ses ancêtres.

Jean, autre fils de Gabriel des Costes, dont le testament est du 4 mai 1504, statue que l'ermite de la cité sera un des treize pauvres qui seront invités à sa sépulture. Il s'agit, sans doute, de l'ermite de Sainte Thècle.

Nous avons vu Claude Constantin, en 1561, faire aussi mention de cet ermite. Son testament, qu'il déclare faire *allant et chemynant, sain de son sens et entendement,* parce qu'il vaut mieux *vivre longtemps testé que intesté,* prescrit deux processions à son

---

(1) Archives d'Arves.

tombeau, l'une à la fin de la neuvaine, l'autre à la fin de l'an, *avec un chanter par tous les autels de l'esglise parrochiale Nostre-Dame*. Pendant l'année, ses héritiers feront célébrer une messe à chacune des quatre principales fêtes de la Sainte Vierge : l'Annonciation, l'Assomption, la Nativité et la Conception *(Nostre Dame des Avens)*. La rétribution de chacune sera de 2 gros (2 sous). Il veut, à la fin de la neuvaine, *estre faict ung disner honnestement sellon sa faculté à ses voisins et à ceulx qui luy feront honneur pour le porter tumuler*. Au bout de l'an, ses héritiers feront *une aulmosne de neuf sestiers de bled bon et recepvable à la mesure de la cité, moytié seigle et moytié orge, pour estre distribué pour l'honneur de Dieu ès pouvres de nostre saulveur et redempteur Jhésus Christ*.

Barbe de Sens, femme de Bon des Costes, de la paroisse Saint-Christophe, veut (24 décembre 1558) que vingt prêtres, *chantant messes, Exaudi...... et aultres divins suffrages des trépassés*, assistent à sa sépulture, qui aura lieu dans le cimetière de l'église Saint-Christophe, au *vas* des ancêtres de son mari. Elle lègue au curé de cette paroisse 40 florins de capital pour acquitter tous les mardis, à perpétuité, une messe en l'honneur de sainte Barbe. Le placement de cette somme sera fait par le curé, *sans que iceulx quarante florins puissent jamais devenir (et ainsi le défend et prohibe) entre les mains du chappittre et chanoines*. Elle donne : 1° à la chapelle de Bonne-Nouvelle, la meilleure de ses robes *pour icelle estre mise et employée en une chasuble, estolle et manipule;* 2° aux pauvres de Dieu qui seront dans l'hôpital

Saint-Antoine, *une sienne coultre avec son cussin de plume, ensemble sa curtine de toille de lin posée sus le lict auquel elle gist à present malade, et deux pendants serrés à la dicte curtine, avec aussi deux linceulx et une coverte bons et recepvables drap et toille de pays.*

Parmi les legs nombreux contenus dans le testament de M° Jacques Truchet, du 25 juin 1554, il y a aussi *une sienne cappe de brunette et deux tiers d'aulne de drapt viollet pour une chappe ou chasuble à servir à l'autel de l'esglise Nostre Dame.* Jacques Truchet possède *deux paires de chausses incarnées garnies de taffetas,* qu'il donne à Claude Truchet, son frère, et à M° Pierre Lambert, son beau-frère. Ce testament renferme une clause remarquable, car il s'agit d'une belle-mère. Celle du testateur était devenue veuve une seconde fois. Il veut que sa femme, née du premier lit et sœur du dit Lambert, *soit abstreinte demeurer et tenir avec soy durant sa vie Michelette sa mère... et la tracter et entretenir comme sa mère;* c'est une des conditions de l'usufruit qu'il lui donne.

Michel Boson (19 août 1558) lègue 100 florins à chacun des deux couvents de Myans et de Sainte-Marie-Egyptienne, à Chambéry, pour la fondation d'une messe, chaque semaine, en l'honneur de la Sainte Vierge.

Pour l'aumône générale, Claude Béchet, de la paroisse Saint-Christophe, dans son testament du 9 février 1563, veut que l'on distribue à chaque maison de la paroisse six livres de pain de seigle et une pichelette de bon vin rouge.

Pierre de La Balme (22 novembre 1595) ordonne que l'on revête son corps de son habit de confrère du Saint-Sacrement; que les torches portées par les treize pauvres soient ornées de ses armoiries; que le jour de sa sépulture et le jour de son anniversaire, Humbert de La Balme, son fils, donne à dîner aux treize prêtres qui auront accompagné son convoi, et à un certain nombre de ses parents, amis et voisins.

Antoinette, sœur de Melchior et de Balthazard Baptendier, femme de M⁶ Jean-François Voutier-Rebutin, de Saint-Julien, fait un codicille le 28 janvier 1604. Cinq pauvres assisteront à sa sépulture; on leur donnera une *robbe longue, le chapperon et bas de chausses drap du pays et à chescung une paire de solliers simples avec à chescung une torche ardente en main*. On fera un pèlerinage à Notre-Dame du Charmaix et un autre à Saint-Pancrace, *auquel lieu sera offerte de deux livres de cire. Item veult estre offert au messagier* (procureur) *de Sainct Antoine demye quarte de froment et aultant au messagier de Sainct Bernard*. Dans son testament, elle avait légué 100 florins à *l'esglise* de la Réclusière pour la confrérie du Saint-Sacrement qui y était érigée.

Faisons à Marie Franquin, dont nous avons déjà visité la garde-robes, l'honneur de terminer ces détails sur les testaments et les sépultures. Voilà un type parfait de la vieille fille, — de ce temps-là, — prudente, soupçonneuse et tremblant de laisser un *i* sans point. Elle avait à Termignon deux frères et une sœur; mais il paraît que les relations n'étaient pas bien tendres, car Marie ne laisse à chacun d'eux que *six gros de Savoie* (6 sous), *payables dans l'année de son décès*. Sa mère est son héritière universelle;

mais toutes les précautions sont prises, au moyen de la substitution, pour que rien ne puisse aller jamais à Termignon, sauf les 18 sous entre trois. De la mère, l'héritage passera à la sœur Michelette; puis, au fils aîné de celle-ci; puis, s'il meurt sans enfants *nés et procréés de loyal mariage,* à ses frères et sœurs *devoir à naître;* et, si eux aussi meurent sans enfants légitimes, à Antoine Rembaud, son beau-frère, et aux siens. En attendant, Marie lègue à Michelette, *pour estre délivré incontinent après son décès :* une cotte de drap rouge avec ses bandes de velours noir et ses cordons; un paletot noir; deux anneaux d'or; deux de ses belles coiffes de soie avec leurs barres d'or; et divers ustensiles de fer et d'étain.

Le testament est à peine signé par le notaire, que Marie Franquin s'aperçoit qu'elle a oublié de nommer un exécuteur testamentaire, pour surveiller sa mère dans l'exécution de ses dernières volontés, sépulture, pies causes, etc. On y manquait rarement à cette époque, quand même les héritiers étaient les enfants du testateur. Marie y pourvoit de suite par un codicille et confie cette charge à Mᵉ Humbert du Verney, praticien de la cité, auquel elle lègue, pour ses peines, 2 écus d'or sol (1).

En terminant ces lignes, nos regards se promènent sur la ville assise, silencieuse, au bas de la colline. Comme tout a changé depuis trois siècles! La population s'est accrue d'un tiers; la route s'est fait un autre passage plus large à travers la ville;

---

(1) En 1578, un arrêt de la Chambre des comptes de Savoie fixa la valeur de l'écu d'or à 6 florins 6 deniers.

presque toutes les rues se sont un peu élargies et
alignées; le pétrole y jette, le soir, à défaut de la
lune, une certaine lumière jusqu'à l'heure où chacun est censé se souvenir qu'il a un domicile et une
famille; les hommes ne portent plus des hauts-de-
chausses et des bonnets à plume, ni les dames des
tabliers et des coiffes de drap d'or; l'antique costume national a disparu; les parapluies ont remplacé les peaux de mouton à capuchon orné de
queues de renard; les avocats laissent leur toge au
tribunal et il n'y a qu'un tribunal; il n'y a plus
de gabelle, de don gratuit, ni de droits féodaux, ce
qui ne signifie pas, bien au contraire! qu'il n'y ait
plus d'impôts ni de droits variés à payer; l'évêque
n'a plus de pouvoir politique; le même gouvernement tient l'État, la commune, l'école, l'hôpital et
beaucoup d'autres choses, ce qui est, dit-on, une
grande liberté et une grande égalité; la noblesse ne
dresse plus ses tours et ses girouettes au-dessus
des toits des bourgeois; il n'y a même plus de nobles ni de bourgeois, mais seulement des citoyens,
tous égaux, dit-on encore, et le clergé gouverne à
peine l'église; il y a beaucoup moins d'auberges,
de magasins et de voyageurs, mais il y a beaucoup
de cafés, où la famille et le foyer s'oublient facilement; il n'y a plus de confrérie du Saint-Esprit, et
l'on ne pourrait ni ne voudrait plus représenter le
Mystère de la Passion; les testaments sont plus
courts, Dieu, l'âme et la sépulture n'y figurant pas,
et les pauvres pas davantage. Enfin, c'est à Saint-
Jean de Maurienne comme ailleurs : tout a marché

avec le temps, c'est-à-dire, selon l'expression usitée, tout a progressé.

En réalité, est-ce mieux? Oui, sur certains points. Est-ce pire? Oui, sur certains autres points. Quant à la balance, le lecteur la fera, s'il en a le temps et le goût ; mais nous l'avertissons charitablement que l'opération est difficile, et que ceux qui l'ont tentée ont souvent falsifié les poids, sciemment ou non.

Un fait qui montre combien est changeant et passager tout ce qui est humain, c'est que, de tous les noms de nobles et de bourgeois que nous avons rencontrés au XVIe siècle, il n'en existe plus que trois, peut-être quatre.

Mais il y a toujours, à mi-montagne, la chapelle de Bonne-Nouvelle ; là-bas, dans la ville, la vieille cathédrale ; le vieux clocher, abaissé en l'honneur de l'égalité ; le collège ; le nouvel hôpital qui a remplacé les anciens, et, près de nous, un cimetière.

Il y a donc des choses qui ne changent pas. Grande consolation pour ceux qui n'aiment pas les changements, et grande leçon pour ceux qui les aiment beaucoup, peut-être trop.

FIN

PLAN DE LA VILLE DE SAINT-JEAN-DE-MAURIENNE au XVIme Siècle.

TABLE DES MATIÈRES

	Pages.
Préface..	I
Chapitre Iᵉʳ. — Une excursion dans Saint-Jean au XVIᵉ siècle..	1
Chapitre II. — La Cathédrale......................	19
Chapitre III. — Le Chapitre de la Cathédrale.......	37
Chapitre IV. — Les Églises paroissiales et les Chapelles..	61
Chapitre V. — Les Écoles...........................	81
Chapitre VI. — Les Hôpitaux.......................	95
Chapitre VII. — La Communauté...................	119
Chapitre VIII. — Faits divers......................	141
Chapitre IX. — Le Tiers-État et ses Syndics........	157
Chapitre X. — Les trois Ordres. — Le Tiers-État et le Clergé..	171
Chapitre XI. — Le Tiers-État et la Noblesse........	187
Chapitre XII. — Les aides, la gabelle et le don gratuit..	213
Chapitre XIII. — La dîme. — La taille communale. Les droits féodaux. — L'affranchissement.........	237
Chapitre XIV. — La Justice et les Hommes de loi..	257
Chapitre XV. — La Noblesse.......................	284
Chapitre XVI. — La Noblesse (suite)..............	305
Chapitre XVII. — Les Évêques. — Louis de Gorrevod	327
Chapitre XVIII. — Les Évêques. — Jean-Philibert de Challes. — Brondolésius de Trottis. — Hippolyte d'Est. — Pierre Meynard........................	345
Chapitre XIX. — Les Évêques. — Pierre de Lambert.	361
Chapitre XX. — Les Ducs de Savoie et les Rois de France..	391

Chapitre XXI. — Guerres et passages de troupes (de 1499 à 1588) 411
Chapitre XXII. — Guerres (de 1589 à 1596) 429
Chapitre XXIII. — La Guerre en Maurienne (1597-1601)... 447
Chapitre XXIV. — L'Étape.. 463
Chapitre XXV. — La Peste (1564-1565).............. 489
Chapitre XXVI. — La Peste (1570-1600)............. 515
Chapitre XXVII. — Le Mystère de la Passion...... 529
Chapitre XXVIII. — Les Confréries................. 555
Chapitre XXIX. — La fête de la Confrérie du Saint-Esprit. — Un écolier au xvie siècle................. 573
Chapitre XXX. — Commerce, costumes et coutumes. 589
Chapitre XXXI. — Testaments et sépultures 605

TABLE ALPHABÉTIQUE

Des principaux Faits, Personnages, Lieux et Édifices
mentionnés dans cet Ouvrage.

Aides et gabelles, 213.
Albiez (Noble d'), 285.
Arves (Nobles d'), 96, 320.
Aumône du Carême, 367.

Balme (Nobles de La), 316.
Baptendier (Nobles), 299.
Bonne-Nouvelle (Chapelle de), 75.
Bourdeille Raphaël, 403.

Canonicat des princes de Savoie, 392.
Capucins (Couvent des) à Saint-Jean, 382.
Cathédrale de Saint-Jean, 19.
Chabert (Nobles), 325.
Challes (Mgr Philibert de), 346.
Champiers et gardes-vignes, 144.
Chapitre de la cathédrale, 37, 178.
Charles II, duc de Savoie, 391.
Charles III, duc de Savoie, 237, 395.
Charles-Emmanuel Ier, duc de Savoie, 407, 429, 442.
Châteaumartin (Nobles de), 287.
Clocher de Saint-Jean, 62, 456.
Collège, 86.
Colonnes (Nobles des), 288.
Commerce, 589.
Commune (Administration de la), 119.
Confréries, 555.
Conseil général de la ville, 123.

Conseil des syndics 128.
Correrie (Maison de la), 9.
Costes (Nobles des), 312.
Costumes, 593, 600.
Coutumes, 603.

Davrieux (Famille), 276, 351.
Ducol (Nobles), 290.
Dîmes, 68, 237.
Don gratuit, 226.
Droits féodaux, 247.

Écoles, 82.
Écu de France (Maison de l'), 12.
Emmanuel-Philibert, duc de Savoie, 215, 397, 406.
Ermite de Sainte-Thècle, 73.
Espagnols (Passages des), 417.
Estouteville (Le cardinal d'), 23.
Étape de Saint-Jean, 463.
États Généraux de Savoie, 396.

Flammes (Nobles des), 302.
Foires, 595.
Fontaines, 148.
Forts de Saint-Jean, 7, 456.
Fournier (Nobles), 312.
Fournitures de guerre, 415, 434.
François Ier, roi de France, 405.

Gorrevod (le cardinal de), 328.
Greffes des Tribunaux, 273.
Grosset (Nobles), 289.
Guerres et passages de troupes, 411.

Henri II, roi de France, 405.
Henri III, roi de France, 406, 419.
Hôpitaux, 95.

Inondation de Bonrieu, 37.

Juge corrier et commun, 259.
Juge de l'évêché, 258, 268.
Juge-mage, 271.

Lambert (Mgr Pierre de), 34, 87, 361, 430.
Lesdiguières à Saint-Jean, 447.

Maladière, 110.
Manants et habitants, 122.
Mareschal (Nobles de), 324.
Métraux, 321.
Meynard (Mgr Pierre), 349.
Millet (Mgr Philibert), 388, 442.
Miséricorde (Hôpital et Confrérie de la), 95.
Modane (Confrérie du Saint-Esprit de), 566, 575.
Mollard (Nobles du), 297.
Mont-Cenis (Défense du) 337.
Morel (Mgr Etienne), 27.

Noblesse, 127, 188, 283.
Notre-Dame (Eglise et paroisse de), 62.

Ordres (Les trois) de la cité, 122, 206.

Paradis (Tour de), 5.
Passion (Mystère de la), 529.
Patrouille ou garde de la ville, 142, 431, 521.
Péage de Suse, 156.
Pestes, 489.
Philibert II, duc de Savoie, 395.
Philippe, duc de Savoie, 393.
Places de la ville, 5.
Police, 141.
Pont (Nobles du), 293.
Pontamafrey (Mestralie de), 353.
Pontcharra (Maison de), 305.
Pont-Renard (Prieuré et château de), 46, 451.
Ponts, 144.
Portes de la ville, 5, 11.
Poste, 267.
Praticiens, avocats, procureurs et notaires, 275, 523.
Pré de l'Évêque, 4.
Procès des trois États, 171.
Procureurs fiscaux, 266.
Protestants, 398.

Randens (Traité de), 258.
Rapin (Nobles), 194, 305, 378.

Réclusière, 5.
Régiment des milices de Maurienne, 417.
Rembaud (Nobles), 289.
Route, 2.
Rues de la ville, 5.

Saint-Antoine (Hôpital et prieuré de), 114.
Saint-Christophe (Eglise et paroisse de), 66.
Saint-Esprit (Confrérie du), 560.
Saint-Etienne de Cuines (Cure de), 47.
Saint-Marcellin (Maison forte de), 313.
Saint-Sacrement (Chapelle et Confrérie du), 560.
Sainte-Thècle (Chapelle de), 70.
Salière d'Arves (Nobles), 321, 443.
Sauvage (Nobles), 304, 575.
Séchal (Nobles), 284.
Sépultures, 607.
Sibué (Nobles), 290.
Syndics, 127.

Tailles communales, 245.
Terre épiscopale et Terre commune, 257.
Testaments, 605.
Tiers-État, 122, 157.
Tribunaux, 259.
Truchet (Nobles), 190, 302.

Varembon (Le cardinal de), 26.
Villard (Château du), 67, 314.
Villard-Gondran (Château de), 447.

Chambéry, Imprimerie Savoisienne. — JACQUELIN et Cie.

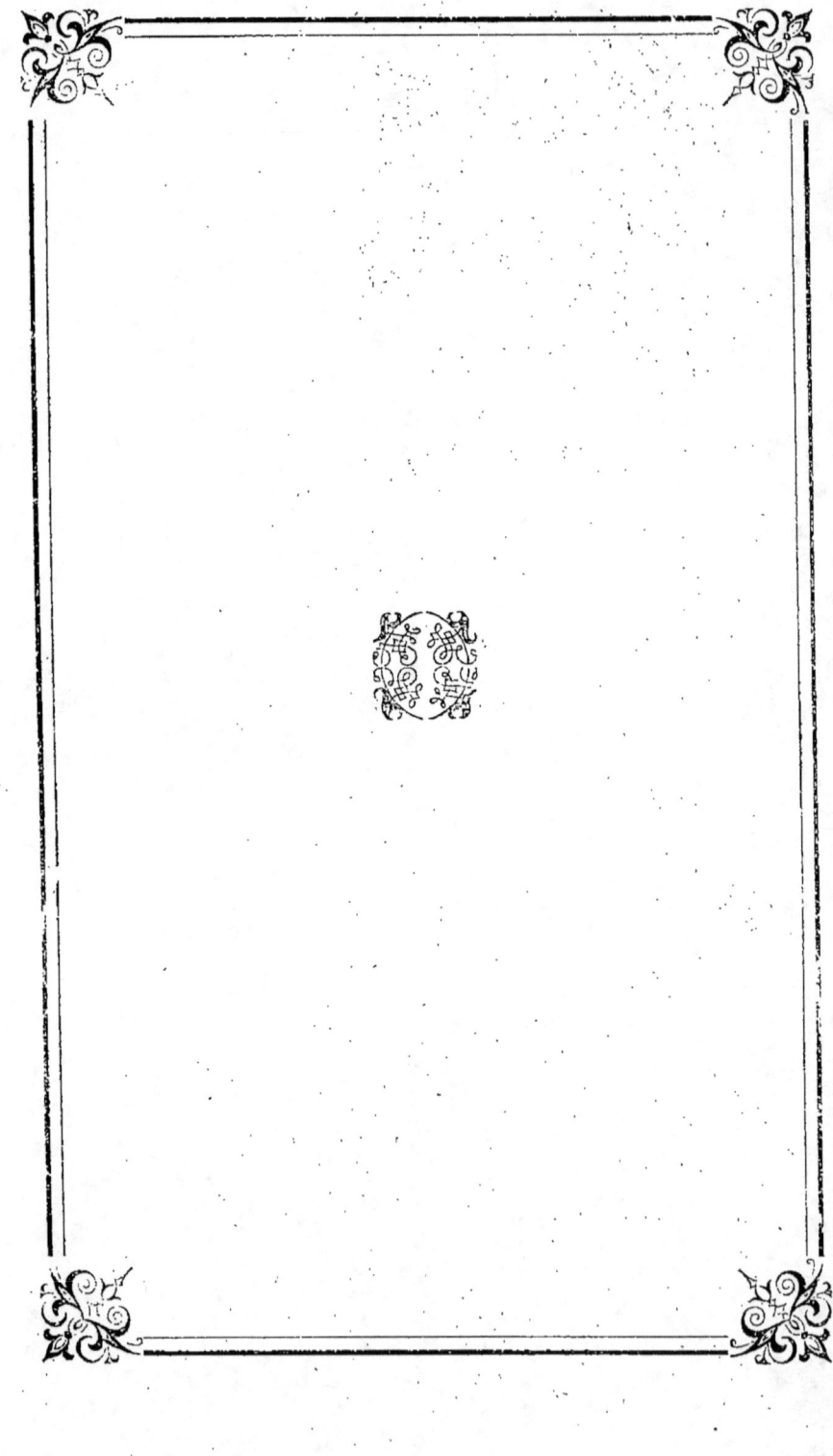

www.ingramcontent.com/pod-product-compliance
Lightning Source LLC
Chambersburg PA
CBHW071200230426
43668CB00009B/1021